CÉU ACIMA

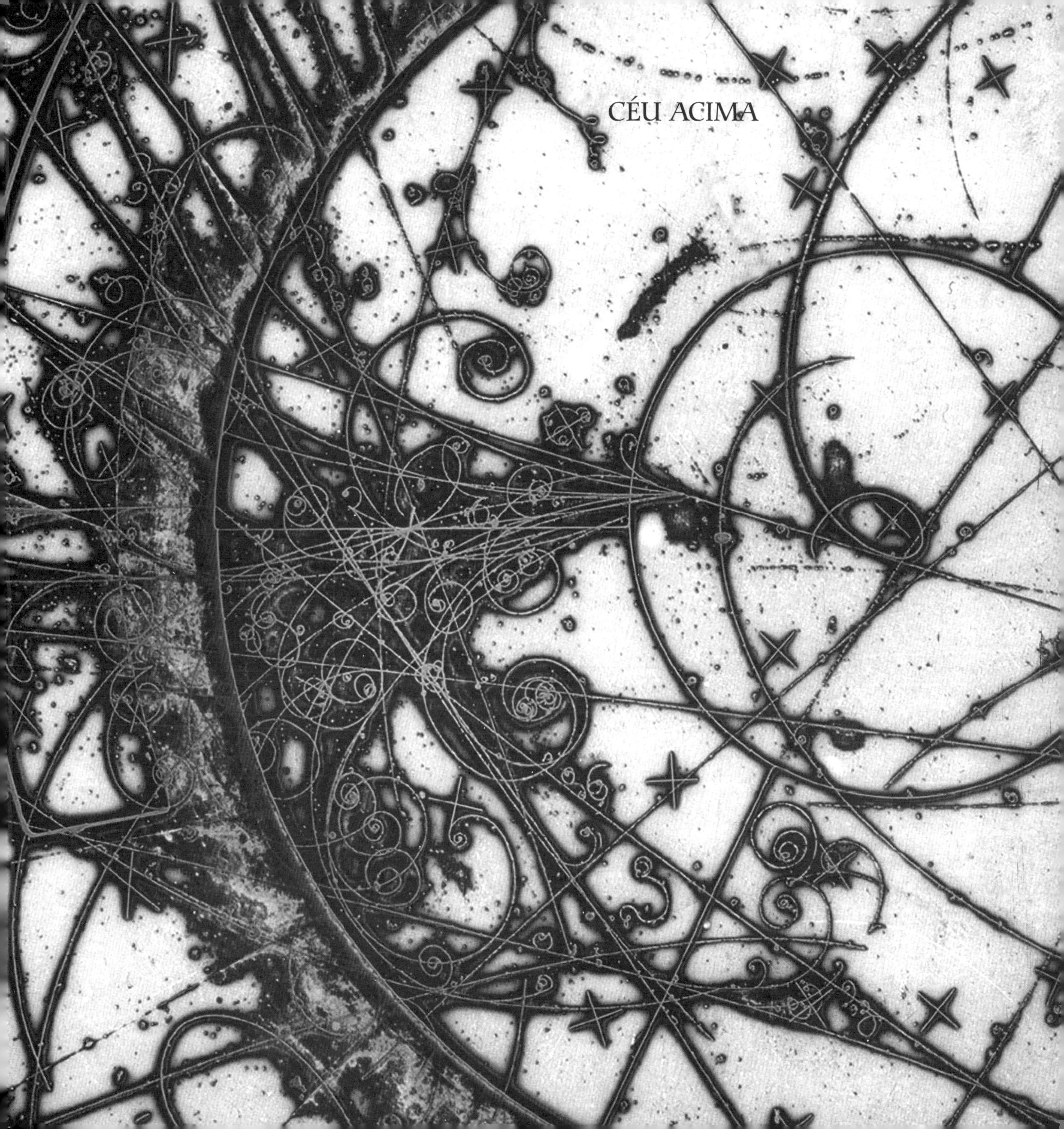

Dados Internacionais de Catalogação na Publicação (CIP)
(Câmara Brasileira do Livro, SP, Brasil)

Céu acima / Leda Tenório da Motta, (org). – São Paulo : Perspectiva ; Fapesp, 2005. – (Signos ; 45)

Vários autores
ISBN 85-273-0740-5

1. Campos, Haroldo de, 1929-2003 - Crítica e interpretação 2. Crítica literária 3. Literatura brasileira – História e crítica I. Motta, Leda Tenório da. II. Série.

05-8266 CDD-869.98

Índices para catálogo sistemático:

1. Escritores brasileiros : Apreciação crítica : Literatura brasileira 869.98

Signos 45
Coleção Signos / Haroldiana

Coleção Signos: dirigida por Augusto de Campos

Supervisão editorial: J. Guinsburg
Edição de texto: Iracema A. de Oliveira
Revisão: Marcio Honorio de Godoy
Projeto gráfico e capa: Sergio Kon
Foto da capa e das aberturas: Evento 66954B, imagem disponível em <www.cern.ch< – © Copyright CERN;
Foto da contracapa: foto do telescópio espacial Hubble – Nasa.
Produção: Ricardo W. Neves e Raquel Fernandes Abranches

EDITORA PERSPECTIVA S.A.

Av. Brigadeiro Luís Antônio, 3025
01401-000 São Paulo SP Brasil
Telefax (11) 3885-8388
www.editoraperspectiva.com.br

2005

FAPESP

PERSPECTIVA

LEDA TENÓRIO DA MOTTA (ORG.)

J. GUINSBURG AUGUSTO DE CAMPOS ELISABETH WALTHER-BENSE K. DAVID JACKSON LELLO VOCE PIERO BOITANI WLADIMIR KRYSINSKI ANDREA LOMBARDI ALCIR PÉCORA BENEDITO NUNES CELSO LAFER LUIZ COSTA LIMA OLGÁRIA MATOS RAÚL ANTELO ROLAND DE AZEREDO CAMPOS CLAUDIO DANIEL ENRIQUE MANDELBAUM INÊS OSEKI-DÉPRÉ LUCIA SANTAELLA GERALD THOMAS LIVIO TRAGTENBERG MARC DACHY SHEILA LEIRNER SÍLVIO FERRAZ AFFONSO ÁVILA AGE DE CARVALHO ANDRÉ VALLIAS JOAQUIM GUEDES AUGUSTO CONTADOR BORGES CHARLES BERNSTEIN EDUARDO MILÁN HORÁCIO COSTA JACQUES ROUBAUD JOSÉ KOZER JOSELY VIANNA BAPTISTA REYNALDO DAMAZIO TARSO DE MELO LEDA TENÓRIO DA MOTTA THELMA MÉDICI NÓBREGA

céu acima

para um 'tombeau' de Haroldo de Campos

sumário

APRESENTAÇÃO

PARTE 1 ARS CRITICA

CRÍTICA E CRIAÇÃO

CRÍTICA E TRADIÇÃO CRÍTICA

CRÍTICA E TRADUÇÃO

CRÍTICA E ARTES

PARTE 2 PERSONÁRIO

PARTE 3 UM CHÁ NA MONTE ALEGRE

HAROLDIANA

ENCARTE CD

ENTREVISTA COM HAROLDO DE CAMPOS

ÍNDICE DAS IMAGENS

Todas as fotos e desenhos que ilustram esta obra pertencem ao acervo pessoal de Carmen de Arruda Campos.

apresentação

A PRESENÇA DE HAROLDO DE CAMPOS

J. GUINSBURG

LEDA TENÓRIO DA MOTTA CONSEGUIU NESTA OBRA dedicada à memória e, muito mais, à atuação criadora de Haroldo de Campos, um notável conjunto de ensaios e testemunhos que falam do impacto que o revolucionário trabalho do poeta, ensaísta e, não menos, pensador paulista deixou em muitos daqueles que com ele se relacionaram no seu tempo, na fermentação de idéias e debates artísticos e intelectuais de sua contemporaneidade. Dentre eles, a esmagadora maioria se faz ler nestas páginas. E, muito mais do que um balanço depurado pelo tempo, mas também de sua carnalidade viva, tem-se aqui um registro de uma recepção e reação "à flor da pele". A sua validade será, sem dúvida, extraordinária para qualquer síntese maior desta figura de ousado explorador dos "campos" do presente e do futuro. Por isto mesmo, a editora Perspectiva, que, desde o início de suas atividades, dialogou com Haroldo e partilhou do interesse que sua pesquisa inovadora trazia para o universo cultural brasileiro, não podia deixar de associar-se a este primeiro tributo crítico que o empenho de Leda Tenório da Motta permite colocar à disposição dos inúmeros amigos e, sem dúvida, outros tantos inimigos, mas, principalmente, dos leitores desta e de outras gerações, que tiveram ou poderão ter na palavra poética e crítica do autor de *Galáxias* o seu vórtice, enquanto termo ou início. *Bere'shith* e *Finismundo*.

A avaliação histórico-crítica da literatura brasileira do século XX dificilmente poderá ser feita de um modo objetivo omitindo-se a presença de Haroldo de Campos. Este ponto de vista já era reconhecido por quem quer que se dispusesse a efetuar um levantamento abrangente das correntes e das obras que estiveram no centro das propostas e das produções que marcaram o período e caracterizaram suas tendências e feições. Neste sentido, poder-se-ia até dizer que o poeta, ensaísta e crítico paulista, que manteve a sua militância vanguardista até o fim de seus dias, foi uma das figuras não apenas em foco, mas polares, na visão do "novo" e na re-visão do "antigo" no plano literário e, para além dele, no cultural.

É evidente que a lógica dessa agenda apresenta fortes implicações e relações na que lhe antecede – a revolução modernista. Então, sinalizada e conduzida por dois nomes, hoje icônicos, Mário de Andrade e Oswald de Andrade, uma rebeldia transformadora fez saltar, com sua heterodoxia estética "futurista", velhos cânones e abriu as fronteiras provincianas para uma conscientização da sociedade e do modo de ser do continente brasílico como uma autoconsciência nacional. Mas, em função mesmo de seu projeto e do horizonte que perseguia na sua ação, ou ambição, ela foi relativamente restrita, digamos geograficamente concentrada. Porém, o período ulterior à Segunda Guerra Mundial, com suas lições apocalípticas, mas também integradoras de "um mundo só", trouxe à tona, no Brasil, e particularmente no que era então o seu mais potente motor econômico e tecnológico, São Paulo, um movimento cuja audácia levou a um extremo literário e estético um conjunto de idéias que já vinham sendo incubadas, pelo menos desde a irrupção modernista.

Assim, nas novas condições socioeconômicas e com o processo cada vez mais acelerado de comunicação e interatuação dos povos e de suas produções culturais, pela primeira vez um movimento poético, gerado em nosso meio, extravasou o âmbito puramente interno e ganhou repercussão internacional com o nome de Concretismo. Da tríade que levantou esta bandeira, os irmãos Campos e Décio Pignatari, muito já se disse e já se escreveu positiva e negativamente, em grande parte na perspectiva de uma unidade fechada, de grupo, isto é, sob o rótulo de *Os Concretos* ou *Os Concretistas*. Tal compactação que, sem dúvida, tem a sua razão de ser sob um certo ângulo, mas que, de outro, não passa de uma redução cômoda e fácil para uma identificação direta e geral do conjunto ou para uma investida crítica. Pois, tomados em sua individualidade, a diferença entre os três principais mentores do grupo, para não incluir outros participantes, é no mínimo tão grande quanto a sua afinidade, mesmo no que tange aos "Irmão Si-a-mesmos", como o próprio Augusto de Campos, em várias ocasiões e no texto incluído na presente coletânea, deixou bem claro, e como Haroldo, em reiteradas declarações nos últimos anos, vinha acentuando.

De fato, restringir o autor de *Galáxias*, de *Xadrez de Estrelas*, de *A Educação dos Cinco Sentidos*, de *Finismundo* ou de *A Máquina do Mundo Repensada* à letra *stricto sensu* dos manifestos concretistas, constitui um apequenamento, no mínimo míope, de sua envergadura. Não que alguns dos princípios formulados ou explicitados desta poética não tivessem sido retomados e operados por ele ao longo de toda a sua obra, mas se os operou de um modo sistemático, não se deixou enrijecer pelo formalismo que tantos pretendiam imputar-lhe. Ao contrário, o que distingue o seu estro de um modo muito especial é a amplitude de seu arco temático e, mais ainda, o fecundo poder criativo que lhe permitiu aplicar os seus procedimentos de maneira singularmente inventiva em um sem-número de soluções originais e inovadoras na dicção poética e na sua cristalização escritural.

Sem entrar numa análise específica dos elementos de que se valeu e das transformações que introduziu nos múltiplos setores nos quais suas realizações percorreram (poesia, ficção, teatro, ensaística, cinema, música popular e erudita, artes plásticas, publicidade, rádio e TV, *design*, crítica cultural, teoria literária, estética, tradução, semiótica, performance etc.), ressalta o caráter cosmopolita, na acepção kantiana, de suas aspirações e buscas no universo do homem, de suas línguas, de suas falas e de suas criações mais representativas, quer no código popular, quer no erudito. Nenhum desses veios escapava de sua ânsia de conhecer o seu "ouro" e de comunicá-lo, não a um receptor abstrato que o decodificasse eventualmente em esperanto ou numa futura língua cósmica, porém ao leitor brasileiro, esse ser concreto e contemporâneo que se exprime em português. Assim, a alquimia do verbo haroldiano soube transfundir nos significantes de seu verso um extenso espectro de significados filosóficos, lingüísticos, antropológicos, estéticos e éticos, desenvolvendo uma feição estilística que fala por si das afinidades eletivas do poeta e da simbiose que sua pena realizava com a herança do passado no que ele gerou de mais original em termos de rupturas libertárias de formas e linguagens, e de mais expressivo, no processo de suas definições culturais.

Haroldo de Campos explorou as possibilidades lingüísticas e formais do barroco até o extremo limite, plasmando-as em galáxias e constelações textuais que, em contínuas explosões estelares, floriram em universos poéticos. Mas a invenção do novo por este seu agente não se esgotava no brilho maneirista da composição e do efeito, embora jamais renunciasse ao crivo da função poética como critério decisivo de suas elaborações.

Utilizou-a também para dar a palavra não só a uma eventual crítica cultural, social e política que resultasse de uma ou outra metáfora, metonímia ou aliteração engastadas nalguma estrofe, como para moldar em síntese e pontuar, tanto em verso quanto em prosa ensaística, concepções de toda ordem, desde as literárias até as científicas. Acabou constituindo, destarte, em elocução e texto, uma rede, que por certo correspondia a uma insaciável demanda intelectual, em cujos nós cintilavam sempre interlocutores privilegiados e eleitos (como Pound e Maiakóvski, Dante e Benjamin, Goethe e Gregório de Matos, Homero e Sousândrade, Mallarmé e Oiticica, Derrida e Borges, Octavio Paz e Leminski, Marx e Prigogine, Costa Lima e Tomie Ohtake, Gilberto Gil e Mário Schemberg, Affonso Ávila e Mira Schendel, Joyce e Caetano Veloso, Antunes e Duchamp, Stockhausen e Cage, Bressane e Anatol Rosenfeld, Eco e Max Bense, e tantos outros), que retornavam periodicamente ao seu horizonte mental, ligados por fios que "sinapsiavam" a Ilíada e os Provençais, o Cântico dos Cânticos e a poesia andaluza, Dante e o verso árabe, Hölderlin e Zeami, Khlebnikov e "Signos" nacionais e transnacionais que iam do jovem poema brasileiro ao milenar Livro dos Livros.

Toda essa multiplicidade de conexões e intercâmbios transculturais tinha, sem dúvida, seu ponto de acumulação no problema da linguagem, fluindo pelas línguas das gentes que o poeta procurou incansavelmente conhecer e dominar, não só por mera curiosidade idiomática ou pelo poder expressivo das palavras e por seus contrastes de articulação e sonoridade, mas, sobretudo, por uma espécie de pesquisa fundamental, um como que pólo magnético a nortear sua ação multivariada – a recuperação, pela voz poética, da fala prístina de Rousseau, de uma *arché* universal que se teria extraviado na Torre de Babel, a linguagem adâmica.

O percurso intelectual e artístico de Haroldo de Campos talvez possa ser resumido numa frase que faz dele "um aventureiro do espírito em busca da fala perdida do entendimento humano". Pois, no âmago de seu projeto, em que o gosto pela exploração de mundos ignotos no horizonte do provável, se emparelha com o delicado cultivo lírico dos crisântemos em flor e de suas pétalas roçadas pelas emoções, não é descabido discernir a visão de uma alma de um humanista empenhado em descobrir na transcriação de seus signos a face não apenas oculta, mas inteira da humanidade.

EI-LO AGORA JACENTE

LEDA TENÓRIO DA MOTTA

ESCRITA A BICO DE PENA, AO LONGO DO ÚLTIMO meio século, com requintes de acabamento dignos de um calígrafo chinês e o senso vertiginoso do mundo-livro do bibliotecário alexandrino, a obra de Haroldo de Campos, que soma hoje 45 peças de bravura, recebe, neste volume, pela primeira vez no Brasil, uma investigação metódica, numa homenagem de fôlego.

Para recepcioná-la, enfim, longamente, no momento em que lembramos o segundo ano da morte do poeta, ocorrida em agosto de 2003, reúnem-se aqui trabalhos rigorosamente inéditos de pesquisadores e artistas das mais diferentes áreas, lugares institucionais, gerações, estilos e – como não poderia deixar de ser, em se tratando de alguém tão cosmopolita –, línguas e nações. Incluem-se nesse rol, obrigatoriamente supranacional e transdisciplinar, de leitores de Haroldo os que se reivindicam discípulos, os que só assumem um certo grau de influência, os que não assumem nenhuma influência, mas ainda assim reconhecem os aportes de seu universalismo e de sua erudição, os tradutores espalhados por toda parte – que se deram pressa poética, aliás, em responder à organizadora, animando uma outra convocação, em paralelo, pela internet, que levou a outros nomes, e alguns dos *scholars* que lá estavam, em 1999, na Universidade de Yale, num congresso internacional coordenado por um professor norte-americano de literatura brasileira – Kenneth David Jackson, por isso mesmo um dos nossos colaboradores convidados –, disposto a enfrentar o legado haroldiano bem antes de nós, que só agora arregaçamos as mangas.

Trata-se de uma espécie de círculo hermenêutico-afetivo, em suma, que se fecha em torno de uma obra cujo reconhecimento está ainda por fazer, principalmente entre nós, e, principalmente, em âmbito acadêmico, como parecem provar não só a ausência, por ora, em nosso meio, de estudos críticos disciplinados, mas a monótona insistência de muitos no concretismo das origens deste poeta *noigandres* que foi ficando cada vez mais versejante e filosófico, senão, talvez, mais abstrato que concreto, ainda que com a ironia de quem sabe que poemas são sempre, inevitavelmente, "feitos com palavras". Mas sem que essa vocação afetuosa do livro redunde naquela recepção encomiástica, congeladora do autor em sua majestade, que ele era o primeiro a detestar. Assim, um dos pedidos feitos a cada participante foi que voasse o mais alta e livremente possível – céu acima – para responder, em muitos idiomas e a muitas vozes, à questão mallarmeana de saber em que "Ele mesmo", a eternidade finalmente transformou Haroldo de Campos[1].

Só mais um pedido foi feito aos participantes. Para evitar os caminhos já batidos que costumam levar, por inércia, mas também por conta de uma fortuna crítica, geralmente aversiva, que separa e rotula, ao Haroldo tradutor ou transcriador, os ensaios solicitados deveriam, ainda, ater-se, de algum modo, à faceta ou interface menos conhecida ou reconhecida da obra de Haroldo de Campos: a crítica.

À crítica haroldiana, que aliou um exigentíssimo padrão de gosto poético a uma enorme e matizada competência universitária, para ficar bem longe daquela mediação do "medianeiro médio" de que nos fala o poema de Maiakóvski, citado no prefácio de *A Arte no Horizonte do Provável*[2], devemos a revisão de algumas *idéias feitas* sobre a literatura brasileira. Essa parte da obra é, além disso, em termos quantitativos, a mais extensa da intensa herança que ora se recepciona, correspondendo a nada menos que 18 dos 45 títulos até aqui produzidos[3], se concordarmos em classificá-los por gêneros, esquecendo, por um minuto, que, para um moderno avançado como aquele de que estamos falando, a obra literária é, ao mesmo tempo, retradução poética e operação crítica, e vice-versa duas vezes. Esquecendo, pois, estrategicamente, que há livros de Haroldo que defendem a fusão de todas essas práticas, como é o caso, por exemplo, de *A Operação do Texto*, enquanto que outros a performam, sendo tudo ao mesmo tempo, criação e comentário, e com a mesma fúria percussiva, o que se pensou foi em tentar dar a ver, desde o eixo da crítica, toda a "galáxia". Assim, os trabalhos rigorosamente inéditos que se seguem tratam de articular crítica com criação/tradução/tradição crítica/artes, numa primeira seção, que aqui chamamos, apelando para uma fórmula propositalmente hibridizante, e

1. Stéphane Mallarmé, "Le tombeau d'Edgar Poe":"Tel qu'en Luimême l'éternité enfin lê change".

2. "Entre escritor/e leitor/ postase o intermediário,/e o gosto/ do intermediário/ é bastante intermédio./ Medíocre/ mesnada/ de medianeiros médios/ pulula/ na crítica/ e nos hebdomadários". Apud, p. 10.

3. Já contando o primeiro volume póstumo, *Éden: Um Tríptico Bíblico*.

sem medo do "latinório"[4], de "Ars critica". Diante das profusões de Haroldo, essa organização, inevitavelmente artificiosa, por vezes funciona, por vezes, não funciona. Quando não funciona, pode ainda nos ajudar a ver o *mélange* dos gêneros haroldianos, da mesma maneira que temos visto a crise das narrativas modernas em seu inacabamento exemplar: como o malogro que prova a vitória do projeto.

Segue-se, numa segunda seção – "Personário" –, um conjunto de tributos em forma de textos e poemas de circunstância. O poema de circunstância é um gênero nada menor, que o próprio Haroldo praticou, como quem sabe, de cátedra, que tudo pode servir de pretexto à poesia. Desse álbum, que aqui mantemos em sua *confusio linguarum* ou em seu estado plurilíngüe – para auspiciar a reconversão poética de Babel em Pentecostes, como diria ele[5] –, participam artistas de toda parte do Brasil e daquele mundo estrangeiro de que Haroldo nos mostrou que não estávamos culturalmente cortados, já que não há culturas nem conclusas nem periféricas, quando se pondera, diante de um Gregório de Mattos, por exemplo, que o gênio americano já se ergue, desde a não-origem ou o fundo-sem-fundo de nossa identidade, falando barroco.

O volume encerra-se com uma terceira seção – "Um Chá na Monte Alegre" –, que traz uma comovente entrevista, de raro tom intimista, dada na casa da Rua Monte Alegre, numa tarde – definitivamente – de outono. Trata-se de um depoimento que, pela data – maio de 2003 – deve ser o último, pelo menos longo, dado por Haroldo. Nessa conversa, entretida com uma jovem doutoranda da PUC – a universidade ao lado, onde ele foi professor, e é assim o *locus* mesmo da revolução de trezentos e sessenta graus graças à qual se subverte a explicação da literatura brasileira pelo paradigma do atraso e da falta, ele nos fala, até onde chegamos, pela primeira vez, da família da mãe, meio irlandesa, meio quatrocentona, e do gosto literário e o ouvido musical do pai. E ainda, dos muitos planos que a morte, dolorosamente à espreita (embora também, de algum modo desejada, já que ele estava então de volta a Ítaca, como cansado de tanto viajar), acabaria interrompendo.

Figura entre esses planos a continuação que o poeta tinha em mente para um seu livro do final dos anos de 1980, que é constrangedoramente ignorado, até hoje, entre nós, por ser uma deliciosa *pièce à scandale*: *O Seqüestro do Barroco na Formação da Literatura Brasileira – O Caso Gregório de Mattos*. O ponto alto da entrevista é um pedaço de conversa em torno dessa importante obra crítica que, embora tenha sido (mal) interpretada, pelos poucos que realmente a leram, como um insulto ao autor da *Formação da Literatura Brasileira*, não apenas desenvolve-se como diálogo elegante, que se faz, por vezes, irônico-cortês, mas carrega o refinamento de um certo espírito francês da desconstrução, que

4. Expressão que dá título a uma das seções do deslumbrante álbum *Crisantempo*.

5. Cf. o belo ensaio "De Babel a Pentecostes: Uma Utopia Concreta", publicado no dossiê temático "Interpretação" da revista *Série Linguagem*, São Paulo, Lovise, n. 3, 1998.

é tão devedor de Jacques Derrida, aí evocado, de saída, quanto dos dissídios rumorosos dos grandes simbolistas e da virada crítica de Roland Barthes em briga com a Sorbonne, de que nasce a "nouvelle critique".

A presente homenagem não teria sido possível sem o aval corajoso e a colaboração certeira de Jacó Guinsburg, que abriu sua prestigiosa editora – a Perspectiva, outro *locus* paulistano da obra haroldiana – para esta tentativa de aproximação da mais galática das escrituras. Mas este livro – que entra em edição especial na coleção Signos, dirigida pelo poeta Augusto de Campos – também deve muito a outros especialistas e amigos de Haroldo. Lembro aqui André Vallias, Augusto Contador Borges e Claudio Daniel, que sabem tudo sobre os muitos tradutores do poeta, por nos terem feito chegar até eles e, através deles, a outros ainda. Lembro também a tradutora Inês Oseki Dépré e a filósofa Olgária Matos, que nos ajudaram no contato com os franceses, ao longo de todo ano de 2004, de seu posto em Paris e em Aix. Gostaria ainda de agradecer ao compositor Livio Tragtenberg, que editou o CD que acompanha este *tombeau* para Haroldo de Campos, permitindo-nos ouvir a viva voz apaixonada do poeta que, sem que soubéssemos, assim se despedia. E ainda, a toda a equipe da Perspectiva. Último, mas não menos importante, agradeço à viúva de Haroldo – a Carmem –, que vela hoje pela alma da casa da Rua Monte Alegre. É desse solar de poesia que nos vêm, escolhidas a dedo, as extraordinárias fotografias aqui recolhidas, registros dos muitos encontros de Haroldo de Campos com muitos dos mais importantes intelectuais e artistas do século XX, que pedem para ser vistos como verdadeiros flagrantes de uma vida virando texto (como no poema "Meninos Eu Vi")[6], de tanto que a vida de Haroldo moveu-se em torno da literatura.

Os amantes da literatura francesa de vanguarda, que é fonte para a obra de Haroldo, sabem que Alfred Jarry não fez por menos que acorrer, trajado de ciclista, às exéquias de Mallarmé, em setembro de 1898, saudando assim, em estilo ubuesco, a poesia feita de palavras, no momento mesmo em que ela ingressava na eternidade[7]. Sob a inspiração de tal gesto de leveza da parte deste outro moderno que virou eterno, o presente livro busca com alegria a verificação da hipótese da eternidade da obra de Haroldo de Campos.

6. *Crisantempo*, p. 89-93.

7. Muitos dos grandes gestos cômicos de Jarry estão na *Antologia do Humor Negro* de André Breton. Mas devo essa nota suplementar a Michel Arrivé, num capítulo "Solennellement" de seu *Lire Jarry*, Paris, Éditions Complexe, 1976, p. 17.

parte 1

cri
tic

crítica & criação

HAROLDO, IRMÃO SIAMESMO

AUGUSTO DE CAMPOS

WHO EVEN DEAD YET HATH HIS MIND ENTIRE (Que, mesmo morto, tem a mente intacta). Pound transcriando para o seu Canto 47 um verso do Canto 10 da Odisséia. Haroldo não se entregou. Até o fim, até o último momento em que pude falar com ele, no hospital, queria saber o que havia de novo, falava de projetos, incansável. Depois, já sedado, emudecido, entre os cabos kafkianos que o ligavam à vida, num derradeiro tentame para reverter a doença, eu julgava ver ainda um ar de desafio no seu rosto, como se ele estivesse aborrecido pela perda de tempo a que o obrigavam.

"Irmãos siamesmos", era como ele gostava de se referir a nós dois, nos bons tempos, anulando as nossas naturais diferenças, e extremando na sua palavra-valise a tradução que eu fizera dos versos do Epitáfio de Corbière: "Ninguém foi mais igual, mais gêmeo / irmão siamês de si mesmo". E tinha razão. Por mais que os nossos caminhos poéticos divergissem nos últimos tempos – ele, em seu refinado neobarroco, afirmando e reafirmando que há mais de 30 anos não fazia poesia concreta, irritado por ser ainda chamado de concretista, eu, teimosamente levando as propostas verbivocovisuais dos anos de 1950 para o computador –, tínhamos um sólido denominador comum, que nos manteve unidos e solidários o tempo todo. Éramos, talvez, um o avesso do outro. Mas um avesso reversível. Côncavo convexo. "Discordia concors". Ele, extrovertido, eu intro. Ele mais logopaico, embora excelente no melo e no fanopaico. Eu melo e fano, pouco logo.

Augusto e Haroldo, idade presumível, 8 e 10 anos, praia de Santos.

Ainda crianças, Haroldo, muito precoce, escrevia contos, enquanto eu fazia desenhos –"obras" que vendíamos às nossas vítimas, os parentes próximos, com o humorado e carinhoso carimbo que o zelo paterno mandara fazer para autenticarmos nossos trabalhos: "Escritório Irmãos Campos". Guardo um registro desse carimbo num velho livro, uma antologia de poesia portuguesa, da qual nosso pai gostava de recitar, entre outros, o poema "De Tarde", de Cesário Verde: "Naquele piquenique de burguesas, / Houve uma coisa simplesmente bela..." Ele apreciava muito Cesário e sabia de cor o poema "Contrariedades", que declamava para nós brincando com as linhas "Quem sabe se depois, eu rico e noutros climas, / Conseguirei reler essas antigas rimas / Impressas em volume?", frisando o "eu rico", num trocadilho com o seu nome, Eurico, para ironizar as dificuldades econômicas da família. O endereço Capitão Messias é o da casa alugada em que morávamos em Perdizes.

Anos mais tarde, 1949, eu com 18, Haroldo 19 ou 20, Oswald de Andrade sacramentaria essa união ao nos dar, depois de uma conversa animada em sua casa, um dos poucos exemplares do *Serafim Ponte Grande* que lhe restavam, com a dedicatória: "Aos irmãos Campos (Haroldo e Augusto) – firma de poesia".

Página de rosto de *Serafim Ponte Grande* (1. ed., 1935), com dedicatória de Oswald a Haroldo e Augusto de Campos, datada de 1949.

E assim permanecemos, não só nos trabalhos em comum, *Re-Visão de Sousândrade*, *Panaroma do Finnegans Wake*, *Ezra Pound*, *Mallarmé*, *Maiakóvski*, *Poesia Russa Moderna*, *Os Sertões dos Campos*, mas como se fôssemos um a extensão anímica do outro. Haroldo, ridente, exuberante, expansivo, eu parco, melancólico, à beira do silêncio, ambos explorando a palavra em todos os limites, para fora e para dentro. Um completando o outro. Com Décio Pignatari, poeta-inventor, fanomelogopaico, atrevido e imprevisível, formaríamos o trio-base da poesia concreta e de outras aventuras literárias. "Tudo será tão bárbaro e diverso. / Mas joguemos às rosas, meus irmãos. / Esta é a Rosa d'Amigos (dize: Rosa)"[1].

Quando Haroldo soube, que estava para sair a minha tradução de seis Cantos da *Divina Comédia*, ficou superexcitado. Ele traduzira seis Cantos do *Paradiso*. Eu ficara com o Inferno e o Purgatório. Sem perda de tempo propôs que traduzíssemos inteira a *Comédia*. "Podemos traduzir por telefone", me disse ele, no seu entusiasmo, justificando a proposta insólita com a sua dificuldade de locomoção. "Eu leio uma 'terzina' e você, depois, me passa a seguinte. E assim por diante". "Calma, Haroldo" – eu respondia, não querendo contrariá-lo. "Preciso primeiro me livrar deste livro. Depois pensamos nisso".

1. Décio Pignatari, "Rosa D'Amigos" – a Haroldo, a Augusto, a mim – agosto de 1949.

Infelizmente, ele não chegou a ver a nova coletânea, reunindo provençais e toscanos, nem a conhecer totalmente as minhas traduções de Dante; leu apenas a do início do Canto I e a integral do Canto v do *Inferno*, publicadas em *O Anticrítico*, e alguns trechos de outros, inseridos em *Verso Reverso Controverso* e em *Mais Provençais*. O novo livro dialoga com ele, já que eu traduzi também alguns poemas de Guido Cavalcanti de quem Haroldo transcriou esplendidamente "Donna mi prega" e outras canções. Mais uma vez, caminhávamos juntos. Ele não pôde ver, também, já em fase final de edição, o livro do sobrinho, *Arteciência*, em que tanto acreditava, conhecendo outras publicações de Roland. "Espero avidamente o seu livro", disse a ele, na visita que lhe fizemos no hospital, quando ainda podia conversar mais extensamente com os familiares. A ciência e a arte se irmanam no seu último poema publicado, *A Máquina do Mundo Repensada*, e esse tema era uma de suas paixões. Fazia projetos e mais projetos que percorriam o mundo em todos os tempos e direções – poesia egípcia, árabe, asteca — e me pedia novidades instigantes do mundo cultural, notícias que, em verdade, eu não tinha, uma sequer, para lhe dar, por mais que me esforçasse para encontrar algo que pudesse interessar ao seu nível de repertório. Percebi que a coisa era grave quando ele me disse: "Quis ficar de pé e não pude. As pernas não seguravam o corpo e o corpo não segurava a cabeça". Mas para ele o hospital parecia ser apenas um pesadelo que estava momentaneamente atrapalhando os seus projetos. Amado por muitos, invejado, mesmo pós-morte, pela "medíocre mesnada de medianeiros médios", que Maiakóvski fustigou pela sua voz , foi, para onde for, "na ponta do ultrafim", pensando e escrevendo, no além ou no aquém, "vestido estrellas".

EM MEMÓRIA A HAROLDO DE CAMPOS

ELISABETH WALTHER-BENSE

HAROLDO DE CAMPOS: JURISTA, POETA CONCRETO, escritor, crítico, ensaísta, tradutor, professor universitário, historiador da literatura, semioticista, conferencista brilhante e altamente concentrado, amante da música, da pintura, da literatura, da arte, das ciências, da filosofia. Em outras palavras, um intelectual de muitas faces. Ele deixou uma marca profunda entre nós, amigos e estudantes de Stuttgart. Visitou esta cidade diversas vezes, em viagens particulares, como professor convidado ou conferencista. Quando Haroldo nos fez sua primeira visita com Carmen, em 1959, Max Bense ficou tão entusiasmado com suas idéias sobre a vanguarda literária, que no semestre de inverno 1959/60 resolveu fazer uma exposição e publicar uma pequena brochura com trabalhos do grupo Noigandres – Augusto de Campos, Haroldo de Campos e Décio Pignatari, entre outros – em seu instituto na Escola Superior (posteriormente Universidade) Técnica de Stuttgart. O catálogo continha uma parte do "Plano Piloto", bem como poemas de Augusto de Campos, Ronaldo Azeredo, Gerhard Rühm, Helmut Heißenbüttel, Eugen Gomringer e textos de Claude Shannon e Max Bense. Haroldo de Campos, por sua vez, apresentou Max Bense no suplemento de domingo de *O Estado de S. Paulo*, onde publicou "Montagem: Max Bense" (03/03/1960) e "Stuttgart, 1960: Exposição 'Studium Generale' Textos Concretos" (27/03/1960).

Haroldo de Campos e o grupo Noigandres já tinham se tornado conhecidos como poetas concretos e brilhantes ensaístas desde o início da década de 1950. Publicaram muitos de seus primeiros poemas e ensaios no suplemento *Invenção*. Este também era o nome da revista fundada posteriormente, com o subtítulo "Revista de Arte de Vanguarda", que viria a publicar ensaios e poemas de diversos colaboradores internacionais. Ali se encontravam ensaios sobre a literatura brasileira mais antiga, sobre Oswald de Andrade e Sousândrade, por exemplo, mas também textos sobre e de autores da vanguarda moderna internacional, não só sobre literatura, mas também música, pintura, filosofia etc. Foi nesta revista internacional que Max Bense publicou, por exemplo, seu artigo "Poesia Concreta", na tradução de Haroldo de Campos, em junho de 1963.

Após nosso encontro em Stuttgart, Haroldo organizou o primeiro convite oficial que levaria Max Bense ao Brasil, em 1961. Conhecemos todos os poetas concretos e alguns outros artistas no Rio, em Brasília e em São Paulo. Estes centros urbanos impressionaram tanto Max Bense na época que, logo após seu retorno, ele começou a escrever o livro *Brasilianische Intelligenz* (1965). Em mais três viagens, com conferências no Museu de Arte Moderna e na Escola Superior de Desenho Industrial do Rio e através do contato com outros artistas brasileiros, conhecemos um país que – segundo Haroldo – representa uma cultura "antropófaga". Não se trata de devorar o outro, o que é alheio, mas sim de digeri-lo ou levá-lo adiante. Haroldo traduziu uma série de textos de Max Bense e os publicou em diferentes lugares*: "Fotoestética" (1960), "Teoria do Texto" (1960), "Textos Visuais" (1961), "Max Bense sobre Brasília" (1962), "Poesia Concreta" (1963), "Max Bense – A Fantasia Racional" (1964), "Poesia Natural e Poesia Artificial" (1964), "Carta Prefácio (Caro Waldemar Cordeiro)" (1964).

Em janeiro e fevereiro de 1964, Haroldo de Campos deu um ciclo de palestras em francês sobre literatura brasileira no instituto de Max Bense. Ele tinha diante de si um público interessado, escutando com toda atenção suas considerações sobre um mundo literário até então desconhecido aqui. Ouvimos nomes de alguns poetas brasileiros importantes e nos familiarizamos com as características e os efeitos de sua obra. Além de poetas de gerações mais antigas, Haroldo destacou especialmente dois nomes da literatura brasileira contemporânea: João Guimarães Rosa e João Cabral de Melo Neto. Por recomendação de Max Bense, a editora Kiepenheuer & Witsch (Colônia) veio a publicar depois diversas obras de Rosa em tradução alemã; em nossa coleção "rot", publicamos, em abril de 1964, o *Cão sem Plumas*, de João Cabral de Melo Neto, na tradução de Willy Keller (*Der Hund ohne Federn*, text 14). Em 1960, havíamos lançado a pequena antologia *Noigandres – konkrete Texte* (text 7); em 1965, incluímos poemas dos brasileiros nas coletâneas *konkrete Poesie International* (text 21) e *konkrete Poesie International 2* (text 41).

*. Textos reunidos, com excessão de "Carta Prefácio (Caro Waldemar Cordeiro)", por Haroldo de Campos na "Pequena Antologia Bensiana", publicada em apêndice a *Pequena Estética*, de Max Bense, São Paulo, Perspectiva, 1971. (N. da E.)

Paralelamente à sua atividade na universidade, em janeiro e fevereiro de 1964, Haroldo de Campos, sempre interessado em traduções, tentou traduzir para o alemão, junto comigo, "Meu Tio o Iauaretê", de Guimarães Rosa, publicado na revista *Senhor*, em 1961. Primeiro, ele me explicou que "iauaretê" representa o mal. Como os habitantes do sertão brasileiro costumam evitar pronunciar diretamente o mal, em seu lugar se utiliza a palavra "tio" aqui. A propósito, "iauaretê" não consta do meu dicionário. Outro termo para *Jaguar* em alemão, "onça", designa o jaguar real, zoológico. Na literatura alemã, há eufemismos semelhantes na representação do diabo. Talvez o interesse de Haroldo pela problemática de Fausto também viesse daí. Ele não só escreveu sobre o *Fausto* de Goethe e publicou, em 1981, o belo livro *Deus e o Diabo no Fausto de Goethe*, mas também, em 1994, quando esteve pela última vez em Stuttgart, visitou, com a Carmen e comigo, o Museu do Fausto, em Knittlingen, aqui nas imediações.

Haroldo escolhera um pequeno trecho de "Meu Tio o Iauaretê" para tentarmos traduzir juntos. Durante este trabalho tive a oportunidade de conhecer sua precisão ao rastrear e interpretar as sutilezas da linguagem literária de Rosa, bem como seu empenho em fazer uma tradução boa, isto é, com qualidade literária. Ele não queria reproduzir apenas o conteúdo, mas também as sutilezas lingüísticas, queria manter na tradução alemã as nuances da linguagem do sertanejo usadas por Rosa. A linguagem literal que aquele homem poderia ter falado e que consiste da norma culta misturada com palavras tupis foi utilizada por Rosa como recurso estilístico neste texto. Traduzida para a norma culta alemã, esta prosa perde seu fascínio. Era necessário achar uma forma de expressão adequada em alemão; de forma nenhuma se poderia simplesmente traduzir o texto para o registro da linguagem escrita. O fato de o protagonista ser um homem mau, astucioso, bruto e primitivo se manifesta em sua maneira de falar. Em seu longo monólogo, ele se apresenta como parente do "Iauaretê", do mal. Haroldo queria manter o teor literário e isso implica naturalmente respeitar na tradução a escolha de palavras e o repertório do autor. É bem mais fácil, naturalmente, traduzir da norma culta de uma língua para a norma culta de uma outra. O uso literário da linguagem falada é conhecido em diversos livros, mas traduzir num modo de expressão adequado à linguagem falada, à "linguagem pseudocoloquial" do original, só funciona em casos raros. Muitas vezes, estes textos são retrabalhados por outros tradutores, a fim de se elaborarem melhor as sutilezas do original.

O trabalho com Haroldo me mostrou, além do mais, com que cuidado ele lia a literatura de um outro autor, fosse brasileiro ou de línguas estrangeiras. Ele já tinha traduzido "Meu Tio o Iauaretê" para o francês, o que deveria facilitar o meu trabalho. Ele me explicou diversas expressões do texto de Rosa, compreensíveis apenas a quem domina inteiramente esta língua. É claro que os dialetos de todas as línguas dependem da chamada norma culta. Mas quando se desconhece a forma de vida de um determinado grupo, a respectiva região e suas condições de vida, pode facilmente acontecer de se entender mal sua forma de expressão. Um escritor que tente se aproximar da linguagem de um certo grupo em sua prosa – atingi-la inteiramente ele não pode – tem que contar com esta insegurança, se pretender veiculá-la de fato. Muitas vezes, o mero espectro de vocabulário de dois disputantes torna a comunicação impossível. É que faz uma boa diferença se a pessoa domina quinhentas ou cinco mil palavras ou mais numa língua. Lembro-me das dificuldades de comunicação entre dois grupos lingüísticos que Jean Giono descreveu tão bem em *L'affaire Dominici*. O que interessava a Haroldo em Rosa também eram os neologismos da língua portuguesa, que ele via em todas as obras do autor, inclusive neste pequeno texto. Só estas novas criações lingüísticas já caracterizam o escritor. Antes de contemplar o texto em sua totalidade, deveria levar-se em consideração, de qualquer jeito, os pressupostos verbais que compõem sua base material.

Em nossa colaboração, Haroldo teria apreciado se eu tivesse traduzido com sua ajuda todo o texto para o alemão, mas para isso me faltavam não apenas conhecimentos suficientes de português, mas, sobretudo, tempo. Contudo, através deste trabalho, conscientizei-me da responsabilidade da tradução literária como Haroldo a compreendia. Em minhas próprias traduções, posteriormente, muitas vezes me lembrava de sua postura diante de textos estrangeiros e tentava proceder da mesma maneira.

É evidente que este é apenas um dos lados de uma obra. Assim como o contexto formal, a representação de objetos e acontecimentos reproduzidos pela linguagem não pode ser negligenciada. Haroldo não apenas reivindicou este aspecto de forma programática, junto com seus amigos, mas o tornou visível em suas obras. Também remeto a uma outra condição da literatura de vanguarda estabelecida pelo "Plano Piloto", segundo a qual se deve levar em consideração o que há de novo na arte e na ciência. Ele próprio não escrevia poemas sentimentais sobre o amor e a natureza, mas manteve as referências científicas e intelectuais como corretivo. Daria para se falar de "Gedankenlyrik"? De qualquer forma, o que ele apresenta é sempre uma confluência intelectual de diferentes temas. Penso, por exemplo, no poema "Anatomia do Gol", que contém uma infinitude de referências históricas e contemporâneas à arte, à medicina, ao esporte, à filosofia etc. Não preciso mencionar aqui as traduções de tantas línguas publicadas por Haroldo de Campos, pois elas são suficientemente conhecidas. No entanto, eu gostaria de ressaltar que primeiro ele teve que aprender os idiomas dos quais traduzia. E por entusiasmo pelas literaturas estrangeiras, aprendeu-os com grande afinco. Sua intenção não era saber falá-los no cotidiano, mas dominá-los o suficiente para poder traduzir e transcriar a literatura de sua escolha. Sabemos quanto tempo demora e quanta persistência exige o aprendizado de uma língua estrangeira, o que dirá de várias. Haroldo também deve ter tido um fascínio especial por alfabetos diferentes, como o russo, hebraico, chinês, grego etc. Isso também se nota em suas edições bilíngües: em *Deus e o Diabo no Fausto de Goethe*, o texto original é reproduzido em fratura, uma variante da escrita gótica, a fim de reter a imagem da escrita do texto, pois os diferentes alfabetos caracterizam não apenas o autor, mas também o país e a época de surgimento da obra. É evidente que ele também estimava imensamente a disposição formal de um texto, utilizada – por exemplo – por Arno Holz, Francis Ponge e outros, em seus respectivos poemas visuais.

Como cada tradução representa uma interpretação do texto original, diferenças interpretativas são naturalmente inevitáveis. Com os diversos comentários que fez às suas traduções e com os ensaios que dedicou a diferentes escritores, Haroldo de Campos mostrou que sempre se empenhou em apreender o cerne de um texto junto com seu contexto histórico. Ele não só ligava a atividade do tradutor a interesses literários e lingüísticos, mas com ela também provava seu interesse em divulgar os conteúdos de literaturas estrangeiras do passado e do presente. Por atribuir uma grande importância ao "elemento semântico" da linguagem e da literatura em geral, ao lado do elemento formal, é compreensível que ele e seus amigos do grupo Noigandres reivindicassem para a nova literatura brasileira não apenas uma poesia meramente tipográfica – como a poesia fonética e o letrismo –, mas sim um trabalho com formas visuais e acústicas que não negligenciasse o conteúdo do material verbal. Uma reivindicação que já constava do "Plano Piloto".

O que interessava Max Bense na literatura de Haroldo era, sobretudo, o destaque do experimento e da novidade, fosse na linguagem ou no conteúdo. O novo, a originalidade com a qual se geram novas sensações, era para Francis Ponge ou Cabral ou Rosa um pressuposto que coibia sobretudo qualquer imitação, fosse da própria literatura ou das estrangeiras. Embora o poeta use as palavras de uma respectiva língua, que é bem comum, conforme assinalava Ponge, seu ordenamento tem que ser novo. Este já tinha sido o contra-argumento de Blaise Pascal a seus críticos. Haroldo foi um passo adiante, à medida que exigia novidade na forma e no conteúdo.

A poesia concreta de Haroldo foi sabidamente complementada com a prosa das *Galáxias*, que – como ele mesmo disse – alinha as palavras numa seqüência contínua com todas suas relações semânticas, desconsiderando a estrutura sintática usual. O material da palavra expressa "a viagem" e "o livro", conteúdos mais gerais e supremos, num movimento fluido com múltiplas associações. Este texto tem o efeito de um tecido, uma textura entretecida com as coisas mais diversas. Em fevereiro de 1966, publicamos na coleção "rot" (text 25) uma primeira parte do "Livro de Ensaios Galáxias", traduzida por

Vilém Flusser e Anatol Rosenfeld. Quase trinta anos depois, Theophil Maier escreveu uma notação musical a *Galáxias*, executada no fim de setembro de 1994 pelo grupo Exvoco, no ciclo "Wort für Wort" na Biblioteca Municipal de Stuttgart. Não sei se Haroldo, que assistiu à apresentação com Carmen, ficou realmente satisfeito com o resultado, mas pelo menos o grande interesse pela música não deve ter contrariado as intenções da Haroldo. A apresentação destacou o caráter musical dos textos que talvez não pudesse ter sido transmitido apenas pela leitura.

Max Bense e eu encontramos Haroldo de Campos e Carmen em Stuttgart, Rio, São Paulo, Paris e Suzette; após a morte de Max Bense, encontrei ambos na Universidade de Yale, em Frankfurt, em Salto Oriental (Uruguai), em São Paulo, bem como na Universidade de Oxford. Sempre passamos juntos horas muito instigantes, com ótimas conversas e grandes estímulos. Max Bense e eu admirávamos sua energia, sua aplicação, sua sensibilidade pelas artes e ciências. "A locomotiva de São Paulo" era como Max Bense o chamava, o que era para ser um grande elogio. Apesar de seu veemente empenho pela literatura, ele jamais esquecia dos diversos estímulos sensuais da vida. Recordo-me vivamente dele, com sua bela voz, cantando canções brasileiras com amigos em Salto e na viagem de volta para Montevidéu. Sempre me recordarei das diferentes facetas de sua personalidade e fico contente de ter sido chamada por ele de "amiga".

[*Tradução de Simone Homem de Mello*]

VIAJANDO PELAS *GALÁXIAS*: GUIA E NOTAS DE ORIENTAÇÃO

K. DAVID JACKSON

À presença de Haroldo de Campos em Yale e outras universidades norte-americanas, 1968-1999

LIGAÇÕES INTERURBANAS DE PROSA CELULAR

HAROLDO DE CAMPOS CONTINUAVA CHEIO DE projetos e da energia criativa tão positiva e exuberante que sempre o caracterizara, até seus últimos momentos. Já internado no hospital, em agosto de 2003, propunha ao irmão Augusto a tradução da *Divina Comédia* de Dante, com a sugestão genial de que poderiam fazê-la por telefone. Teria sido outro feliz encontro da tecnologia com a filologia em Haroldo, síntese de uma visão sincrética e atemporal da literatura, nos seus momentos mais criativos através do tempo, com as técnicas de vanguarda da nossa era. É essa visão galáctico-técnica que caracteriza o Haroldo, desde o *Panaroma do Finnegans Wake* até a "transhelenização" da *Ilíada*, monumento e apoteose da sua longa carreira literária. É o mesmo Haroldo da "Scribblevaganza", título que deu a um congresso que organizou comigo na Universidade do Texas, em Austin, em 1981, evento em que o ato da escritura acelerava a velocidades galácticas. A mesma energia dedicou à "Yale Symphosophia" de 1995, com a presença de um elenco internacional ligado à sua obra – autores e críticos vindos desde a Itália até o Japão –, que acabou produzindo um livro sobre a estética concreta com a sua participação ativa (*Experimental-Visual-Concrete: Avant-Garde Poetry Since 1960*, Amsterdã, Rodopi, 1996). Ainda participou com textos polêmicos e leitura de poesia em 1999, embora com problemas de saúde, nos simpósios consecutivos de Oxford e Yale em homenagem aos seus setenta anos. O classicismo de Haroldo, enraizado filologicamente nos grandes poemas épicos, em Homero, Virgílio, Dante e Goethe, sempre encontrava uma fórmula moderna no tema da viagem, no qual Ulisses de hoje passeia entre as cidades do mundo, à guisa de um Ocidental, cujo protótipo fantasmagórico figura na poesia de Cesário Verde. Como atesta um dos últimos poemas de Haroldo, *Finismundo*, Ulisses continua sua viagem até chegar à costa brasileira, assim o tema da viagem se desdobra em um só, desde a sua origem clássica em Homero até as aeronaves espaciais, e, desde as ilhas gregas até as urbes contemporâneas. É como se a ópera barroca encontrasse a poesia concreta, através da chegada definitiva de Ulisses à terra e à literatura brasileiras.

A viagem é também filológica, outra característica da obra de Haroldo, que trabalhava sempre em contato com muitas línguas e literaturas – japonesa, alemã, inglesa-americana, francesa, italiana, espanhola, hispano-americana, grega, hebraica –, aplicando as suas técnicas de transcriação aos maiores desafios filológicos: *pois um livro é viagem* (frag. 8). Profundamente enraizada no Brasil, a sua imaginação não admitia fronteiras entre línguas ou gêneros literários. Estava trabalhando nas *Galáxias* (São Paulo, Ex Libris, 1984), dizia, no extremo limite onde se encontravam a prosa e a poesia ("à l'extrême des limites de la poésie et de la prose", *Galaxies*, La Souterraine, 1998). Nas *Galáxias*, é o poeta quem viaja num grande mundo fantasmagórico, onde o passeio é dantesco e faustiano, passando de cidade em cidade, como nos círculos dantescos. À maneira de James Joyce, Haroldo nos devolve a um mar geográfico-linguístico-mítico de proporções clássicas, tecendo novas metamorfoses literárias na sua rede "verbivocovisual", ou seja fono-morfo-sintática. A sua matéria-prima são as fábulas fundamentais do imaginário humano, concebidas como viagem ou metamorfose. Nos cinqüenta fragmentos das *Galáxias*, o narrador é um Haroldo-Ulisses enfrentando a sua própria viagem perigosa, a sua grande fala, narrando a autobiografia mítica de um navegador contemporâneo. As *Galáxias* representam uma nova viagem desse Ulisses-narrador, sem fronteiras, onde a filologia das línguas-fábulas se encontra com a tecnologia de um peregrino brasileiro *molto perpetuo*, em andanças paradisíacas e infernais, por cidades de deus e do diabo. Para usar os termos da tecnologia que Haroldo propunha ao irmão, as *Galáxias* são cinqüenta ligações interurbanas de prosa celular.

DA ODISSÉIA À PAULICÉIA: ROTEIROS, ROTEIROS, ROTEIROS, ROTEIROS

Uma das referências essenciais para a leitura de *Galáxias*, no contexto da literatura das vanguardas históricas, é o romance *Ulysses* (1922), de Joyce. O romance joyceano narra a vida de personagens de Dublin, fazendo muitas alusões ao *milieu* da cidade em toda a sua vitalidade e desordem, por um período de 24 horas. Está estruturado em episódios narrados por monólogos interiores, solilóquios vindos do próprio subconsciente, num *stream of consciousness*. Há um rítmo diurno que oscila entre a emoção estética (*stasis*) e um realismo nojento (*kinesis*), cada episódio sendo marcado por uma certa hora do dia, cena, órgão do corpo, Arte, símbolo e, sobretudo, um episódio correspondente da *Odisséia*. O esquema, hoje universalmente conhecido, desenhado por Stuart Gilbert (*James Joyce's Ulysses*, New York, Vintage, 1955) pretendia ajudar o leitor a perceber as grandes unidades da obra, revelando, na sua composição, uma disciplina que o crítico compara à dramaturgia grega ou à simetria de qualquer organismo vivo. Na sua grafia, Gilbert discrimina 18 episódios, em três partes (3-12-3), correspondendo à manhã, ou à saída de Dedalus e Bloom, às andanças pela cidade, e à volta para casa, já de madrugada. No esquema, para cada episódio numerado há um título, tirado do episódio correspondente da *Odisséia*, seguido pela cena ou lugar, a hora, o órgão do corpo, a Arte, a cor, o símbolo e a técnica: "1. Telemachus/The Tower/8 a.m./Theology/White, Gold/Hair/Narrative (young)".

Possuindo uma estrutura reminiscente a *Ulysses*, as *Galáxias* acompanham a viagem de um narrador, através de um monólogo subconsciente aberto, por múltiplas cidades, numa alegoria do destino humano, na sua procura mítica de uma emoção e estrutura estéticas (*stasis*), num mundo material regido pelo reles e o nada (*kinesis*). Passando do microcosmo para o macrocosmo, de acordo com a conhecida frase joyceana, "all space in a not-shall", cada fragmento das *Galáxias* remete o leitor à estrutura mítica maior, oriunda não só da *Odisséia* mas da natureza alegórico-mítica da própria fala, de um mundo oculto de símbolos. Reinventando estórias no estilo das mil-e-uma-noites, encantadoras e fatais, o monólogo de *Galáxias* se afirma e se nega, alternadamente, num rítmo orgânico. O herói parece condenado a andar eternamente entre as cidades do mundo, à espera de uma libertação estético-utópica ou de uma iluminação epifânica: "...une insinuation épique se résolvant en une épiphanie." *Galaxies*, 1998). Nessas andanças pelo purgatório do real, existe uma unidade referencial, paralela ao esqueleto fundamental do romance *Ulysses*, desvendado por Gilbert. Proponho para a leitura de *Galáxias* um desenho esquemático paralelo ao que Gilbert fez para *Ulysses*, para que o leitor dessa obra máxima de poesia-prosa de Haroldo possa melhor acompanhar o seu ritmo e temática profundos. O esquema inicial expõe a seqüência de cidades e de referências literárias que constitui a matéria-prima da viagem do narrador-poeta por um mundo de significações plurais. Os esquemas saíram de pequenos seminários sobre as *Galáxias* no Brasil em 1991, na UFSC (Florianópolis) e na UFRN (Natal), além de entrevistas com o autor em São Paulo.

GUIA DOS 50 FRAGMENTOS DE *GALÁXIAS*

	TÍTULO	ÁREA/ESPAÇO	REFERÊNCIA LITERÁRIA-ESTÉTICA
1	e começo aqui	fábula	Divina Comédia
2	reza calla y trabaja	ranada	Lorca, António Machado sobre Lorca
3	multitudinous seas	mar	Pound, Borges, Macbeth.
4	no jornalário	jornal	Dante, Paraíso.
5	mire usted	Córdoba	arabista
6	augenblick	Stuttgart	galeria de arte
7	sazamegoto	Praga	Haiku. Bashô, Buson (1716-84)
8	isto não é um livro	Genebra	conto de heico
9	açafrão	Roma	cartão postal
10	ach lass sie quatschen	Alemanha	Sinagoga
11	amorini	Itália	Pompéia
12	um avô de estória	Espanha	San Sebastián Mosaico romano de Colônia
13	esta é uma álealenda	Paris	Artaud.
14	ma non dove	Ravvisano, Itália	texto de Carducci. Sousândrade.
15	circuladô de fulô	Brasil	
16	um depois um	Alemanha	reunião de bêbados na estação de Colônia
17	uma volta inteira	Karlsbücke, Praga	Baudelaire.
18	cheiro velho	Roma	ferragosto. Cassiano Ricardo.
19	como quem escreve	Lituânia	má-consciência
20	não tiravam o chapéu	Madrid	toreada, jornalistas
21	e brancusi	Stuttgart	ovo de Brancusi,

22	hier liegt	Colônia	Exposição. Lorca.
23	neckarstrasse	Tübingen	Schiller, Goethe, Sofócles, Hölderlin, Bloch
24	a liberdade	Manhattan	Safô, Mondrian, Lorca, Vozniessienski, Sousândrade
25	aquele como se chamava	N. York/México, D.F.	estradas do México
26	apsara	Boston	quadro de Kenholz
27	sob o chapéu	São Francisco	William Carlos Williams, Ferlinghetti.
28	ou uma borboleta	Nova York	Tchuang-se
29	poeta sem lira	Los Angeles	Ode de Píndaro, Hölderlin, Novalis, Henry Miller, Arthur Miller, Marilyn Monroe, Bashô.
30	pulverulenda	Argentina	tangos de Buenos Aires, Orson Welles
31	o que mais vejo aqui	fábula	
32	na coroa de arestas	Andalucia	Tríptico.
33	mármore ístrio	Veneza, Rapolla,	Pound
34	calças cor de abóbora	Washington, D.C.	black power
35	principiava a encadear-se	Washington, D.C.	Galdós, Goya
36	eu sei que este papel	Nova York	Barbarella.
37	cheiro de urina	Salvador, BA	
38	o ó a palavra ó	Mariana, MG	N. S. Do Ó,
39	circulado de violeta	França	Monet em Paris.
40	como quem está num navio	Cluny	Mulher no café, Raphael
41	tudo isto tem que ver	escrita	Joyce
42	a criatura de outro	fábula	Sânscrito.
43	vista dall'interno	Itália	
44	cadavrescrito	fábula	Rabelais
45	mais uma vez	mar	Joyce, polypho
46	esta mulher-livro	papel	Galatéia
47	passatempos e matatempos	fábula	Macunaíma e Propp
48	nudez	Nova York	Circe em Nova York. Rilke.
49	a dream that hath no bottom	Blumenau, Desterro, SC	Dr. Fritz Müller, Darwin, Agassiz, Pound, Oswald, Volpi, Faustus, Don Juan
50	fecho encerro	fábula	Pasárgada. Sobolos rios. Dante. Branca de neve.

As *Galáxias*, nos seus cinqüenta fragmentos, podem ser lidos como um drama neobarroco, dominado por uma técnica de espelhamento e de formas reversíveis: *esta é uma álealenda ler e reler retroler como girar regirar retrogirar* (frag. 13). Os princípios que Walter Benjamin distingue no drama alemão se aplicam à arte e ao conceito elaborados nas *Galáxias* (*Ursprung des deutschen trauerspiels*, Berlin, E. Rowohlt, 1928). Mais do que contrastes, ou encontro de contrários, trata-se de um jogo de imagens e de palavras que voltam ou se repetem, em qualquer momento, como seu contrário, numa metamorfose da forma e da fala, em que cada afirmativo/positivo contém já o seu próprio pólo negativo. Eis o ritmo respiratório que percorre a obra, em todos os seus níveis de significação. Como drama neobarroco, o libreto é a escritura em si, sendo os fragmentos excertos de uma fala lendária sem fim. No palco, um narrador, apenas ouvido, anda pelas cidades do mundo, à procura de sua arte e de sua musa. O cenário é alegórico e faustiano, apresentando um narrador navegando por um mar oculto de linguagem. Anda sempre à procura de uma chave que ilumine as formas e do exílio que o permita alcançar, em termos de um maneirismo camoniano, uma alta consciência da cidade celeste que procura por meio da arte: *a mente quase-íris se emparadisa neste multilivro e della doppia danza* (frag. 50).

Os princípios estéticos construtivos do drama neobarroco "galáctico" podem ser apresentados esquematicamente, segundo as mesmas categorias que Gilbert aplicou a *Ulysses*: ritmo, técnica, cena e símbolo.

RITMO	TÉCNICA	CENA	SÍMBOLO
1. e começo aqui			
Ritmo alterno	fábula, *Divina Comédia* simultaneísta		
2. reza calla y trabaja			
Ritmo alterno do texto memória/vivência; silêncio/fala; branco/escritura;	Melopéia de grego homérico	1959, Granada Shakespeare latino	

paraíso/anti-paraíso; nasce/morre paisagens de Espanha.			
3. multitudinous seas Ritmo: sístolo, diástolo	dimensão memorial-leitura textual História como movimento, vivência converte o memorial em vivência	mar vermelho em sangue, mar homérico mar soando, polissonoro	O mar
4. no jornalário descida ao inferno, a viagem	satânico	o cotidiano, visão do paraíso no final	O jornal
5. mire usted pequenas anotações	1959, Córdoba		
6. *augenblick* congregação de velhas		Stuttgart galeria de arte	obras de arte; nudez quase mítica dos quadros
7. sazamegoto susurra, sedução	Haiku, literatura japonesa "The rains of Spring!	Praga mulher com poeta numa carruagem de trem	garça

	Dear lady driving with me here Your whispering!"		
8. isto não é um livro Notícia de jornal,	ambigüidade entre espaço e tempo	Genebra João Pessoa Igrejas, São Francisco	prostituta subdesenvolvida e ingênua
9. açafrão contraponto	erotismo da linguagem, de referência	Roma; museu de Vilagiorio; venda de relógios roubados	cartão-postal que não pode ser reproduzido
10. ach lass sie quatschen uma renda	arabesco	Stuttgart sinagoga, manuscrito dos nomes dos mortos	nomes dos mortos, o belo trágico
11. amorini trágico-erótico trivialidade cotidiana	priápico costumes	Pompéia cadáveres no licenciosas	mau olhar; museu na posição em que morreram
12. um avo de estória língua basca	mosaico	Espanha mosaico	olhos verdes de uma mulher-

		romano de Colônia	pantera: *jaguarfulguros*
13. esta é uma álealenda			
equilíbrio perfeito miscigenação	pintura miniaturizada	Paris numa caixa	francesa com cafetão, recolonização biológica
14. ma non dove			
estruturas reflexivas	notas que formam uma macroestrutura	Ravvisano	machete de TIME, "nympholveros..." Sousândrade, velho poeta e as pedras
15. circuladô de fulô			
		Brasil	
16. um depois um			
momento de inferno	labirinto	estação de Colônia	reunião de bêbados
17. uma volta inteira			
reflexão sobre o socialismo	paraísos artificiais	Karlsbrüke, Praga Congonhas	Filme tcheco, "uma vez um gato"
18. cheiro velho			
jovem enfrentando velho acomodado	imagens infernais	Roma	Cassiano Ricardo
19. como quem escreve			
confraternização com o inimigo má-consciência	real/imaginário	Lituânia mortos da guerra e jovem amante	mulher com filhos

20. não tiravam o chapéu

estilização	descrição trouvé	Madri	torreadas

21. e brancusi

alterno Generais em Paris/ Golpe de 64	Paródia de "Família, Tradição e Propriedade"	Stuttgart velhas no museu / belíssimas estátuas	"Ovo" de Brancusi Mulata subindo morro, curral dos pobres

22. hier liegt

viagem de trem de Madri a Toledo	contraste exposição sobre as barbariedades feitas com os judeus	Colônia Casa de chá	uma jovem, guardias civiles

23. neckarstrasse

descrição da noite	contraponto	Tübingen	personagem de olhos verdes; a palavra vermelha de Hölderlin

24. a liberdade

sempre virgem	círculo infernal	Manhattan,	verso de Safo

25. aquele como se chamava

cultura pop		N. York / México, D.F.	as estradas do México

26. apsara

o falso	hiperrealismo	Boston	garçonetes, ninfa hindu, mulher fazendo amor

			no banco de trás dum carro da época
27. sob o chapéu			
procissão	contraste	São Francisco	Ferlinghetti / William Carlos Williams
28. ou uma borboleta			
haiku	jornal	Nova York/ S. Paulo	Strip tease.
29. poeta sem lira			
Trem de Granada, poema obscuro de antiguidade	partitura cega	Los Angeles	assuntos triviais
30. pulverulenda			
tocador em Orléon	religião e órdem	Buenos Aires	tango
31. o que mais vejo aqui			
	fábula		
32. na coroa de arestas			
Tríptico	tirado de notícias de jornais	Andalucia	Morte de Guevara, Monroe, Kennedy
33. mármore ístrio			
poesia de Pound	paraíso	Veneza, Rapolla	hotel de Pound
34. calças cor de abóbora			
		Bloomington, Ind/	black power em

		Dupont Circle	D.C./burocratas tristes
35. principiava a encadear-se metalinguagem do texto	Signos do espaço	Washington, D.C.	moça no colo de Lincoln; caligrafia persa de Suleiman; professor dando conferência sobre Galdós
36. eu sei que este papel happening	placenta do nada	Nova York	Instalação, Bolas de plástico, Barbarella dentro do happening.
37. cheiro de urina semântica	o om	Salvador, Bahia	"Colorless green ideas"–frase impossível de Chomsky.
38. o ó a palavra ó contíguo da escrita	haikai barroco	Mariana, MG museu de Sabará	quadro de um pintor livro de figuras; ouro que tomou a forma duma concha
39. circulado de violeta anúncios no metrô de Paris; túnel/funicular	grafittos do inferno/ livro mandala do céu	França, museu oriental Paraíso	ninféias de Monet imensos quadros

40. como quem está num navio

desvios e desacordas	a página aceita tudo	Paris, Café de Cluny	garça / albina, mulher no café,

41. tudo isto tem que ver

fios de luz entre visível e invisível	descrição grotesca do escritor	a escrita *cacara carta*;	papel higiênico em latim: ninfas "après-midi"

42. a criatura de outro

poema sânscrito, psalmo búdico.	fábula,	a escrita	lésbia

43. vista dall'interno

fuga	distorção	Itália.	Travestido, peruca

44. cadavrescrito

resgate da língua portuguesa	fábula	a escrita	momento mágico

45. mais uma vez

	aprender francês	mar	Polypho.

46. esta mulher-livro

leitura	Polifemo-desejo	Lingam; Yonis (Sexo feminino em sânscrito)	papel, quadro japonês Mulher em quimono Galatea Ninfa de palavras. Quimono-borboleta de asas vermelhas

47. passatempos e matatempos			
talismã	pseudo-fábula.		Menina quer saber "o quem do conto", passa todas as provas
48. nudez			
Tautodisséia	transmorfação em porcos	Nova York	Viagem de Ulisses Circe, massagista em NY; Venus na praia.
49. a dream that hath no bottom			
ateísmo anti-racismo	ensina latim à mocidade; peixe por Müller: "Náuphus"	Blumenau, Desterro, SC	Fritz Müller
50. fecho encerro			
reversível, Auto-retrato da escrita.	Salvação textual.	Pasárgada. Paraíso de Dante. "Glória quasi"	Paraíso da escritura. Espelho: neg./pos. Da libertação

As *Galáxias* vêm recebendo uma crescente atenção crítica internacional, intensificada desde a tradução para o francês por Inês Oseki-Dépré, em 1998. No Colóquio Oxford/Yale de 1999, o romance recebeu a atenção de grandes nomes da crítica, Marjorie Perloff, Luiz Costa Lima, Wladimir Krysinski e outros. Krysinski coloca as *Galáxias* na companhia dos grandes textos do século XX que se referem a toda a literatura, assim como à sua própria referencialidade, começando pelos *Cantos* de Pound, o *Waste Land* de Eliot e *Finnegans Wake* de Joyce. E Perloff compara a técnica das *Galáxias* às obras de Gertrude Stein (*How to Write*, 1931) e aos diários de John Cage. Viajar por suas páginas é sempre intrigante; é viajar pelo insistentemente novo, na atribuição que essa qualidade recebeu das vanguardas na literatura mundial. As *Galáxias* representam a contribuição brasileira a essa tradição de literatura mundial, um convite a uma viagem literária referencial e auto-reflexiva. Os esquemas apresentados neste estudo têm o propósito de ajudar o leitor a navegar nesse mar de texto, por entre as múltiplas referências filológicas e técnicas, para poder atender às cinqüenta ligações interurbanas de Haroldo, já continuando a viagem no espaço galáctico.

O ACROBATA DA PALAVRA

LELLO VOCE

Era uma noite bastante fria do distante 1988, quando peguei um trem que me permitiu ver a alvorada que surgia sobre Genebra e sobre seu lago. Fui a Genebra, porque não resisti à tentação de escutar Haroldo de Campos, grande poeta brasileiro, pai da poesia concreta e magnífico experimentador de qualquer forma artística atinente à palavra, convidado de uma universidade cantonal.

Ao final da conferência, aproximei-me da cátedra e coloquei-lhe nas mãos um de meus primeiros livretos de poesias e um cartão com meu endereço. Nasceu assim, um pouco por acaso, uma amizade que durou quase quinze anos. Uma amizade que para mim foi uma "longa fidelidade", a minha pessoal, intimíssima e decisiva "longa fidelidade". E agora Haroldo se foi, em São Paulo, numa noite de agosto de 2003, como se fosse a última estrela cadente de São Lourenço; esforço-me para distinguir entre a dor pessoal e as recordações literárias.

Nascido em 1929, em São Paulo, Brasil, Haroldo de Campos foi uma das figuras guia da neovanguarda internacional desde 1952, dos dias em que, junto ao irmão Augusto e a Décio Pignatari, fundava a revista *Noigandres*, que abre definitivamente a estação das neovanguardas à qual logo unir-se-ão grupos de poetas alemães, italianos, franceses. Poeta linear, neobarroco e fortemente "expressivo" e, ao mesmo tempo, fundador da poesia concreta, da poética que faz dos versos signos visivos que habitam o espaço do olho; a "locomotiva de São Paulo", como o definiu seu amigo e mestre Max Bense; foi também semiólogo (aluno de Pierce) e tradutor fantástico de muitas línguas, antigas e modernas (de Arnaldo Daniello a Joyce, até a poesia chinesa, de Homero, de Goethe a Dante); inventor da teoria da Transcriação, polemista político e *performer* que colaborou com muitos músicos brasileiros, da era da Bossa Nova até hoje – penso em Caetano Veloso que intitulou um Cd com o seu *Circuladô de Fulô*, talvez uma recordação dos tempos em que a voz de Haroldo e Augusto de Campos foram as únicas vozes a se levantarem em defesa daquele que o *establishment* cultural brasileiro gostava de definir como "aquela bicha do Veloso", até os mais jovens Marisa Monte e Cid Campos, o poeta-musicista Arnaldo Antunes, o guitarrista Madan; a eles doou seus textos e freqüentemente sua voz inconfundível. Foi graças a ele, antes de tudo, que a cultura brasileira daqueles anos renovou-se, tornando-se o que é hoje: um dos laboratórios mais vivazes, criativos, interessantes do mundo.

Haroldo foi particularmente ligado à Itália. A sua também foi uma "longa fidelidade" iniciada desde cedo, graças à amizade e ao convívio com Ungaretti, então docente da Universidade de São Paulo, seguida depois pelas esplêndidas traduções da *Divina Comédia* e de Cavalcanti e renovada com as contínuas visitas à Itália, sobretudo a Veneza, para ir à tumba de seu tão amado Pound, e graças às relações estreitíssimas com muitos dos poetas e dos teóricos da neovanguarda italiana (sobretudo Umberto Eco e Nanni Balestrini) e ainda com alguns dos mais jovens expoentes da geração dos anos de 1950-60. Um amor que, por certo, a cultura italiana não retribuiu, visto que há anos repousa no fundo da gaveta de algum editor da Einaudi uma antologia sua e dos *Noigandres* na coleção Branca, um projeto do qual Haroldo falava com freqüência e para o qual tudo estava pronto já há tempos, exceto a coragem de quem deveria dar-lhe andamento; alguém muito ocupado, evidentemente, em seguir as modas do momento, a irresistível fascinação pela mediocridade que sempre conquista os funcionários das *majors* italianas. Com certeza, até hoje, na Itália, não há traduções da obra de Haroldo disponíveis. Nem de nenhum dos Noigandres. A única coletânea de estudos dedicada a ele foi publicada pela revista *Baldus*, em 1999. É, creio, um recorde não invejável, já que não é compartilhado, praticamente, com nenhuma das culturas ocidentais mais difundidas do mundo, pois Haroldo é traduzido não só em todas as línguas ocidentais, mas também em chinês e japonês. Sim, porque, infortúnios italianos à parte, a sua foi uma carreira rica de reconhecimentos e amizades: quando, em 1995, a universidade de Yale dedicou-lhe todo um congresso (*Symphosophya*) para festejá-lo, havia poetas de todos os continentes a assinar as prolusões para a cerimônia de adeus como professor da Universidade Católica de São Paulo, e intelectuais do calibre de Jacques Derrida. Depois viria o prêmio Octavio Paz para a literatura, dedicado a um de seus melhores amigos ao qual ficaria sempre muito ligado, de quem foi tradutor e com quem assinou *Transblanco*, coletânea de versões e correspondências.

As razões de um consenso tão vasto estão, provavelmente, na sua inimitável capacidade de conjugar e fazer interagir o gosto pela experimentação e o instinto de vanguarda, com o amor e o convívio assíduo com todas as maiores tradições literárias, tanto européias, quanto orientais.

Erraria quem pensasse, porém, que Haroldo de Campos foi só um "literato"; ao contrário, para retomar suas próprias palavras, ele era "um ágil atleta da palavra nos trapézios da aventura" e uma parte desta aventura foi política, "engajada", em um Brasil que, passada a triste experiência da ditadura militar, movia os primeiros incertos passos rumo à democracia. Já em 1961, no seu poema intitulado "Servidão de Passagem", ele toma claramente partido, reserva à poesia um papel também 'social'. Usando as palavras de David K. Jackson: "Em um panorama de 'pouca poesia', Haroldo cria uma poesia para servir um tempo de fome, na qual o ritual da nomeação torna-se denúncia de uma série de injustiças sociais: 'nomeio a fome'".

E desde então, sempre, e antes de tudo na sua coletânea mais importante, as *Galáxias*, Haroldo tem "nomeado a fome" e algumas das mais belas entre suas últimas composições são dedicadas aos Sem Terra, porque ainda hoje, como ontem, o nosso é um "tempo de fome". E, portanto, como ele adorava dizer, a invenção poética deve ter a coragem de "pensar o texto num espaço impensável".

É exatamente isto que me ensinou Haroldo: a imaginar o texto poético em um "espaço impensável"; talvez seja isso que hoje me pareça impensável ou mesmo imaginável, o espaço, o cosmo da poesia, sem Haroldo e a sua fluente barba branca, as suas *Galáxias*. Talvez seja por isso que hoje, depois de sua morte, eu me sinta tão definitivamente pobre e me é fácil pensar que mais pobre é toda a literatura e, portanto – enfim – cada um de nós. E gosto de imaginar que a recebê-lo nas portas do outro mundo dos poetas, com um amigável tapinha nas costas, sejam os seu autores mais queridos: Arnaldo Daniello e seus amigos trovadores, Dante, Cavalcanti, Pound, Joyce, João Cabral de Melo. E que o convidem a escrever com eles uma belíssima "renga", uma poesia coletiva que se abra com um verso que diz: *Bem-vindo entre nós o "melhor artífice" amazônico dos idiomas românicos.*

[*Tradução de Doris Natia Cavallari*]

A GÊNESE DO ARTISTA E O ARTISTA DA GÊNESE

PIERO BOITANI

JÁ QUE PRETENDO TRATAR, ANTES DE TUDO, DA gênese do Artista, concedam-me começar do início. "No princípio", está escrito, "Deus criou o céu e a terra"[1]. A terra, continua o conto, "era informe e vazia e as trevas cobriam a face do abismo e o Espírito de Deus (*ruah elohim*) movia-se sobre as águas". O primeiro gesto criador de Deus, devem-se lembrar, é aquele que, com a palavra (sublime segundo o Pseudo-Longino)[2], faz nascer a luz. "Deus disse: 'Faça-se a luz!' E a luz se fez". Logo depois, o Onipotente pára um momento para olhar o que fizera antes de prosseguir às carreiras a criar todo o resto do universo em apenas seis dias: "Deus viu que a luz era uma coisa boa", afirma o texto. E repetirá este enunciado outras seis vezes no primeiro capítulo do *Gênesis*, depois da criação da terra e do mar, do mundo vegetal, do sol e da lua, dos seres vivos do mar e da terra; e, enfim, como coroação de tudo, o sexto dia: "Deus viu o quanto tinha feito, e eis, era coisa *muito* boa" – *wehinneh-tôb me'ôd*[3].

A palavra que o original usa para "bom" nessas passagens é *tôb*, que contém também, de acordo com o contexto em que está inserida, os significados de aprazível, prazeroso, satisfatório, agradável, favorável, idôneo, reto, honesto, útil, abundante, perfumado, benévolo, clemente, valoroso, verdadeiro, belo de proporções. Ora, não me interessa neste momento discutir se o Deus da tradição sacerdotal hebraica (ao qual é atribuído o primeiro capítulo do *Gênesis*), tem o sentido do estético, e qual; se, em outras

1. *Gênesis* 1.1. Todas as traduções italianas da *Bíblia* são da *Bibbia di Gerusalemme*, Bolonha, 1995, com algumas modificações minhas.

2. Pseudo-Longino, *Il Sublime*, a cura di G. Lombardo, Palermo, 1987, p. 37.

3. 1.31 (as outras vezes *Gênesis* 1. 4, 10, 12, 18, 21, 25). As citações da *Bíblia* hebraica são da *Biblia Hebraica Stuttgartensia*, Stuttgart,1990.

palavras, se comporta com o criado como faria o artista que ao ter trabalhado as partes, e depois a obra inteira, as contemple e se regozije por sua beleza. Há, entre os estudiosos modernos, quem tenha sustentado essa teoria e quem, ao contrário, a tenha contradito, afirmando que o que conta é o sétimo dia, o do verdadeiro *acabamento* (2. 1-2) e do repouso adequado mesmo à contemplação estética, Deus não proclama realmente *tôb*, mas *qadôš*, "santo"[4].

A Gênese deste artista é realmente *cultural*: não somente e nem tanto no âmbito da tradição hebraica, em que o *Eclesiastes*, por exemplo, afirma que tudo que Deus fez é "belo a seu tempo" (*yapeh be 'ittô)*[5] mas na *traductio* da cultura hebraica àquela ocidental. Quando de fato os Setenta traduziram a *Bíblia* em grego, o *tôb* do original tornou-se *Kalon*, e o "muito bom" do sexto dia *Kala lian*[6]. E se o grego *kalos* pode significar também "bom", "nobre", moralmente virtuoso, a ponto de gerar o famoso composto *Kalokagathos* e a unir-se depois aos outros transcendentais platônicos, não há dúvida que seu primeiro significado é *belo* no sentido mais completo e, certamente, estético da palavra.

Em suma, Deus torna-se o Artista do *Gênesis* – a gênese deste artista acontece –, quando de Israel se move em terras de domínio grego, onde se encontra com o Artífice supremo do *Timeu* platônico[7]. Alguns exemplos maduros e tardios testemunharão o que aconteceu. Boécio, na *Consolação da Filosofia*, enaltece Aquele que governa o universo com ordem perpétua, o Criador do céu e da terra que, imoto, move o tempo e todas as coisas e que, encontrando em si a forma do sumo bem, tudo extrai do desenho celeste, *pulchrum pulcherrimus ipse / mundum mente gerens similique in imagine formans / perfectasque iubens perfectum absolvere partes*: belíssimo em si, carrega na mente um cosmos belo e, formando-o à sua imagem e semelhança, ordena-lhe que, perfeito, se complete em partes perfeitas[8]. Livro de *Gênesis*, *Timeu*, e comentário de Proclo ao Livro[9], com inspiração, precisamente, do fenomenal poeta-filósofo. E eis, muitos séculos depois, um outro neoplatônico descreve aquele que se tornou o verdadeiro e próprio *artista*, o Artista do *Gênesis*. Estamos no século XII e quem fala é Alain de Lille, no *De planctu naturae* de escola chartiana: "Deus tamquam mundi elegans architectus, tamque aureae fabricae faber aurarius, velut stupendi artificii artificiosus artifex, tamquam admirandi operis operarius opifex, mundialis regiae admirabilem speciem fabricavit"[10].

Poder-se-ia prosseguir com exemplos de Guilherme de Conches, dos Vitorinos, do *Roman de la Rose*, de Dante, até chegar a Tasso, a Milton, a Klopstock. Gostaria, ao contrário, que tivessem presentes as deslumbrantes imagens que acabo de citar, enquanto volto ao *Gênesis*. *Tôb*, então. O *Gênesis*, devem-se lembrar, termina depois dos solenes funerais de Jacó do Egito em Canaã, antes da morte de José, com uma cena inquietante em que os irmãos, temendo que o próprio José os faça pagar, agora que o pai se foi, os crimes passados, recor-

4. Ver, por exemplo, Umberto Cassuto, *A Commentary on the Book of Genesis*, I, Jerusalem, 1961, p. 59; e, contra, Harold Fisch, *Poetry with a Purpose. Biblical Poetics and Interpretation*, Bloomington, IN 1988, p. 20-22.

5. *Eclesiastes* 3. 11.

6. As citações da *Bíblia* dos setenta encontram-se em *Septuaginta*, organização de A. Rahlfs, Stuttgart, 1935.

7. "Um filósofo", recita o *midrash* sobre a *Gênesis*, "interpelou Rabban Ganliel. Certamente, disse-lhe o vosso deus é um grande artista, mas encontrou materiais tão bons para auxiliá-lo: desolação, confusão, trevas, sopro, água e abismos!!"; *Midrach Rabba* I, *Genèse Rabba* 1. 9, Lagrasse, 1987, p. 41. Pode-se ter certeza que o "filósofo" fosse, por definição, grego.

8. *De consolatione philosophiae*, III, m. 9 (tradução minha), Cambridge, MA.- Londres ,1973, p. 270-273. Cf. Henry Chadwick, *Boezio*, trad. it., Bolonha, 1986, p. 295 e ss.

9. *Timeo* 27c-42d; Proclo, *Commentarium, ad loc.*, a cura di E. Diehl, Leipzig, 1903-6. E cf. Pierre Courcelle, *La Consolation de Philosophie dans la tradition littéraire*, Paris, 1967. Outros textos, breves, na clássica discussão em Ernest Robert Curtius, *Letteratura europea e Medio Evo latino*, trad. it. a cura di R. Antonelli, Florença, 1992, p. 609-611. [*Literatura Européia e Idade Média Latina*, São Paulo, Hucitec, 1996.]

10. Alanus ab Insulis, *De Planctu Naturae*, em Migne, *Patrologia Latina* 210, citado por E. De Bruyne,

dam-lhe respeitosamente o seu compromisso em não maltratá-los. José chora e responde aos onze, ainda uma vez prostrados por terra, diante dele: "Não temais; porventura podemos nós resistir à vontade de Deus? Vós pensastes o mal de mim, mas Deus o converteu em bem (*tôb*), para cumprir o que ocorre hoje: a sobrevivência de um povo numeroso"[11].

Deus transformou em bem o que tinha sido planejado como mal: Deus é o supremo organizador dos acontecimentos, o verdadeiro e legítimo artista que tem em mão os seus fios, o *poietes* dentro e fora da história. A frase lembra-nos, porém – e não há dúvidas que o eco seja deliberado – um outro momento do mesmo fato. Quando os irmãos voltam ao Egito pela segunda vez, finalmente, conduzindo consigo, Benjamin, José os recebe em sua casa, oferece-lhes o almoço e, com grande surpresa, encontra junto a eles Benjamin e retira-se para chorar. Na manhã seguinte, José os deixa ir, mas ordena ao mordomo colocar nas sacas o dinheiro de cada um e colocar naquela de Benjamin sua taça de prata. No dia seguinte, o mordomo deverá seguir os irmãos, encontrar a taça na saca carregada por Benjamin e exclamar: "Por que tornaram mal por bem? Não é esta a taça em que bebe meu senhor, aquela da qual se serve para suas adivinhações?"[12].

Aqui, o diretor do episódio é o próprio José: é ele quem orquestra a história, do momento em que os irmãos chegam ao Egito pela primeira vez, para comprar grãos. Ele não se faz reconhecer, acusa-os de espionagem e aprisiona-os, depois os libera, mantendo Simeão como refém até que os outros voltem trazendo consigo Benjamin; depois manda que coloquem o dinheiro nas sacas. José é, dentro da história, o inventor das provas com as quais subjuga os irmãos, é portanto, o artífice do suspense. Não será, talvez, um caso que ao traduzir o "por que tornaram mal por bem?" ordenado por José ao mordomo, os Setenta usem "ponera anti *Kalon*".

Não é tudo. O *Gênesis*, dizem-nos as hipóteses documentárias modernas, é composto de pelo menos três tradições diversas: a sacerdotal, a Javista e a Eloísta. Não creio que se possa reconduzir cada uma delas a um autor específico e muito menos, como faz Harold Bloom com J, a uma autora[13]. Todavia, pode-se certamente atribuir a cada uma delas uma estratégia narrativa e teológica. "P", a Sacerdotal, mostra um interesse notável pela ordem e a harmonia: eis, portanto, os seis mais um dias da Criação e a consideração divina pelo *tôb* ou o *Kalon*. "J", a Javista, revela-se, freqüentemente, "uncanny", "unheimlich", perturbante[14], como quando, no capítulo 39, nos diz várias vezes, pretendendo um conhecimento mais que humano e externo da história, que Yahweh "estava" com José. A Eloísta, "E", é capaz de contos surpreendentes, como quando, com voz extradiegética, acrescenta ao seu relatório a fala dos irmãos que na presença de José dizem um ao outro, depois da primeira prova, "Eis que grava sobre nós a culpa em relação ao nosso irmão", o comentário genial: *Não sabiam que José os entendia, porque entre eles havia um intérprete*[15].

Études d'esthétique médiévale, II, Bruges, 1946, p. 257. No mesmo volume de De Bruyne, consultar todos os capítulos V, sobre os Vittorini, e VI, sobre a Escola de Chartres.

11. *Gênesis* 50. 20. Os Setenta traduzem *eis agatha*.

12. *Gênesis* 44. 4.

13. Harold Bloom, *The Book of J*, Nova York, 1990.

14 Ver H. Bloom, *From J to K, or the Uncanniness of the Yahwist*, em F. McConnell, ed., *The Bible and the Narrative Tradition*, Oxford, 1986.

15. *Gênesis* 42. 23. Sobre as estratégias narrativas do Gênesis, ver sobretudo Robert Alter, *The Art of Biblical Narrative*, Londres, 1981; Gabriel Josipovici, *The Book of God. A Response to the Bible*, New Haven-London, 1988; Meir Sternberg, *The Poetics of Biblical Narrative*, Bloomington, IN, 1985; H.C. White, *Narration and Discourse in the Book of Genesis*, Cambridge, 1991.

Deus, José, os narradores: esta, dentro e fora, a história, a gênese do artista da *Gênesis*, a qual aparece, porém, a quem o leia hoje, à distância de milhares de anos da composição, e com interesse primário pelo desenvolvimento dos eventos e por seu sentido, como a *história tout court*, impessoal e maravilhosa fábula, *mito* sonoro de ecos plurisseculares: "natürliche Erzählung", como o definia Goethe, que o qualificava também de "höchst anmutig", extremamente elegante, graciosa[16].

16. Johann Wolfgang von Goethe, *Dichtung und Warheit*, em *Goethes Werke*, Hamburg, 1955, IX, p.141.

***

Através de Goethe chegamos ao romance moderno e àquela particular e difundidíssima forma desse que se apresenta como re-Escritura. No nosso caso – inevitavelmente – só poderemos tratar de Thomas Mann e de sua imensa tetralogia *José e Seus Irmãos*[17]. Não hesitaria em defini-la como um dos maiores romances de artista do século XX. Desde o início de sua carreira, os problemas da arte e do artista estão no centro da narrativa de Mann: bastará pensar em Hanno Buddenbrook, no Gustav von Aschenbach de *Morte em Veneza*, em Tom Kröger, em certa medida até no Hans Castorp da *Montanha Mágica*, e, depois, na tetralogia de *José*, no Adrian Leverkühn do *Doutor Faustus*. Nestas obras, porém, Mann explora, escavando de modo insuperável, uma série de temas familiares na narrativa do tardo Oitocentos, que se poderia resumir no nó estreitíssimo que liga a arte com a decadência, a doença, a morte, até mesmo a danação.

17. A edição que uso é *Joseph und seine Brüder*, Frankfurt am Main, 1971; tradução de B. Arzeni para a Mondadori, Milão, 1980-82. Sobre Mann, ver, antes de mais nada, os vários ensaios de *Thomas-Mann-Handbuch*, hrsg. H. Koopmann, Stuttgart, 1990; Käte Hamburger, *Thomas Manns biblisches Werk*, Frankfurt am Main, 1984, e sobre *José*, o grande trabalho de Eckhard Heftrich, *Geträumte Taten. "Joseph und seine Brüder"*, Frankfurt am Main, 1990.

Nada disso há em *José* que é o romance no qual, talvez mais do que em todos os outros, Mann projeta a imagem de si mesmo a guisa de Goethe. No personagem de José, o qual, como ocorre no *Gênesis*, é também belo fisicamente, domina não o *tôb*, mas o *tâm*, "o sim e o não, a luz e as trevas, a vida e a morte": *urim* e *tummim*, como explica Mann, a *Sympathie* do homem ao mesmo tempo hilário e triste[18]. A dupla benção de José no *Gênesis*, "do céu do alto" e "do abismo, do profundo"[19], que na tetralogia torna-se "do alto em direção ao baixo e das profundezas subterrâneas em direção ao alto"[20], corresponde perfeita e explicitamente àquela que Mann atribui a Goethe em *Carlota em Weimar* (de resto composto nos mesmos anos dos últimos dois volumes da tetralogia): "não menos *homem* que *grande*", "o olhar da arte, da arte absoluta, que é ao mesmo tempo amor absoluto e absoluto aniquilamento ou indiferença", e que "significa aquela proximidade assustadora ao divino e ao demoníaco que nós chamamos 'grandeza'"[21].

18. *Joseph, der Ernährer*, p. 1127-1128; *Giuseppe il nutritore*, p. 198-199.

19. *Gênesis* 49. 25.

20. *Joseph, der Ernährer*, p. 1127; *Giuseppe il nutritore*, p. 198.

21. *Lotte in Weimar*, Frankfurt am Main, 1959, p. 58-59; *Carlotta a Weimar*, trad. L. Mazzucchetti, Milão, 1980, p. 76-77.

José é, portanto, artista. Em um sentido, porém, muito particular. Porque o José de Mann é consciente do fato de que a sua história já existe, existe do momento em que ocorre e a ele não resta mais que, diretor e ator a um só tempo, recolocá-la em cena e adorná-la. Depois, no segundo colóquio com os irmãos, finalmente juntos no Egito, para comprar grão, e aprisionados por ele, José pede ao seu fleumático mordomo, Mai-Sachme, que emergirá como auxiliar de diretor: "Mas de resto como foi? Como recitei minha parte? (*Wie hab' ich's gemacht?*). Não me comportei bem o bastante? Não adornei dignamente a história de Deus (*die Gottesgeschichte*)? Não inventei particulares festivos?"[22].

Artista *dentro* da história de Deus: decorador e inventor de detalhes – em uma palavra, *deuteropoietes*. José, personagem, aliás, protagonista do episódio, eleva-se ao grau de demiurgo venturoso e agitado, homem de fato e grande reescritor. Quando lhe chega a notícia que os dez ultrapassaram, pela primeira vez, a fronteira egípcia, José prorrompe em um longo e agitado discurso diante do mordomo:

> Mai, se você soubesse o que sinto! Mas eu mesmo não sei, em mim há um caos, é Tohu e Bohu, se você compreende esta palavra. Entretanto sempre o soube e esperei. Sabia quando estava diante do Faraó e quando lhe interpretei seus sonhos, os interpretei também para mim e soube onde Deus mirava e como guiava esta história. Que história, Oh Mai, é esta em que estamos! É uma das melhores. E agora depende de nós, agora é a nossa vez de desenvolve-la lindamente (dass wir sie ausgestalten recht und fein) até o final e de fazer disso a coisa mais divertida, colocando à disposição de Deus toda inventividade e argúcia do nosso espírito[23].

Deus é o Artista do *Gênesis*; José, que o sabe, é o intérprete criativo, o autor do seu próprio *midrash*. "Esta é uma história para qual é preciso ter muitas idéias e tê-las é um dever em relação a ela", proclama José; é como o Bezaleel do *Êxodo*, o qual fabrica e adorna a morada, o véu, o candelabro e a arca da Aliança, segundo as precisas instruções do Senhor a Moisés, mas "saciado do espírito de Deus", repleto de "sabedoria, inteligência e ciência"[24]. Bezaleel repete, na verdade, em escala humana, junto ao *ruah elohim* que o inspira, a Criaçao primigênia de *Gênesis*[25]. José volta a dar forma ao ingresso de Deus na História que seu caso propõe. A sua é uma "burla sagrada", um *heiliger Schabernack* daquilo que já é um "jogo sagrado", *das heilige Spiel*: "quando fato e resultado se encontram, é uma festa extraordinária, que deseja ser celebrada e embelezada com toda espécie de ornamento, com uma burla sagrada, a fim de que o mundo possa dela rir entre lágrimas por mais de cinco mil anos!"[26]

A semelhança entre o Bezaleel bíblico e o José de Mann é, com efeito, ainda mais profunda. A arte de ambos é *obrigada*, predeterminada. Como o escritor de tragédias que, segundo Aristóteles, não pode mudar o mito, mas somente organizá-lo com saber diver-

22. *Joseph, der Ernährer*, p. 1212; *Giuseppe il nutritore*, p. 289.

23. *Joseph, der Ernährer*, p. 1189; *Giuseppe il nutritore*, p. 264.

24. *Êsodo* 31 e 35.

25. Cf. E. Fisch, *Poetry with a Purpose*, p. 23-24.

26. *Joseph, der Ernährer*, p. 1191-1192; *Giuseppe il nutritore*, p. 267.

so e em uma perspectiva diferente[27], assim Bezaleel e José são artistas coagidos, dirigidos por Deus. Tudo o que José de Mann pode fazer é *reinventar* a história mostrando-nos assim a sua perfeição originária. Quando Mai-Sachme pergunta ao patrão se falará com os irmãos na sua língua, José tem a idéia de buscar a intervenção de um intérprete, segundo a genial invenção do Eloísta. E quando Mai sugere-lhe de fingir acreditar que seus irmãos são espiões, José responde que já havia pensado nisso: "Naturalmente, porque é a única correta e, pode-se dizer que *esteja já escrita. Toda esta história de resto está já escrita no livro de Deus*, Mai, e nós a leremos juntos entre lágrimas e risos"[28]. "Está escrita", *geschrieben steht*: José fala como os redatores do Novo Testamento, quando citam o Antigo dizendo que agora se cumpre, nas palavras e nos acontecimentos da vida de Jesus de Nazaré. *José e Seus Irmãos* é uma espécie de Evangelho.

Todavia, o livro de Deus evocado aqui – o *Gottes Buch* – não é somente a *Bíblia* hebraica e a cristã, mas também, o "livro da vida" da tradição exegética: o pergaminho do Céu de Isaias, o livro escrito dentro e fora de Ezequiel, o volume que se envolve no Apocalipse – a Sapiência divina e o mundo terreno, a onisciência, o universo e seus acontecimentos e os destinos humanos – um livro suspenso entre o passado, a eternidade e o presente. A tarefa do artista humano, do José e do Thomas Mann de *José e Seus Irmãos*, é, na verdade, esta: reescrever o livro de Deus como se fosse o livro da vida[29]. E reescrevê-lo como um mistério, mas também, superando Gustav von Aschenbach e Tom Kröger e Hans Castorp, tomando uma via oposta àquela de Adrian Leverkühn e fazendo-se de supremo Goethe, como *festlicher Spass*, brincadeira festiva, representação que induza ao Deus mesmo, não à resposta, mas ao sorriso. É o coração humano da tetralogia, nas palavras do próprio protagonista:

> Ah, guardião um dia da minha prisão e agora da minha casa, tudo isto é muito excitante e festivo. E deve ser executado como uma brincadeira festiva no modo mais alegre. A alegria, a brincadeira arguta são o que de melhor Deus concedeu aos homens e são o mais íntimo testemunho de si que os homens podem dar à complexidade e à problemática da vida. Deus concedeu-nos ao nosso espírito, para que possamos induzir ao sorriso até este severo mistério que é a vida. Os meus irmãos que, um dia, me laceraram e jogaram no fosso, agora devem comparecer diante de mim, esta é de fato a vida; e a vida é também o problema se se tiver que julgar o fato segundo o resultado e julgá-lo bom, mesmo se mau, porque foi necessário para alcançar um bom resultado. Problemas de tal gênero, coloca-nos, precisamente, a vida. Não se pode responder a eles seriamente. Somente com arguta alegria, o espírito humano pode elevar-se

27. Aristóteles, *Poetica* 14, 4, 1453b 23-7, a cura di C. Gallavotti, Milão, 1974, p. 46-47.

28. *Joseph der Ernährer*, p. 1194; *Giuseppe il nutritore*, p. 269.

29. Trato de algumas destas questões em uma ótica um pouco diversa em *Ri-Scritture*, Bologna, 1997. Remetendo toda a bibliografia ali contida as referências de literatura secundária.

sobre eles, de modo a induzir, talvez com uma brincadeira intimamente profunda, o próprio Deus, o potente Senhor que não responde, a sorrir de perguntas que não têm resposta[30].

Não seremos tão ingênuos em crer que as ações criativas e as vozes narrativas da tetralogia sejam somente duas. Thomas Mann empresta ao narrador de *José e Seus Irmãos* o anonimato e a distância do Javista, do Eloísta e do Sacerdotal do *Gênesis*, mas também a impessoalidade do comentarista à margem, do rabino midrashico, do exegeta medieval. O seu artista multiplica-se, quase como um protéico Michelangelo, pintor, arquiteto, escultor e poeta ao mesmo tempo, ou o Dante escritor e auto-exegeta do *Convivio*. As suas vozes são ao mesmo tempo aquelas de Joyce no *Retrato do Artista quando Jovem*, do misterioso inquisidor e do catequista solista naquela seção de "Itaca", no *Ulisses* lembrada no início desse livro, do eu memorativo e narrativo da *Recherche*. E, ainda mais, aquela que nasce da "história", do "mito", ausente, no entanto, nas outras obras-primas narrativas do modernismo. Porque se é verdade que o Joyce do *Ulysses* inspira-se na *Odisséia* homérica, é também evidente que a sua reescritura do mito é total, tanto que o desenho originário revela-se compreensível já a partir do título e dos famosos esquemas que Joyce fazia circular entre os amigos. Para Mann, a situação é diversa. A sua re-Escritura é ao contrário uma enorme *amplificatio* e um contínuo "adornamento", mas a fidelidade à Escritura primeva é integral.

Quando, no terceiro volume, *José no Egito*, o comentarista pergunta-se quantos anos José tenha realmente passado na casa de Potifar e quantos na "fossa", isto é, na prisão egípcia, porque – escreve – a tradição comumente aceita deixa-nos na incerteza, ele acrescenta logo que a questão pode parecer inoportuna. "Conhecemos ou não conhecemos a nossa história?", pergunta-se com aparente impaciência. É justo e conforme a natureza do gênero literário, que o narrador faça os seus cálculos e as suas deduções em público? Deverá ele estar presente na história como "fonte anônima" daquilo que é contado "ou, mais exatamente, que conta a si mesmo?" Não, certamente, o narrador deverá estar na história, não fora dela. Mas, então, interroga-se, "que acontece com o Deus que Abraão expressou no seu pensamento e reconheceu?". Deus, escreve retomando a imagem que I Rs. 19 usa para a teofania a Elias no monte Horebe, "está no fogo, mas não é o fogo. Está nele e fora dele". Ser uma coisa é racionalmente e ontologicamente bem diferente de observá-la. No entanto, "há esferas e mundos em que estas duas coisas podem acontecer ao mesmo tempo: o narrador está, na verdade, na história, mas não é a história, ele é o seu espaço, ele está também do lado de fora dela e, mudando sua natureza, torna-se capaz de examiná-la"[31].

30. *Joseph, der Ernährer*, p. 1194; *Giuseppe il nutritore*, p. 270.

31. *Joseph in Ägypten*, p. 616; *Giuseppe in Egitto*, p. 145-146.

Esta não é simplesmente uma análise precisa dos níveis diegéticos do *José*, mas também, com citações da *Montanha Mágica*[32], a sombra divertida de uma teologia narrativa. O narrador é como Deus (não é talvez isto que a *Bíblia* pretenda para si, um Autor divino?): está no fogo, mas não é o fogo, está dentro e fora dele, quase fosse um sarçal ardente que fala no deserto. O narrador não quis jamais, ele mesmo o afirma, criar a ilusão de ser a fonte da história de José; essa aconteceu antes de poder ser contada: "brotou da mesma nascente da qual brota cada acontecimento e, acontecendo, contou a si mesma". Devir e palavra, que nascem ambos de um misterioso ser, tocam-se, enredam-se nesta mística do mito. A tarefa do narrador, do artista, será a de levar tal enredo ao conhecimento de si? A história está, de fato, no mundo desde quando aconteceu e foi contada. "Cada um a conhece ou acredita conhecê-la", porque este conhecimento muito freqüentemente é casual, sem empenho, quase um sonho que sem razão volta-se para o alto. A história de José foi narrada centenas de vezes e de cem modos. "Mas agora, aqui e hoje, é contada de modo a adquirir, ao mesmo tempo, consciência de si (*Selbstbesinnung*) e recordar-se do que foi uma vez na realidade, própria e exatamente, e examinar-se enquanto acontece"[33]. A própria impessoalidade da abordagem aproxima a obra ao *Gênesis*, como se o escritor quisesse apresentar-se nas vestes de mera hipótese documentária como são P, E e J a ponto de podermos chamá-lo, como já o fiz alhures[34], M.

Todavia, por trás da história, do narrador, de José – de todos os rostos deste "retrato de artista" – está presente, fora e dentro, o fogo, o Artista supremo, Deus. "Deus revirou as coisas, caro mordomo!", exclama José antes do encontro com os dez, "Deus as mudou para o bem e sorte de cada um" (*Gott hat sie gedreht[...] Gott hat sie zum Guten und zu jedermanns Gunsten gewendet*)[35]. E mais tarde, depois da cena de revelação e reconhecimento: "Deus fez tudo bem", *Gott hat es alles recht gemacht*[36]. A frase conclusiva da tetralogia é significativa: "E assim tem fim a bela história e invenção de Deus, de José e dos seus irmãos": *die schöne Geschichte und Gotteserfindung*[37].

História bela e achado divino: duas coisas diversas, mas características do mesmo livro. Tantos artistas, um Artista. Mas o que nos traz nas últimas citações o *gut* e o *recht* em que Deus "revirou" o todo? É, e assim voltamos ao início, o *tôb* do *Gênesis*. Ou ainda *Agathos* ou *kalos*? "Schöne Geschichte", escreve Mann. Mas se em um artigo de 1913 Thomas Mann tinha sustentado que

> O artista [...] é moralmente indiferente, irresponsável e inocente como a natureza, da qual é verdadeiro filho. Criativo por constituição, não contemplativo mas ativo [...] sensual e infantil, todo concentrado no jogo, na pompa e nas festas, é um jovenzinho que vive e deixa

32. Ver Erich Heller, *Thomas Mann: The Ironic German*, Cambridge, 1981, p. 233.

33. *Joseph in Ägypten*, p. 616; *Giuseppe in Egitto*, p. 145-146.

34. *Ri-Scritture*, p. 46-69.

35. *Joseph, der Ernährer*, p. 1188; *Giuseppe il nutritore*, p. 263.

36. *Joseph der Ernährer*, p. 1263; *Giuseppe il nutritore*, p. 343.

37. *Joseph der Ernährer*, p. 1363; *Giuseppe il nutritore*, p. 451.

viver que delega de bom grado aos outros, se fazem questão, o juízo sobre aquele mundo que, de sua parte, contenta-se em embelezar e reproduzir[38].

se, em suma, aquele era o retrato do artista quando jovem, o *tâm* de Goethe e de José, no último grande ensaio que ele compôs, Mann volta, quase no fim da própria vida, em 1952, ao problema que sempre o obcecou. E agora, naturalmente, o que emerge é um retrato do artista já velho, um velho patriarca, um Deus grisalho:

> O profano, aquele que goza com gratidão da obra de arte, recorre, para louvá-la e celebrá-la, à palavra "belo". Mas o artista, o homem que constrói, não diz "belo", mas "bom". Ele prefere esta palavra porque nela exprime melhor e em modo mais preciso o valor profissional, a perícia técnica. A coisa, porém, não acaba aqui. Com efeito, toda arte oscila na ambivalência da palavra "bom", termo no qual o âmbito estético e o moral encontram-se, misturam-se, tornam-se indiscerníveis e cujo significado, procedendo além do âmbito puramente estético, chega ao que merece consenso geral, e dali eleva-se até a idéia sublime e imperiosa do acabamento[39].

Este Deus, como aquele do princípio do *Gênesis*, diz *tôb*, e quer dizer, enfim, *kalogathos*. No Prefácio da edição inglesa, em um só volume de *José e os Seus Irmãos*, assinada "fevereiro de 1948", Mann pergunta-se como os pósteros considerarão esta obra: "tornar-se-á logo uma curiosidade para antiquários, coberta de pó, fácil presa do tempo que foge"? Ou alegrará os nossos herdeiros? Ou será, talvez, inserida no número dos "livros grandes"? Ele, Mann, não o sabe, e ninguém, afirma, pode dizer-lhe. Porém, enquanto filho de um comerciante, ele sempre teve confiança na "qualidade", aquilo que consentiu a tantas obras do homem resistir por séculos. Pois bem, "the song of Joseph is *good*, solid work, done out of that fellow feeling for which mankind has always been sensitively receptive. A measure of durability is, I think, inherent in it"[40]. O homem-Deus, *Mann-Gott*, viu quanto havia feito, e eis, era coisa muito boa.

***

Cumpro um último passo, desta vez em direção à *poesia* dos nossos dias. No centro da inspiração mais recente de Haroldo de Campos encontra-se aquela que ele mesmo

38. *Der Künstler und der Literat*, em *Gesammelte Werke*, X, Frankfurt am Main, 1990, p. 67; "L'artista e il letterato", em *Nobiltà dello Spirito*, Milão, 1997, p. 1581-1582.

39. *Der Künstler und die Gesellschaft*, em *Gesammelte Werke*, X, p. 392.

40. Citação inglesa de *Joseph and His Brothers*, trans. H. T. Lowe-Porter, Harmondsworth, 1978, p. xiii-xiv. No original alemão em *Sechzehn Jahre. Zur amerikanischen Ausgabe von "Joseph und seine Brüder" in einem Bande*, *Gesammelte Werke*, XI, p. 681: "gute, getreue Arbeit". Ver também, *Thomas Mann. Selbstkommentare: "Joseph und seine Brüder"*, Frankfurt am Main, 1999.

chamou "A Cena da Origem", a meditação, isto é, sobre o princípio do *Gênesis* bíblico: a Criação do universo. Desde 1993 ele havia traduzido *Bere'shith*: o primeiro capítulo e os primeiros quatro versículos do segundo do *Gênesis*[41]. De Campos não segue os Setenta ao verter *tôb* como "belo", mas escolhe decididamente "bom": "E Deus viu que a luz era boa... E Deus viu o seu feito no todo / e eis que era muito bom". A sua, por outro lado, é uma tradução que quer ser "transcriação" e que tende a propor um texto eminentemente "poético", em que o étimo e o som das palavras mostram-se superiores, no interior de uma abordagem declaradamente "laica", sobre considerações teológicas[42].

41. Uso aqui *Bere'shith: A Cena da Origem*.

42. *Idem*, p. 17-23, 27. Veja-se a tradução como "criação" para Haroldo de Campos; ver, por exemplo, "De la Traducción como Creación y como Crítica", em *De la Razón Antropofágica y Otros Ensayos*, p. 185-204, e também em *Sobre Finismundo: A Última Viagem*, p. 33.

Justamente neste contexto, destacam-se algumas escolhas significativas. Em primeiro lugar, a locução "fogoágua" para o hebraico *shamayim*, normalmente traduzido como "céu": o tradicional "No princípio Deus criou o céu e a terra" torna-se "No começar Deus criando / O fogoágua e a terra". Neste caso, o gerúndio e o infinito substantivado permitem, respondendo a algumas interpretações antigas e modernas, "remontar ao cenário da origem (como em *flash-back* sintático)", e "começar" alitera com "criando" como *bere'shith* com *bara'* . É uma estrutura em que, sobretudo, "fogoágua" completa a "metáfora cosmológica" retomando a etimologia de *shamayim* que Henri Meshonnic recupera de Rashi (*esh*, fogo; e *mayim*, água), evitando a idéia de um céu "abstrato, já conceptualizado", em suma, totalmente religioso[43]. O magma oximoro dos dois contrários, fogo e água, daria ao texto do *Gênesis* um aspecto por assim dizer pré-socrático, mas o aproximaria também das "metáforas cosmológicas" da física moderna, que fazem iniciar o universo com um Big Bang semelhante a uma inconcebível explosão de fogo e principiante de uma "sopa primordial"[44].

43. *Bere'shith...*, p. 27.

44. Idem, p. 27, n.18; ver *Depoimentos de Oficina*, p. 66.

Todavia, Haroldo de Campos é leitor muito fino para deixar escapar o outro significado que a redação do *Gênesis* comporta, o artístico, precisamente. Uma das expressões que o fascinam nos primeiros versículos do segundo capítulo do Livro é *toldoth*, que os Setenta traduziram como *geneseis* e a Vulgata como *generationes*. Seguindo interpretações diferentes e transferindo a aliteração do original (*'ellê toldoth*), ele prefere "esta a gesta", retomando a acepção do latim *res gestae* "como nas medievais 'canções de gesta'" e, confiando na sugestão de Edmund Wilson, segundo a qual tem-se a impressão, quando se lê estes capítulos do *Gênesis*, de encontrar-se diante de um epos ou de uma saga[45]. Mas o protagonista e o autor de tal obra são, por ora, uma só pessoa, Deus: porque o homem, o qual compareceu brevemente no capítulo precedente, chegará na cena somente nos versos sucessivos. "Assim", escreve Haroldo de Campos,

45. *Bere'shith...*, p. 33-34.

> nestes versículos inaugurais do *Bere'shith*, condensa-se, no seu todo e em suas partes, a saga da criação, como um Deus-*Poietés*, metafórico

e metonímico – *il Fattore* dantesco, *el Hacedor* borgiano –, a fez e a nomeou, e como texto, no seu trabalho arquimemorial, insinuação permanente de leitura e recitação, a celebra[46].

46. Idem, p. 36.

Cosmogonia e poesia: são os dois aspectos da "criação" que de agora em diante interessam ao escritor. Não tenho aqui o espaço para ilustrar em detalhes todo o desenvolvimento destas idéias na sua obra: quem quiser fazê-lo, deveria examinar o que ele declara sobre o livro de Jó e em particular sobre o capítulo 38 que traduziu daquele Livro, mas também, por exemplo, a sua prática "transcriativa" de Dante e, em particular, do *Paraíso*[47]. Limito-me, ao invés disso, a seguir os dois rastros nas obras de Campos nas quais esses aspectos emergem mais definidos, *Finismundo: A Última Viagem* e *A Máquina do Mundo Repensada*.

47. "Jó: a Dialética de Deus", idem, p. 57-73; *Pedra e Luz na Poesia de Dante*.

No texto que hoje funciona como introdução a *Finismundo* o poeta volta, ainda uma vez, a *toldoth* e a *bere'shith*, e precisa que a primeira pareça-lhe agora designar "uma espécie... de *parto do mundo* na história", enquanto a segunda, remontando aos étimos *be* ("in") e *re'shith* (de *ro'sh*, "cabeça"), indique o valor de "in principio" equivalente a "in testa": na tradução grega de Aquila, posterior a dos Setenta, *en tê kephalê*. Pois bem, justamente esse significado é o que fascina o autor de *Finismundo*: "Então se trata, em nosso caso, eu diria, mais provavelmente da gênese do poema, como o poema começa na cabeça do poeta, ou então na cabeceira da linguagem e na cabeça do poeta, simultaneamente"[48]. É isto que ele quer tentar explicar em relação a *Finismundo*: o problema, em outras palavras, do *poiein*, do "fazer poético". Além da inspiração, que é o"acaso" ou o "momento epifânico" – a "ocasião", diria Montale – a interrogação é precisamente "como" e "porque" *fazer*. *Finismundo* procura responder a tal pergunta recolocando em cena não o *Gênesis*, mas a aventura de Ulisses; e não em uma versão particular, mas em um intertexto que vai de Homero a Dante, a Joyce até a navegação em rede, e funciona como "modelo semiológico".

48. *Sobre Finismundo...*, p. 12-13.

O tema central do poemeto está, na verdade, na intenção do escritor, próprio àquele do *poiein*: "o risco da criação pensado como um problema de viagem e como um problema de enfrentamento com o impossível, uma empresa que, se por um lado é punida com um naufrágio, por outro é recompensada com os destroços do naufrágio que constituem o próprio poema"[49]. Então, Ulisses é o poeta: que tenta, lançando-se para além das Colunas de Hércules, "trans-passar o passo", arriscar o "louco vôo", "tentar o não tentado": a navegação do "mar / atrás do mar". E se a metáfora da navegação, como bem o demonstrou Ernst Robert Curtius[50], foi usada para a escrita e para a poesia da antiguidade em diante, em *Finismundo* ela adquire uma fertilidade particular através do eco deliberado

49. Idem, p. 15.

50. E. R. Curtius, *Letteratura europea...*, p. 147-150.

dos primeiros versículos do *Gênesis*, porque aquele mar além do mar é chamado "ínvio-obscuro / caos pelaginoso" e é por isso o *tehom* bíblico sobre o qual o espírito de Deus esvoaçava "no começar": fora da metáfora, o oceano que se agita "na cabeça do poeta, ou então na cabeceira da linguagem e na cabeça do poeta, simultaneamente", no momento em que o poeta prepara-se para "criar".

Toda viagem de Ulisses tende, portanto, ao Paraíso terrestre, ao "transfinito", aquele "além" sobre a terra à qual a poesia mira. Quando Haroldo de Campos usa, para tal navegação, a expressão "quilha nas ondas / [Odisseu] sulca mais uma vez (qual nunca antes) / o irado / espelho de Poséidon: o cor-de-vinho / coração do maroceano", sabe bem que o grupo das imagens retomadas por ele não é somente homérico, mas também, através do texto da *Odisséia*, poundiano: porque é exatamente Ezra Pound que *en tê kephalê* dos *Cantos* coloca, traduzindo o *incipit* do Livro XI do poema homérico por meio do *Seafarer* anglo-saxão, "keel to breakers". E será supérfluo notar quanto "keel" seja, em inglês, próximo a "quill", o estilo, o cálamo dos escritores, e quanto a metáfora do sulcar penetra naquela mais vasta do escrever, o do compor, como o navegar que Dante, por exemplo, emprega através da *Comédia*, e memoravelmente *en tê kephalê* do *Purgatório* e, ainda mais amplamente, do *Paraíso*. "Ó vós que em *barca* pequenina e lassa", tinha – sem dúvida consciente dos ecos do *Inferno* XXVI, o canto de Ulisses – transcriado por Haroldo de Campos do início do *Paradiso* II, "por amor de escutar, me haveis seguido / *a nau* cantante que desonda e *passa*, // volvei sem mais ao porto conhecido: / o *mar* é alto, basta de porfia, / pois me perdendo, vos tereis perdido. // À água que eu tomo não se *desafia*...". E ainda: "Vós outros, raros, vós, de altivo colo, / dos poucos que alimenta o pão divino / sem jamais saciar no térreo solo, // lançai-vos para além do mar salino, / velas plenas, seguros nessa *esteira* / que reflui do meu rasto cristalino"[51].

Finismundo põe, então, em cena a *gestação* da poesia e de si mesmo. Quando o seu Ulisses, retomando Dante e Mallarmé, naufraga ao final da primeira seção, eis que desaparecem seus companheiros, a sua "ínsula ansiada" e o "alcançável Éden": junto à vida, afunda também o sonho de uma obra de arte total, completa e finita. Restam, por outro lado, por um átimo, somente "efêmeros sinais no torvelinho": rastros, "sinais" de um plano e de una navegação semiológica, os "fragmentos" que só a poética moderna admite: "a *húbris* que resta, aquele resquício de vaidade do poeta, é simplesmente o papel impresso, fragmentário, as poucas páginas que formam o texto"[52]. Quando, na segunda parte do poemeto, Ulisses ironicamente sobrevive ao mito e acaba por navegar "no líquido cristal verdefluente" da tela de um computador, a poesia revela-se como rastro ainda mais evanescente: "traço / mínimo digitado / e à pressa cancelado", assim permanecendo "penúltima" mais ainda do que a "última viagem", e o Éden visível agora como mero "postal".

51. *Pedra e Luz*..., p. 99. Tenho italicizado as palavras que podem ter influenciado *Finismundo*: nota-se que o dantesco *solco*, al v. 14 di *Paradiso* II, corresponde plenamente ao "sulca" de *Finismundo*. Por "se desafia" veja-se "um certo desafio" a p. 15 de *Sobre Finismundo*.

52. *Sobre Finismundo*..., p. 23.

Contudo, esta obra da velhice conhece também a salvação, se não a redenção. Assim declara o próprio poeta:

> O poema são os salvados do naufrágio. Isto não é dito, mas isto está exposto no estar-aqui do poema, na sua existência e subsistência. É nessa paráfrase irônica que o poeta se sente identificado ao paradigma de outros poetas que cantaram o mundo "abandonado pelos deuses" (expressão do Lukács da *Teoria do Romance*). Isto está em Eliot, está em Pound, está em Joyce, para falar dessa linha de autores contemporâneos[53].

53. Idem, p. 22-23.

Se o próprio poemeto é uma seqüência de fragmentos – "these fragments I have shored against my ruins", dizia Eliot no final de *Waste Land* – e não será jamais a *Odisséia* ou a *Divina Comédia*, este se insere porém em uma *tradição* literária, uma "teoria" que de Pound a Joyce a Eliot a Lukacs produziu alguns dos monumentos narrativo-poéticos, e teórico-reflexivos, da modernidade: *Cantos*, *Ulysses*, *Finnegans Wake*, *Waste Land*, *Four Quartets*, *Die Theorie des Romans*. Se o ponto fecha-se sobre o naufrágio, e o "redondo / oceano ressona taciturno", resta todavia, além do pranto amargo das Sereias e, mais tarde, dos agudos ululados das sereias, um "Crisantempo".

O "caos pelaginoso" no qual se prepara a criação volta logo de "mitopoesia" a "cosmopoesia", o outro pólo que identificava antes[54]. A *philosophia*, no sentido aristotélico de amor pelo saber, acompanha-se da *philomitia*[55]. Há, em Haroldo de Campos, uma urgência cosmogônica que o aproxima dos pré-socráticos, de Lucrécio, de Dante, de Camões e que, na sua seriedade e integridade de "maravilha" e "curiosidade" científica[56], vai além dos êxitos extraordinários, mas irônicos, da *Petite cosmogonie portative* de Queneau, das *Cosmicomiche* e *Ti con zero* de Calvino, ou do *Mondo creato* de Ferrucci. A perspectiva que o poeta chama "agnóstica"[57] não engana. Quem, na *Máquina do Mundo Repensada*, escreve – declaradamente ter duas vezes a idade do Dante da *Comédia*, setenta anos, e em tercetos dantescos[58] – um poemeto em espiral semelhante em estrutura às galáxias, e que percorre o universo ptolemaico, galileano e einsteiniano para alcançar, ao contrário, ainda o Big Bang por um lado e a indeterminação de Heisenberg por outro, é, porém, "agnóstico" ("a 'agnose'", escreve, "não se transformou em 'gnose'"), mas crê todavia no princípio fundamental. "A verdade não há", certo, mas a agnose "ficou como no princípio, a dúvida (agora, é verdade, enriquecida pelo esforço metódico de auto-indagar-se)"[59].

O caminho da *Máquina* apresenta-se intertextual sob todos os pontos de vista: a selva na qual, "como Dante em via estreita", a "persona" do poemeto se encontra no início; é também o grande "sertão" de Guimarães Rosa, o escritor que fez da floresta uma cifra essencial e

54. *Depoimentos de Oficina*, p. 59-70.

55. Aristóteles, *Metafísica* A 2, 982b 11-19.

56. "Meraviglia" por Aristóteles, ibidem. Haroldo de Campos a chama, com expressão medieval, *curiositas*: perseguida esta não irrompe na "primeira ciência" aristotélica, precisamente a metafísica, mas na história, na pesquisa. *Depoimentos de Oficina*, p. 65-66.

57. *Depoimentos de Oficina*, p.66.

58. Talvez não seja nem o caso de o poema ser de 2000, não só o início do "terço acidioso/acidioso milênio", mas também o setingentésimo aniversário da viagem da *Comédia* no 1300. Ver *A Máquina do Mundo Repensada*, p. 15.

59. *Depoimentos de Oficina*, p. 69.

magnífica da literatura brasileira. O impulso fundamental à "criação" cosmopoética provém ainda uma vez de Dante, mas revisitado por meio do Camões da visão final de Vasco da Gama no Canto X de *Os Lusíadas* e o "repensamento" de Carlos Drummond de Andrade: do Deus do *Paraíso*, poder-se-ia dizer, ao Deus que fabricou a "grande máquina do mundo" em Camões, mas que "ninguém o entende" o que seja, até o ceticismo "incurioso" de Andrade[60].

Enfim, dois casos centrais, que saltam de repente a tradição meramente literária para fundar um intertexto científico-poético. *A Máquina* é dividida em três partes, como se fosse uma *Comédia* do *Inferno*, *Purgatório* e *Paraíso*: as três seções são porém dedicadas ao cosmo ptolemaico, na primeira; à evolução do modelo do universo de Galileu a Newton e, via Maxwell, Laplace e Poincaré, a Einstein e a tantos outros, na segunda; e enfim, na terceira, à explosão primeva que a física de hoje postula para o Princípio do mundo. Pois bem, primeiro caso: nos tercetos 67-69 da segunda parte Haroldo de Campos coliga e opõe, com gesto fulmíneo, a célebre frase de Einstein, "Deus não joga dados", com o igualmente famoso *Un coup de Dés jamais n'abolira le Hasard* de Mallarmé[61]: através do pensamento do "seguidor de Maxwell" Poincaré, "coetâneo" do poeta simbolista. Segundo ponto: na seção terceira do poemeto, o tema do Big Bang emerge logo, no terceto 83: é chamado "o começo (?) / de tudo" e, conforme o fenômeno a partir do qual é deduzida a radiação de fundo[62], definido "borborigma esse *ur*-canto // ou pranto primordial: primeiro nexo". Em outras palavras, o fenômeno que os cientistas de hoje postulam como inicial do cosmos configura-se imediatamente como linguagem primeva, como murmúrio que já é protopoesia "*ur*-canto". Pouco depois, retorna pela primeira vez o *Gênesis*, exatamente como antecipava *Bere'shith*:

> há quinze bilhões de anos qual renôvo
> fantasma em retrospecto índice enfim
> do ejacular de estilhaços de fogo
>
> da primeval pulsão: também assim
> no *bere'shit* – no livro cabalístico
> (no começar/no encabeçar) esh máyim
>
> shamáyim/ "fogoágua" – lê-se: do céu mítico
> nome – do céu à terra sobre-assente
> (glosa de ráshi atento para o vívido
>
> étimo da palavra) ou comburente
> cristal em torno fluindo do sublime
> trono divino...[63]

60. Idem, p. 63. *Os Lusíadas* X, 80, 7.

61. O "Dés" mallarmeano vale seja para "dados" quanto para "Deus".

62. No texto, representado com precisão científica e inventividade fantástica como "primeiro nexo / radiocaptado por humano ouvido / da explosão parturiente – seu reflexo / espelhado em rumor" (84-85).

63. 90-93: a imagem final do cristal e do trono provém do *Apocalipse*.

Unidas, então, a física do terceiro milênio, o comentário do primeiro (até aqui, da era vulgar) e a imaginação "mítica" do primeiro milênio antes de Cristo, junto ao percurso vertiginoso no espaço-tempo, toma forma uma "saga" que se desenha através do passado e coagula-se no presente. Resta o futuro, sobre o qual surge a interrogação mais tarde: "mas depois do depois que vem? uma épica? / desastre de astros? lapso de gigântea / (super) estrela azul? dançante poética / do universo? inestática vibrância?"[64]. Expansão ao infinito, colapso entrópico, "un-steady state": as hipóteses sobre o destino do cosmos são gêneros literários, épica, tragédia, não-mística. Em todo caso, um verdadeiro *finismundo* declina-se como *poética do universo*. Não será, talvez, mais verdadeiro o Princípio bíblico: "ou é o *bereshit* – o primo gene – / imbuído em *elohim*?", pergunta-se o poeta[65]. Mas restam, de algum modo, ao término da "criação", um "efeito grafemático", o O maiúsculo e em negrito que é também o "zero significante" de Julia Kristeva, e a palavra "nexo", que retorna, no último "terceto" (de um só verso) do poema, o "primeiro nexo" do *ur*-canto celebrado em precedência, na estrofe 84: única sobrevivência – diria: *destroço*, *rasura* – do Logos que foi *en arkhê*.

64. 99-100.

65. 147.3-148.1.

[*tradução de Doris Natia Cavallari*]

PENSAMENTOS FRAGMENTÁRIOS SOBRE HAROLDO DE CAMPOS

WLADIMIR KRYSINSKI

"O pensamento em ondas infinitas..."

SOUSÂNDRADE, *Harpa* XXVI.

COMO EU O VEJO HOJE, NO MOMENTO EM QUE ele adentra a morte? Qual era seu *habitat* espiritual? Quem ou o quê impulsionava sua extraordinária energia intelectual?

Haroldo habitava um espaço móvel. Um espaço da criação e de deslocamentos permanentes. Ele era capaz de uma ubiqüidade incontornável. Sem dúvida residia no Brasil, em São Paulo, mas sua residência não o impedia de viver simultaneamente em muitos outros lugares, num cosmos invisível onde a poesia e a sede de uma busca permanente lhe davam uma assustadora força de imaginação e de invenção. Haroldo estava a par de tudo que era produzido na cultura do século XX, em todos os continentes. Era um poeta constantemente impulsionado por uma energia de querer aprender e de saber explicar. Queria tudo saber e conhecer a fundo. Sabia aprender a sua maneira. Sabia comunicar seu imenso saber à maneira de um dançarino de samba ou tango.

Recordação: agosto de1985, depois do congresso da Associação Brasileira de Semiótica de São Paulo. Uma grande recepção nos é oferecida, e de repente vejo Haroldo se lançar com a Carmem num tango elegante, argentino, sofisticado, teatral e lúdico. Haroldo tinha em si um fundo lúdico, naturalmente brasileiro.

Recordação: eu o vejo agora num ônibus para Belo Horizonte. Estamos no mês de agosto, 1990, e o inverno brasileiro nos aquece com seu sol estival. Esse ônibus deve levar os participantes do congresso da Abralic ao campus da Universidade. De repente, para me agradar e me lembrar que os imigrantes poloneses têm sua parte de grandeza na cultura brasileira, Haroldo se põe a falar de Paulo Leminski. Recordando que Leminski nasceu em Curitiba e que era "mestiço de polaco com negro", ele fala da comunidade polonesa estabelecida no Brasil. Chama Paulo Leminski de "poeta japa-polaco-brasileiro". A voz de Haroldo atravessa um espaço fascinante de suas reflexões; no seu discurso, ele fala também do barroco polonês e brasileiro, da concisão japonesa e da ironia inclassificável. Lembra que Leminski escreveu um romance louco e bizarro, cujo imaginário literário é fortemente irônico em relação aos formalistas russos (Jakobson, Chklovski, Tynianov), tão populares e tão ardentemente estudados no Brasil. Esse romance se intitula *Agora é que São Elas*. E nele Leminski joga constantemente com as idéias de Vladimir Propp sobre a narrativa. Haroldo se lembrava bem do fim desse romance. O narrador e protagonista diz a derradeira frase: "Eu não quero a vida eterna, professor. EU QUERO O INFERNO".

Haroldo, ainda nesse ônibus para Belo Horizonte, resume um outro romance de Leminski, *Catatau* (prosa experimental), dando gargalhadas enquanto lembra as aventuras de Descartes no Brasil que o imaginário de Leminski situou nesse romance tresloucado.

Nós o vemos hoje melhor do que em vida: Haroldo tinha um duplo pertencimento à criação literária e crítica. Era membro ativo e um dos fundadores da vanguarda brasileira da poesia concreta, que se constituiu como grupo Noigandres. Ao mesmo tempo, pertencia ao classicismo atemporal. De fato, a poesia de vanguarda era uma necessidade histórica que Haroldo compreendia bem e que reconhecia como uma força propulsora, irrefreável. Ele assinou os manifestos de Noigandres e numerosos artigos, a fim de poder atestar a vontade brasileira de estar à altura das transformações da poesia moderna. Vemos hoje como Haroldo desenvolveu sua teoria da evolução da poesia moderna. Suas fontes de inspiração são múltiplas, e parece que nenhuma língua constitui obstáculo ao extraordinário poliglotismo de Haroldo. Vemos também como a futura poesia é pensada por Haroldo como integração necessária de dados variáveis: científicos, estéticos, musicais, pictóricos, semióticos, narrativos. Perfeitamente informado ao mesmo tempo pela semiótica russa e pela de Charles Sanders Peirce, Haroldo preparou um quadro interdisciplinar para uma poesia que seria, ao mesmo tempo, uma confirmação da justeza da via, seguida pelos concretistas, e uma visão de uma

poesia a nascer. Esta seria o equivalente verbal do discurso literário futuro, romanesco e poético, tal como Italo Calvino o descreve em suas *Lições Americanas*. Assim, ela se fundaria sobre a "leggerezza", a "rapidità", a "esattezza", a "visibilità" e a "molteplicità". Que bela chave de leitura para *Galáxias* são essas "lições americanas" de Calvino!

Isso que eu chamo de classicismo atemporal significa, antes de tudo, a ligação de Haroldo com a fonte primeira da poesia ocidental, ou seja, com Homero. O diálogo infinito com os mortos, a travessia do mundo por Ulisses, Ulisses-símbolo-da-inteligência, uma navegação infinita, mas instrutiva, Ítaca. O diálogo de Haroldo com Homero é exemplarmente moderno, pois ele sabe encontrar no poeta grego um alimento terrestre atemporal, uma maneira de se comunicar com os arquétipos da visão poética do mundo. É no "laboratório homérico" e na poesia de Sousândrade que Haroldo (com Augusto) forja o estilo particular de sua própria poesia, que ele chama, com o irmão, de estilo "metafísico-existencial", uma forma poética particular própria a Sousândrade, e que os irmãos Campos definem em termos de logopéia, ou seja, "dança do intelecto", tal como Pound a concebe, como uma das três características essenciais da poesia, [que são a] *fanopéia*, a *melopéia* e a *logopéia*. Em Sousândrade, esse estilo se acompanha de dois outros estilos-registros: o "conversacional-irônico" e o estilo "sintético-ideogrâmico"[1]. A translação poética de Homero ao português se tornou uma das preocupações principais de Haroldo, o grande tradutor. Assim como seu comentário (re-visão) de Sousândrade.

O avanço da poesia moderna em direção a formas novas se acelera na segunda metade do século XX, o que é visível também na obra de Haroldo. Sua escritura poética é um reconhecimento da "morte do verso", bem como uma prática e uma teorização da poesia de constelação. O percurso de Haroldo até a constelação é antes de tudo marcado pela postulação da prática poética "galática". Esta prática pressupõe a criação de estruturas constelares, ou seja, grupos dispersos de objetos ou de pontos brilhantes. Podemos citar aqui um texto constelar de Gomringer, traduzido por Haroldo e citado num de seus textos teóricos mais luminosos: "A Temperatura Informacional do Texto"[2].

worte sind schatten
schatten werden worte [...]

sind worte spiele
werden schatten worte [...]

1. Ver *Re-visão de Sousândrade*, p.45-46.

2. Publicado originalmente na *Revista do Livro* n. 18, junho de 1960, e depois em *Teoria da Poesia Concreta: Textos Críticos e Manifestos 1950-1960*.

(palavras são sombras
sombras tornam-se palavras

palavras são jogos
jogos tornam-se palavras

sombras são palavras
palavras tornam-se jogos

jogos são palavras
palavras tornam-se sombras

palavras são sombras
jogos tornam-se palavras

palavras são jogos
sombras tornam-se palavras)

Haroldo observa que na poesia moderna se produz uma transformação sistemática da informação semântica em informação estética. E a poesia concreta se constrói como uma espécie de máquina estrutural e formal em que a "temperatura informativa" é antes de tudo determinada pela estética, ou seja, por tudo que a forma e a estrutura exibem. Numa tal configuração, a elocução do poema se alonga, perde sua identidade lírica e se transforma numa multiplicação associativa, memorial, meta-discursiva, topográfica e cronotópica. Não é essa a estrutura de *Galáxias*?

A fim de compreender a posição de Haroldo na marcha evolutiva da poesia em torno do final do século XX, é preciso lembrar brevemente suas idéias expressas de maneira em parte polêmica, em parte programática em "Poesia e Modernidade: da Morte da Arte à Constelação. O Poema Utópico". A idéia da modernidade poética em Haroldo se nutre de Baudelaire, mas também de certos poetas alemães, como Arno Holz e Christian Morgenstern, dos quais ele comenta as obras antes "irônico-conversacionais" que "metafísico-existenciais". De fato, Haroldo estima que "é o poema pós-utópico" que caracteriza, mais do que o pós-modernismo, a poesia no final do século XX.

Escrito sob o impacto de uma frase-postulado, metapoética de Mallarmé –"A ficção assomará e se dissipará, célere, conforme a mobilidade do escrito"[3] –, *Galáxias* constitui a expressão perfeita de uma consciência teorizante e de uma metapoesia *in statu nascendi*. Esse texto impõe uma reflexão sobre a poesia que englobaria ao mesmo tempo as

3. Stéphane Mallarmé, "Prefácio", em *Mallarmé*. Trad. de Haroldo de Campos.

tradições européia, norte-americana e latino-americana do poema longo (*Zone, Elégies de Duino, The Waste Land, Leaves of Grass, O Inferno de Wall Street, Cantico, Pasado en blanco*), da auto-reflexividade (Novalis, Mallarmé, Jimenez, O. Paz, J. Ashbery) e de uma metapoesia entendida como sistema de reflexos e de discursos sobre o discurso em andamento (W. Stevens, e.e. cummings, E. Montale, J. Roubaud, M. Deguy). Pensados assim, esses diferentes suportes do discurso poético no século XX abririam um campo de reflexão cada vez mais funcional sobre *Galáxias*. De fato, o que me encanta nesse poema-rio heraclitiano, esse céu estrelado excessivamente dito, é sua mobilidade meditativa e lúdica. Em *Galáxias*, a *intellectio* da poesia é acompanhada de um gesto lúdico. Haroldo é antes de tudo um *poeta ludens*. O leitor não pode deixar de sentir o estado de graça da criação verbal que encanta o poeta-jogador.

O texto que dá a ver sua textura (sua literariedade) e sua "*parlure*" (a oralidade espontânea, dita e encenada prosaicamente) é sustentado por uma epifania permanente do vir-a-ser discursivo. E essa epifania em progresso constante visa a desvelar a dimensão tripla do objeto poético e prosaico, entendido como solidariedade entre *claritas, consonantia* e *integritas*. Assim Joyce, que repensou São Thomas de Aquino, é um farol que ilumina constantemente a modernidade à qual pertence Haroldo de Campos. Assim como Joyce, Haroldo era *creator* e *poeta doctus*. À sua dupla e vasta cultura semiótica (Peirce e Jakobson) se somou seu conhecimento das grandes vozes poéticas da humanidade.

A modernidade pós-utópica é a síntese "haroldiana" do estado das coisas ao final do século XX. E essa síntese engloba o artístico, o filosófico, o social, o político e o poético.

Recordação: Minha primeira viagem ao Brasil. Agosto, 1985. O avião da Varig decolou de Nova York. A noite é profunda, mas, após algumas longas horas de vôo, a luz brasileira, uma luz inaudita, nos acolhe. É a aurora austral. No avião, na tela da televisão, os pássaros do Brasil, tão numerosos, tão dignos e esplêndidos, nos dizem: Bom Dia! Bom Dia!

Uma das primeiras visitas que devo fazer em São Paulo é a Haroldo de Campos. Paul Zumthor me deu seu endereço. E me disse: "Haroldo é simplesmente extraordinário". Sim, eu o confirmo. Ao visitá-lo, na Rua Monte Alegre, 635, descubro um ser de uma bondade, de uma generosidade e de um calor humano sem limites. Falamos de tudo. Haroldo cita maravilhosamente tantos poetas, tantas vozes. Agora, sabendo como ele desconfiava do mal, como era poeta do bem e educador dos cinco sentidos, decido citar Bertold Brecht em sua tradução. O poema se chama "Die Maske des Bösen" – "A Máscara do Mal":

Na minha parede, a máscara de madeira
de um demônio maligno, japonesa-
ouro e laca.
Compassivo, observo
as túmidas veias frontais, denunciando
o esforço de ser maligno.

[*Tradução de Thelma Médici Nóbrega*]

NOSTALGIA. UMA REFLEXÃO SOBRE LITERATURA E MÚSICA

ANDREA LOMBARDI*

Minha relação com a tradição é antes musical do que museológica.

HAROLDO DE CAMPOS

A OBRA DE HAROLDO DE CAMPOS É PERMEADA por metáforas musicais[1], valorizando em muitos momentos os aspectos "partiturais" e as afinidades entre música e poesia. Nesse sentido, como forma de rememorar esse específico campo de interesse do poeta, gostaria de refletir sobre um tema que parece adequado ao tipo de poesia e crítica poética por ele praticada: o tema da nostalgia na literatura e na música. Pois há um forte vínculo entre a tradição literária e musical e o fenômeno anímico da nostalgia. No século XVI, o *Orfeu e Eurídice* de Claudio Monteverdi, obra fundadora da ópera (veja-se, particularmente, o *Lamento de Ariadne*), remete ao tema da nostalgia, embora a palavra, àquela altura, ainda não houvesse sido cunhada, como veremos. Há variantes temáticas da nostalgia, como a melancolia, a separação e o correspondente desejo de reunião das partes separadas. Outro exemplo interessante, desta vez no século XVIII, é a Sonata n. 26, denominada *Les adieux*, de Ludwig van Beethoven. Essa Sonata tematiza a nostalgia em seus três movimentos: "o Adeus", "a Ausência" e "o Reencontro"[2]. Assim, iremos mais adiante nos deter, numa passagem da ópera *Tristão*

*. Gostaria de agradecer a Susana Kampff Lages pela leitura atenta deste texto e pelas valiosas sugestões para sua revisão final.

1. Cf. o interessante estudo feito por Sandra Loureiro de Freitas Reis, no artigo: "As Metáforas Musicais em Haroldo de Campos como uma Abertura à Tradução Intersemiótica", em Marcia A. P. Martins, *Tradução e Multidisciplinariedade*, Rio de Janeiro, Depto. de Letras/PUC, p. 153-165.

2. *Sonata n. 26 em Mi b Maior, Das Lebewohl, die Abwesenheit, Das Wiedersehn.*

e Isolda de Richard Wagner: numa específica melodia do *Prelúdio*, a qual Wagner denominou *Sehnsucht* (al. nostalgia, anelo ou saudade). Antes, passaremos rapidamente em revista a história e algumas implicações da palavra nostalgia.

A NOSTALGIA: BREVE HISTÓRICO

Nostalgia é uma palavra, cujo ato de origem está fixado no tempo, de forma precisa, com data e autor definidos, numa espécie de ato cartorial, algo que influenciará, de certo modo, o conceito em sua história futura. Cunhado por Johannes Hofer em sua *Dissertação Médica* de 1688[3], o termo perdeu, ao longo dos séculos, o caráter médico de origem como designação de uma afecção psíquica relacionada à melancolia e à depressão, entrando rapidamente no uso comum. Criado em fins do século XVII, o conceito de nostalgia acabou por render seus maiores frutos no campo das artes no âmbito da cultura romântica alemã, no século XIX, seja com o termo cunhado por Hofer, ou com os termos de origem anglo-saxã, *Sehnsucht* e *Heimweh* (al. dor, saudade de casa ou da pátria)[4]. As culturas ibéricas, além de usarem o termo cunhado pelo médico suíço, possuem as palavras *soledad* (espanhol) e saudade, de origem mais antiga e bem menos clara, evidenciando o caráter constelar das ligações entre palavras, conceitos e sentimentos nas diferentes culturas. Já no âmbito mediterrânico, berço do *nostos*, haveria, também, no italiano, as palavras *disio*, *ricordanza*[5]. De qualquer forma, é significativo que a palavra nostalgia nasça como criação neolatina, no limiar do Romantismo, período este que por seu próprio nome alude à cultura românico-latina e em que a temática nostálgica fará fortuna.

O criador da nostalgia, o médico Johannes Hofer, partiu da palavra *Heimweh* para compreender o fenômeno das mortes dos soldados mercenários suíços, afastados de suas casas, contratados por exércitos estrangeiros, em função de estarem afastados de suas famílias, de seu ambiente habitual. Segundo Hofer:

> 1. A *Heimweh*, esta doença tão freqüentemente fatal, não foi até agora descrita pelos médicos; e Deus sabe quanto o mereceria; por isto eu fiz o melhor para desvendar sua história. 2. O nome alemão indica a dor dos pacientes que se encontram longe da pátria e dos que têm medo de não rever a terra natal. [...] Os franceses, observando os suíços que sofriam dessa afecção, cunharam a expressão doença da pátria [*mal du pays*]; e não tendo essa doença um nome em latim, eu

3. As referências constam de D. Frigessi & V. Castelnuovo, *A mezza parete*, Turim, Einaudi, 1982, p. 10-11 e Antonio Prete, *Nostalgia. Storia di un sentimento*, Milão, R. Cortina, 1992, p. 45 e s.

4. Falta aqui o espaço para tratar das sutis diferenças entre o termo nostalgia e o termo, existente apenas na língua portuguesa, saudade; ver Susana Kampff Lages, *Guimarães Rosa e a Saudade*, São Paulo, Ateliê Editorial, 2003, e, anteriormente: Eduardo Lourenço, *Labirinto da Saudade: Psicanálise Mítica do Destino Português*, Lisboa, Dom Quixote, 1978.

5. A cultura brasileira tem no seu vocabulário sincrético uma outra palavra para esse estado melancólico: banzo, uma palavra de origem africana, que era particularmente apreciada por Haroldo de Campos.

pensei em denominá-la, do grego, nostalgia, de *nostos*, justamente o retorno à pátria, e algos, dor ou sofrimento[6].

6. Cf. Hofer, em D. Frigessi, op. cit., p. 10.

Hofer descreve a obsessão do retorno que toma a mente do paciente segundo os termos da psicologia de sua época: "A nostalgia é originada, segundo minha opinião, por uma força distorcida da imaginação que faz com que o suco dos nervos pegue sempre uma e uma única direção através do cérebro e evoque assim inicialmente uma idéia, a do retorno à Pátria"[7].

7. Idem, ibidem.

A idéia de um "suco dos nervos" é ainda tributária da antiga medicina humoral da Antigüidade, e se associa a ulterior um conhecimento anatômico da medicina renascentista (cérebro) e a uma idéia mais propriamente psicológica, a da "força distorcida de imaginação". Mas será com a psicanálise de Freud que o estudo dos estados melancólicos – e a nostalgia possui sua componente melancólica – receberá uma nova luz. Sobre a nostalgia em particular, há entre outros estudos mais recentes, os interessantes estudos de Vladimir Jankélévitch e de Frigerio & Castelnuovo. De modo geral, há um consenso sobre os aspectos essenciais da nostalgia, ainda que Jankélévitch o questione: *"la nostalgie indique pour sa part le remède: le remède s'appelle le retour, nostos...C'est du moins ce qui l'on croit"*[8]. (A nostalgia indica por seu turno o remédio: o remédio chama-se a volta, *nostos*... Ao menos, é o que se pensa.). Aparentemente, portanto, a nostalgia estaria ligada a seu antídoto, pois a volta, o retorno pode parecer estar guardando uma definitiva cura da dor. Esse é o modelo que a *Odisséia* sugere. Para o mesmo autor, porém, torna-se claro que o "espaço nostálgico" – como ele o define – não pode ser alterado, pois ele não é um espaço indiferente: *"Et d'abord le paradoxe le plus général est celui d'un espace nostalgique où les lieux ne sont pas interchangeables et indifférents* ...".(E antes de mais nada o paradoxo mais geral é o de uma espécie nostálgica em que os lugares não são intercambiáveis e indiferentes.) Antonio Prete, que publicou recentemete uma pequena antologia dos textos mais significativos sobre o tema, sugere igualmente que o *nostos* não resolve e não devolve os objetos do desejo[9].

8. Vladimir Jankélévich, *L'irreversible et la nostalgie*, Paris, Flammarion, 1974, p. 340-341.

9. Prete ademais fornece um amplo panorama bibliográfico sobre o tema. Há também muitos outros estudos interessantes, entre eles, os de Jean Starobinski : "Il concetto di nostalgia" (texto publicado na revista Diogène, abril-junho de 1966), Jean Starobinski, em A. Prete, op. cit., p. 85-118, além de muitos estudos de caráter médico, citados por Frigessi, op. cit.

A nostalgia, portanto, designa o desejo de um retorno – imaginário, teórico, suposto , identificando e nomeando uma tensão advinda de uma separação entre duas partes ou dois pólos. Suspensa entre um desejo difícil ou impossível de ser definido e realizado – ele pode até ser inexistente – e um passado apreensível apenas por meio do recurso a uma ficcionalização (relato, narração, biográfica ou autobiográfica), portanto, incapaz de ser reativado a não ser como ficção, a nostalgia se projeta e nos projeta, a partir do passado, rumo a um futuro que não pode ser vislumbrado.

Jankélévich enfatiza, como o próprio título de seu livro indica, o caráter de irreversibilidade do tempo, elemento maior implicado na nostalgia. Na tradição literária, a nostalgia enquanto expressão desse sentimento da irreversibilidade do tempo se plasmou em algumas imagens, como por exemplo, a nostalgia pelo *Paraíso Perdido*, um *topos* explorado desde os escritos bíblicos. O próprio impulso literário, pelo menos desde o Romantismo, é consciente de seu caráter nostálgico, pois se reconhece como posterior, tardio, em relação à produção literária do passado (*belated*, segundo o termo cunhado pelo crítico Harold Bloom para uma literatura por ele designada de pós-romântica) e visa, a partir dessa consciência, uma reativação futura da tradição literária.

A nostalgia institui, por assim dizer, o campo do ficcional, a partir do diálogo que propõe com a tradição, não só recuperando seletivamente elementos do passado; ela também se autoinstitui como conceito, a partir do *nostos*, extraído da tradição clássica. Mas esse reativar da tradição não implica necessariamente uma sensação de pertença e de apaziguamento com o passado; ao contrário, ele leva ao pólo oposto: a uma impossibilidade, uma aporia. Isto é, a nostalgia procura dar conta da tensão entre a reversibilidade do tempo e do espaço, possíveis no campo da literatura, do ficcional, e sua irreversibilidade efetiva no campo do real (embora se possa questionar o quanto de ficcional esteja implicado neste real).

APORIAS DA NOSTALGIA: *VERSTIEGENHEIT*

Esse aspecto aporético da nostalgia recebeu, na literatura psiquiátrica do século XIX, um outro nome: *Verstiegenheit*, palavra e conceito de difícil tradução e, justo por isso, ainda mais intrigante. Etimologicamente, provém do verbo *steigen* (subir, escalar), com o acréscimo do prefixo, *ver*, que altera o significado, podendo indicar "algo além, em outro lugar" ou inverter o significado da palavra (como em *verspielen, vergehen, verlernen*)[10]. O substantivo, originado na prática do alpinismo, define aquela sensação de se perder durante uma escalada, de estar "emparedado", uma sensação que está entre o pânico, a vertigem, a paralisia provocada pelo medo, pela perda de referências topográfico-espaciais. O alpinista que se perdeu fica *no meio de uma parede, emparedado*. Esta paralisia equivale a um estupor estático e impede a pessoa de movimentar-se, de ir para frente ou para trás. O termo foi usado pelo psicólogo suíço Ludwig Binswanger, contemporâneo de Freud, fundador de uma psicanálise de cunho existencial (*Daseinsanalyse*), no livro *Drei Formen mißglückten Daseins. Verstiegenheit, Verschrobenheit, Manieriertheit* (*Três Formas de Existência Malograda. Fixação, Distorção e Maneirismo*), publicado em 1956[11], para exemplificar um determinado estado de bloqueio do sujeito, preso num descompasso entre sua aspiração, alta, e sua limitação presente:

10. Segundo o dicionário *Kluge Etymologisches Wörterbuch der deutschen Sprache*: Spielen significa jogar, verspielen perder o jogo; lernen é aprender, enquanto verlernen desaprender; o verbo gehen, andar, ir e vergehen significa passar (no sentido de acabar, transcorrer), falecer.

11. O título do livro já citado de Frigessi e Castelnuovo *A mezza parete* é a tradução para o italiano da palavra alemã *Verstiegenheit*.

> o ser [*Dasein*] sobe mais alto do que sua capacidade de estender-se, do que alcançam seu horizonte de experiência e de compreensão. Expresso de outra forma: extensão e altitude não estão numa relação proporcional. Verstiegenheit designa, portanto, uma relação crassamente desencontrada entre desejo e compreensão[12].

12. "Zur Bedingung der Möglichkeit der Verstiegenheit", escreve Binswanger, "gehört, dass das Dasein höher steigt als es seiner Weite, seinem Erfahrungs – und Verstehenshorizont entspricht, anders ausgedrückt, dass Weite und Höhe nicht in proportionalem Verhältnis zueinander stehen. – Verstiegenheit ist also ein krasses Missverhältnis zwischen Streben und Verstehen". A. Langenbacher, *Kleines Lobliedaufdie Verstiegenheit*. Cf. <www.kat.ch/weggis /04_ 7.htm>. *Verstiegenheit* designa ademais, no uso comum, excentricidade, extravagância e mesmo arrogância, ou seja, posturas onde existe um descompasso entre o desejo do sujeito e um dado ou situação de fato.

Se *Verstiegenheit* designa um bloqueio, uma parada, um estatismo (podendo mesmo chegar a um *extatismo*), a nostalgia o inclui e inclui o seu oposto: ela institui um desequilíbrio e uma instabilidade, um dinamismo, portanto. A nostalgia coloca em conflito os dois planos: o temporal (presente e passado) e o plano espacial: o da situação "real" e o do desejo, da recordação, podendo, porém, ser também um desdobramento produtivo e dinâmico da fixidez imposta pela situação de impasse entre desejo e realização, imposta pela *Verstiegenheit*.

A nostalgia refere-se à sensação de separação da própria família, do lugar, da comida ou de vínculos afetivos, de pessoas que foram obrigadas a residir em território estrangeiro. Uma separação do *Heim* (casa, lar, em alemão), raíz de *Heimweh* e, também, de *heimlich*. Nostalgia, portanto, é algo provocado pela separação do *heimlich*, ou melhor, do estranhamento no estrangeiro, da sensação do *unheimlich*.

Em muitos casos, a nostalgia define a distância ideal (teórica, suposta) entre uma situação percebida como *estranha*, ou seja: não-familiar. Algo que tem analogias com o conceito de *unheimlich* freudiano: o não-familiar, o perturbador. Uma sensação ou percepção do não familiar no familiar, que é precisamente a situação descrita por Freud, em seu artigo *Das Unheimliche*.

DANTE, PRECURSOR DA NOSTALGIA NA LITERATURA

Um dos exemplos mais interessantes de nostalgia literária está na apropriação feita por Dante da figura de Ulisses em seu nostálgico movimento de retorno à casa. O Ulisses "clássico", o de Homero e da *Odisséia*, retorna após uma errância circular. O comportamento de Ulisses é plano, ele se mantém psicologicamente inalterado, antes e depois do retorno, como demonstrou Erich Auerbach[13], ao comentar o episódio do reconhecimento de Ulisses por sua cicatriz, contrapondo-o ao episódio do sacrifício de Isaac na *Bíblia*. Não há tensões que apresentem a personagem Ulisses em seus diferentes estratos psíquicos, ele é apenas um executor de ações que se sucedem seqüencialmente, na linearidade temporal. Contrariamente ao Ulisses homérico, o Ulisses de Dante Alighieri no Canto XXVI do *Inferno* é, de fato, um rebelde ao qual o destino

13. Erich Auerbach, "A Cicatriz de Ulisses" em *Mimesis*, São Paulo, Perspectiva, 1987.

reservará um final trágico, no lugar da volta, uma morte tributada ao objetivo por ele perseguido de alcançar *Virtù e canoscenza*, de "transumanar"[14], superar o homem, radicalizando sua curiosidade cósmica. Neste sentido, pode-se afirmar que o Ulisses de Dante não é um entre tantos outros Ulisses da tradição literária, nem uma versão atualizada da mesma personagem[15]. A releitura dantesca do mito grego revira e distorce a figura clássica, segundo um movimento de aceitação – comum à sua época – e, simultaneamente, de contestação da *auctoritas* clássica, algo bem mais raro[16].

O Ulisses de Dante persegue o objetivo de chegar à Montanha do Purgatório, para além das colunas de Hércules – este grande limite imposto à audácia e à aventura humana pela cultura da Antigüidade. Ele possui um objetivo bem preciso, e não é levado pelo destino ou mesmo a predestinação. Ele prefigura assim um ato de heresia, um ato anacrônico, pois Ulisses, enquanto personagem pré-cristã, nunca poderia ser acusado de ser um herege. Esta escolha lhe será fatal. Em poucos versos, no canto de Dante, que ficou conhecido como "canto de Ulisses"[17], Ulisses envelhece devido à sua obsessão de navegar, este imperativo categórico *ante litteram*, uma obsessão que o expõe a riscos junto com sua tripulação. À ameaça de amotinamento (o próprio narrador Dante define *louco vôo* esta nova e última viagem), o Ulisses de Dante irá dirigir o inflamado discurso: *Fatti non foste per viver come bruti, ma per seguir virtute e canoscenza*[18]. Apelando à curiosidade, ao desejo de conhecimento de seus homens, o Ulisses de Dante – menos astucioso e menos hábil na retórica do que seu precursor grego, mas mais aparelhado do ponto de vista da visão do mundo e da ética – convence sua tripulação e prossegue rumo ao fatal destino, que nem lhe fora predestinado pelos deuses, nem é fruto de um pecado pregresso. Chegando *di retro al sol*, atrás do sol, no outro lado do mundo, Ulisses avista a Montanha do Purgatório. Nesse instante dramático, o barco é levado por um turbilhão e

> Tre volte il fé girar con tutte l'acque; / ...
> infin che 'l mar fu sovra noi richiuso[19].

O Ulisses de Dante não é, portanto, senão um parente longínquo de seu predecessor grego, aprisionado a seu percurso de inevitável retorno. Sua única afinidade é o desejo de lutar sozinho contra os eventos. O Ulisses de Dante incorpora aquele espírito dramático, que Erich Auerbach identificava no texto do Antigo Testamento, em contraposição ao estilo linear e plano da Odisséia. Com sua morte, o Ulisses de Dante prefigura a nostalgia moderna, pois remonta ao *nostos*, mas não se reduz a ele, pois o texto de Dante é definitivamente influenciado pela dramaticidade característica do texto bíblico. Em seu percurso em direção à morte, o Ulisses de Dante se transforma, não é mais o mesmo Ulisses, pois

14. Usamos deliberadamente um neologismo dantesco *transumanar*, que podemos considerar, a posteriori, haroldiano.

15. Em seu livro citado, Prete afirma: "In un altra versione del mito, l'eroe non torna a Itaca" [Em outra versão do mito, o herói não volta a Ítaca]. Cf. A. Prete, op.cit, p.30. Mas aqui se afirma que esse Ulisses (de Dante) representa radicalmente uma outra visão de mundo, ligada à origem vétero-testamentária (ou judaico-cristã), contraposta à circularidade típica do mundo clássico e, particularmente, do mundo grego.

16. Daniela Baroncini, "Citazione e memoria classica in Dante". Cf. <www.ledonline.it/leitmotiv/>.

17. Há uma releitura famosa deste canto XXVI do *Inferno*, feita por Primo Levi, em *É Isto Um Homem?*, quando a lembrança no campo de concentração dos versos deste canto inspiram o narrador a uma operação complexa de interpretação rememorativa.

18. "Não fostes feitos pra viver quais brutos, / mas pra buscar virtude e sapiência". Dante Alighieri, *A Divina Comédia. Inferno*, Canto XXVI, trad. Ítalo Eugênio Mauro, São Paulo, 34, 2000, p. 179.

19. "Três vezes, co'a água toda, ele rodou; /.../ até que o mar foi sobre nós fechado". D. Alighieri, op.cit., p. 80.

seu anelo não é mais, evidentemente, apenas aquele do *nostos*, do retorno. Ele deseja ir além, e ir além – transumanar - provoca dor e morte.

A dor da morte, que irá se inscrever na nostalgia dos soldados suíços distantes de sua pátria e que dará nome a esse desejo dramático de retorno, em que a pátria se converte numa abstração, trazendo para o primeiro plano o próprio movimento de desejar o retorno, ao invés do lugar desejado.

MÚSICA & NOSTALGIA

Na literatura de Dante, o abstrair do objeto em função de um puro movimento de desejo leva, no limite, a um plano de remissão auto-referencial do desejo, enquanto constituído de linguagem e determinado pelo jogo intertextual da literatura. Mas não é somente a literatura que pode referir a si mesma, permitindo com isso múltiplas leituras e interpretações. Uma composição musical constitui, a rigor, uma "narrativa" fechada, tanto quanto um texto. Mas, especialmente após o romantismo, a composição musical tem-se tornado cada vez mais abstrata, chegando a um limite máximo, a um absoluto musical. Arthur Nestrovski aponta para isso num belo ensaio em que designa a música de Beethoven como uma "música pura, inumana, 'absoluta'":

> Se a música instrumental moderna é, como queria Hegel, um processo de "interiorização" e corresponde, portanto, a mais uma etapa na história da religião, não é menos verdade que essa interiorização, no plano formal, corresponde a uma absorção da ópera e da música "humana", ou vocal, em termos de música pura, inumana, "absoluta"[20].

20. Arthur Nestrovski, "Beethoven", *Ironias da Modernidade*, São Paulo, Ática, 1996, p. 139.

Também a literatura moderna sente-se afim desse caráter completa e irremediavelmente abstrato da música. Em *A cotê de Chez Swann. Un amour de Swann*, o narrador proustiano relembra uma composição musical *sine materia*: aérea, volátil, fugidia e perdida, "como certos odores de rosa" e, ao mesmo tempo, puramente musical, original, irredutível a qualquer outra impressão:

> No ano anterior, numa reunião, ouvira uma obra para piano e violino. Primeiro, só lhe agradara a qualidade material dos sons empregados pelos instrumentos. E depois fora um grande prazer quando, por baixo da linha do violino, tênue, resistente, densa e dominante,

> vira de súbito tentar erguer-se num líquido marulho a massa da parte do piano, multiforme, indivisa, plana e entrechocada como a malva agitação das ondas que o luar encanta e bemoliza. Mas em certo momento, sem que pudesse distinguir nitidamente um contorno, dar um nome ao que lhe agradava, subitamente fascinado, procurara recolher a frase ou a harmonia – não sabia ele próprio – que passava e lhe abria mais amplamente a alma, como certos perfumes de rosas, circulando no ar úmido da noite, têm a propriedade de nos dilatar as narinas. Talvez fosse porque não sabia música que viera experimentar uma impressão tão confusa, uma dessas impressões que no entanto são talvez as únicas puramente musicais, inextensas, inteiramente originais, irredutíveis a qualquer outra ordem de impressões. Uma impressão desse gênero durante um momento é, por assim dizer, sine materia[21].

21. Proust, Marcel. *Em Busca do Tempo Perdido : No Caminho de Swann*. Trad. Mario Quintana. São Paulo, Globo, 1998, p. 206.

Pode-se dizer que, com Beethoven, no Romantismo, a música torna-se símbolo das próprias capacidades de abstração em si, sem referência, *sine matéria*, pois as próprias citações dentro do contexto musical não pertencem a um plano de referências naturalmente "reconhecível", mas se tornam explicitamente um modelo estrutural da abstração: com geometria, medidas matemáticas, virtuosismo formal etc. Se a música se apropria não só de valores da própria tradição musical, mas de toda a tradição cultural do Ocidente, este papel simbólico se liga ao prestígio que, em nossa tradição, a escrita alfabética possui e cuja característica é análoga à da notação musical. A escrita alfabética, bem como a notação musical, permite a permutação das letras e, portanto, abre a possibilidade teórica de uma transformação do ponto de vista, entre 'significante' e 'significado'. Podendo de fato constantemente intercambiar os símbolos (as letras, as notas), o "significante" pode mudar, transformar, subverter a relação com o "significado". O resultado é uma impressão (uma *ficção*) de que uma mudança *realmente* se realiza.

Algo de análogo é contado na lenda do Golem, dentro da tradição ocidental. O comentário mais antigo, que representa também a origem da concepção hassídica relativa à criação do golem está em Gershom Scholem, *Grandes Correntes da Mística Judaica*[22], e se refere ao séc XII. Uma versão 'moderna' é o conto de Primo Levi "Il servo". Nas versões mais antigas, uma única letra do alfabeto faz com que a palavra inscrita na testa do gigante de argila mude seu significado de "verdade" (*emet*, em hebraico) para "morte" (em hebraico, *met*). A vida ou a morte do Golem, nesta lenda, são provocadas pela mudança da palavra inscrita, mais particularmente, pelo cancelamento de uma letra. Para nós

22. São Paulo, Perspectiva, 1978, p. 209 e Levi, "Vizio di forma", em *Opere*, p. 338- 346.

leitores, não importa necessariamente se o Golem realmente viveu, após terem inscrito a palavra verdade ou se, após o cancelamento da letra, ele realmente morreu. O que conta é a simbologia, de uma escrita alfabética que possui a faculdade da permutação e, portanto, torna possível a transformação. A lenda é sugestiva, pois ela transmite este poder mágico ou transformador da escrita, que permite deslocar o 'ponto de vista' da escrita, ou melhor, do olhar teórico do observador e, portanto, sim, de certa forma, modifica a visão da realidade, incluindo algo fora do contexto (temporal ou espacial), ou seja, algo fora do ângulo de visão do leitor ou fora de seu conhecimento. A escrita alfabética, portanto, antes mesmo de comprovar poder realizar a magia prática, consegue modificar nossa relação com tudo o que estamos acostumados a definir como "mundo real". Neste sentido, é que se afirma aqui que a notação musical (a "escrita musical"), com sua notação permutável e com seus processos geométricos e matemáticos regulados por espelhamento, reversão, modulação e muitos outros, pode ter adquirido um papel simbólico de representante das características da escrita alfabética.

A música situa-se próxima à poesia e, de certa forma, pode representá-la simbolicamente, pelo recurso à citação, à intertextualidade. A música tem em comum, com a literatura, a busca da originalidade por meio de um reativar presente da tradição passada, um movimento de extração benjaminiana, particularmente caro ao pensamento de Haroldo de Campos. A música seria assim algo como uma forma de memória da tradição, pois cultiva formas geométricas, aritméticas, matemáticas: as mesmas que se encontram na raiz etimológica do verbo contar, de contar histórias e realizar uma operação de contagem[23]. Esta afinidade nasce na origem da linguagem e, particularmente, da língua escrita. A música pode ser pensada como uma meta-consideração sobre a própria estrutura da memória, que por sua vez remete à estrutura da escrita: a notação musical equivaleria à notação alfabética: um signo gráfico sobre o papel, uma forma de construção de um mundo virtual que, na escrita, gera a possibilidade de transformação mágica e, na música, pode aludir às qualidades permutáveis, mágicas da escrita. Música e texto, portanto, não são elementos intercambiáveis, mas referem-se ambos às potencialidades mágicas e transformadoras do homem, que se "transumana", que se supera, por meio da escrita: a alfabética e a notação musical. A maioria das questões musicais está vinculada a elementos rítmicos e matemáticos: elementos estruturais da música, enquanto forma escrita e graficamente reprodutível. A *forma-sonata*, o modo menor e o modo maior, a modulação entre tonalidades diferentes, a tônica, a dominante, a sensível, a própria concepção de tonalidade, cujas possibilidades virtualmente infinitas se mostram na *escala bem temperada*, ou seja, todo o sistema elaborado por Andrea Werckmeister (1645-1706) e logo divulgado por Bach no final do séc. XVII[24]. Desde a relação de freqüência entre sons, descoberta por Pitágoras, até a dodecafonia e sua "democracia" entre os doze semitons da escala: tudo

23. Em italiano: *raccontare*; em francês: *racconter*; em alemão: *er-zählen*, de *Zahl*, que significa número.

24. Cf. <http://math.unipa. it/ ~grim /musica.pdf>

no universo musical tem ligação com a atividade de *contar*, no duplo sentido de enumerar e narrar, atividades afins que simbolizam o domínio do homem sobre a natureza por meio da escrita, seja ela musical ou alfabética[25].

25. Embora possam em parte ser considerados superados na música erudita contemporânea, que trabalha com a oposição a eles, a referência às estruturas clássicas é mantida, por oposição e por citação.

Um exemplo musical pode ilustrar esta correspondência entre literatura e música. Trata-se do Prelúdio a *Tristão e Isolda* (1865), ópera de Richard Wagner. No Prelúdio há um tema, apresentado como o tema da *Sehnsucht*, a nostalgia. Este tema é de uma grande simplicidade e ausência de elaboração, em contraste com a atmosfera romântica. Contrastando com temas muito mais elaborados e longos, este tema baseia-se unicamente em quatro notas, ascendentes, de forma cromática, ou seja, por semitons da escala cromática (bem temperada). As quatro notas são: um sol sustenido, seguido de um lá; um lá sustenido que termina num si natural.

A seqüência das quatro notas, incompatível, em princípio, com as melodias clássicas e românticas, sugere (ou cita, por amostra ou sinédoque) uma escala cromática ascendente. O ritmo é levemente irregular e à primeira vista, não passível de reconhecimento. Um tema despojado de duas das características básicas da música romântica: faltam aqui, figuração e efeitos sonoros mais elaborados; e falta também uma base tonal sólida e claramente identificável. Há um ar interrogativo, suspenso que paira no ar: a escolha dos instrumentos (violinos, violas, instrumentos de corda) causa um efeito etéreo, de evanescência. Após o primeiro e mais dramático motivo, com acorde enfático, expresso pelo som intenso e melancólico dos arcos em tonalidades baixas (violoncelos, contrabaixos), e o acorde, igualmente dramático e em volume alto do segundo motivo, o terceiro acorde traz uma tensão indefinida e delicada, em direção a uma resolução que não será alcançada.

1º motivo

2º motivo

Subir a escala cromática é aparentemente um procedimento simples, quase como quando se sobe os degraus de uma escada: não há um panorama, não há uma história, nem enigmas ou outras correspondências e analogias. O tema torna-se audacioso por sua simplicidade, por suas dissonâncias. O tema não possui uma fisionomia reconhecível, não sugere um desenvolvimento posterior complexo, nem uma referência definida, um vínculo com algo extramusical.

A NOSTALGIA MUSICAL REMEMORATIVA

Há, porém, um elemento incisivo neste tema, uma evocação interna que se dá graças a uma memória intertextual ou intermusical. O passado musical, que carrega consigo o conjunto da tonalidade desenvolvida desde seus primórdios, pesa. Estendido e modulado (e aqui transposto) ecoa neste tema o motivo "B-A-C-H", de Johann Sebastian Bach, em sua *Arte da Fuga*. Num majestoso monumento à versatilidade da escala bem-temperada, Bach utiliza-se do próprio sobrenome que, na notação musical alemã, deve ser traduzido por: si bemol/ lá natural/ dó/ si natural. Aqui temos novamente um motivo em quatro notas, de tendência cromática (e não melódica tradicional), que, paradoxalmente, encontra-se nos primórdios da história da música clássica ocidental. Monumento à criatividade, a *Arte da Fuga* é, ao mesmo tempo, um louvor à mística da música, em sua analogia com a simbologia matemática e geométrica. A composição bachiana é constituída de inversões em diagonal, em espelho. Duplas e triplas inversões e toda uma série de dificuldades de realização que relembram o objetivo de diferentes tradições do hermetismo lúdico na literatura: os enigmas e os *ricercare* dos compositores medievais e renascentistas, ou, num exemplo mais recente, a *contrainte* do grupo do OuLiPo. Reconhecer um aspecto mental-intelectual na música clássica e, particularmente, na obra de Bach é algo que se tornou quase uma obviedade, sendo que ela constitui um dos pilares da tradição musical e cultural do Ocidente. Se o mérito de construir os grandes modelos de comportamento e de retórica da literatura ocidental moderna pode ser atribuído em larga medida a Shakespeare, Bach representa a base de qualquer reflexão musical posterior, não apenas por sua capacidade e seu virtuosismo, quanto por ter definido o terreno em que a sensibilidade musical ocidental viria a se formar. Da mesma forma que com a descoberta da perspectiva, o que "vemos" e "percebemos", "olhando" para fora de nós, para o mundo chamado "real", não é a imagem pura e autêntica da natureza. A imagem chega à nossa percepção transformada, ou melhor, manipulada pela perspectiva e pelo modelo de "autenticidade", de verdade e de natureza que ela transmite. Se um cachimbo não é mais um cachimbo, frase que associaremos sempre a Magritte, um som musical não é mais o mesmo, após o cravo bem-temperado. Somente os dotados de ouvido absoluto, os cantores e poucos outros, saberiam reconhecer, sem maiores indicações e aparelhos, a distorção do som natural que se cria por efeito da operação de "temperar" a escala. Nosso ouvido, assim como nosso olhar, encontra-se desde então definitivamente condicionado. "Ouvimos", graças a Bach, na música, e talvez vejamos graças a Brunelleschi ou Alberti, na pintura, os inventores, com a perspectiva, de uma nova forma de olhar.

Nossa própria percepção opera de forma intertextual, assim como intertextual é nossa leitura. O modelo da perspectiva renascentista representa um recorte na leitura da realidade que, por motivos teóricos e, de certa forma, ideológicos (a visão de um único ponto de vista, que rejeita a experiência comum de dois olhos realizando uma comparação dos planos da visão) tornou-se dominante, a partir de determinado momento histórico.

Dentro da nossa tradição cultural (particularmente, a cultura ocidental, baseada na escrita alfabética), a música funciona como aquele elemento simbólico – assim como a geometria, os números e, de certa forma, os contos – que relembra ou toma o lugar, da forma mais ampla, de diferentes exigências culturais, entre elas, a maior: a necessidade de cultivar um aspecto espiritual do humano. Esse lado espiritual foi designado pelo escritor italiano Primo Levi como "a centelha divina"[26] e caracteriza o que há de mais humano no homem. Para um compositor, essa centelha que se transmite à sua música é, necessariamente, vida. Entretanto, no acréscimo à *Arte da Fuga*, encontra-se escrita uma frase fatídica: "(Debruçando-se) sobre esta fuga, onde (quando) o nome BACH foi colocado no contra-sujeito, o autor faleceu"[27]. A anotação testemunha do fato que Bach morreu enquanto estava compondo uma determinada fuga, *com seu nome*. Fatal coincidência: Bach coroa o trabalho de uma vida, tentando apor sua assinatura. Assinar essa fuga não pode ser considerada propriamente uma expressão de narcisismo. À época de Bach, colocar o próprio nome como tema ou motivo poderia ser considerado uma suma heresia. De fato, centenas de anos mais tarde, o público, formado e educado a partir da escuta da obra de Bach, irá senti-lo ainda como ousado, audacioso, dissonante, cromático no contexto de sua época e nas vindouras. Um nome inscrito numa composição, significando assinatura, reconhecimento, narcisismo ou premonição de uma morte por vir: uma espécie de pacto com a eternidade que um homem crente como Bach podia conceber, numa forma para sua época admissível. Bach chega ao final de sua *Arte da Fuga* e ao final da vida com força vital que levará os pósteros a reconhecê-lo e remontarem a ele.

26. Cf. *É Isto um Homem?*.

27. "Über dieser Fuge, wo der Nahme BACH im Contrasubject angebracht worden, ist der Verfasser gestorben". Contra-sujeito é, na fuga, o "tema secundário que acompanha o sujeito, e com o qual se combina harmonicamente em contraponto invertível", Aurélio Buarque de Holanda Ferreira, *Novo Dicionário Aurélio da Língua Portuguesa*, Positivo, Curitiba, 2004.

Como o tema B-A-C-H, o prelúdio wagneriano *Die Sehnsucht*, a nostalgia, é composto de quatro tons, em seqüência cromática. Ambos causam um efeito de estranhamento no ouvinte, embora o contexto da composição, num e no outro caso, se encarregue de atribuir um sentido lógico e melódico ao seu desenvolvimento. Os dois motivos beiram à atonalidade, que, à época de Bach não se impusera ainda plenamente, e, com Wagner, já se tornava prestes a ser contestada e, em parte, dissolvida. As quatro notas do motivo da *Sehnsucht*, no *Tristão e Isolda* de Wagner, representam, portanto, uma nostalgia especificamente musical, suspensa entre a escuta de uma memória interna (o motivo B-A-C-H) e a definição de um futuro possível (a dodecafonia).

HAROLDO DE CAMPOS: "MINHA RELAÇÃO COM A TRADIÇÃO É MUSICAL"[28]

28. *Metalinguagem & Outras Metas*, p. 257-267.

A idéia de repensar nossa nostalgia a partir da leitura de uma partitura musical aproxima-se do caminho teórico de Haroldo de Campos, em sua procura por etimologias ou pseudo-etimologias[29], correspondências e analogias, seu interesse pela tradução textual e intersemiótica. Um texto é como uma partitura, relida por seu intérprete a cada nova execução. Haroldo estende esse tipo de leitura à tradição cultural como um todo, sublinhando sua afinidade com o pensamento musical:

29. *Ideograma. Lógica, Poesia, Linguagem*,

> Minha relação com a tradição é antes musical do que museológica. Note-se que ambos esses adjetivos provêm da mesma palavra, musa (*Mousa* em grego), e que as Musas são filhas da memória (*Mnemósine*). Prefiro a derivação que desembocou em música, porque gosto de ler a tradição como uma partitura transtemporal, fazendo a cada momento, "harmonizações" sincrono-diacrônicas, traduzindo, por assim dizer, o passado da cultura em presente de criação. Museu – pelo menos certa idéia de museu, que traz como correlato a palavra 'conservador' – faz pensar em coisa morta, embalsamada, preservada em formol ou em naftalina. Por isso, também, imagino a cultura como algo diferente da mera erudição. Esta implicaria uma acumulação quantitativa de conhecimento, como num arquivo. Cultura, por seu turno (embora envolvendo um lastro implícito de erudição), seria antes um conceito qualitativo, caracterizando-se pela idéia de relação: saber relacionar os conhecimentos, pô-los em movimento, em conexão,

como num ideograma ou numa constelação. Dessa leitura musical (partitural) da tradição parece resultar um efeito de mosaico (outra palavra que deriva de musa...). Não me interessa a especialização, que se lineariza e parece caminhar em busca de um ponto cego. Considero-me um desespecialista em fragmentos. Em matéria de passado de cultura estou sempre atento (falando de poesia) àquelas obras que respondam, de maneira viva, a uma pergunta extraída de uma circunstância produtiva presente. [...] "Pois arrisca tornar-se irrecuperável, desaparecer, toda imagem do passado que não se deixe reconhecer como significativa pelo presente", formulou luminosamente W. Benjamin na v das suas teses "Sobre o Conceito de História" (1940)[30].

30. *Metalinguagem & Outras Metas*, p. 257-258.

Haroldo de Campos remete constantemente ao passado, à tradição e, ao mesmo tempo, os rejeita, em uma postura incorporadora e antropofágica, operação típica de todos os vanguardistas. A leitura feita no presente é utilizada para definir uma opção de leitura do passado e, assim, dar uma contribuição criativa própria. No sentido desse redirecionamento do passado por uma visão presente, toda a citação acima pode ser entendida como uma referência às "Teses sobre o Conceito de História" de Walter Benjamin, nas quais Benjamin justamente criticava a visão "museológica" do historicismo, em favor de uma visão do passado que percebe o condicionamento do olhar presente.

Etimologicamente derivadas da palavra "musa", *música* e *museu* compõem por sua vez uma constelação antitética, pois a música resgata e renova a materialidade do texto, da partitura, enquanto o museu em sua tendência cristaliza as formas, a textura dos signos e da expressão. O aspecto musical é transferido para a literatura: defesa da pura criação abstrata, que se aproxima do ideal da poesia pura de Mallarmée. *Un coup de dés jamais n'abolira le hasard*, afirmava o poeta francês e terminava, circularmente: "Toute pensée émet un coup de dés". Neste poema, ao qual Haroldo remete obstinadamente, Mallarmé faz o elogio da criação como tarefa infinita[31], na melhor tradição dos primeiros românticos alemães, inspiradores do pensamento benjaminiano, de que Haroldo é tributário.

31. *Mallarmé*, p. 187.

Haroldo declara ironicamente considerar-se um "desespecialista de fragmentos", apontando justamente para aquela tarefa na qual sua capacidade crítica e criativa mais se destaca: leitor, tradutor e analista de fragmentos de textos de diferentes tradições literárias. Em vários ensaios, Haroldo propõe, a partir da década, a partir das idéias de Roman Jakobson, uma poética sincrônica[32]. Em "Texto e História" de 1969[33] ele glosa o escritor argentino Jorge Luis Borges ("Kafka e seus Precursores"): "O descobrimento, ou,

32. *A Arte no Horizonte do Provável*, p. 205-212.

33. Em *A Operação do Texto*, p. 13-22. Publicado inicialmente na revista italiana *Aut-Aut*.

por assim dizer, a 'invenção' de precursores é um dos corolários mais significativos da visada poética sincrônica"[34]. Inversão, portanto, da relação entre criador e sua leitura: atualização, tradução e re-interpretação. A tradição assim é reinventada, a partir do novo ponto de vista, da nova perspectiva de leitura que mostra seu potencial infinito, uma visão presente nas vertentes cabalistas da tradição judaica, pelas quais se interessava Haroldo de Campos, na esteira das reflexões de seus companheiros de geração, e afins no tipo de pensamento: o filósofo franco-magrebino Jacques Derrida e o crítico literário americano Harold Bloom. Estes, como muitos outros críticos e filósofos sensíveis à leitura e interpretação literária, sublinham em sua obra a proximidade das questões envolvidas na exegese bíblica, com a operação de leitura no contexto da literatura, a partir da modernidade. Daí o interesse de Haroldo de Campos em realizar traduções e, a partir delas, sua própria interpretação do texto, seja ele o bíblico, sejam os inúmeros outros textos da tradição de que se apropria seletivamente, projetando o eixo sincrônico sobre o eixo diacrônico, numa subversão da diacronia que lembra o "salto tigrino" evocado por Walter Benjamin em suas *Teses*:

34. Idem, p. 21.

> Pode-se dizer que uma nova obra decisiva ou um novo movimento artístico propõem um novo modelo estrutural, a cuja luz todo o passado subitamente se reorganiza e ganha uma coerência diversa. Neste sentido é que a literatura é o domínio do simultâneo, um simultâneo que se reconfigura a cada nova intervenção criadora. Toda época nos dá o seu 'quadro sincrônico', graças ao qual podemos ler todo o espaço literário onde Homero é contemporâneo de Pound e Joyce, Dante de Eliot, Leopardi de Ungaretti[35].

35. Idem, ibidem.

Ler música nessa perspectiva sincrônica, trans-temporal, em que uma produção, criada num contexto cultural determinado, pode ser lida, desligada de suas amarras historicizantes, ganhando novos sentidos através das refrações provocadas pelas leituras do presente. O prefixo *trans*[36] é freqüentemente utilizado por Haroldo de Campos para definir suas concepções e seu fazer poéticos. Ao indicar um estado de transição, com isso designando ao mesmo tempo algo estático, um estado, e dinâmico, a transição, evoca tal prefixo uma ambigüidade intrínseca. Essa ambigüidade irá caracterizar também a particular teoria da tradução haroldiana, em muito tributária da teoria benjaminiana da tradução tal como formulada pelo autor alemão em seu conhecido e hermético ensaio "A Tarefa do Tradutor", que dizia que a tradução apresenta o original sob uma nova luz. Haroldo tira partido desse lugar-comum utilizado por Benjamin, e para comentar suas

36. Derivado do latim *trans*, forma durativa do verbo *terere*, 'furar', em sentido figurado, 'atravessar'. Giacomo Devoto, *Avviamento all'etimologia italiana*, Firenze, Le Monnier, 1978.

traduções de Dante, cria um paralelismo entre *traduzir/ transluzir*, utilizando-se de um neologismo que na verdade já existia em Dante. Nesse sentido, Haroldo de Campos torna-se um intérprete único, como é único cada novo intérprete de uma partitura musical, com sua tradução: elucidando, iluminando e levando o original a falar, pois este, como qualquer partitura, é, em princípio, mudo. Desvendar, desvelar, revelar: tirar da opacidade, se é que opaca pode ser definida, de forma provocatória, a língua original do texto recém-traduzido. Traduzir é dar timbre e interpretação à partitura-texto, e assim recriar a opacidade num novo contexto e com novas formas. Por isso, ao comentar a língua de Dante, Haroldo de Campos utiliza-se de um outro neologismo, para indicar a tensa relação do italiano dantesco com o latim:

> Dante extrema o italiano a um ponto que nele, como colhido em pleno vôo da metamorfose, o latim se transparenta no momento mesmo da nomeação, não língua morta, mas língua viva em língua viva. [...] Dante inventor e mestre[37].

37. *Pedra e Luz na Poesia de Dante*, p. 81.

O neologismo "transparentar"[38] reativa a ambigüidade estático-dinâmica, remetendo à idéia de um movimento de uma margem para outra (típica em Dante e particularmente, em seu *Inferno)*, unindo-se ao verbo "aparentar", que por sua vez remete ao campo da aparência, da imagem, remetendo, portanto, ao elemento imagético-ilusionista relacionado à criação artística. Ao mesmo tempo, apresenta a idéia de uma clarificação, ou seja, de um combate à opacidade, à obscuridade, na verdade, muitas vezes cultuada pelos poetas de *Noigrandes*. Mas esse movimento, que inclui o resgate das formas e suas vicissitudes e transformações, será melhor definido pelo conceito de transcriação, utilizado por Haroldo de Campos e os demais poetas concretos para definir a operação de tradução poética. Transcriar, no sentido de transformar, revirar, e também transportar, trasladar, fazer passar, como faz passar Caronte, o barqueiro infernal no *Inferno* dantesco. Procedimento onipresente, a passagem tradutória atravessa o texto de Dante, do *Inferno* ao *Paraíso*, onde a idéia da passagem chega a uma representação extremamente concisa: "*Trasumanar significar per verba/ non si porìa*" [Transumanar, significar *per verba*/ não saberia][39]. O "transumanar" de Dante designa algo impossível, não passível de representação, que extrapola os limites do representável. Ao mesmo tempo, ele indica uma fronteira intransponível, embora verbalizável. O *Paraíso* poderá ser visto como expansão da metáfora sobre a luz, que dispensa a escrita, uma forma de reproduzir o conflito entre imagem e literatura. A luz pura toma corpo e preenche o espaço. Luz pura assim como música pura: conjunto distanciado do tempo como uma

38. Certa vez, Haroldo confessou estar inconformado com o uso impróprio feito por um crítico italiano no início da década de 1960 do termo "transvanguarda" (it. *transavanguardia*). Haroldo objetava que o termo vinha sendo usado pela vanguarda brasileira, por uma influência ou moda, influenciada diretamente pelo nome da estrada Transamazônica.

39. D. Alighieri, Paraíso, Canto I, 70, em *Pedra e Luz na Poesia de Dante*, p. 91.

partitura, em que mais do que a significação, a *Bedeutung*, corresponde ao conjunto das tensões que se instauram entre os elementos: elementos melódicos, harmônicos, rítmicos e o jogo das remissões entre eles. Realizar "harmonizações sincrônico-diacrônicas", como Haroldo postula, equivale a conferir ao texto um significado, uma função e uma atenção, sobretudo, "musical", atenta ao som e menos interessada pelo "conteúdo". Esse jogo partitural recebe sua definição nas figuras da constelação e do mosaico, duas figuras reiteradamente utilizadas por Walter Benjamin em seus escritos, para dar conta de tipos de totalidades não sistemáticas, conjuntos assistemáticos de elementos que ainda assim possuem ligações relevantes entre si.

A predileção pelas figuras da constelação e do mosaico é proporcional à recusa dos elementos museológicos, ligados à instituição do museu, uma atitude típica das vanguardas históricas, às quais Haroldo de Campos se liga em suas predileções estéticas. No *Manifesto do Futurismo*, afirmava Marinetti: "Desviem o curso dos rios para inundar os museus!"[40] As palavras *música*, *museu* e *mosaico*, com sua etimologia comum e sua comum ligação com a dimensão espacial da percepção, apontam para um conceito-chave da literatura e da tradição ocidental: a memória. A contraposição e a inter-relação entre tradição e ruptura, entre antigüidade e originalidade, assim propostas por Haroldo de Campos, são sinais de uma nova concepção da cultura, uma concepção sem dúvida alguma inspirada nas reflexões de Walter Benjamin: a cultura como instrumento de leitura do passado, da tradição, mas também como forma de orientação na produção literária contemporânea, talvez um modo para identificar a barbárie. Resgatando seu significado original e etimológico, a idéia haroldiana de cultura inclui uma dimensão ética, em que é papel do escritor tomar decisões a contrapelo das tendências gerais e oficiais e operar seletivamente dentro da tradição, a partir de um labor que é essencialmente rememorativo e, de certa forma, nostálgico.

40. "Sviate il corso dei canali, per inondare i musei!". Fillippo Tommaso Marinetti, "Fundação e Manifesto do Futurismo (1909)", em Aurora Bernardini (org.), *O Futurismo Italiano*, São Paulo, Perspectiva, 1980, p. 31-37.

crítica & tradição crítica

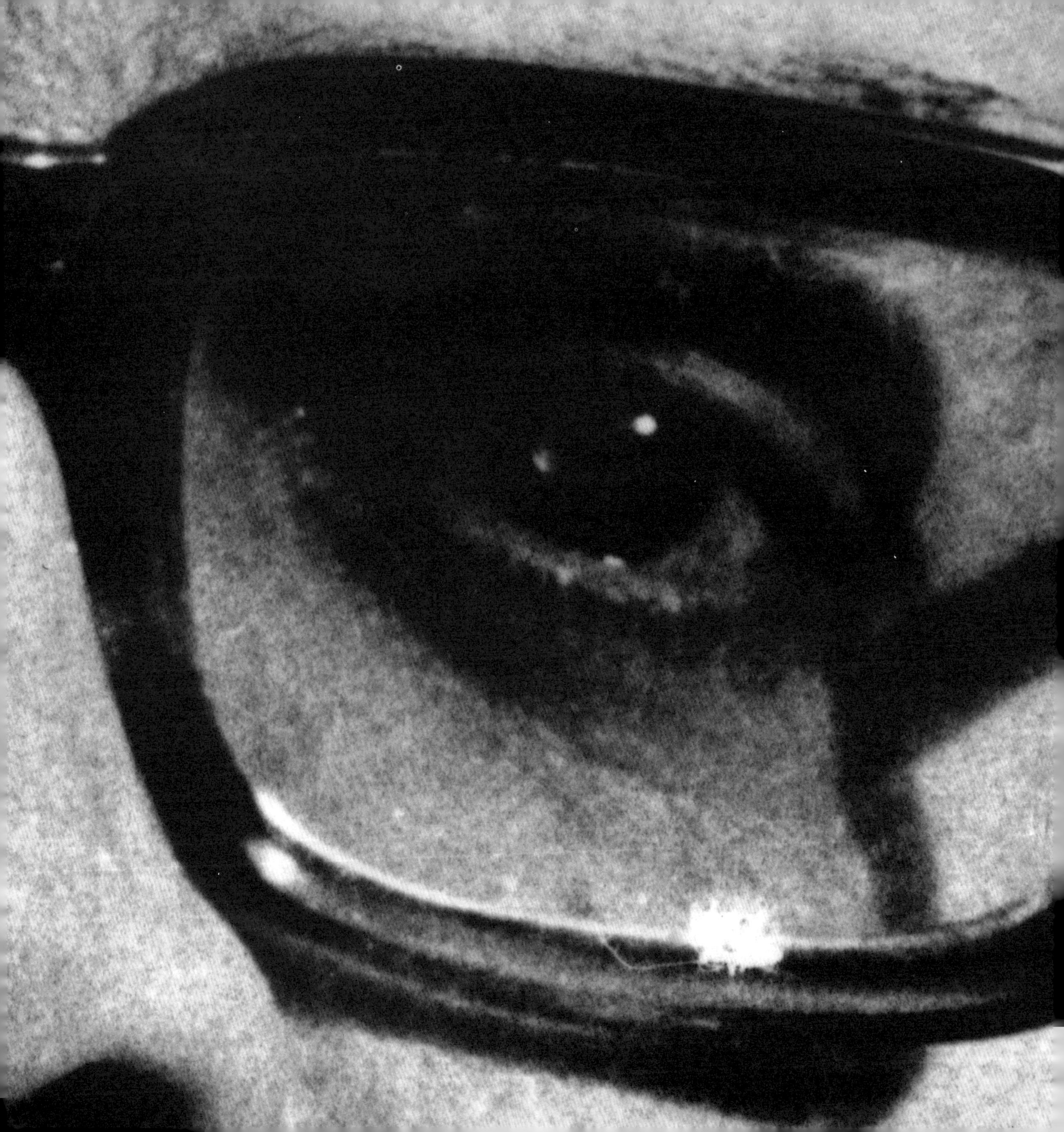

BIG BANG, SUBLIME E RUÍNA

ALCIR PÉCORA

A PRODUÇÃO POÉTICA DE HAROLDO DE CAMPOS, como é sabido, não se dissocia de sua intensa produção crítica. O propósito deste ensaio é simplesmente evidenciar como se dá a pressuposição crítica de sua poesia, ou o aspecto de comentário crítico que ela recobre, com base no exame de um livro particular: *A Máquina do Mundo Repensada*. É o que tentarei mostrar a seguir em brevíssimos oito passos, com direito a uma coda desenganada.

1. A despeito da conhecida crítica aristotélica a gêneros artísticos interessados em questões científicas, que o filósofo julgava pouco favoráveis à imitação da ação, não há dúvida de que a ciência, e particularmente a cosmografia, permaneceu na mira dos poetas, de que Dante Alighieri (1265-1321) é certamente o exemplo paradigmático. No período usualmente recoberto pelo termo "Renascimento", a cosmografia chegou a ser considerada parte indispensável do conhecimento enciclopédico suposto na excelência dos engenhos que se lançassem aos gêneros poéticos maiores. Um pouco mais adiante, no século 17, houve mesmo um gênero de poesia científica batizado por Guillaume Colletet (1598-1659) de "poésie naturelle". Em seu "Traité de la Poésie Morale e Sententieuse" (1658), ele a definia assim: "Poesia natural é aquela que trata de todas as coisas da natureza, tanto corpos celestes quanto corpos elementares e sublunares". *A Máquina do*

Mundo Repensada, de Haroldo de Campos, inscreve-se programaticamente nessa longa e fecunda tradição.

2. Trata-se de um poema extenso, com 152 estrofes mais uma coda de verso único, todo ele composto em "terza rima", a forma do terceto celebrizada por Dante na *Divina Comédia*. Constitui-se de versos decassílabos com esquema rítmico aba/bcb... nxn/n, cujas principais virtudes são o transporte contínuo da rima – que cria, sucessivamente, expectativas para o seu remate na estrofe seguinte – e, ainda, a forte pontuação lógica de cada uma delas. A anedota que todo aluno de italiano conhece a respeito é que o precavido e desconfiado Dante teria utilizado tal esquema rígido de rimas para impedir que os seus versos fossem adulterados ou suprimidos. Não precisamos dela para conhecer os seus verdadeiros trunfos. Trunfos que são, evidentemente, também o seu maior risco: se as divisões estróficas não guardarem estrita correspondência com as divisões lógicas, tende-se a perder o efeito do terceto, que decai em mero arranjo gráfico determinado pela rima. Ou seja, "terza rima" é forma eminentemente técnica, que só funciona com craques; e Haroldo de Campos, evidentemente, é um deles.

3. Como já o título deixa claro, o poema constitui-se como um comentário explícito à alegoria da "máquina do mundo", elaborada no poema de Dante, claro, mas também nos de Camões (1524/5-80) e Drummond (1902-87). Tal comentário, entretanto, não é entendido por Haroldo apenas como glosa de seus conteúdos, mas principalmente como reapropriação da complexa dicção desses poetas extraordinários.

Assim, Dante está em toda a estrutura do poema; Camões mostra-se em inúmeros versos, como "real / mandato no medonho oceano a rota" (11); "e alto saber que aos seres todo rege" (13); "na fábrica e no engenho a humana gente" (14); "é deus, mas o que é deus ninguém o entende" (123); Drummond está também em versos, como "incurioso furtou-se e o canto-chão" (35); "caminho seco sob o céu escuro/ de chumbo" (34) e muitos outros. Mas não apenas esses poetas respiram, aludidos e retomados, neste poema de Haroldo de Campos. Para gostos conceptistas (que pena que sejam raros!), lá está também Góngora "Um era lascívia e a outra (tinto / de sangue o olho)" (5); "antes onça pintada aquela e esta" (21); e pelo menos uma formidável metáfora incongruente como "maga lanterna vermelha" (52), para referir a maçã da anedota de Newton.

Há também, bem perceptível, algum João Cabral "neste sertão – mais árduo que floresta" (2) e mesmo algo do vocabulário de Guimarães Rosa "de veredas como se elas/ se entreverando" (3); "endemoninha" (137), além de vários outros, menos recorrentes.

4. O esquema principal do poema emula o mesmo da *Divina Comédia*, em três partes, que convêm ter em mente para compreender a refacção poética de Haroldo de Campos. No início da primeira parte, *Inferno*, Dante postou três animais a impedi-lo de seguir pelo reto caminho e obrigando-o a meter-se na brenha escura: a pantera (ligeira, de "gaietta pelle", normalmente interpretada como referência ao belo aspecto da mulher, motivo primeiro da sensualidade e da lascívia); o leão (tradicional símbolo da soberba, do desejo de poder e domínio); e a loba (magra e insaciável, que refere os vícios da avareza e da cobiça). Os animais dantescos, portanto, que afastam da senda da vida cristã, são justamente representantes de vícios associados aos bens tradicionalmente associados à "fortuna", isto é, beleza, poder, riqueza.

Na segunda parte do "poema sacro", o *Purgatório*, relativo à expiação de pecados veniais, Dante tem então a visão de três mulheres: uma ruiva, uma verde e outra branca, que figuram as virtudes teologais: *fé*, *esperança* e *caridade*, respectivamente. A essas três, ajuntam-se em seguida as virtudes cardeais: *justiça*, *prudência*, *temperança* e *fortaleza*. Finalmente, na terceira parte, referente ao *Paraíso*, por intermédio da amada Beatriz, que é igualmente sua participação natural em Deus, visualiza todos os graus da ascese mística até o "*raptus*" místico, extático, do qual as palavras, inanes, já não podem dar conta.

No poema de Haroldo, esse mesmo esquema encontra correspondência em três cantos: o primeiro, alusivo a um "ciclo ptolomaico", que contém 40 estrofes; o segundo, destinado à "relação" da evolução da física de Galileu a Einstein, com 39 estrofes; e o terceiro e último, que descreve a "gesta do cosmos" ou, mais especificamente, a hipótese do Big Bang, para o qual se reserva quase uma outra metade do poema, com 73 estrofes, mais a coda de um verso. Os mesmos três animais dantescos estão no início do canto, obrigando-o a tomar o caminho do "sertão" ("mais árduo que floresta / ao trato").

No terceiro canto, contudo, em vez das três mulheres de Dante surgem-lhe "3 estrelas" (rubra, branca e negra), que anunciam o "dom" ou "estigma" (105) da "reflexão sem cura" (105); de modo que, é fácil perceber, as virtudes teologais, essencialmente místicas, tornam-se aqui basicamente intelectuais, ainda que possam produzir excessos como os que levem à busca de "pêlo em ovo" ou de "chifre na cabeça/do cavalo" (106).

O poema postula-se, assim, como um discurso sobre "o enigma" do universo no limiar do "terceiro milênio" (6; 41), que é ao mesmo tempo o ocaso de uma vida, pois o poeta escreve agora, aos "70 anos" (5; 89), o dobro da idade com que Dante afirma estar "*nel mezzo del cammin*", afastado da "*diritta via*". Em contraposição ao medo dantesco diante da vida *post mortem* e fora da glória celeste, o poeta contemporâneo trata de representar a sua "dúvida" diante do enigma do cosmos, sob o signo da "acídia" (7), entendida, ao mesmo tempo, como fastio em relação às coisas espirituais e melancolia ou tristeza profundas.

5. Equivocados entre si o enigma da origem universal e a trajetória pessoal, o discurso do poema propõe-se significar, ao mesmo tempo, um "esfingir" do "eu" (6) e um esforço de "desenigmar-se o dilema" (42), sem que isso implique, contudo, qualquer interesse existencial ou psicológico particular em seu desenvolvimento. O poeta é sobretudo glosado como o criador das analogias eloqüentes, capaz de contar a origem do mundo segundo a "nova cosmofísica" (41) e não como alguém dotado de uma pessoalidade especial. De pessoal, quando muito, há apenas o agnosticismo anunciado e certo desejo de coragem ou valentia (9), diante do desafio comum do início e do fim. A referência explícita aqui é Camões e revela que, a rigor, menos do que pessoal, a "valentia" refere o caráter próprio do tom alto buscado pela composição.

Nessa perspectiva, pode-se tentar entender o fato surpreendente de que seja a virtude da coragem, que o poema escolha denunciar como sendo falha em Einstein. Isto porque o físico, segundo a versão que Haroldo de Campos adota, teria recuado diante do indeterminismo e do princípio da incerteza (72) que ele próprio ajudara a formular. Neste ponto-limite, Einstein teria preferido, como diz o poema, fazer-se de "Spinoza" e repelir a "insurgência" da teoria contra o Criador (79).

Esse ponto "paradoxal" (80), em que o criador não é suficientemente rebelde para atingir a real grandeza de sua descoberta, marca a metade do poema e dá início ao seu terceiro canto. Marca também o momento decisivo de separação entre o que se propõe apenas como "prosa" e "relação do descaminho" (81), a propósito da evolução da física, e a "gesta" (81) que vem a seguir. Ou seja, quando o grande Einstein recua diante das possibilidades de seu próprio jogo, o poeta, ao contrário, lança-se destemidamente à frente e busca "erguer-se ao mirante" – como Dante, no "Paraíso", a buscar os últimos graus de sua ascese mística – do qual possa "descortinar" a "gesta do cosmos" (81). Esse "primeiro nexo" conquistado então é, basicamente, identificado com o Big Bang (84) e com outros lugares do vocabulário – e do anedotário: "Deus não joga dados" (67; 109) – mais conhecido da cosmofísica contemporânea. A partir desse lugar sem retorno, a fim de desempenhar a "sina" inelutável da reflexão, o poeta convoca uma nova fera: o "lince", cuja vista aguda visa a penetrar enigmas ainda mais altos.

6. Em termos rápidos, esse poderia ser o enredo de *A Máquina do Mundo Repensada*. Em termos não menos ligeiros, penso que o poema dá margem a duas questões principais. A primeira diz respeito à possibilidade efetiva de uma poesia em registro alto

ou grave no presente dessencializado e agnóstico, em que, portanto, não há o Deus intelectual de Dante e tampouco as virtudes universais da aristocracia de Camões. Como pensar sequer a "ascese na agnose", como insiste o poema (148.3)? Como sonhar aí uma "épica" que atenda ao "depois do depois" (99)?

Nesse momento, cabe decididamente lembrar Drummond, cujo lugar em relação à alegoria de base do poema é ótimo para explicitar a questão. Pois justamente o que a sua versão da "máquina do mundo" radicalmente constata é a idéia de que, num mundo rebaixado, banal e restrito aos limites estreitos da mercadoria, não há mais lugar para nenhuma forma de sublime. Isso é verdadeiro, ainda que seja o sublime do conhecimento, o qual apenas tem lugar e efeito como sentimento do que se perdeu definitivamente: "Enquanto eu, avaliando o que perdera, / seguia vagaroso, de mãos pensas". Ou, na versão muito fiel do poema de Haroldo: "Incurioso furtou-se e o canto-chão / do seu trem-de-viver foi ruminando / pela estrada de minas sóbrio chão" (35). Exato: num mundo de matéria ruminante e "canto-chão", como supor ainda plausível e sem farsa a "épica" (99.1) ou a "gesta" (81; 114)?

7. Uma segunda questão suscitada pela leitura do poema é a do sentido produzido pela dicção arcaizante da "*terza rima*" dantesca como analogia da ciência contemporânea. Aqui também o poema de Haroldo de Campos opera no sentido contrário ao de Dante, pois este toma o antigo e conhecido espaço ptolomaico como alegoria e concordância da ascese hierárquica da escolástica que lhe era contemporânea. Haroldo toma uma direção ainda mais oposta ao movimento da composição de Camões, que toma aquilo que em seu tempo já é ciência ultrapassada e a alegoriza, como efeito do engenho e da ficção erótica, para demonstrar o valor do canto aristocrático e cristão como derradeira causa sublime da ação heróica.

Com Haroldo de Campos, é fácil ver, tudo se passa diferentemente, pois se trata de uma física recente ou atualíssima, sendo referida a partir de versos de procurado sabor antigo: uma imitação à antiga, poder-se-ia dizer. O efeito semântico obtido, graças a esse entrecruzamento particular de tempos e tradições, cujas balizas extremas são o terceiro milênio e o chamado proto-Renascimento do século XIII, parece ser, curiosamente, o de uma visão antiga ou mesmo ingênua da ciência. Trata-se mais de uma fantasia que desrealiza a atualidade, do que o contrário, um esperado mergulho na poesia da ultra-pós-modernidade, cuja chave a física dos quanta pareceria deter.

8. Como decorrência dessas duas questões, há uma terceira: a cosmologia contemporânea, já de si quase inteiramente desconhecida dos leitores não especialistas na

matéria, relida pela analogia de uma tradição literária altamente erudita, cujo requinte apenas pode ser apreciado igualmente em âmbito especializado, acaba produzindo uma espécie de dupla restrição hermenêutica. Assim, se é verdade que o poema de Haroldo de Campos pode ser lido como apologia do conhecimento e da contemporaneidade, o que lhe confere certa vocação iluminista, por outro lado, ele é sobretudo altamente técnico, cifrado, alusivo, de modo que o que se divulga é menos o saber que a dificuldade de acesso a ele. Numa frase: menos a ciência que o mistério dos iniciados que a podem dominar.

A esse respeito, é particularmente elucidativa a passagem em que o poeta conhece o sentido dos "neutrinos" por meio do "vivo / transfinito olho azul verde" do físico Mário Schenberg (128; 129), que faz aqui, "malgré lui", as vezes de Beatriz, cujos olhos, cravados no Sol, guiam os do poeta para que façam o mesmo e recebam o influxo divino.

Mas como, aqui, não há Deus, mas agnose; nem há ciência sem a forte restrição do acesso a ela; então o que ocorre é que a épica ou a gesta, isto é, o ensaiado movimento terrível do sublime, ajusta-se ou encolhe-se até a dimensão de uma crônica de personagens eleitos, que guardam amizade entre si.

Nessa perspectiva, pode-se falar talvez que o seu primeiro efeito tem algo de um panegírico aos sábios, aos quais, por direito, o poema é ofertado (136). Mas, nesse caso, pergunto-me, incurioso e de mãos pensas, se o que propõe o difícil enigma do futuro, afinal, não é senão o louvor da autoridade, que chancela os diferentes campos do saber, mais comprazida de si e disposta ao panegírico, do que realmente animada pelo risco imponderável da descoberta.

(Talvez por desânimo disso, que é muito realista e muito provavelmente nos espera, elejo como minha estrofe favorita a coda – "O nexo o nexo o nexo o nexo o nex" (153) –, na qual o súbito latim do último termo (*nex*: morte) desata enfim o "nó", sentido último do suposto mistério, na secura da ruína.)

ENCONTRO EM AUSTIN

BENEDITO NUNES

No COMEÇO DE 1981, PROFESSORES VISITANTES num mesmo programa de literatura brasileira, na Universidade do Texas, em Austin, encontramo-nos, eu e Haroldo de Campos, sob o céu friorento de um indeciso inverno texano. Visitei-o num fim de tarde; primeiro locatário do apartamento, já familiarizado com as suas *water bugs*, foi indiferente a essas "baratas legionárias", "minúsculos abantesmas" a povoar o cotidiano de "Austinéia Desvairada", que li para o poeta, de um livro então em andamento, *Passagem para o Poético: Filosofia e Poesia em Heidegger*, um ou talvez dois capítulos referentes à concepção heideggeriana da linguagem e da poesia, em uma de cujas fontes principais, *Aus einem Gesprach von der Sprache* (*De uma Conversação da Linguagem*), já tinha ele se adentrado. Da nossa estirada conversa, por entre pausas da leitura, ficou-me na lembrança, por todos esses anos, a proposta de Haroldo para que travássemos os dois, algum dia, uma conversação intercorrente àquela, diálogo dentro de tal diálogo, concêntrico ou excêntrico à sua matéria.

Se o projeto não se realizou, a culpa foi toda de uma falsa expectativa minha. Aguardei que algo em prosa, no gênero ensaístico, viesse da parte do meu interlocutor. Hoje percebo que ele encetou a discussão sem demora, ali mesmo em Austin; mas o fez tomando a palavra em *Aisthesis*, *Kharis*: *Iki – koan* – (glosa heideggeriana para Benedito Nunes), poema de "Austinéia Desvairada", inserto em *A Educação dos Cinco Sentidos*.

A reflexão a desenrolar-se nesta minha achega à obra de Haroldo de Campos – um escólio talvez impertinente com a canhestra generalidade que soem ter as glosas filosóficas a textos poéticos –, é uma tardia resposta do pretexto ao diálogo que motivou o citado poema-comentário:

se heidegger tivesse olhado
para o ideograma
enquanto escutava o discípulo
japonês
(como pound olhou para *ming* ( ) sollua
com o olho cubista de gaudier-brzeska
depois de dar ouvido a fenollosa)
teria visto que a cerejeira cereja *koto ba* ( )
das ding dingt
florchameja
no espaço indecidível
da palavra
i k i

Nesse poema, exemplar em mais de um sentido, na obra de Haroldo de Campos, segundo mais adiante se verá, e que delineando a situação interlocutória do escrito heideggeriano, também sintetiza a complexa problemática da linguagem aí retraçada, o pretexto a que me refiro, dentro da enunciação hipotética articulada dos seus treze versos, é a conseqüente falência do filósofo no entendimento de *iki*, do significado dessa palavra que lhe escapou, por não ter olhado para o ideograma respectivo, enquanto escutava o discípulo discorrer acerca do significado dessa palavra. Se olhasse, teria visto que a cerejeira cereja – *koto ba*. E não olhou, porque o ouvir, o escutar, prevaleceu sobre o ver como atitude tomada relativamente ao dizer da linguagem. Toda a filosofia de Heidegger, na sua etapa final uma recusa à filosofia em nome de uma hermenêutica da linguagem, enquanto interpretação do ser como único objeto do pensamento, baseou-se efetivamente num escutar, numa auscultação da palavra escrita, dos textos fundamentais de poetas e filósofos.

A situação interlocutória de "Aus einem Gesprach von der Sprach - Zwischen einem Japaner und einem Fragenden" ("De uma Conversação da Linguagem - entre Um Japonês e um Inquiridor"), recolhida em *Unterwegs zur Sprache*, remonta ao diálogo que Heidegger entreteve com o professor Tezuka, da Universidade Imperial de Tóquio, quando este o visitou na década de 1950; era um dos últimos discípulos do filósofo alemão, o Conde Shuzo Kuki, já então falecido, e Tanabé, entre outros que o haviam freqüentado muito antes da publicação de *Sein und Zeit* (1927), quando ele ainda colaborava nos Seminários de Edmund Husserl. Essa linhagem de alunos da terra do Sol Nascente justificava a visita; lembrada por Heidegger, a controversa amigável que outrora mantivera com o Conde Kuki sobre a aplicabilidade da Estética européia à arte japonesa que este último postulava, motivou a conversação com Tezuka. Semelhante tentativa, na época de planetarização da técnica, exportando o modo de vida da sociedade industrial para todos os recantos do mundo, punha em risco, segundo o inquiridor, a identidade da maneira japonesa de ser, por efeito do mesmo espírito das línguas européias que impedira Heidegger de compreender, no momento daquela já remota controvérsia da década de 1920, o sentido de iki, familiar ao velho mestre nipônico, que procurara aplicar à estética, depois de repensá-la fenomenologicamente, ao estudo da arte de seu país. Tal advertência orientará o confronto dos dois professores.

Toda a complexa, ambígua, e também tantas vezes equívoca, problemática do filósofo de Freiburg, posterior à Analítica do *Dasein*, comprime-se nesse diálogo que, em ambos os interlocutores – conduzidos pelo empenho de contornarem, tão-só através do pensamento arrimado à linguagem, as estruturas conceptuais que os confinaram em mundos culturalmente estanques – repete, sob o resguardo das "destruições" encadeadas da Metafísica e da Estética, o passo para trás na direção do ser, origem esquecida e também princípio do novo começo do pensar – de um pensar essencialmente poético, tanto não representacional, como não proposicional, liberto da hegemônica dominância das categorias lógico-gramaticais. Já prenunciável em sua força remanente, mas inefetivo, e desse modo ainda por vir, esse pensar poético, *dichtend Denken*, difuso porém profuso, enraizado ora na *poiesis* das línguas, ora no surto da palavra que nomeando funda o ser, possibilitaria – seja que o interpretemos no sentido de pensamento poético, ou no sentido de poesia do pensamento, ambos compatíveis com as oscilantes formulações do filósofo –, o dizer essencial da linguagem, longe da expressão das vivências, a falar-nos sempre, principalmente nos textos dos pensadores poetas e naqueles dos poetas da poesia, de uma mesma correspondência entre o homem e o ser.

Na trilha dessa correspondência, poderiam os interlocutores compreender que o significado de *iki* – algo assim como Graça, a *Kharis* grega, para o japonês a verdade da arte –, é independente da Estética, e que a palavra com que na língua de Tezuka se nomeia a linguagem, *koto ba* – pétalas de flores surgidas do exultante esplendor da graça – é, para o mestre alemão, a verdade da mesma linguagem, independentemente da Lingüística, e incompatível com o idioma da Metafísica que nos deu "Sprach, glossa, língua e linguagem".

Anterior ao apofântico, na sugestão de Marc Richir, essa verdade, raiz do poético, é o que a linguagem diz mostrando ou o que ela mostra dizendo. Estaria aí, em última análise, a poesia do pensamento pela hermenêutica buscada, e que só se mostra no dizer essencial a quem sabe ouví-lo quando ausculta a palavra.

A primeira notação exemplar do poema de Haroldo de Campos é a reserva crítica à poesia do pensamento assim formulada, em que implica a hipótese da falência do filósofo no entendimento da palavra *iki*. Ora, também o nosso interlocutor tem incessantemente visado, quer na sua criação própria por meio do "verso solto, fecundante" ou do versiprosa galático; quer no transplante da criação em língua estrangeira por meio da tradução, o que também pode chamar-se de 'poesia do pensamento'. Por que então a crítica? Uma breve recapitulação dos dois caminhos da prática meditante, exercida por Heidegger como hermeneuta da linguagem, poderá esclarecê-lo.

O primeiro caminho é a "escuta renovada" da palavra grega nos pré-socráticos para sondar-lhes o pensamento inaugural, ainda vizinho da origem que a Filosofia como Metafísica sufocou. O segundo, dirigido à interpretação de poetas preferenciais – de Hölderlin a Rilke, de Stefan George a Trakl – é também uma escuta de seus textos, como meio de deixar falar a linguagem. Um e outro, que pressupõem a instauração do ser pela linguagem, pressupõem igualmente, segundo a linha de pensamento desenvolvida sobretudo nos ensaios de "Unterwegs zur Sprache"("Caminhos para a Linguagem"), que acompanham o *Aus einem Gesprach von der Sprache*, uma fundamentação em círculo: a linguagem instaura o ser, mas é o apelo desse mesmo ser que a funda e que nos põe a dialogar com ela. Por outro lado, não exclusivamente inter-humano, esse diálogo está na dependência do mesmo apelo, do qual o poeta é o Mensageiro. Destarte, o acesso dialogal que tem o filósofo à essência da linguagem, assim realizado como um falar escutado – sem outra mediação além da escuta ao ser que provoca o esforço mesmo de auscultação dos textos –, dispensaria o caráter de signo da palavra.

Eis onde bate a restrição do autor de *Sgnantia quase coelum*, que tem realçado, como poeta e como ensaista, a visibilidade, a corporeidade e a espacialidade da palavra poética enquanto signo. Heidegger não olhou para o ideograma, termo apenas mencionado, de raspão, na conversa dos dois professores. Se pudesse ter olhado com o olho de quem conhece – nesse caso, o de Tezuka, que só se limitou aos vocábulos pronunciados, sem ao menos informar o seu colega acerca da insuficiência disso – teria captado a epifania na carnadura dos signos pictográficos, isto é, que a cerejeira cereja, coisa que não se pode discernir, apenas, auscultando o dizer da palavra. E teria percebido mais, posto que metafórico é o funcionamento do ideograma, a metáfora "flor chameja", verdadeiro solo do pensamento feito poesia, ou da poesia do pensamento.

Em consonância com essa sua notação, o poema de que tratamos indica-nos a carga sensível, sígnica, de onde floresce, na obra de Haroldo de Campos, a poesia do pensamento que tem o seu contraforte na metáfora: do chão verbal dos significados ao subsolo dos componentes rítmico-semânticos, dos acordes de som e de sentido, ao relevo gráfico da palavra escrita. "Meisterludi ensinou-lhe o peso das vogais/ Plúvia e dilúvio/ sombra e umbra/ penumbra" (*Ciropédia ou a Educação do Príncipe*). Ensinou o poeta a descer ao pré-categorial e ao pré-reflexivo, a esse ínfero, a esse limbo do pensamento, oscilante entre a língua e a palavra, entre o semiótico e semântico, que um Giorgio Agambem chama de infância da linguagem.

Tendo rejeitado a dualidade do significado e do significante, como sombra metafísica do ente, Heidegger colocou sob suspeita, pela mesma razão, a metáfora. Segundo ele, uma réplica da "separação do sensível e do não sensível como dois domínios auto-subsistentes" (*Satz von Grund*, p. 88-89.) Quando ele diz que "o metafórico só existe no interior da metafísica", está concedendo demais à metafísica – esquecido de tudo o que o pensamento dos pré-socráticos deve à metáfora – e concedendo pouco à metáfora, como se esquecesse que ela é o ato próprio da linguagem, a sua *energeia*, para dizê-lo com Humboldt, ou o princípio do seu jogo para dizê-lo com Wittgenstein. Dá-se porém que essa mesma palavra, jogo, uma das mais eminentes do pensamento heideggeriano da última fase, que lhe permitiu juntar semelhanças numa só expressão, *Zeit-Spiel-Raum* (espaço de jogo do tempo), da essencialização do ser, é, como grande metáfora, palavra de poeta, da mesma família de outras tantas figuras constelares – clareira, velamento, iluminador, Quadripartite – que são, ao mesmo tempo, conceitos-limite da meditação do pensador, e tropos do seu personalíssimo estilo filosófico, a cuja órbita de confluência poética, pertencem as verbalizações de substantivos, a exemplo de "Die Welt weltet" (o mundo mundeia), "Die Zeit zeitigt" (o tempo tempora), "das Ding dingt" (a coisa coiseia). Heidegger, observa com justeza Henri Meschonnic, "est une aventure poétique arrivée à la langue allemande. Ses commentaires de poèmes font des parapoèmes..." ("Chemins perdus chez Heidegger", em *Le Signe et le Poème*, p. 379). E parapoéticos são os comentários do filósofo à poesia, glosando o poema com o poema, porque ao excluir a constituição simbólica da linguagem, ele excluiu, *ipso facto*, a metalinguagem. Daí a aporia da prática meditante do filósofo, empenhado em fazer falar a linguagem (*zum Wort kommt*). Nesse limite hermenêutico, ou se retorna ao conceito, e assim ao elemento reflexivo, o que Heidegger quer evitar juntamente com a metalinguagem, ou se concede iniciativa às palavras, numa passagem a Mallarmé da Filosofia à poesia.

Agora podemos perceber que o nono verso de *Aisthesis, Kharis: Iki* é uma citação irônica da tautologia poética "Das Ding ding" tentativa de topologia do ser. A coisa coiseia como a cerejeira cereja e a flor chameja. A ironia da citação nessa glosa heideggeriana, que como *koan* se apresenta, faz ver que o pensador de *Ser e Tempo* chegou pelo estilo auricular de sua última filosofia – mais hebraico do que grego segundo observa Marlène Zarader (*La dette impensée – Heidegger et l'héritage hébraique*) – ao escrever Das Ding dingt, a um resultado análogo àquele a que já chegara um estilo de poesia medido pela visualidade cubista e pela inteligência chinesa:

(como pound olhou para *ming* ( ) sollua
com olho cubista de gaudier-brzeska
depois de dar ouvido a fenollosa)

Nesse passo, a glosa de Haroldo de Campos amplia-se sutilmente a um dos principais temas *De uma Conversação da Linguagem*: o perigo de descaracterização da cultura do Extremo-Oriente, devido à expansão planetária da técnica, e que, segundo o professor Tezuka, atingiu *Rashomon*, o filme de Kurosawa, mais ocidental que oriental. Os dois professores esqueceram de considerar a contraparte desse processo iniciada no século XIX pela retrojeção da cultura intelectual e espiritual do Extremo-Oriente na européia, canalizada por Pound e Fenollosa para a poesia no tempo de sua modernidade.

Isso tudo levado em conta, se agora meditarmos no título do poema de Haroldo de Campos, *Aisthesis, Kharis: Iki*, veremos que a ironia do comentário se prolonga na ironia da História: as duas matrizes gregas, a profana *aisthesis* e a *kharis* sacral, são postas em correspondência com *iki* que as sintetiza. Levando-nos para fora do âmbito do poema, esta correspondência assinala o alcance histórico dessas matrizes. Última notação do exemplarismo dos versos que examinamos, o seu título é um emblema da proximidade entre poesia e pensamento, ou, se quisermos, entre poesia e filosofia. "Poetar e pensar necessitam-se mutuamente..." (Dichten und denken brauchen einander...). Podemos acrescentar que se necessitam mutuamente ainda mais depois que a filosofia chegou ao seu acabamento, ao auge de suas possibilidades enquanto metafísica, e que a poesia universal, no sentido da mistura de gêneros e formas de expressão, do prosaico e do poético, a que se referiu o romântico Friedrich Schlegel, passou a conjugar estilos e heranças poéticas do passado.

Mas em Haroldo de Campos, a proximidade entre poesia e pensamento, conforme atesta a sua glosa heideggeriana, faz-se à custa da reflexão introduzida no jogo da linguagem, a que Heidegger não admitiria. De onde se conclui que na obra de meu interlocutor, em constante dialogação com pensadores-poetas como Heráclito e Al Ghazali, e com poetas-pensadores como Dante, Goethe e Leopardi, a poesia do pensamento, tanto na criação quanto na tradução recriadora, complementa-se pelo pensamento da poesia, histórica e criticamente considerada.

O PRAZER DA PALAVRA E A ESCRITA JUSTA: SOBRE O PERCURSO DE HAROLDO DE CAMPOS

CELSO LAFER

QOHELET - O QUE SABE, "BUSCOU DESCOBRIR O prazer das palavras e a escrita justa". Esta é a transcriação de Haroldo de Campos do *Eclesiastes XII - 10*. Ela exprime, na mútua complementaridade entre "o prazer das palavras" e "a escrita justa", o sentido do seu percurso e da sua obra. Uma "obra aberta", que resultou de uma *ars combinatoria*, fruto de entusiasmo e rigor.

Entusiasmo pela criatividade da língua portuguesa. Este entusiasmo, que está na raiz de sua admiração por Euclides da Cunha e Guimarães Rosa, explica o seu empenho na ampliação e enriquecimento da função poética da nossa língua, por meio do pleno aproveitamento de suas possibilidades e latências.

Rigor no fazer poético, que ele tanto apreciava em João Cabral. Foi por conta de sua vocação pela disciplina que Haroldo submeteu, na sua obra, o seu entusiasmo ao rigor, associando a função emotiva à função reflexiva da linguagem para, no exercício da função poética, viver "o prazer das palavras" e obter "a escrita justa".

Fernando Pessoa nomeou o pe. Antonio Vieira imperador da língua portuguesa. Foi seguindo o alcance desta investidura que Haroldo recorreu à imagem do "xadrez de estrelas", do *Sermão da Sexagésima* em "Teoria e Prática do Poema" (1952) e, posteriormente, dela se valeu para denominar a antologia poética que recolhe o seu percurso de 1949 a 1974.

Fernando Pessoa, nos inéditos recolhidos e organizados por Luisa Medeiros em *A Língua Portuguesa* (1999), dedicou-se a pensar a distinção entre a dimensão internacional e a dimensão universal de uma língua que também acho relevante mencionar nesta reflexão sobre a trajetória de Haroldo. A dimensão internacional tem, entre os seus atributos, a sua difusão, e neste sentido o inglês é hoje a língua internacional, sustentada pela universalidade de sua literatura e pelos desdobramentos do fato de ser uma língua imperial. É a "língua geral", o latim da comunicação do mundo contemporâneo, servindo tanto como língua cultural quanto como língua natural. O português, para Fernando Pessoa, em não sendo uma língua internacional tem, como outras, os atributos de uma língua universal pois é capaz de "responder na íntegra, a todas as formas de expressão possíveis e de, conseqüentemente, ser capaz de espelhar com fidelidade, através da tradução, a expressão de outras línguas".

Haroldo compartilhava esta visão de Pessoa sobre a abrangência do repertório da nossa língua e a sua vocação ecumênica, lastreada no que foi a experiência histórica da interação de Portugal com o mundo. Compartilhava, assim, outra aspiração do poeta de *Mensagem* para quem, em função dos dados da realidade política, não se podia fazer da língua portuguesa o privilégio da humanidade, mas cabia convertê-la em metade daquele privilégio pelo verbo – para o que queremos sentir e dizer. Isto se daria, para Pessoa, recorrendo ao pe. Antonio Vieira na universalidade do Quinto Império, mencionando neste contexto ter sido Vieira um dos maiores crentes em Bandarra.

Não há, no entanto, em Haroldo, a prevalência de um iniciático sebastianismo místico, inspirado pelas toscas trovas de Bandarra. Com efeito, como diz Hannah Arendt, ao tratar do *homo faber* em *A Condição Humana*: "A fonte imediata da obra de arte é a capacidade humana de pensar"[1]. Cito Hannah Arendt pois Haroldo, na sua trajetória, porque trabalhou a convergência entre sensibilidade e razão, inseriu-se no que ele denominou a tradição do poeta-pensador. Confrontou-se com a modernidade e buscou seu esquivo significado.

1. Rio de Janeiro, Forense Universitária, 1989.

Nesta busca de presente e futuro, Haroldo, que se autodefiniu como "um cidadão ecumênico da língua portuguesa", procurou a maneira brasileira de ser universal. Via no concretismo, que liderou em parceria com o seu irmão Augusto de Campos e Décio Pignatari, uma vanguarda de alcance internacional, em cujo âmbito o nacional era o indispensável movimento dialógico da diferença com o universal. Entendia também que era uma vanguarda que não recusava o passado. Sabia que "*Mnemosyne*" - a memória - é a mãe de todas as musas. Por isso observou que Camões "ressoa sempre como um eco de búzio, nos ouvidos dos poetas de língua portuguesa".

Nesta recordação do passado fazia, no entanto, uma nova leitura – na sua poesia, nas suas transcriações, na sua crítica – em sincronia com o presente da criação. Daí sua adesão ao lema de Ezra Pound – *make it new* – e a sua coincidência com o espírito da razão antropofágica de Oswald de Andrade, na qual o remastigar da herança cultural nutre o impulso de renovação. Haroldo operava desta maneira uma poética de leitura.

O seu objetivo era, como pertinentemente apontou Leyla Perrone-Moisés no seu *Altas Literaturas*: "a busca de uma dinamização de produção poética presente"[2]. O texto era, assim, para Haroldo como para Borges, espaço e ocasião da poesia. Em *A Máquina do Mundo Repensada*, Dante, Camões e Carlos Drummond de Andrade são os fortes estímulos de sua criação poética.

2. São Paulo, Companhia das Letras, 1998.

Na obra de Haroldo pulsa, para falar com Octavio Paz, "Libertad bajo palabra". Na sua poesia e nas suas transcriações, norteadas pelo seu superior engenho crítico convivem, heuristicamente, tanto a redução minimalista da linguagem quanto a epifania da rarefação dos limites entre a poesia e a prosa.

Evoquei Octavio Paz, pois foi ele o forte elo inicial da minha amizade com Haroldo. Com efeito, em 1968, depois de ter tido o privilégio de ser aluno de Paz na Universidade de Cornell, nos EUA, retomei contacto com Haroldo a quem conhecera no início dos anos de 1960 na casa de Vilém Flusser, participando de discussões sobre língua e realidade. Tive a convicção-intuição – depois de ter assistido o curso de Paz sobre poesia do simbolismo aos nossos dias, que antecipava *Los hijos del limo* (1974), e de ter lido *Los signos en rotación* –, que havia entre os dois afinidades eletivas que cabia mediar. Fui bem sucedido nesta empreitada, como Haroldo relatou inúmeras vezes. Organizamos em conjunto a primeira antologia dos escritos de Paz no Brasil, publicada em 1972 pela Perspectiva, com o afetuoso apoio do nosso comum amigo Jacó Guinsburg. Neste volume Haroldo inseriu sua "Constelação para Octavio Paz" e transcriou, em português, uma pequena antologia que refletia a sua escolha para o presente da criação, do que considerou mais instigante até aquele momento do percurso do grande poeta mexicano.

Compartilhei o aprofundamento da amizade entre Haroldo e Octavio e segui de perto a extraordinária e bem sucedida elaboração que levou à transcriação de *Blanco*. Presenciei, em 7 de maio de 1985, quando da viagem de Paz ao Brasil, o memorável "*solo a dos voces*" que foi a comparativa leitura por Octavio e Haroldo de *Blanco* e de *Transblanco*, no Anfiteatro de Convenções da USP. Experienciei, assim, junto com um grande público, a oralidade da revelação poética. Das inúmeras conversas com Haroldo sobre Paz ficou o registro estruturado do nosso diálogo de 1984 sobre sua obra, que está inserido na segunda edição de *Transblanco: em Torno a Blanco de Octavio Paz*.

O nosso comum interesse por Octavio Paz e pela sua obra teve os naturais desdobramentos, fruto de inúmeras afinidades. Foi por meio de Haroldo que conheci Roman

Jakobson e Julio Cortazar. Mergulhei na *Morfologia de Macunaíma* para participar, em 1972, da Banca Examinadora de sua tese de doutorado, em Letras, na USP. Acompanhei deslumbrado o que ele foi fazendo no correr dos anos em matéria de transcriação, convencido que no seu caso, como afirmava Octavio Paz, "tradução e criação são operações gêmeas".

A transcriação é o modo específico por meio do qual Haroldo enfrentou o desafio da diversidade das línguas. Este desafio, por estar no Gênese, é um desdobramento de "A Cena da Origem". Está representado pela metáfora bíblica da Torre de Babel, e pelas duas dicotomias que enseja: a teórica, traduzível/intraduzível e a prática, fidelidade/traição. Neste contexto, como professor de Direito e lembrado que Haroldo foi advogado militante – o que, aliás, ecoa no título do seu poema-livro de 1962, *Servidão de Passagem* - recordo a proximidade que existe no plano teórico e prático entre a "boa e correta" tradução e a "boa e correta interpretação" da lei.

A transcriação é, em Haroldo, uma hermenêutica que não busca uma suposta "autenticidade" ou "verdade" textual. Almeja, como ele diz na "Nota Prévia" de 1992 ao seu *Bere'Shith* "um texto comparativo e coextensivamente forte, enquanto poesia em português, a ser cotejado com as versões convencionais, como um virtual exemplo contrastivo do que há por fazer, nessa matéria, em nosso idioma". Subjacente ao seu processo hermenêutico de transcriação está presente tanto a *analogia juris* dos princípios gerais quanto a *analogia legis*.

O seu princípio geral – com o qual lida com a dicotomia traduzível/intraduzível, está voltado para uma interpretação ampla que almeja o alargamento estético dos horizontes da língua, com base na universalidade do repertório da língua portuguesa, apta para, evocando, uma vez mais, Fernando Pessoa, "responder na íntegra a todas as formas de expressão possíveis".

Do ponto de vista prático a *analogia legis* foi a maneira pela qual lidou com a dicotomia fidelidade/traição. E através do conceito da analogia que Haroldo preencheu, na tradução, as lacunas estéticas da literalidade, pelas bem sucedidas soluções extensivas dadas pela semelhança relevante. Foi usualmente exitoso nas suas empreitadas por ser "mente às musas dadas" (Os *Lusíadas* x,) e por que foi sensível ao eco de búzio da recomendação camoniana: "quem não sabe a arte, não a estima" (Os *Lusíadas* v,).

Das concepções de Haroldo me vali, como Ministro das Relações Exteriores, para explicar que a política externa como tradução de necessidades internas em possibilidades externas não é uma tradução literal mas criativa. É uma transcriação representativa, quando bem sucedida, de um exercício de inteligência e sensibilidade, ensejadora de novas possibilidades de ação que não estavam dadas ou não eram percebidas. Na mesma linha observei que a diplomacia brasileira deve ser concebida como uma "obra aberta", cabendo a cada Chanceler agregar algo de novo, detectando na memória dos antecedentes a leitura relevante, sincronicamente apta para o desafio criativo do presente[3] . No meu livro *A Identidade Internacional do Brasil*[4], ao tratar da mudança e da continuidade da política externa brasileira, este é um dos temas subjacentes. Com efeito, ao examinar as características da nossa diplomacia, é a sua conceituação como "obra aberta" que me permitiu discutir a identidade, ou seja, a especificidade da inserção internacional do Brasil não como uma essência fechada, mas como um processo, um *"work in progress"* de uma construção sincrônica. Também a minha leitura grociana e kantiana da realidade internacional, na perspectiva da identidade diplomática brasileira, beneficiou-se, na intertextualidade dos códigos, do que pensou Haroldo sobre o nacional como o indispensável movimento dialógico da diferença com o universal.

Concluo, lembrando e afirmando que Haroldo viveu generosamente a amizade como a aristotélica igualdade da estima recíproca, fundada no bem. A amizade era uma de suas virtudes e a *filia* com seus parceiros era a sua maneira de compartilhar a sensação comum da existência em ato, do processo de criação. Como um dos seus numerosos amigos, na multiplicidade de vertentes do seu percurso, evoco, neste preito de saudades, a lição de Cícero: "Graças a amizade, os ausentes são presentes e o que é difícil de se dizer, os mortos vivem: vivem na honra, na memória, na dor dos amigos".

3. Cf. Celso Lafer, *A Inserção Internacional do Brasil*, Brasília, MRE, 1993, p. 285-293; 375-387.

4. São Paulo, Perspectiva, 2001.

2.20
2.40
3.80
FISCHER BÜCHEREI
heft 5/6/62
lyrik
prosa
graphik

HAROLDO, O MULTIPLICADOR

LUIZ COSTA LIMA

MEDIAÇÃO E INVENÇÃO

EM QUALQUER CULTURA, POR SUA MÚLTIPLA inventividade, Haroldo de Campos seria um caso raro; o foi muito mais na nossa. O louvor não se prende a que tenha sido poeta, crítico e tradutor, senão que, em cada uma destas atividades, haja excedido a medida esperada. Já é incomum que alguém a transgrida em uma única atividade. Seria escandaloso dizer-se que Mozart foi menor porque só compôs música ou que Góngora merecesse menos que seu arquiinimigo Quevedo porque só escreveu poemas.

Mesmo entre os talentos de exceção, o mais freqüente é, caso exerçam uma segunda atividade intelectual, que ela sirva de respaldo ou justificação para a dominante. Assim embora o T. S. Eliot crítico tenha exercido a influência conhecida na crítica de língua inglesa, por seu destaque dos poetas metafísicos contra os românticos, por seu desdém pela biografia e pela história literária, sua postura de ensaísta é comensurada pelo cunho de sua produção poética. Ou, ainda quando apreciamos a poesia de William Empson, ela não deixa de ser um apêndice do autor de *The Structure of Complex Words* (1951). Mas podemos dizer que o tradutor do *Kohélet* ou da *Ilíada* se justificava pela composição do *Galáxias*? Ou que a postura do tradutor era explicada pelo caráter de sua crítica? Sem dúvida, as três frentes a que Haroldo de Campos se dedicou eram guiadas pelo mesmo princípio de experimentação. Mas a atualização do mesmo princípio não significa que certa frente legitimasse as demais, senão que as três partilhavam de uma mesma ótica: exceder o esperado, i.e., romper o consolidado.

Só que não basta dizê-lo. Será preciso acrescentar que o consolidado na poesia não é o consolidado na crítica ou na prática da tradução. Transgredir a medida das três significava optar por vias não usuais em cada uma. No caso da poesia, é fácil reconhecê-lo: era romper o encadeamento linear do verso, preenchido por uma dicção previsível ou, em *Galáxias*, pelo enredo elaborado a partir da matéria do cotidiano (a forma do romance); no caso da tradução, também não seria difícil sabê-lo: não praticá-la como a transposição para uma segunda língua do aparato sintático-semântico que se configurara em uma primeira. Na crítica, contudo, a alternativa escolhida por Haroldo não pareceria tão auto-evidente. Propomo-nos pensá-la como uma atividade que não se encerrava em sua função prática: apreciar o mérito ou demérito de certa(s) obra(s).

Entendida como uma função prática, a crítica é um exercício de mediação; um modo de tornar mais acessível o que, por si, ora mais, ora menos é evasivo à compreensão. Para que não partamos de um falso caminho, teremos de acrescentar uma distinção. A crítica prática se diferencia em puramente judicativa ou supõe uma linha interpretativa que leva a um juízo valorativo. Puramente judicativo é o crítico descendente do "juiz da arte", i.e., aquele que mantém o comportamento da linha preceptística, inconteste desde a Antigüidade romana, revigorada no Renascimento e imperante até o advento do criticismo kantiano. Já o crítico interpretativo opera de outro modo. Podemos mesmo dizer que, nele, os pesos se tornam outros. O judicativo trabalha com dois pesos – a norma e sua justificação – ao passo que, na segunda espécie de crítica prática, a justificação é substituída pela interpretação, que, de sua parte, não é subordinada a uma norma prévia.

Por sua própria caracterização, a crítica preceptística é uma vigilante do já estabelecido, pois, não dispondo de uma legislação escrita, para ela a norma das normas é o costume, ou seja, a reiteração do já aceito. Igualmente prática e, portanto, igualmente programada por uma função mediadora, a crítica interpretativa tem uma margem muito maior de manobras. É o espectro de leituras aliado à sensibilidade de seu agente que lhe serve de base. Entre aquelas leituras não estão apenas obras literárias. Como a obra literária não fornece por si conceitos, para alcançar um patamar de coerência que não seja o do costumeiro, o crítico interpretativo, consciente ou inconscientemente, lança mão de textos que admitam a produção de conceitos ou ferramentas de generalização, advenham da escrita da história, das ciências sociais ou de algum *corpus* filosófico já aclimatado ao mundo concreto. Utiliza-os, entretanto, dentro de um formato prático, i.e., não os discutirá como conceitos ou não os empregará como tais, senão enquanto instrumentos a serem operacionalizados. Para que mantenha seu caráter mediador, a crítica prática não se interessa por discussões teóricas. Chega mesmo a entendê-las como ociosas ou até prejudiciais a seu alvo – a penetração em tal objeto literário.

Conquanto sejam claras as conseqüências de uma crítica normativa ou interpretativa, embora não seja menos clara minha tomada de posição adversa à primeira, mas não à segunda, a finalidade da reflexão acima consiste em diferençar a prática crítica de Haroldo de Campos da crítica mediadora. Leve-se, contudo também em conta, que se perguntar pela identidade de sua via, não supõe nem negar validade à espécie interpretativa, nem esconder os limites da modalidade de crítica exercida por Haroldo. O contrário seria afirmar um tortuoso maniqueísmo e reingressar na normatividade que rejeitamos. Isso seria um contra-serviço ao que fez nosso autor. Para que, entretanto, o que dissemos não se reduza a uma mera declaração de princípios, ampliemos este exame preliminar.

Tomado como mediador, o crítico é comparável àquele que ensina. Consideremos o exemplo de um professor de filosofia. Raramente, o fato de que alguém conheça bem um certo filósofo, um certo período ou vários períodos da história da filosofia significa que o especialista seja propriamente um filósofo. Ou, ao contrário, que um filósofo inconteste, como Wittgenstein, conhecesse bem a história de sua disciplina. Especialista nisso ou naquilo, o nosso professor será uma figura válida ou até, se o acaso o favorece, a condição para o despontar de verdadeiros filósofos, i.e., de pensamentos inovadores. Como um professor, o crítico pode ser um agente válido para uma cultura, seja ela madura ou apenas titubeante. Não é que, ao contrário do que afirma o dito bastante divulgado: "quem não sabe, ensina", mas apenas que ser capaz de ensinar não é sinônimo de ser capaz de criar. O crítico-mediador é uma espécie de professor. O crítico normativo se assemelha ao professor que confundisse a transmissão de que é capaz com a pretensão de ditar regras para a invenção. (Há alguns anos, ouvi o relato de alunos acerca de um certo filólogo que, tendo anunciado um curso sobre poesia modernista, o iniciara com a declaração de que iria mostrar por que Manuel Bandeira não era poeta). Sua capacidade de transmissão por certo implica regras. Seria hipócrita, ingênuo ou fraudulento supor que se ensine sem regras. Elas têm, entretanto, um âmbito estrito: concernem à fidedignidade histórica – não posso atribuir o complexo de Édipo ao Édipo sofocleano; à ordem dos conceitos – não posso ler a dialética dos pensadores gregos como idêntica à hegeliana; não posso confundir, em Kant, "transcendente" e "transcendental"; em plano mais elementar, não posso ignorar as normas gramaticais da língua em que escrevo. *O problema aparece quando a invenção subverte a fidedignidade*. E se torna mais agudo quando se vive em uma época, como a nossa, em que a exigência do novo se torna absoluta. A única coisa sensata que o mediador poderá então fazer será alertar para o que se contraria. Em si mesmo, o que se pretende inventivo poderá não passar de ignorância ou de simples abuso. Mas, a não ser em casos de evidente grosseria, não há como distinguir de antemão a "invenção" da invenção. Quando escuto dizer-se de alguém que combina Lenin com Lacan, a tendência natural será pôr seus textos sob reserva. Mas só poderei legitimamente me manifestar se me dispuser a lê-lo e, pela reconsideração de suas fontes, ajuizar se a aproximação tem algum sentido. Quanto mais extemporâneo pareça um caminho, tanto menos habilitado será o praticante de mediações.

Não é acidental que tenha exemplificado com um professor de filosofia e não de literatura. Aquele servia melhor para o propósito porque a filosofia trabalha com conceitos. O que vale dizer: alguém não se habilita a ser professor de literatura porque tenha lido literatura. Mas deixemos de lado a questão do que ensina literatura porque nos desviaria de nossa indagação. Perguntemo-nos diretamente: como o crítico pode legitimamente mediar se o seu objeto não cabe sob leis? Aqui está o problema capital. A crítica mediadora, mesmo a que se recusa a ser preceptiva, se baseia em exemplos prévios. Não ter a literatura – como as artes em geral – leis próprias significa que os exemplos modelares são sempre contingentes; sempre passíveis de ser reconfigurados. Mas quando poderá o crítico saber se a tradição perdeu sua vigência ou se o novo que se lhe apresenta é mais do que um mero apelo mercadológico? É justamente porque não pode sabê-lo de antemão que a atividade crítica não se basta com agentes mediadores, e sua face prática. É ainda por isso que, em cada cultura, nos momentos de desestabilização, os mediadores se mostram insuficientes e precisam ser suplementados por aqueles em que a prática reflexiva tenha mais amplo curso. É nesse instante que a invenção crítica se impõe. Ela em sua via específica: a via da teorização. O gesto inicial da teorização consiste em se interrogar além do que está assegurado pela prática herdada ou admissível.

É aqui que entra Haroldo de Campos. Antes e depois dele, temos tido mediadores de qualidade. A invenção não prescinde deles ou tampouco os relega ao ostracismo. Faltava-nos, contudo, o crítico inventivo, i.e., capaz de enfrentar e dialogar com a reflexão teórica ou até de impulsioná-la. Essa falta talvez se deva à educação recebida pelo crítico brasileiro. A partir da crítica que foi entre nós praticada desde finais do século XIX, ele teve como paradigmas ou o modelo sociológico ou o modelo filológico. Em ambos os casos, escapava de sua interlocução a base de toda teorização: o pensamento filosófico. Não se diz que o crítico inventivo haja de ser um filósofo(!) – o que raramente é. Diz-se sim que tenha a filosofia como um de seus parceiros básicos. Ora, como mostra a leitura do *Ensaio sobre o Trágico* [*Versuch über das Tragische* (1961)], de Peter Szondi, não é acidental que contemporaneamente à afirmação da literatura como discurso autônomo, a crítica tenha deixado de ser puramente normativa e tenha recebido o influxo do pensamento filosófico: as *Cartas Filosóficas sobre o Dogmatismo e o Criticismo* (1796), de Schelling, como abertura para a reflexão sobre o trágico. É a autonomização do discurso literário, sobre a qual refletem Novalis e F. Schlegel, no bojo da desestabilização do *ancien régime* europeu, que põe em xeque a preceptística[1] multissecular. É a modernidade que motiva o aparecimento do crítico teórico; a teoria como respaldo para a crítica.

Para diminuirmos os riscos de equívocos, vale o esforço de sintetizar as considerações anteriores. Das três espécies referidas de crítica, é legítimo dizer-se: (a) suas diferenças são de grau, muito embora a distinção entre a normativa e a crítica de invenção chegue a parecer de natureza; (b) diferenças de grau pelas posições que ocupam no espaço formado pelos pólos do 'julgamento' e do 'juízo'. Juiz da arte (*Kunstrichter*), o normativo é o homem do julgamento, aquele que opera a partir de uma legislação implícita, que tem a força de um costume. (Assim a recusa de Shakespeare, no século XVIII, por seu teatro desrespeitar a lei das três unidades a que obedecia o teatro clássico francês). O crítico de invenção, ao contrário, é o homem do juízo, i.e., aquele cuja apreciação assenta em uma disposição, conceitual ou propensamente conceitual, a que alude ou demonstra. O valor que concede ao objeto sob consideração depende, pois, da base em que se funda. Daí a aproximação que mantém com a teoria. Já o crítico interpretativo ocupa a posição intermédia. Se é interpretativo é porque conta de antemão com uma norma. Mas não é ela vista como cristalizada, pronta para servir de preceito. A interpretação insinua sua base teórica ou dá condições para que a teorização subjacente se explicite *a posteriori*. Esta pode tanto desvelar um *corpus* já constituído – os pensamentos de fundo hegeliano ou weberiano seriam, entre nós, os casos mais freqüentes – como esboçar uma teoria a ser ainda elaborada. Enquanto a crítica normativa repele a reflexão teórica, pois ela desmancharia suas certezas, a interpretativa, embora mantenha a desconfiança quanto à teorização, em princípio não lhe é adversa. Apenas a ela não recorre, talvez sob a suspeita que dirigiria indebitamente seus passos. Em suma, os pólos opostos, julgamento e juízo, que ladeiam o espaço crítico, se caracterizam pela correspondência que mantêm, respectivamente, quanto à estabilidade da norma e a atitude de reindagação do que se toma por norma. Daí a diferença de relacionamento das três espécies de crítica quanto à reflexão teórica: indiferença ou aversão por ela (a crítica normativa); suspeita potencial ou internalização de uma reflexão já constituída (a crítica interpretativa); diálogo explícito com o *corpus* teórico com que opera ou que desenvolve.

Trata-se então de ver como o contato com a teoria dialoga com a inventividade crítica em Haroldo. Na impossibilidade de um exame circunstanciado, consideremos apenas dois textos seus. A partir deles, notaremos o que se descortina, assim como os limites que os demarcam.

1. Sobre a "Poética Filosófica" então iniciada, cf. o prefácio do tradutor, Pedro Süssekind, à versão brasileira. Peter Szondi, *Ensaio sobre o Trágico*, Rio de Janeiro, Jorge Zahar, 2004, p. 9-21.

Ao contrário da obra de arte, que só pode ser inventiva, a invenção é uma modalidade da crítica. Ao passo que a invenção na arte se afirma (ou se nega) por sua própria textura, a invenção crítica depende de um encaminhamento demonstrativo. Já por aí, a crítica mostra dispor-se na metade do caminho entre a arte e a reflexão filosófica. Como a arte, ela precisa de um veio *poiético*. Como a reflexão filosófica, este veio se apóia em uma rede de conceitos. Mesmo que esta provenha ou esteja em concordância com uma ciência particular, sua discordância não é menos patente: a crítica não faz afirmações gerais, não nivela as obras particulares em espécies. Embora seja legítimo falar-se em gêneros poéticos, como a épica, o drama e a comédia, na verdade os núcleos comuns a cada um são insuficientes como modo de aproximação a uma obra particularizada. Saber o que se toma como núcleo do trágico ainda nos deixa longe da compreensão razoável de Ésquilo ou Sófocles, para não falar de Eurípedes, que já problematiza a matéria mítica que servira àqueles.

Concretizemos o que dissemos, pensando nos dois ensaios escolhidos: "Iracema: Uma Arqueografia de Vanguarda"[2] e "A Linguagem do Iauaretê"[3]. Os vinte anos que os separam dizem alguma coisa: (a) por se completarem como duas mãos de um mesmo corpo, declaram que o intervalo temporal não interrompe o fluxo do pressuposto que os orienta; (b) que, apesar disso, são focalizações parciais que não usufruíram de uma meditação contínua. Esse encaixe, que a passagem do tempo não perturba, tanto se explica pela manutenção do mesmo pressuposto como nos leva a supor que a equação analítica não pôde ser beneficiada pelas articulações outras passíveis de suceder ante sua exposição sistemática. De qualquer modo, como o encaixe é palpável, ele nos permite inverter a ordem da escrita e começar pelo ponto de partida, escrito vinte anos depois.

Não deixa de ser surpreendente que Haroldo se interessasse por um romance da fase indianista de Alencar. Há muito tempo que o romancista cearense estivera reservado à incômoda posição de um "clássico", i.e., de alguém em que se redescobrem as mesmas trivialidade s. Ante o olhar de Haroldo, a situação é subvertida: *Iracema* é relido por uma ótica que nunca conhecera. Seus adversários poderão considerá-la arbitrária, mas, ao dizê-lo, já afirmam que o clássico perdera as aspas.

A arqueografia de *Iracema* começa por considerar seu autor perante a "série literária" de seu tempo. Como é freqüente entre os escritores das culturas marginais, Alencar leu os titãs contemporâneos fora de ordem: "Leitor 'promíscuo' (a expressão é de Araripe Jr.), Alencar leu Balzac antes de Chateaubriand e de Victor Hugo, nos seus tentames de passar dos textos de Fénelon e Voltaire aos dos 'modernos' [...]"[4]. Por isso, se *Lucíola* e *Senhora* têm Balzac por

2. Em *Metalinguagem & Outras Metas*, p. 127-145.

3. Em *Metalinguagem & Outras Metas*, p. 57-63.

4. "Iracema...", op. cit, p. 128.

lastro, o romance que o crítico destaca é aquele em que Alencar encontra "seu espaço mais coerente de liberdade (na) linha de menor resistência do ideológico, aquela que melhor lhe permitia exercer sua factividade romanesca"[5].

5. Idem. p. 129.

Já pela simples menção da "promiscuidade" das leituras de Alencar, Haroldo apontava para um filão que a crítica brasileira tem descurado: a simultaneidade de tempos diversos, contida na mesma unidade temporal. Embora quando a formulou, em 1784, Herder não pensasse nas Américas (!), seu *topos* encontraria aí seu lugar de eleição. A procura de uma "essência" nacional, que explodiria, no século XIX, em distintos países sul-americanos[6] e permaneceria marcante em *Os Sertões*, de Euclides da Cunha, era indicativa da busca inconsciente de um núcleo que unificasse um mundo nascido da destruição das sociedades nativas. A variação de linhas literárias que seguiria Alencar derivava desta forçosa desorientação. Onde seu êxito seria pálido, no romance urbano, Machado plantaria sua espantosa qualidade. Entretanto, como se não houvesse reconhecido a extrema relevância do *topos* que destacara – o inventor é pródigo, por definição –, Haroldo apenas o refere de passagem, por citação de Hans Robert Jauss. Interessa-lhe sim a exploração alencarina do veio indígena. A Alencar, este veio de início importava para responder ao gramaticalismo lusitano, último sinal dos ares de metrópole abolida:

6. Cf. Luiz Costa Lima, "Literatura e Sociedade na América Latina (Século XIX e Começos do Século XX)", em *Sociedade e Discurso Ficcional*, Rio de Janeiro, Guanabara, 1986, p. 78-179.

> Seu pós-escrito à segunda edição de *Iracema* (outubro de 1870), como, antes, a "Carta ao Dr. Jaguaribe", que serve de posfácio à primeira edição, é, quase tanto como os Manifestos Modernistas de Oswald, uma peça aguerrida de combate poético e de reivindicação de liberdade de invenção. Alencar verbera o "terror pânico do galicismo", a "tacanha avareza" daqueles puristas lusófilos[7].

7. "Iracema...", op. cit., p. 130.

À recusa da normatividade lusa, corresponde no romancista à exploração de situação histórica anterior à que exploraria o romance da "desilusão burguesa":

> *Iracema* recua para a pré-história do *epos*: articula-se como um "mito de origem", exposto, do ponto de vista estrutural, em termos de raconto simbólico de aventuras, e matizado de momentos idílico-pastorais[8].

8. Idem, p. 131.

Combinada à recusa do gramaticalismo, essa volta a uma situação temporalmente anterior haveria de supor "a intervenção da linguagem 'em estado selvagem', apresentada como programa para uma tomada de consciência crítica do fazer poético brasileiro"[9].

9. Idem, ibidem.

Aqui, a invenção crítica de Haroldo encontrava sua estrada real. Todas as considerações precedentes para ela convergem. Para torná-la mais nítida, a contrastemos com a visada recente de um estrangeiro bem intencionado. Em ensaio de 1986, Fredric Jameson, tratando da literatura do terceiro mundo, escrevia:

> Nada se ganha em silenciar a diferença radical de textos não canônicos. O romance do terceiro mundo não oferecerá as satisfações de Proust ou Joyce; mais prejudicial do que isso é a tendência deles em nos recordar estágios ultrapassados do desenvolvimento cultural do primeiro mundo[10].

10. Frederic Jameson, "Third-World Literature in Era of Multinational Capitalism", em *Social Text. Theory, Culture, Ideology*, n. 15, out. 1986, p.65.

Embora pareça bastante estranha a equivalência entre texto canônico, obra de qualidade e literatura do primeiro mundo – conquanto o *Call it Sleep* (1934), de Henry Roth, seja um romance norte-americano de qualidade, não o creio integrado ao cânone – e seja surpreendente o conhecimento que o autor supõe ter de algo tão vasto como "the third-world novel", para não falar da pavorosa apreciação que antes fizera do *Grande Sertão* – "that curious Brazilian 'high literary' variant of the Western"[11] – sua apreciação, sobretudo considerando a calamidade dos chamados *cultural studies*, é, em princípio, justa. E, mesmo por sê-lo, é tanto mais admirável o resgate por Haroldo de *Iracema*. Pois nosso crítico opera um curto-circuito transtornador: louva o romance indianista não porque explore um tempo próximo de nossa "essência"(!), mas sim porque, nele, Alencar intuía que o problema das literaturas do Novo Mundo se enraizava na linguagem. Por isso, em vez de sua análise ter qualquer coisa a ver com o documentalismo do romance, em um critério de óbvio cunho sociologizante, remete à concepção da linguagem em Walter Benjamin. A alusão ao estágio adâmico da linguagem, a que conduziria o projeto de *Iracema*, enseja ao crítico inventivo um veio jamais sequer aflorado:

11. F. Jameson, *The Political Uncouncious. Narrative as a Socially Symbolic Act*, Ithaca, Nova York. Cornell University Press, 1981, p. 118.

> O gesto alencariano de retorno ao *Ur-epos* (à retomada do *epos* impossível na era burguesa, por um romancista brasileiro incapaz, por seu turno, de escrever com coerência a "prosa do mundo" moldada na forma "forte" e no paradigma de "verdade" do realismo balzaquiano) se deu por esse modo paramitológico de "decifração verídica", através do recurso à estrutura fabular, haurida pela mediação do folclore e da tradição oral[12].

12. "Iracema...", op. cit., p. 138-139.

Ao Alencar indianista outro lugar era conferido. É ele retirado do cemitério dos "clássicos", em que os sepultados só recebem a visita das reverentes cartolas, para que volte a circular entre os textos vivos. Referindo-se à "Carta ao Dr. Jaguaribe", então dirá:

> Alencar parece estar reunindo, num mesmo propósito programático, os dois móveis (ou as duas pontas) de sua polêmica: por um lado, a necessidade de "barbarizar" (leia-se "tupinizar") o português para submetê-lo aos "modos do pensamento" indígena, e assim, graças a uma operação tradutora ao plano do significante, chegar às fontes lingüísticas de que sairia o "verdadeiro poema nacional"; por outro, aquele sentimento, não completamente formulado em termos de programa, mas percebido fortemente em termos de rejeição de uma forma gasta, que o faz, primeiro, investir contra a *Confederação*, e mais tarde, no "posfácio" a *Iracema*, ressalvar o que entende por grandeza de Gonçalves Dias, mediante uma crítica à "linguagem clássica" da tentativa gonçalvina (outra mais!) de "epopéia brasileira"[13].

13. Idem, p. 140-141.

A ótica se inverte por completo. Expurgando tudo que concerne a um documentalismo mediocrizante, a leitura de Haroldo apresentava um outro Alencar. Ele passa a originador de outra linhagem, linhagem, por certo, contra a corrente, como já seguia contra a direção de seu tempo a concepção mística da linguagem de Benjamin:

> Alencar se comporta como um tradutor que aspirasse à radicalidade, "estranhando" o português canônico e "verocêntrico" – língua da dominação da ex-metrópole – ao influxo do paradigma tupi, idealizado por ele como uma língua edênica, de nomeação adâmica, em estado de primeiridade icônica, auroral[14].

14. Idem, p.132.

Afirmação ousada, ainda que inventivamente fecunda, porque o próprio Alencar não tinha – e como poderia ter? – a mesma clareza de propósito. Destaque-se a propósito a passagem da já referida "Carta ao Dr. Jaguaribe": "O conhecimento da língua indígena é o melhor critério para a nacionalidade da literatura"[15]. Limitado pela obsessão de sua época, Alencar apresenta a aproximação da língua e costumes dos indígenas como o meio de dar veracidade à literatura nacional. Mas temos o direito de reprová-lo por, conquanto se afastasse da solução gonçalvina, se mantivesse distante do parodístico do episódio do "Tatuturema", do *Guesa* sousandradino? Não o temos porque a voz épica, tanto mais em sua versão originária, *Ur-epos*, não se concilia com a burla e a paródia. Fazê-lo supunha uma nova épica, que nunca vingou.

15. Idem, ibidem.

Não é por acaso que, conhecendo como conhecia Sousândrade, Haroldo, na releitura de *Iracema*, não se refira ao poeta maranhense. Entre as duas derivas, a auroral alencarina, e a criativa-por-destruição do episódio do "Tatuturema", a segunda era mais fecunda. Mas o preço a pagar por essa maior fecundidade era (e permanece sendo) seu desconhecimento. A alternativa que aqueles autores conheceram (e conhecem) se formula como: ou ser acolhido no limbo dos "clássicos" ou dissolver-se no esquecimento. Em ambos os casos, a matéria indígena sobrevive para não sobreviver. A comparação com Sousândrade, portanto, implicaria um desvio pelo abismo do trágico, e este nunca esteve na mira de Haroldo, como tampouco dos concretos, em geral. Sendo o trágico eliìdido, a reinvenção de *Iracema* teria de desaguar noutro ponto. Na verdade, ele já estava assegurado desde 1962 com a invenção, menos inesperada, nem por isso menos notável presente em "A Linguagem do Iauretê".

No caso de Rosa, a microscopia analítica se deparava com menores obstáculos. Em vez de mudar a posição já ocupada pelo autor, tratava-se de mostrar que, no pequeno relato, chegava ao extremo de sua exploração da linguagem – o que já não se poderia dizer de *Tutaméia* (1967), em que a anedota é apenas artificializada.

Como "A Linguagem do Iauretê" é um dos textos mais conhecidos de Haroldo de Campos, não será necessário detalhar a análise da estória do zagaieiro que se transforma em onça à medida que se desenrola sua conversa com o mudo interlocutor. Cumpre apenas recordar que a singularidade do relato rosiano não está no que conta, mas sim na radicalidade do que faz: o que em Alencar fora um projeto – tupinizar a linguagem corrente – se converte em realidade textual: "O clímax metamórfico [...] não é apresentado, mas presentado, presentificado pelo texto"[16]. Foi com base na invenção de Haroldo que, anos passados, pude dar um salto na reformulação da mímesis e mostrar, como espécie sua muito menos freqüente, o que denominei de mímesis da produção[17]. Tendo, então, por pólos Alencar e Rosa, a invenção crítica formava um vaso circulante. Se seu termo de abertura refizera todo o trajeto da crítica brasileira e retirara Alencar da posição de primeiro representante máximo da prosa documental e "essencialista" para o expor à rajada adâmica da linguagem auroral, no ponto de chegada, o destaque do Iauretê indicava o êxito da própria jornada crítico-inventiva.

Para quem tenha absorvido alguma experiência de mundo será esperável que, ainda agora, o nome de Haroldo de Campos seja mais falado do que lida sua obra. A invenção é um modo de violência. A ela se contrapõe a violência do institucionalizado. Não se trata de escolher entre o bem e o mal. Entre os que se lhe opõem, há os medíocres e os ressentidos, como também escritores e críticos dignos de serem lidos. A invenção incomoda, ao passo que o institucionalizado só é incômodo a uns poucos. Ao leitor de interesse arraigado caberá não a escolha passional entre os partidos – e eles são vários – mas o exercício da lucidez, que lhe permita distinguir o que pareça válido do estagnado.

16. "A Linguagem do Iauretê", op. cit. p. 61.

17. L. Costa Lima, *Mímesis e Modernidade. Formas das Sombras*, São Paulo, Paz e Terra, 1980, p. 182.

Como eu próprio, embora nunca tenha pertencido ao grupo dos concretos, sempre estive próximo das teses de Haroldo, cabe-me dar o exemplo de assinalar quais me parecem os limites do caso que considerei.

O ponto zero de qualquer invenção não é um zero matemático. Ao contrário, ele supõe uma inclinação prévia. Toda invenção, inclusive a matemática, se sustenta em uma aporia. Se ela é inevitável, a única maneira de não converter a aporia em dogma supõe mostrá-la, senão apontar para seus poros (vazios). A aporia da invenção crítica haroldiana é a da alta modernidade. Por certo, a alta modernidade é destrutiva, mas o é por crer na possibilidade de avanço. O *Ulysses* joyceano não é apenas a paródia da imanência plena do mundo homérico, mas, ao mesmo tempo, uma "alfinetada de alegria", uma *joysprick*. Por que a destruição, contudo, alimentada por um hausto otimista seria limitadora? Beckett nos permite evitar um raciocínio no mínimo demorado. Muito cedo, conhecendo como conhecia a obra de Joyce, Beckett compreendeu que ela elidia o negror da vida. Recorde-se o pequeno conto que forma a intervenção de Hamm, em *Endgame*:

> Certa vez conheci um louco que pensava que o fim do mundo tinha chegado. Era um pintor e gravador. Gostava muito dele. Costumava ir vê-lo no hospício. Tomava-o pela mão e o arrastava até a janela. Olhe! Ali! O trigo começa a brotar! E ali! As velas dos barcos pesqueiros! Toda essa beleza! (*Pausa*) Soltava-se de minha mão e voltava para seu canto. Apavorado. Só tinha visto cinzas. (*Pausa*) Só ele tinha sido poupado. (*Pausa*) Esquecido. (*Pausa*) Parece que o caso não é... tão... tão raro[18].

18. Samuel Beckett, *Endgame. A Play in One Act*, Nova York, Grove, 1958, p.44. [*Fim de Partida*, trad. Fabio de Souza Andrada, São Paulo, CosacNaify, 2002.]

É óbvio que não é este o paideuma de Haroldo. Em suas andanças dublinenses, Leopold Bloom não freqüenta hospícios. Mas onde, nos textos escolhidos, a "joysprick" limitaria a invenção haroldiana? Em sua análise de *Iracema*, o crítico observa que o romance de Alencar "radicaliza e subverte *Atala*". Apóia-se então em Butor: "Alencar vai mais longe que Chateaubriand (a 'cristianização'do fim de *Atala*, para Michel Butor, representaria a primeira etapa do esforço paulatino de Chateaubriand por 'desnaturar' um livro – *Les Natchez* – que, 'na origem, era um grito de indignação contra sua pátria e sua religião')"[19]. A referência está correta. Mas recolhe apenas o que admite o hausto otimista da alta modernidade. Se continuarmos a leitura do brilhante ensaio de Butor verificaremos que a "desnaturalização" dos *Natchez* tinha um travo mais doloroso. Sua explicação não se esgota na esperta jogada política de Chateaubriand, pois se acompanha de sua percepção de que a sociedade indígena que era destruída implicava uma metamorfose impossível:

19. "Iracema...", op. cit., p. 133-134.

> Lamentavelmente, Chateaubriand se apercebe, na América, que o selvagem que estuda não é de modo algum um olhar simples e puro capaz de nos desembaraçar por sua ingenuidade de todos nossos preconceitos e superstições [...]. O homem dito "da natureza" não pode, portanto, nos trazer uma pedra de toque infalível e não podemos mais nos retransformar em selvagens do que em gregos ou romanos, mas nos permitirá introduzir um terceiro termo no combate de sensibilidade que dilacera a Europa, não só o coração do indivíduo mas de toda a sociedade, e fazer escutar neste tumulto uma voz desconhecida[20].

A esperta conversão de Chateaubriand o defendia do negror que intuía aproximar-se. O *troisième terme*, passível de ser expresso, não cabia em nenhuma "alfinetada de alegria". Muito ao contrário, assinalava que a expansão do Ocidente implicava a destruição de modos alternativos de vida.

Já no caso de Benjamin, a adaptação de seu messianismo adâmico segue outro curso. O transtorno que ele provoca na maneira como Benjamin encarava a tarefa do tradutor é mais facilmente internalizado pelo progressismo da alta modernidade. Uma única passagem nos permite percebê-lo: "A tarefa do tradutor é resgatar em sua própria língua aquela língua pura (jene reine Sprache), que está exilada nas línguas alheias, liberar a língua aprisionada em uma obra pela recriação (*in der Umdichtung*) desta obra"[21].

Obviamente, contudo, tanto em "A Tarefa do Tradutor" quanto no anterior "Sobre a Linguagem em Geral e a Linguagem dos Homens" (1916), o engajamento messiânico de aproximação da língua pura, adâmica, perdida com a Queda está longe de se encerrar no exercício da tradução, como bem diria Haroldo, transcriadora[22]. Não estamos dizendo que o leitor de Benjamin esteja obrigado a levar em conta todo seu programa![23]Apenas afirmamos que, em seu uso, Haroldo o restringe a uma certa aporia, que precisa ser exposta para que não se converta em dogma. Este seria o pior serviço que poderíamos prestar a um inventor.

20. Michel Butor, "Chateaubriand et l'ancienne Amérique", *Répertoir II*, Paris, Minuit, 1964, p. 176-177.

21. Walter Benjamin, "Die Aufgabe des Übersetzers", *Gesammelte Schriften*, 1980, p. 19.

22. Para uma ampla análise da recepção das teses de Benjamin, incluindo outros textos em que Haroldo de Campos as discute, cf. a excelente apreciação de Susana Kampff Lages, *Walter Benjamin: Tradução e Melancolia*, São Paulo, Edusp, 2002, p. 163-227.

23. É no mínimo curioso que, embora sem citar Benjamin, um intérprete de Joyce aproxime a textura do *Ulysses* com "The Adamic Word"; que o faça convertendo o programa benjaminiano simultaneamente em paródia e exploração do tesouro da língua, i.e., em perfeito produto da alta modernidade: "Over time words alter their meanings, and if such changes defy the stop-time claims of an original Edenic Word, they also constitute a vertical richness, a heaped and buried treasure of multiple significance" (V, Sherry, *James Joyce. Ulysses*, Cambridge, Nova York, Cambridge University Press, 1994, p. 90).

BABEL E PENTECOSTES: HETEROFILIA E HOSPITALIDADE

OLGÁRIA MATOS

A LÍNGUA CONSTITUI MAIS UMA QUESTÃO FILOsófica e política que teológica, já que a Torre de Babel não narra somente a saída do homem da terra para o céu mas também a descida do céu para a terra. De fato, o livro 11 do *Gênesis* não descreve a construção da cidade, nem a da torre, mas relata, antes, a construção da cidade enquanto torre e o desejo de reduzir o mundo à "razão pura"[1], reconduzido a uma genealogia única, contrafação ao "crescei e multiplicai-vos, povoai a terra, andai". Se os homens se multiplicaram e dispersaram, Babel é o chamamento da diversidade à unidade, à reunião de cada um em torno de si mesmo, e a língua não mais significa uma luz para aclarar as diferenças – e o "nós" não constitui a "aliança de eus", pois cada um fala sua língua particular. Que cada qual diga ao outro a mesma coisa "venham, façamos tijolos e coloquemo-los ao fogo" não institui propriamente a unanimidade, pois

> para ser uma só alma (*una anima*) é necessário que cada um tenha perdido a própria. Ou melhor: uniformização (*Uniformisation*) – o termo é de Freud – em uma multidão na qual cada um não faz senão repetir slogans [...]. Há falsificação da primeira pessoa do plural, onde esta não é mais o plural das primeiras pessoas no singular[2].

1. Há autores que incluem nesse ímpeto a filosofia crítica de Kant: "criticar o saber para preservar a crença ao abrigo do saber, para reservar-lhe um altar inatacável – uma tal crítica não se exerce sobre o conteúdo do discurso que se pretende defender e que se manterá de qualquer jeito, mas sobre suas condições de possibilidade: a verdade que eu penso – isto é Deus, a imortalidade, a liberdade, enquanto conferem um sentido ao mundo e à ação [...]. Estranha crítica que toma como asseguradas e intocáveis as verdades que ela se propõe precisamente criticar e interroga, aparentemente desprezando toda lógica, acerca das condições de *possibilidade* de verdades tidas já como *necessárias* [...]. Kant é o inventor de uma crítica 'branca', crítica não criticante [...]. Não criticando nem Deus nem a moral, mas a razão pura, a razão prática[...], a crítica passou, atenta e escrupulosa, deixando intactas crenças e opiniões [...]. A idéia reguladora só pode ser mantida como pura crença, crença que não deseja nada, sendo incapaz de precisar a natureza daquilo em que acredita, o objeto de sua aposta, pois é próprio de toda crença ser sem objeto" (C. Rosset, *Le réel: traité d'idiotie*, Minuit, 2004, p. 61-62.

2. Marie Balmary, *Le Sacrifice interdit*, Paris, Grasset, p. 91-92.

Analogamente, é sempre só de *uma* língua que se trata quando se diz "o gênio da língua", sempre idêntica a si mesma, homogênea e única, instrumento privilegiado da essencialização ou substancialização de um povo ou comunidade. Eis a superstição própria à singularidade e identidade quando tomadas como propriedade de uma língua só, pelo "um idêntico". Não se está longe da idéia de agressividade que se liga à forma "narcísica" da identidade do eu que jamais se confronta efetivamente com o outro, uma vez que este é sua própria imagem: "o 'tu' com o qual o 'eu' se confronta nunca chega a constituir uma verdadeira alteridade [...], faltando-lhe a experiência do oposto"[3], só lhe restando a "rivalidade mimética" e a polaridade: ou destrói o outro ou o "engloba". Fanatismo ou *melting polt*, portanto.

3. Mario Perniola, *Contro la communicazione*, Turim, Einaudi, 2004, p. 36-38.

A tradução como ato político desfaz não apenas a noção de identidade sedentária, mas, sobretudo a timidez *snob* da isoglossia.Um anacronismo latente faz com que as literaturas compartilhem espaços e tempos heterogêneos e simultâneos. Ao traduzir Homero, Haroldo de Campos propõe questões gregas ao mundo contemporâneo e problemas contemporâneos ao mundo antigo – com o que se ampliam as identidades, bem como a compreensão do presente. Mimética e não-mimética, a tradução é a "sobrevida" do texto original: vive mais tempo e também de modo diverso. De onde ser a tradução uma experiência expressionista, capaz de anamorfoses, de ser ela mesma e um outro. Eis por que a tradução não procura comunicar preferencialmente pela enunciação – no que seria mais "literal" – mas perderia o essencial. A estas, Haroldo de Campos – como Benjamin – considera "má tradução", "é transmissão inexata de um conteúdo inessencial". O tradutor – como o escritor e o leitor – abandonam, para tanto, seu contexto familiar, alcançando o estrangeiro e o distante numa aura de inclusão e proximidade. Por um *dépaysement* lingüístico, evoca-se o estrangeiro, transformando-o em familiar. Por isso "no aprendizado das línguas, o mais importante não é aquela que se aprende, mas o abandono da nossa [...]. Só então se a compreende verdadeiramente"[4]. Uma espécie de confisco do sentido do original significa a despossessão daquilo em que estávamos alienados, tranqüilizados – sendo esta condição de uma escuta nova da acústica das palavras, escuta imagética e "redentora" da incomunicabilidade. Por isso Derrida, por sua vez, pode escrever: "eu só tenho uma língua e ela não é a minha"[5]. Em seus escritos são recorrentes palavras latinas e do grego antigo, palavras alemãs, inglesas, espanholas, italianas, palavras em hebraico e árabe.

4. André Gide, apud Walter Benjamin, *Gesammelte Schriften*, IV, 1, Frankfurt, Suhrkamp, 7 vol, 1972-1989, p. 506.

5. Cf. Jacques Derrida, *Le Monolinguisme de l'Autre*, Paris, Galilée, 1999, p.15.

Assim a tradução para Haroldo abandona os nexos lógicos da linearidade causal das culturas, praticando a arte não só de reconhecer analogias, correspondências, diferenças e semelhanças entre as línguas, mas também de produzi-las:

Lezana Lima, Carpentier e Severo Sarduy [...] se miram 'nesse poema épico barroco (de Sivestre de Balboa, *Espelho da Paciência)*, nascido na segunda metade dos anos quinhentos, cuja passagem mais relevante são as *estanças* onde ninfas e sátiros da mitologia grega, aquelas carnavalescamente vestidas de "anáguas", irrompem festivamente, enquanto se dá a 'enumeração caótica de flores e frutas cubanas, estas designadas por seus nomes em *taino*, língua dos aborígenes da ilha. Mirada antinarcísica, transcultural que busca no mesmo (no universal) a diferença: a articulação diferencial da "cubanidade"[6].

6. "De Babel a Pentecostes: Uma Utopia Concreta", em Regina Fabbrini e Sergio Lopes Oliveira (orgs.), *Série Linguagem*, n. 3, São Paulo, Lovise, 1998, p. 27.

Haroldo de Campos trata de um universalismo polimorfo e cosmopolita, pois reconhece o estrangeiro em cada língua e literatura, revelando um país desconhecido, onde fronteiras e alteridades são construídas e desfeitas em permanência. Não procura integrar o estrangeiro, ainda menos persegui-lo, mas acolhê-lo neste perturbante estranhamento que é tanto o nosso quanto o do outro. Transcriando termos, ao traduzir Homero, como aliás o fazia o próprio Homero, Haroldo traduz:

Ó Tideide, ardoroso de ânimo, por que/perguntas minha origem (*geneén)*? Símile à das folhas,/a geração (*geneé)* dos homens: o vento faz cair/as folhas sobre a terra.Verdecendo-a, a selva/enfolha outras mais, vinda a primavera. Assim, a linhagem dos homens: nascem e perecem[7]

7. *Ilíada de Homero*, vol. 1, canto 6, 145-150, p. 241.

Transculturando o grego e o português, Haroldo de Campos faz ecoar o *Zeus* do original em *Odisseu:* "Por que tanto ódio, Zeus, por Odisseu?" Ou sobre Aquiles: "só a megalança/poderosa, pesada, tomou do imáculo/Eácida . Só o Peleide, ninguém mais podia/sopesar o peliôneo freixo, dom de Quíron/a Peleu". A respeito do autor, diz Leda Tenório da Motta:

Colaborando com nosso avanço no conhecimento da tradição e da modernidade, e em última instância filiado ao grande vôo romântico, que não foi nacionalista, mas, pelo contrário, foi tradutório, Haroldo de Campos verteu para nossa língua, de modo virtuosístico, monumentos literários de todas as épocas, sem o domínio dos quais não poderíamos sequer começar a pensar em tratar seriamente de

> literatura [...]. A competência do *scholar*, de muitos recursos teóricos, informado de todas as correntes de pensamento que contaram no século XX, e a competência do estilista, capaz de interpretar os textos enquanto artífice de textos ele mesmo, a partir da física do discurso, como ele gostava de dizer, até porque não separava o pensamento poético do cosmológico[8].

8. Leda Tenório da Motta, "Para Haroldo de Campos", em *Galáxia* n. 6, out. de 2003, p. 14.

Cosmopolitismo de tipo novo, o da literatura, transverso a governos, economias e mercados – aquele que instala em nós a diferença como condição de nosso estar com os outros. Se o princípio de identidade e não-contradição determinam um "terceiro excluído", rever este *princípio de razão* significa apreender um pensamento eclético e plural que recusa a lógica binária das ortodoxias": Como pensador do Brasil a partir de suas artes – e não o contrário – Haroldo de Campos, observa Leda Tenório da Motta,

> nos ensinou que não existe cultura conclusa, nem cultura que não se defina em diálogo com outras culturas. Preparou-nos assim para ver a cultura brasileira como parte integrante da ocidental. Com isso modificou nossa interpretação do país, salvou o artista brasileiro da condenação a ser um imitador do que se faz fora, mostrou que os infantes americanos nada ficam devendo ao Ocidente por terem entrado nele, no século XVI, com o bonde andando, e contou de outro modo a história da colônia e do barroco literário[9].

9. Idem, p. 13.

A razão – o *logos* haroldiano poderia ser dita "razão mestiça", porque mista, porque joga com descobertas, plasticidade e metamorfose, destacando um terceiro termo que, incluído, é o da "tolerância heterodoxa"[10]. Sincretismos e hibridizações constituem uma metodologia, indicando um plano diverso daquele que se engaja em uma verdade essencial, como uma identidade eleata e pré-natal. O conceito de sincretismo – que migrou do campo conceitual ao religioso – é um outro *logos* que atesta a crise das aculturações violentas e corsárias, com lógicas "ilegítimas" e "sem coerência", transitando em assimetrias, contagiando significações permanentes, desviando-se de universalismos intolerantes, indigenizando-se em mutações culturais: "a questão do nacionalismo literário", observa Haroldo de Campos,

10. Cf Maria Helena Varella, *O Heterologos em Língua Portuguesa*, Rio de Janeiro, Espaço e Tempo, 1996, p. 96.

> não pode ser encarada de um ponto de vista fechado, monológico. Desde o Barroco (sem falar no pré-lúdio multilingüe anchietano) não

podemos pensar como identidade conclusa, acabada, mas, sim, como diferença, como abertura, como movimento dialógico da diferença como o pano-de-fundo da universalidade (no caso, da "literatura universal"). Nacionalismo dialógico, portanto, modal, relacional, ao invés de ontológico, xenófobo, fundamentalista[11].

11. "De Babel a Pentecostes...", op cit., p. 32.

Transitar, portanto, de um ao outro, de uma cultura a outra, de um texto a sua tradução, requer a prática da tradução, o diálogo entre as línguas. Noção das mais importantes, este se encontra não apenas na filosofia mas ligado ao próprio ato de pensar. Diálogo supõe movimentar-se em um campo semântico e conceitual que leva em conta a distinção, a diferença. O diálogo "é o fazer-se palavra da consciência"[12]. A assim denominada mundialização da cultura pela cultura média midiática inflaciona a linguagem, o que contraria o diálogo. O prefixo *dia* justaposto a *logos* indica, ao mesmo tempo, o que une e o que separa os contrários. Para haver diálogo na política, entre culturas, na sociedade é preciso existir "encontro" o que só ocorre com a condição "de que duas culturas tenham esquecido a própria "origem", e isto depende de que cada uma tenha se tornado dupla com respeito a si mesma"[13].

12. M. Perniola, *Transiti*, Bolonha, Capelli, 1985, p. 140.

13. Idem, p. 145.

A teoria da tradução de Haroldo de Campos é uma "emigração sentimental". O emigrante, por sua vez, diz respeito à condição do estrangeiro e a sua recepção em um país ou literatura de acolhimento. Que se pense na *Odisséia*, quando Ulisses é recebido por Eumeu, o guardador de porcos, que não reconhece seu senhor – que Athena transformara em homem idoso – quando exclama: "vem, ancião, segue-me; entremos em minha tenda; desejo que de alimentos e vinho te sacies, depois tu me dirás de onde vens e os males que teu coração suportou"[14]. Quem é esse homem, esse mendigo cuja identidade é, ainda, desconhecida? É um infeliz e, assim, importa antes de tudo alimentá-lo e saciá-lo e só depois vem a pergunta: "Quem és?" "De onde vens?". O ato de humanidade – a hospitalidade – não se subordina a qualquer identificação: "Estrangeiro", diz Eumeu, "meu costume é honrar o hóspede mesmo se me chegasse um mais digno de piedade do que ti; estrangeiros, mendigos, todos nos vêm de Zeus"[15]. Se "todos nos vêm de Zeus" é porque não se trata de *nomos*, hábito com força de lei humana – mas de hospitalidade como lei divina – "lei moral", pode-se dizer hoje. Reconhecer a dignidade de cada um, não importando seu nome, origem étnica ou geográfica, sua condição social ou religião, eis a lei da hospitalidade e da humanidade, inscrita como uma convicção no interior da cultura grega e de todos os gregos. Quando Ulisses é recebido, em outro episódio, pelos Feácios, antes de retornar a Ítaca, tendo naufragado às margens de um rio entre rochedos, encontra Nausicaa – filha do rei Alkinoos, que lavava aí seus pertences. Ulisses surge diante

14. *The Odyssey*, trad. Robert Fitzgerald, Nova York, Garden City, 1961, 14. 45-47.

15. Idem, versos 56-58

das "jovens de cabelos em caracol". Estas os acompanham quase nu, "o corpo maltratado pelo mar", numa visão assustadora. Mas Nausicaa diz: "já que estás em nossa cidade e terra, não temas que te faltem roupas ou qualquer coisa que se deva oferecer, num tal encontro, ao pobre suplicante"[16]. Auxiliar primeiro, informar-se depois. Também o mais idoso dos feácios, Echenéos, lembra, ao vê-lo, o sacrossanto respeito ao hóspede inesperado e, dirigindo-se ao Rei: "Ergue o estrangeiro (que se sentara à beira da lareira sobre cinzas por sua condição de desterrado), faze-o repousar em um assento com pregos de prata, ordena em seguida aos arautos misturar o vinho: que se beba àquele que brande os raios, a Zeus que nos envia e recomenda a nossos respeitos os suplicantes"[17]. Ulisses come e bebe, honrado e festejado. Chegada a noite, todos se retiram e só então, a rainha Areté interpela o visitante: "o que quero perguntar-te, meu hóspede, é teu nome e teu povo". Mas logo a conversação é desviada e até a manhã seguinte ainda não se conhece quem ele é. O rei Alkinoos assim o apresenta aos seus: "Doges e conselheiros de Feácia, duas palavras! Tenho aqui um estrangeiro cujo nome ignoro"[18]. Homero, em seu poema filosófico ensina que há relação entre hospitalidade e amizade – um laço afetivo entre os homens por simplesmente participarem de uma mesma humanidade:"termos derivados de *philos* (amigo)", escreve Trajano Vieira,

16. Idem, 6.191-193.

17. Idem, 7.162-165.

18. Idem, 8.26.

> são particularmente relevantes para a definição do comportamento heróico. O verbo *phileîn* significa muitas vezes "hospedar" em Homero e aparece relacionado a *ksénos* ("estrangeiro"). Na *Odisséia*, Odisseu, hóspede de Laodamas, aceita participar de competições esportivas, mas se nega a enfrentar seu anfitrião, pois ele: "meu *kseînos*; quem poderia enfrentar alguém que o acolhe (*philéonti*)?". Emblemático da questão da reciprocidade e da hospitalidade na sociedade homérica é o episódio em que se encontram os inimigos Glauco (troiano) e Diomedes (grego)[...]. Note-se, por exemplo, a sutileza com que Glauco altera o sentido dado no contexto ao substantivo *genéen* que usado no significado de "estirpe", "raça", no relato sobre os antepassados, ganha, em sua fala, a outra acepção possível, "geração", para introduzir o tópico da brevidade da vida [...]. Impossibilitado de matar um hóspede, Proitos envia Belerofonte ao sogro Iobates, fazendo-o portador de uma carta com instruções para matá-lo. Belerofonte é acusado de assédio pela rainha, depois de não corresponder a suas investidas amorosas. Novamente a condição de hóspede de Belerofonte impede que Iobates

cumpra a solicitação do genro [...]. Ao ouvir esse relato, Diomedes recorda que Belerofonte havia sido hóspede de seu avô, Eneu, o que o impossibilitaria a ele, Diomedes, enfrentar Glauco: "de fato considero que és – e desde muito – um hóspede paterno". No belo desfecho da passagem, não só os dois adversários desistem do duelo, como decidem trocar suas armas, selando o pacto de hospitalidade respeitado pelos ancestrais: "Em Argos, para mim, serás hóspede e amigo;/se um dia eu for à Lícia, tu me hospedarás./Evitemos, portanto, cruzar nossas lanças, /ainda que seja em campo de batalha. Bravos troicos e aliados há muitos para abater, os que um deus me ofereça e aqueles que eu persiga. Troquemos nossas armas, pois; do penhor paterno, orgulho nosso, saibam todos"[19].

O que reúne todos os homens é o estarem submetidos a um destino comum: frágeis, vulneráveis, mortais. A primeira verdade não é, pois, o Cogito cartesiano, mas simplesmente "seres efêmeros", de "um só dia", "da raça das folhas"[20]. Uma "lei natural" quer que os humanos se reconheçam-todos-como membros da "família humana"e que se entretenham e entre-tratem com humanidade e compaixão.

Borgeanamente, Haroldo de Campos entende que "o original é sempre infiel a sua tradução" pois esta, como o próprio original, age por transcriações, a partir das latências do original. O que se expressa exemplarmente no que se refere à observação de Haroldo de Campos sobre a escritura barroca brasileira:

> no barroco do seiscentos, a vocação multilíngüe, transcultural se confirma plenamente. Seja em Gregório de Matos (1633-1695), figura máxima do período, não só no bilingüismo ibérico de seu estro, mas, pronunciadamente nos célebres sonetos satíricos mosqueados de tupinismos e africanismos, seja no caso menos considerado de Botelho de Oliveira (1636-1711), poeta de acento marinista e de marcada competência artesanal. A *Música no Parnaso* (1705-Lisboa), primeiro livro impresso de autor nascido no Brasil, recolhe poemas em português, espanhol, italiano e latim. Botelho empenha-se em demonstrar, como referem no prólogo de seu livro, que no "século do delicioso marino", do "culto Gôngora" e do "vastíssimo Lope", precedidos pelo grande Tasso e pelo "insigne Camões", as Musas poderiam também fazer-

19. Trajano Vieira, "Introdução" em *Ilíada de Homero*, vol. 1, p. 9-28, Canto 6, 225-233, trad. Haroldo de Campos. O tema da hospitalidade aparece inúmeras vezes na *Ilíada* e na *Odisséia*, no duelo entre Héctor e Ájax, por exemplo, no canto 7 da *Ilíada*, no episódio dos ciclopes, na *Odisséia*, 9.

20. *Ilíada*, 6.147.

se "brasileiras", assim como as gregas de Homero "renasceram em Itália (e na Espanha, e em Portugal, ilustre parte das Espanhas)". Esse plurilingüismo de adoção (fez "conaturais"), diz Botelho, (as musas trasladadas para novos domicílios) que, longe de expressar uma veleidade cosmopolita, "alienada", assinalava uma vocação dupla – para o universal e para a alteridade, o mesmo e a diferença[21].

Aqui Haroldo de Campos reconhece a tarefa tanto da literatura quanto da tradução, pois tudo se passa como se a tradução assediasse as diversas ocorrências e acepções possíveis – e o campo semântico – dos vocábulos que liberam assim sua mais-valia afetiva e de conhecimento do outro e de autoconhecimento. Ato político, como já o detectava o segundo Manifesto Surrealista de Breton, quando interpela o "eurologocentrismo" do Ocidente, em seu "isolamento universalizante": "não tememos entrar em insurreição contra a lógica (que acredita que o 'real' literário é uma reunião de palavras) que é um aparelho de conservatismo social". A literatura não pode submeter-se às exigências da ação política (do militantismo e da propaganda), pois esta concepção da lógica e da linguagem é tributária de uma geografia espiritual em que o Ocidente se opõe ao Oriente. Breton lembra os anos de 1920 nos quais a Revolução bolchevique "ameaçava" a Europa de "asificação", de "orientalização do Ocidente":

> se não há Revolução sem transformação dos valores sobre os quais o Ocidente se construiu, é contra a lógica que é preciso se opor, é sobre as palavras que é preciso agir. A ação social não basta. Liberar-se da lógica imposta pelo uso cotidiano da linguagem, é radicalizar a revolução até a despossessão de si (despossessão dos costumes e das práticas próprias ao Ocidente) – o que desfaz o núcleo de todas as identidades. A revolução exige este trabalho de si sobre si que inscreve a diferença na identidade[22]

Breton desenvolve longamente o sentido que ele confere ao Oriente, lembrando tudo que a ele se atribui como o espectro da barbárie (e por via de conseqüência a defesa do Ocidente), para mostrar que o 'estado de coisas' que a Revolução deve transformar tem causas bem mais fundas que as condições atuais dos assalariados. Deste ponto de vista, questiona-se o fundamento ocidental-racional da modernidade e as regras da *adequatio* aferidos à linguagem e à literatura, pois começam e terminam hierarquizando as línguas.

21. "De Babel a Pentecoste...", op. cit., p. 22-23.

22. M. Crépon, *Les Promesses du Langage: Rosenzweig, Heidegger, Benjamin*, Paris, Vrin, 2001, p. 108.

23. Há, neste aspecto, uma semelhança de Haroldo com o que anota Walter Benjamin no ensaio "A Tarefa do Tradutor": "assim como os fragmentos de uma ânfora – para reconstituir o todo – devem ser contíguos em todos os detalhes mas não idênticos uns aos outros, a tradução deve igualmente buscar, antes de tudo, não a semelhança com o sentido original, mas por um movimento de amor até o mínimo detalhe, fazer passar em sua própria língua o modo de visar do original" em *Illuminationen*, Frankfurt, Suhrkamp, Taschenbuch, 1980, p. 59.

24. Cf. W. Benjamin, "Sobre o Conceito de História". As traduções mais "exatas", preferem "tempo do agora" ou simplesmente "agora" para o *Jetztzeit* benjaminiano. Quanto à tradução do "Primeiro Fausto" de Goethe, para transpor o trânsito tenso entre o Bem e o Mal e suas metamorfoses, Haroldo oferece "transluciferação mefistofáustica" (Cf. *Deus e o Diabo no Fausto de Goethe*). Haroldo de Campos, o mais joyceano dos pensadores brasileiros, participa do "círculo" a que pertencem Derrida, Lacan, Heidegger, Deleuze, Guimarães Rosa, Proust, Pound, entre outros. Assim Walter Benjamin, quando traduz Proust para o alemão, reconhece nos interstícios da "linguagem secreta" dos salões

Deslocando os princípios lógicos, leibnizianos de identidade, não-contradição e o terceiro excluído – que constituíam o "princípio de razão suficiente" – Haroldo o faz a fim de preservar, a um só tempo, na tradução, o parentesco entre as línguas, mas também o que as torna estrangeiras[23], pois a tradução não consiste na assimilação do outro a si mesmo, mas uma aproximação da distância, uma transposição de uma cultura estrangeira através dos expedientes da escritura que transforma, por assim dizer, a primeira, já que a tradução não é cópia, mas modificação do original. Modificação que revela a lógica com a qual se exprime na língua de acolhimento o original. De onde Haroldo de Campos traduzir o *Jetztzeit* benjaminiano por "agoridade", contrariando germanistas que vêem nisso uma transgressão não de todo oportuna, uma vez que o *Zeit* significa "tempo" e *Jetzt*, "agora" – e a terminação "heit" é o que designa um substantivo[24]. Esse desconforto encontra-se no coração mesmo dos idiomas, uma vez que escapam ao "princípio de identidade" – que se esforça por encontrar para cada palavra uma definição, uma delimitação e, de preferência, um sentido único – o que é, quase sempre, frustrado. Assim o confronto entre identidade e alteridade, a distinção entre *heteros* e *allos*[25] – ambos significando, em grego antigo, o "outro" – duas palavras cujo sentido requer a idéia de "mesmo". Como em Platão: "quando dizemos 'o mesmo', é sua participação no 'mesmo' em relação a si mesmo que assim se faz dizer"[26]. Aqui o "outro"(*heteros*) é o contrário do "mesmo" e tão somente o "mesmo" é verdadeiramente, enquanto o "outro" "não é" ou é um "não-ser". Eis a maneira platônica – que o cartesianismo lingüístico herdou em seu anseio por clareza e distinção. O "mesmo" é a condição do ser ou ele é a consciência, finalmente encontrada, da potência do *logos* – da razão que sabe organizar as coisas, "pô-las em ordem", colocá-las em relação a uma norma comum. É na ordem bem articulada que se encontraria a condição de uma existência confiável, pois a desordem é o irracional e o ininteligível. O mesmo sem diferença interna confere permanência a tudo que entra com ele em *koinonia*, única forma de assegurar a inteligibilidade do real. Também Aristóteles: "ao Uno pertencem o Mesmo, o Semelhante e o Igual, e à pluralidade o Outro, o Dessemelhante, o desigual"[27].

Deste modo, a literatura é política em sentido preciso: é defesa da língua e por isso heterofilia – é Pentecostes. Com efeito, se

> Deus destinou o homem à tradução, necessária e sempre "imperfeita", Pentecostes consistiria no momento em que o impossível de tradução torna-se possível, em uma espécie de tradução simultânea plenamente realizada – com o que a dispersão e a confusão imposta a Babel seriam

proustianos, no "jargão de casta ininteligível aos não-iniciados, o elemento pré-surrealista da cidade de Paris, surrealismo vindo a significar desmontagem de um todo que era um e onde cada peça é um elemento de um outro texto, novo e "original" (Cf. Benjamin, Carta a Scholem de 14/01/1926 de sua Correspondência, Frankfurt, Suhrkamp, *Gesammelte Schriften*).

25. "Contrariamente a *allos*, que é um outro plural, heteros é um outro, mas singular: é o um de dois. No *Sofista* (256d-258c) Platão estabelece a existência de um não-ser positivo, mostrando que ele é o outro do mesmo (*autos*), isto é do Ser. Aristóteles insiste na alteridade específica, mais exatamente 'o outro segundo a espécie' [...]; duas coisas são ditas ter tal caráter quando são de duas espécies no interior de um mesmo gênero", *Metafísica*, I (iôta), 8, Delta, 10. (Cf. Ivan Gobry, *Le Vocabulaire grec de la Philosophie*, Paris, Ellipses, 2000, p.65).

26. Cf. Platão, *Oeuvres Completes*, trad. Chambrey et Baccou, Paris, Garnier, 8 vol., s/d., 259 a-b

27. *Metafísica*, X3, 1054ª, 29-32. Aristóteles e o neoplatonismo, coerentes com a tradição neopitagórica, aproximam-se: o Uno – ou o Mesmo – é princípio de unidade e inteligibilidade, origem do *nous* ou *pensamento*. Quanto ao múltiplo, ele provém do "outro", é matéria, perda de energia, é "não-ser".

recompostas e reconduzidas a sua unidade de múltiplas lógicas que constituem a condição ético-política da escrita e da tradução.

Sob o signo bíblico da "Torre de Babel", escreve Haroldo de Campos:

> O homem dispersou-se, dividiu-se em línguas e nações. A balbúrdia dos particularismos – ensina-nos a história – poucas vezes tem encontrado condições harmoniosas de convivência não-excludente. Sob o signo da reconversão de Babel em pentecostes – de que a literatura e a cultura podem muito bem ser portadoras – a humanidade do novo milênio conseguirá, quem sabe, reencontrar em um espaço convivial, planetário, plural e transcultural, expandindo no sentido pleno o conceito fecundo de *Weltliteratur*, tão caro a Goethe como ao goetheano Marx [...]. Entreviu-a talvez, em pleno século XIII, o rei castelhano Don Afonso X, El Sabio (1221-1284) que trovava em galaico-português (sob a influência de Provença, cuja língua d´oc dominava) e que auspiciou a 'Escola de tradutores' de Toledo, onde o grego, o latim, o árabe e o hebraico permeavam-se num confraterno e seminal movimento translatício. Gostaria de invocá-lo como patrono, ao subscrever-me – poeta brasileiro e cidadão ecumênico da língua portuguesa [...], no limiar de um terceiro milênio que auguro pentecostal e pós-babélico[28].

Essas "línguas de exceção" não se restringem apenas a elas mesmas e à filosofia, mas se espraiam sobre o povo que as fala, assinalando-lhe, ao mesmo tempo, um lugar de exceção na história, pois evidenciam sua grandeza, gênio, "autenticidade" e "essência". Esta, sabe-se, é perfeita e verdadeira. O mesmo se passa com a "sociedade perfeita": "o genocídio moderno", observa Z. Bauman,

> é um elemento de engenharia social, visando realizar uma ordem social conforme ao projeto de uma sociedade perfeita [...]. As vítimas de Stalin e Hitler não foram assassinadas para conquistar ou colonizar o território que elas ocupavam. Freqüentemente foram mortas de forma obtusa e automática, sem nenhuma emoção nem mesmo o ódio. Foram eliminadas em virtude de sua incompatibilidade, por uma ou outra razão, com o projeto de uma sociedade perfeita[29].

28. "De Babel a pentecostes...", op. cit., p. 35. No *Ato dos Apóstolos* – que a tradição liga àquela outra teofania – a do livro do *Êxodo* 19 e reposta ao *Gênesis* 11 – a passagem referente à Torre de Babel – diz: "Enquanto o dia de Pentecostes ia terminando, encontrávamo-nos todos juntos na mesma casa [...]. Encontravam-se então em Jerusalém judeus representantes de todas as nações que há sob o céu. Vindo aquele fragor (um trovão do céu, o Espírito Santo que dava a todos o poder de se exprimir), a multidão ficou estupefata porque cada um escutava falar sua língua. Estavam pasmos e fora de si e por esse estupor diziam: 'Como estamos ouvindo cada um falar nossa língua nativa? Somos Partis, Medas, Elamitas e vivemos na Mesopotâmia, na Judéia, Capadócia, Ásia, Frígia, Panfília, Egito e parte da Líbia, próxima a Cirene, estrangeiros de Roma, hebreus, cretenses e árabes e os ouvimos anunciar em nossa língua a grande obra de Deus" (apud Silvano Petrosino, *Babele: Architettura, filosofia e linguaggio di un delirio*, Genova, Il Melangolo, 2003, p.106).

29. Zygmunt Bauman, *Modernity and Holocaust*, Oxford, Basil Blackwell, 1989, p. 34-36.

30. Primo Levi, *É isto Um Homem?*, trad. Luigi Del Re, Rio de Janeiro, Rocco, 2000.

31. *Correspondances* pode ser tomado aqui com suas ressonâncias baudelairianas (recurso à cartomancia, grafologia, mesmerismo, Hermes Trismegisto, ocultismo, Swedenborg e aos "paraísos artificiais"), mas, sobretudo como

Não esquecer que os prisioneiros em Auschwitz chamavam a torre do campo de concentração de "Babelturm"[30], testemunha da construção da sociedade e da língua perfeitas, as da "origem".

Filósofo da linguagem e teórico da tradução, poeta que narra filosoficamente um texto literário lendo literariamente o texto filosófico, Haroldo de Campos reconhece *correspondances*[31] entre literatura, filosofia, religiões e artes; e, na contramão dos dualismos amigo/inimigo, nacional/estrangeiro, Eu/Outro, encontra no ato de traduzir um *medium* que desestabiliza o *status quo* da linguagem, pois, como os poetas que Verlaine denominou "malditos" – aqueles das vanguardas das últimas décadas do século XIX – Haroldo de Campos assinala a desfuncionalização da língua instrumental do cotidiano "operada por esses artífices da contracomunicação, desfuncionalização que (se encontra) no código genético de todas as futuras dissidências literárias já que não há como defini-las sem começar pelo *estrago* que buscam fazer na linguagem"[32]. Um tal desarranjo é um transtorno das palavras, o que lhes confere, devolvendo-lhes, seu aspecto de *exotes*, o sentimento do diferente, o poder de conceber o "outro", numa reconfiguração de si, a partir da diferença e do reconhecimento fascinado da distância e do diverso. Como Gregório de Matos: "a mestiçagem lexical de Gregório de Matos", anota Haroldo de Campos, "irritou um de seus mais acirrados críticos, Sílvio Júlio, que não hesita em recorrer a um jargão eivado de preconceito racista para verberar e tentar inferiorizar o poeta baiano em confronto ao barroco europeu de Gôngora" [33]. Com efeito, o desabusado crítico diz que o que soava como "violino" em Gôngora não passa, em Gregório de Matos, de "batuque africano".

Mas há uma diferença entre *heteros* e *allos*. *Heteros* é o "outro" com respeito a uma coisa, *allos* é um "outro" entre muitos[34]. O *heteros* grego e o latim *alter* perturbam qualquer identificação com um outro "mesmo", pois se lhe opõem em termos de alternativa. Quanto ao *allos*, encontra-se em um conjunto geral com outros "mesmos". Se para o *heteros* a diferença com respeito ao outro é insuperável – fundando-se na irredutibilidade do "um" ao "outro", *allos* e *alius* – o grego e o latim – reenviam a uma matriz comum em que o mesmo e o outro constituem seus avatares. Talvez por isso, diferentes línguas possuam expressões para dizer "o um e o outro" ao mesmo tempo: *both*, em inglês, *beide*, em alemão, *ambo*, em latim, – e as variações neolatinas – *ambedue*, em italiano, *ambivalent*, em francês, *ambos*, em português. Na gramática fala-se, por exemplo – para declinações e conjugações – de casos "duais". O que instaura – sem resolvê-la nunca plenamente – a questão das relações entre texto, leitura, "realidades", contextos intersubjetivos, isto é, o confronto do texto e o mundo. Como o conceito de *mímesis* concebido aristotelicamente, traduzido por "imitação" ou "representação",

a arte de reconhecer semelhanças entre as palavras e as línguas e também de criá-las.

32. Leda Tenório da Motta, "Literatura e Contracomunicação", em *Literatura e Contracomunicação*, São Paulo, Unimarco, 2004, p. 22. Este ensaio trata da linguagem poética que viria a marcar nosso tempo, em particular a crítica literária. Embora fora de seu contexto, acreditamos ser possível adequá-la a Haroldo de Campos, uma vez que a autora, mais adiante, observa a importância da associação entre lingüistas e poetas, artistas e semiólogos: "é porque se especializam nos poetas, que vivem sob a angústia da insuficiência das palavras ordinárias e sob a pressão das linguagens institucionalizadas, que os profissionais das Letras, com seu pé na contracomunicação, podem *incomodar* os das mídias. Como um quadro de Francis Bacon incomoda uma parede, digamos, lembrando uma *boutade* de Picasso", p. 34.

33. "De Babel a Pentecostes...", op. cit. p.22. A expressão "utopia concreta" é tributária de Ernst Bloch que, em seu *Espírito da Utopia*, reencontra o humanismo e o universalismo do Renascimento em Erasmo – com o que deseja significar que a utopia é tanto mais necessária e incontornável quanto aparentemente não praticável.

34. De onde as nuances entre os étimos provenientes de *heteros* – heterodoxo, heteronomia, heterogêneo, que passa ao latim como *alter* – alternativa, alternância, alteração – que significam "um de outro", o passar ao outro do mesmo,

sendo a escolha entre uma ou outra já uma opção teórica, pois há várias possibilidades: verossimilhança, ficção, ilusão, mentira, realismo, referência, referente, descrição[35]. E tudo isso por conta de Babel?

Neste horizonte, Haroldo de Campos reflete em termos de "diferença" e "identificação", de "vizinhança" e "distância", vislumbrando a estratégia que dá plenos direitos à pluralidade a partir das línguas, na exigência de "passagens", "transposições", "traduções", que desapropriem pertencimentos lingüísticos, liberando-os de referências a sangue, solo ou história coletiva – língua que vem de outros lugares, alimentando-se de diferentes línguas e culturas, que não sofrem de "otite"[36]. Desacreditando "origens genealógicas", Haroldo de Campos estuda a literatura brasileira:

> [ela], como muitos heróis mitológicos não [teve] infância. Nossa literatura nasceu madura, adulta [...], sem a prévia afasia da inefável idade infantil [...], no cenário vertiginoso do barroco – um estilo universal, e não apenas ocidental [...]. Especialistas de dramaturgia oriental discernem traços barroquistas em modalidades teatrais seiscentistas como *kabuko* e o *Bunraku* que, por esses traços, se distinguem da sobriedade 'clássica' do *NÔ* [...]. Nossa literatura, de fato, emergiu – ex-surgiu – sob o signo do multilingüismo, do sincretismo, da transculturação[37].

O "pensamento único" é também o de Babel: "a fraternidade de Babel", anota S. Trigano,

> é mentirosa. Nela, nenhum homem é reconhecido pelo que é mas por sua utilidade na construção da Torre. No interior deste mundo aparentemente unido ('uma só língua e as mesmas palavras') o outro não existe. Em Babel – como antes do dilúvio – os homens quiseram suprimir o princípio da separação, a diferenciação que é a garantia da possível presença de outros e dos futuros nascimentos (e enriquecimentos das línguas)[38].

Se "Babel" significa "confusão", patologia da comunicação, desentendimento, é por manifestar a heterogeneidade da origem, uma vez que grande parte das palavras de uma determinada língua procede de idiomas anteriores de onde não constituírem invenção exclusiva e propriedade de um só (povo, etnia ou nação). Eis por que a perspectiva

circunstância praticamente desconsiderada pelo sentido hegemônico que tomou o *heteros* com respeito ao *allos* – a simples oposição binária. De *allos*: alopatia, alegoria, alógeno, onde o sentido de "alteridade" é mais amplo que em *heteros*. O *allos* é um entre outros, é *alii*.

35. Cf. Antoine Compagnon, *O Demônio da Crítica*, Belo Horizonte, UFMG, 2001. O mesmo vale para o *pharmakon*, como enfatiza Derrida em *A Farmácia* de Platão e Mario Perniola para o *venus-venenum* latino: "ao vinho, os antigos chamavam 'veneno', diz Isidoro de Sevilha; tal testemunho, unido ao estudo das festas romanas da *Vinalia*, destaca não só o caráter sagrado do vinho, entendido como bebida venusiana por excelência, mas, do mesmo modo, a substituição do sangue pelo vinho nos sacrifícios. A embriaguez dionisíaca é a que provém da fúria do *sparmagmós*, da dilaceração da vítima, do consumo de suas carnes e de seu sangue. O *vinum-venenum* implica, ao contrário, uma recusa da violência, mesmo em seu uso profilático e terapêutico. Vênus instaura um mimetismo astuto que exalta a graça dos *détournements*. (Cf. M. Perniola, *Pensando o Ritual – Sexualidade, Morte, Mundo*, trad. Maria do Rosário Toschi, São Paulo, Studio Nobel, 2000, p. 56). Isto para permanecer somente no âmbito da terminologia filosófica.

36. A expressão é de Nietzsche, em carta a Jean Bourdeau: "a propósito de meu texto sobre Wagner, dize-se que foi a tal ponto pensado em francês que não poderia ser traduzido para o alemão [...]. Agora *Ecce Homo ou como tornar-se o que se é* vai

nacionalista da apropriação de uma língua é psitacista, supõe uma cultura homogênea e idêntica a si mesma – como a idéia da existência de uma língua originariamente filosófica. Quando se diz o serem, por "disposição natural", umas mais filosóficas que outras, uma tal atitude torna qualquer tradução minimalista e supérflua, e à língua matricial é reservado tal privilégio, *en l' occurence* a língua grega, sendo que "outras" podem reivindicar, pela tradução, um aparentamento com o grego. A esse respeito Heidegger escreve:

> *Ousia* não é uma expressão artificial, aplicada apenas em filosofia, mas pertence ao discurso e à língua cotidiana dos gregos. A filosofia se limitou a recolher uma palavra da língua pré-filosófica. Ora, que uma tal transposição tenha podido se operar, por assim dizer, espontaneamente e sem espanto, isto nos obriga a supor que a língua pré-filosófica dos gregos já era filosófica. E é isso mesmo: a história da palavra fundamental da filosofia antiga é apenas um documento privilegiado que nos prova que a língua grega é filosófica, ou dito de outra forma, que ela não foi investida pela terminologia filosófica, mas ela própria filosofava enquanto língua [...]. O mesmo vale para toda língua autêntica, naturalmente em diferentes graus. Este grau se mede pela profundidade e potência de existir de um povo e de uma raça que falam a língua e existem nela. Este caráter de profundidade e de criatividade filosófica da língua grega, nós não as reencontramos senão na língua alemã[39].

De uma maneira mitigada, a mesma defesa da língua alemã encontra-se em Hannah Arendt quando escreve *Só nos Resta a Língua Materna*. Subjaz aqui não apenas o desejo de dissociar a língua alemã do nazismo, mas uma invocação de pertencimento e nacionalismo lingüístico. Esse modo de "nacionalizar" a filosofia ocorre, com mais freqüência, quando "os filósofos, por razões reais ou fantasmáticas, imaginam a cultura e a língua a que se identificam, ameaçadas"[40]. O caso modelar e mais patente do nacionalismo filosófico – defesa da pureza, antigüidade, desenvolvimento ininterrupto da língua – encontra-se, como é conhecido, em Fichte[41].

Quando se trata de palavras antes inexistentes no léxico filosófico ou literário, forjá-las e inventá-las é, sobretudo, deslimitá-las. O tradutor de *Finnigans Wake* para o português, Donald Schüller, fala dos étimos da obra, tomando como exemplo *imarginable*: "*imarginable* significa 'sem margem',

ser publicado. Mais para frente, a transvaloração de todos os valores. Mas estas obras também deviam ser traduzidas para o francês e para o inglês pois em última instância não quero que meu destino dependa de nenhuma medida de polícia imperial [...]. Este jovem imperador nunca ouviu falar nisso; quanto a nós, mal começamos a ouvir algo: otite, já quase meta-otite"(Cf. *Dernières Lettres*, Paris, Rivages, 1989, carta de 17/12/1888). Já que se trata de escrever em uma "língua universal" – que se o faça em uma que não pertença a ninguém, isto é, que não possa ser controlada ou recuperada por nenhuma autoridade ou polícia do pensamento. Talvez seja este o experimento intelectual nietzschiano em seu *Zaratustra*.

37. "De Babel a Pentecostes...", op. cit., p. 20-21.

38. Shmuel Trigano, *Le Monothéisme est un Humanisme*, Paris, Odile Jacob, 2000, p. 20-21.

39. Martin Heidegger, *Vom Wesen der menschlichen Freiheit: Einleitung in die Philosophie*, Frankfurt, Klostermann, 1994, p. 50-51; trad. francesa *Sur l'Essence de la Liberté Humaine: introduction à la philosophie*, Paris, Gallimard, 1987.

40. Cf. Marc Crépon, *Les Promesses du Langage: Rosenzweig, Heidegger, Benjamin*, Paris, Vrin, 2001, p 20. Adorno tampouco teria escapado ao nacionalismo lingüístico (Cf. "O que É Ser Alemão", em *Palavras e Sinais*).

41. Cf. Johann Gottlieb Fichte, *Discurso a la Nacion Alemana*, Buenos Aires, Americale, 1943.

Mas também o que abre todas as margens [...]. Joyce lida com setenta línguas e seu romance tem sessenta mil verbetes quando as pessoas falam normalmente três mil vocábulos [...]. Faz composições com palavras de setenta línguas[...]. Joyce vivia no Império Britânico. É outro elemento importante, as coisas acontecendo na periferia (na Irlanda). Como elemento periférico, Joyce era antiimperialista. O imperialismo da Inglaterra, que vem desde a Idade Média, foi tão forte na Irlanda que acabou com a língua irlandesa, impôs a língua estrangeira. Assim ele assimila a língua inglesa inteiramente e a enriquece. Joyce é irlandês e nunca deixou de sê-lo, mas não compactua com aqueles movimentos que pretendem fazer do regionalismo inglês um elemento de isolamento. Não participa dos movimentos nacionalistas irlandeses, tampouco se submete ao imperialismo britânico, para que se possa tornar efetivamente universal. Aí está o *imarginable* o que não tem margens[42].

Schüller diz ainda que Joyce era profundamente "mineiro". Mineiro no sentido da língua de Guimarães Rosa que, com anglicismos, arabismos, latinismos, helenismos, germanismos, tremas e sinais de vogais breves ou longas do grego e do latim, introduz o sertão em seus vocábulos, universalizando-o. As línguas são diferenças que comunicam diferenças – eis o que torna a tradução possível. Razão pela qual Benjamin observou ser preciso escutar nas línguas seus apelos, pois quem não souber reviver essa "nostalgia" – a história de suas transformações – jamais poderá respirar o seu perfume. Todas as línguas são nostálgicas por constituírem, a um só tempo, nosso presente e nossa história[43].

Que se retome o início do episódio bíblico da Torre, do livro 11 do *Gênesis*, no qual as palavras se dissociaram das coisas ao se vincularem ao trabalho corporal, pois antes "toda a Terra tinha uma só língua e as mesmas palavras". E, adiante, a voz de Deus ressona: "venham, construa-se uma cidade e uma torre" – com o que já se estabelece um nexo entre a 'horizontalidade' da construção da cidade – relação de mortais entre mortais – e a verticalidade da torre, o laço entre a Terra e o Céu tendo por base o esforço físico. Como já observara Nietzsche na *Genealogia da Moral* – "a virtude bendita do trabalho" não passa de "atividade maquínica", regularidade absoluta, obediência pontual e sem pensamento, aquisição, de uma vez por todas, de um determinado modo de vida, preenchimento do tempo, "contrição educativa à impessoalidade", ao esquecimento de si, à "incúria de si"[44] – com o que antecipa o sentido político do "automatismo do trabalho" e as conseqüências que daí resultam. Com efeito, Hannah Arendt analisa no julgamento de Eichmann sua

42. Entrevista com Donald Schüller, *Leitura*, ano 17, agosto de 1999, p. 21-22.

43. Cf. S. K. Lages, *Melancolia e Tradução em Walter Benjamin*, São Paulo, Edusp, 2002. "Mas essa perda da linguagem originária, pré-queda, de pura nomeação e, assim, não instrumental ou comunicacional, representa ainda, do ponto de vista de Haroldo de Campos, um postulado ontológico, na distinção entre "original" e "tradução", a teoria benjaminiana revelaria, assim, uma vocação logocêntrica, não obstante a radicalidade de suas propostas" (p.190).

44. Cf. Friedrich Wilheim Nietzsche, *Opere*, G. Colli e M. Montanari (eds.), Milano, Adelphi, vol VII, p. 339.

45. Cf. Hannah Arendt, *Eichmann em Jerusalém: Um Relato sobre a Banalidade do Mal*, trad. Sonia Orieta, São Paulo, Diagrama e Texto, 1983; Theodor W. Adorno, *The Authoritarian Personality*, Nova York, Harper and Row, 1950; "The Stars down to Earth", *The Los Angeles Time*, Astrology Column; "A study in Secondary Supertition", *Telos* n. 19, primavera 1974, p. 13-90.

46. Sabe-se que toda a história da filosofia refletiu acerca dos opostos e das oposições, como Aristóteles que designa quatro de suas figuras; a correlação, a contrariedade, relação entre possessão e privação e a contradição, privilegiando as relações de contrariedade na qual existe, entre os opostos, um "caminho do meio", como entre o negro e o branco. A

incapacidade de pensar por conta própria, só utilizando clichês e dizendo-se obedecer ao "imperativo categórico" kantiano – o "tu deves". Quanto a Adorno, refere-se às catástrofes que advêm quando se abdica do "pensamento autônomo", em uma outra figura do totalitarismo, de aparência mais benigna – o da sociedade de massa, do consumo, da *performance* e da indústria cultural, designando-a por "cultura administrada", cuja característica mais aflitiva é o "pensamento por *tickets*"[45].

Superando o dilema hegeliano-marxista da impossibilidade da épica helênica no mundo da "Revolução Industrial" e da "comunicação acelerada", a tradução é a política da hospitalidade[46]. Diferentemente do cosmopolitismo – que se associa à idéia de tolerância – a hospitalidade, quanto a ela, é incondicional. No par cosmopolitismo-tolerância trata-se sempre de um "direito de visita", de não ser tratado como inimigo em terra estrangeira:"a tolerância", observa Derrida,

> encontra-se do lado da "razão do mais forte", que é uma marca suplementar de soberania – é sua boa face que, do alto, significa ao outro: eu te deixo viver, não me és insuportável, eu te ofereço um lugar em minha casa, mas não te esqueças, estou em minha casa: eu te acolho com a condição que te adaptes às leis e normas de meu território, segundo minha língua, minha tradição e memória[47].

Quanto à hospitalidade, ela diz respeito ao estrangeiro que chega sem ter avisado: "a hospitalidade é antecipadamente aberta a quem não é esperado nem convidado, a todo aquele que chega como visitante absolutamente estrangeiro, alguém que chega e que não é nem identificável nem previsível"[48]. A hospitalidade é da ordem do puro dom, um"salto absoluto" para além da retribuição" ou da "norma" ou da "regra".

Diferentemente da estrutura econômica do dom e do contra-dom em que a reciprocidade garante que nada se perde e onde quem recebe é constrangido a restituir algo – experiência tautológica e não gratuita da doação – a hospitalidade como "dom absoluto" é "autêntico", não espera nada em troca, é um "esquecimento absoluto" do dar[49]. Diferentemente do sentido do dom estudado por Marcel Mauss entre os polinésios, portanto, uma vez que este nos explica:

> Todas estas instituições (obrigação de dar, obrigação de receber) exprimem apenas um fato, um sistema social, uma mentalidade definida: é que tudo – alimentos, dons, crianças, bens, talismãs, solo, trabalho, serviços, ofícios sacerdotais e hierarquias – é matéria de

partir de Hegel o conflito passa a ser pensado diferentemente, como na dialética do senhor e do escravo. Em ruptura com a lógica tanto aristotélica quanto hegeliana, encontra-se Nietzsche que critica o pensar o oposto sempre referido ao idêntico – o que resulta em não pensar o oposto, mas um outro idêntico oposto ao primeiro, e que analisou com a categoria do "ressentimento", o caráter reativo e agressivo que impede o acolhimento do novo, favorecendo a supremacia do passado e das *idées reçues* com respeito a qualquer inovação.Também Freud, Heidegger, Blanchot, Lacan, para permanecermos entre os "clássicos".

47. Cf. Jacques Derrida, *Le Concept du 11 Septembre*, Paris, Galilée, p. 186.

48. Idem, p. 43.

49. Em *Sociologie et Anthropologie*, Marcel Mauss reconhece no dom um sentido espiritual, mas a partir de uma filosofia cosmológica mais que antropológica. Considera-o, primeiramente, como circularidade econômica: a um dom corresponde um contra-dom, mesmo que venha muito tempo depois, sendo sempre uma troca que assegura, entre grupos ou pessoas, que a troca econômica perpetua o equilíbrio cósmico: "as trocas e contratos", anota Mauss, "fazem-se (entre os polinésios) na forma dos dons – em teoria voluntários – na realidade obrigatoriamente dados e retribuídos"("Essai sur le don. Forme et raison de l'echange das les sociétés archaïches", *Sociologie et Anthropologie*, Paris, PUF, 1950, p. 147).

50. Idem, p. 163-164.

transmissão. Tudo vai e volta como se houvesse troca constante de uma substância espiritual que abrange objetos e homens[50].

A tradução pertence à ordem do "dom absoluto": perturba as fronteiras, cria hetero-identidades cujo caráter não é homogêneo, mas necessariamente compósito – de onde o caráter factício de toda identidade consistir justamente em instalar a homogeneidade, a simetria e a reciprocidade onde esta não existe. Deste modo:

> Babel prefigura o universo concentracionário do qual se expulsa toda alteridade toda singularidade [...]. O texto bíblico está encarregado de instruir um processo histórico. Ele denuncia um mundo do qual estariam expurgadas a diferença e a irremediável pluralidade em benefício de uma reabsorção violenta na unidade e na igualdade[51].

51. P. Giusel, *La création*, Génève, Labor et Fides, 1980, p. 45-47.

Haroldo de Campos associa a tradução à hospitalidade, pois a babelização não alcança apenas a multiplicidade das línguas, mas sua identidade, identidade que só pode ser identificada, abrindo-se "à hospitalidade de uma diferença com respeito a si mesma. A urgência dessa reflexão se faz não apenas quanto ao futuro, mas com respeito à história recente feita cada vez mais de naufrágios, expulsão de populações inteiras de seu país, privados de família, desprovidos de tudo, em situação, portanto, de "demanda absoluta" – lembrando, ainda, os campos de refugiados – o que exige, imediatamente, uma reflexão ética e política sobre a hospitalidade e a amizade. Os náufragos-refugiados – que tudo perderam – e cuja identidade parece "duvidosa" e aos quais não se sabe bem que lei aplicar – assemelham-se ao "visitante absoluto".

Traduzir é sempre retraduzir, ao sabor das mutações da língua "cativa" do original, transpondo-a, e este gesto rompe o dogma de sua unidade e seus complementos – línguas originárias e de destino – e da identidade de todas as línguas, pois a tradução manifesta que o caráter originário é sempre plural. Neste sentido, Haroldo de Campos desvia-se de uma "língua pura" pré-babélica, monolíngüe[52]. Por sua vez Derrida afirma: "já que a propriedade natural (de uma língua) não existe, nem o direito de propriedade em geral, lá onde se reconhece esta de-propriação é possível, e torna-se mais necessário que nunca, identificar e mesmo por vezes combater movimentos, fantasmas, 'ideologias', 'fetichizações' e símbolos de apropriação"[53]. Dito de outra forma, o que se toma por "minha cultura" não é nunca uma propriedade minha, e todo discurso sobre uma identidade cultural, toda concepção uni-identitária da cultura que a apresenta como um todo homogêneo organizado em torno da língua ou a partir dela, tem por fim

52. Haroldo de Campos desenvolve uma apreciação que se afasta daquela de Benjamin quanto à origem das línguas, em particular no ensaio de Benjamin "Sobre a Linguagem em Geral e a Linguagem Humana", onde o filósofo parte de uma língua pura, não instrumental, adamítica e nomeadora – anterior à queda, colocando-lhe, pelo menos duas questões: a de saber se Babel encontra-se na origem da diversidade das línguas – e a de saber se uma tal diversidade é fonte de infelicidade. Haroldo de Campos preferiria falar, ao que tudo indica, em um milagre da multiplicação das línguas.

53. J. Derrida, *Le Monolinguisme de l'autre*, op. cit. p.121.

dissimular nossa despossessão, pois uma língua só é um pertencimento se traduzir-se em uma outra que, pela tradução, passa por transmutações "a ponto de não ser mais língua de ninguém"[54].

54. Idem, ibidem.

Haroldo de Campos
GALÁXIAS

A ARISTOCRACIA DO BOMBÁSTICO

RAÚL ANTELO

EM MEADOS DA DÉCADA DE 1930, COMEÇAM A SE perfilar, no Brasil, algumas das características da estética pós-moderna: a fusão do eterno no moderno (Murilo Mendes) ou a introdução da ficção nas ciências sociais (Gilberto Freyre)[1]. Muitas vezes apontado, em função desse debate, como pós-moderno antimodernista[2], Oswald de Andrade revela, no fim da vida, estar cansado de ler "literatura", preferindo, porém, a filosofia. Assim, em 1947, numa entrevista a Paulo Mendes Campos, declara, por exemplo, ter grande admiração pelos "novos ensaístas franceses – o grande Fondane, morto na resistência"[3], o que explica certos tópicos da "Mensagem ao Antropófago Desconhecido", publicada um ano antes em homenagem à França liberada.

"É preciso dar o passo de Nietzsche na direção do Super-homem. Atingir a filosofia da Devoração [...]. Nada existe fora da Devoração. O ser é a Devoração pura e eterna"[4]. No após-guerra, portanto, a antropofagia redefinida como devoração visava reconfigurar o mundo e até mesmo as relações entre literatura e política, através de um princípio (nietzscheano) de ambivalência de toda avaliação. Na conceituação da arte moderna, Oswald de Andrade, menos inclinado ao binarismo benjaminiano do ensaio de 1936, chega, assim, por conta própria, à conclusão derrideana de que *il n´y a pas d´hors texte*. Tudo é Devoração. Disseminação. Não é fortuito que, nesse texto, abertamente heideggeriano e pós-marxista, Oswald cite Chestov, mestre de Bataille e de Fondane. Nem é tampouco for-

1. Tratei do tópico em *Potências da Imagem*, Chapecó, Argos, 2004.

2. É a tese de Jorge Amado e Gilberto Freyre, em seu combate contra Mário de Andrade, nos anos da guerra.

3. Oswald de Andrade, *Os Dentes do Dragão*, São Paulo, Globo, 1990, p.122.

4. O. de Andrade, "Mensagem ao Antropófago Desconhecido da França Antárctica". Primeiramente publicado na *Revista Acadêmica*, o texto foi recolhido por Maria Eugênia Boaventura em *Estética e Política*. São Paulo, Globo, 1992, p. 285-286. Em seu ensaio sobre a razão antropofágica, Haroldo destacará que "no Brasil, com a 'Antropofagia' de Oswald de Andrade, nos anos de 1920 (retomada depois, em termos de cosmovisão filosófico-existencial, nos anos de 1950, na tese *A Crise da Filosofia Messiânica*), tivemos um sentido agudo dessa necessidade de pensar o nacional em relacionamento dialógico e dialético com o universal. A 'Antropofagia' oswaldiniana [...] é o pensamento da devoração crítica do legado cultural universal, elaborado não a partir da perspectiva submissa e reconciliada do 'bom selvagem' (idealizado sob o modelo das virtudes européias no Romantismo brasileiro de tipo nativista, em Gonçalves Dias e José de Alencar, por exemplo), mas segundo o ponto de vista desabusado do 'mau selvagem', devorador de brancos, antropófago. Ela não envolve uma submissão (uma catequese), mas uma transculturação: melhor ainda, uma 'transvaloração': uma visão crítica da História como função negativa (no sentido de Nietzsche),

capaz tanto de apropriação como de expropriação, desierarquização, desconstrução. Todo passado que nos é 'outro' merece ser negado. Vale dizer: merece ser comido, devorado. Com esta especificação elucidativa: o canibal era um 'polemista' (do gr. *pólemos* = luta, combate), mas também um "antologista"; só devorava os inimigos que considerava bravos, para deles tirar proteína e tutano para o robustecimento e a renovação de suas próprias forças naturais... Exemplo: Oswald de Andrade inspirou-se até certo ponto no cubismo poemático-itinerante de Blaise Cendrars (...). No entanto, ao invés da *kodak* excursionista do 'pirata du lac Léman', preocupada em registrar o pitoresco e o exótico nas suas andanças por terras brasileiras, o *camera-eye* do poema-minuto oswaldiano deflagra, no meramente paisagístico, um elemento crítico, capta um registro satírico dos costumes nacionais estratificados, detona uma cápsula de humor dessacralizante, que não encontramos nos turísticos poemas brasileiros de Cendrars, recolhidos em *Feuilles de Route*. Com Oswald, na década de 1920, já estamos mais próximos, por antecipação, do antiilusionismo da poesia lacônica do Brecht do final dos anos de 1930 (os poemas escritos em *basic German* e aguçados de farpa crítica) do que da cromotípia descomprometida de Cendrars. O suíço pensou que tinha redescoberto o Brasil e escaldado o amigo brasileiro numa panela de *fondue* cosmopolita. Oswald pediu-lhe emprestada a máquina fotográfica e retribuiu-lhe a gentileza comendo-o. [...] O caso tem certo paralelo

tuito que essas leituras, nunca resgatadas pelos novos poetas que o procuram e reivindicam daí em diante, guardem entre si sutis congenialidades teóricas. Poder-se-ia mesmo dizer que, contra a dominância historicista do materialismo, tais discursos instalam o fator corrosivo de um nada sem resto. Não é a negatividade do nada dialético sartreano, o *néant* que, mesmo negativamente, pressupõe o *ente*, mas se trata, porém, do nada acefálico de Bataille e Lacan. O *rien*. *A Coisa*. *Das Ding*.

Era, sem dúvida, um horizonte de debate daqueles anos. Nas páginas do jornal carioca *Dom Casmurro*, orientado por Álvaro Moreyra e veículo das diatribes oswaldianas contra o portinarismo como estética ufanista, lemos, logo no início da guerra, um surpreendente depoimento de Kandinsky, que levaria água para os muito futuros desdobramentos da razão antropofágica:

> Quando eu penso em todos estes debates ao redor da ausência de objeto, estes debates que começaram há trinta anos e que não terminaram ainda, é que vejo a imensa força do *hábito* e ao mesmo tempo a imensa força da pintura chamada *abstrata* ou não figurativa e que eu prefiro chamar *concreta*.
>
> Esta arte é um *problema* que se queria *encerrar*, que se dizia resolvido definitivamente (naturalmente no sentido negativo) e que, no entanto, está muito longe disto. Não existe problema nem de impressionismo nem de expressionismo (os Fauves!), nem de cubismo. Todos estes *ismos* estão distribuídos em galerias diversas na história da arte. As galerias são numerosas e levam rótulos correspondentes ao seu conteúdo. Os debates estão abertos e à espera de soluções. As críticas apaixonadas e as incompreensões é que já não são mais toleradas no estado atual a que chegaram estes mesmos debates. Os que se referem à arte *concreta* não deixam ainda prever se ela será vitoriosa. Ela está se desenvolvendo ainda e os seus adeptos aumentam em todos os países. Mas tenhamos confiança. Só nos resta aguardar o futuro[5].

Muito antes, portanto, da *Antologia dos Marginais* (1946) de Carola Giedion-Welcker, previamente ao "Brancórnio" de Kandinsky e seu ponto cintilante, *tudobranco*, como traduz Haroldo, mas antes mesmo de *Blanco* de Octavio Paz, o modernismo brasileiro precisa se reinventar a partir das margens, a partir do nada. Esse gesto se traduzirá na busca de dois impossíveis, o primitivo e o barroco, que na verdade desvendam uma teoria do texto e uma teoria da história, recolhidas ambas "numa figura circular, espiralada, não como sucessão linear de eventos, mas como tropismo de forma que se entreespelham"[6].

Em 1978, o filósofo romeno E. M. Cioran tributa um *Exercício de Admiração*, a seu compatriota, o poeta Benjamin Fondane (1898-1944), a cuja escritura se aplicaria, como à de Lévi-Strauss, o timbre da *aristocracia do bombástico*.

> Em matéria literária, eu não partilhava sempre seus gostos. Ele havia me recomendado com insistência o *Shakespeare* de Victor Hugo, livro quase ilegível, e que me faz pensar na palavra de que se serviu recentemente um crítico americano para qualificar o estilo de *Tristes Trópicos*: *the aristocracy of bombast* – a aristocracia do bombástico. A expressão é admirável, se bem que injusta na circunstância[7].

É sintomático que tanto Lévi-Strauss como Fondane tenham desenvolvido parte substantiva de suas obras num vaivém transatlântico, Lévi-Strauss em São Paulo, Fondane em Buenos Aires, a tal ponto que não há risco em chamar, com Silviano Santiago, *Tristes Trópicos* de livro *brasileiro*, assim como não exagero em qualificar *Ulisse* de poema *argentino*. A questão, nada acessória, ilustra, *en passant*, os peculiares modos que, durante os anos da guerra, ensaiava-se, nas margens do Ocidente, para sair da modernidade eurocêntrica. Um dado adicional seria observar a linhagem de um e de outro desses aristocratas do bombástico, em dois discípulos locais, respectivamente, Mário e Oswald de Andrade.

Sabemos o papel fundacional que, para a razão antropofágica, desempenha a viagem final de *Serafim Ponte Grande*. Sabemos também que um amigo argentino de Fondane, Freddi Guthmann, nos propôs, em *La grande respiration dansée*, uma versão semelhante à da viagem de *El Durazno*. Talvez caiba aqui destacar que uma imagem forte desse poema de Guthmann é o *calembour* entre *mer* e *mère*, o mar e a mãe. A imagem é pura diferença. Em grego, não há, a rigor, *calembour*, mas sinonímia, donde o efeito irônico é tão somente anacrônico a ponto tal que caberia enunciar um princípio geral: toda imagem é anacronismo. Ora, na origem, uma palavra se confunde com a outra, porque tanto o colo quanto as dobras do vestido (e depois, explicitamente, o útero) são a mesma palavra. No livro VI da *Ilíada*, por exemplo, Dionísio, aterrorizado, foge do mortífero Licurgo, atirando-se ao mar e, a seguir, Tétis recebe-o em seu *kólpos*. Hefaistos, no livro XVIII, salva-se da mesma forma, no *kólpos* de Tétis, i.e., no mar. Nosso significante *golfo* provém de *kólpos*, assim como a palavra francesa *gouffre*, todo um tema da modernidade a partir de Baudelaire, sutilmente explorado por Fondane em seu clássico *Baudelaire et l'expérience du gouffre* (1947). De modo que, sem deslocamento nem violência, um poeta

na relação Huidobro/Reverdy. Posta entre parênteses a ociosa polêmica de prioridades, que poema de Reverdy, em força e originalidade, equivale, na poesia contemporânea, à síntese aeroépica do *Altazor*?". Cf H. de Campos, "Da Razão Antropofágica: a Europa sob o Signo da Devoração", *Colóquio Letras*, n. 62, Lisboa, jul. 1981, p.11-12.

5. Vassily Kandinsky, "Arte Concreta", *Dom Casmurro*, Rio de Janeiro, Ano 2, n. 86, 21 jan. 1939, p. 6. O texto é tradução de "L'art concrète", artigo publicado, em março de 1938, no primeiro número do periódico *XX siècle. Chroniques du jour*, dirigido por Gualtieri di San Lazzaro. Cf. V. Kandinsky, *Complete Writings on Art*, Londres, Faber & Faber, 1982, vol. II, p. 814-816. Em "Paul Klee e o Processo da Criação", crônica esparsa publicada no *Jornal do Brasil*, em 22 jul.1972, Clarice Lispector traduz um ensaio de San Lazzaro que aborda o problema da Coisa na criação artística e cita, aliás, para abonar sua tese, a crítica Carola Giedion-Welcker, autora da célebre antologia que instalaria a arte, para os concretos brasileiros, no horizonte do provável.

6. Cf. "Uma Arquitextura do Barroco", em *A Operação do Texto*, p. 139. Obedece, de alguma maneira, esse intuito a certas orientações, inacabadas, do percurso teórico de Mário de Andrade. Em 1942, conta ele, numa carta a Paulo Duarte, que enveredara por caminho ainda não desbravado, uma *História da Poesia Popular Brasileira*, cuja última parte, "Outras Sobrevivências", delata o conceito warburgiano das fórmulas de *pathos* ao estudar as danças dramáticas, o princípio de

grego podia, com o mesmo significante, dizer *mãe* e dizer *mar*, ambivalência que, nas línguas modernas, só o francês, por sinal, conserva. Sabiamente explorada por Guthmann, quem sempre se recusou a publicar, em vida, essa obra escrita na língua *materna*, essa ambivalência ou transvaloração nos propõe, de certa forma, a anamnese *mãe-mar*. A vertiginosa experiência do golfo e das palavras bífidas.

A questão não é bizantina. Admirado por Breton, Guthmann foi íntimo amigo de Cortázar, que nele se inspirou para plasmar o Oliveira do *Jogo da Amarelinha*, donde essa identidade transatlântica, cindida, euro-americana, sagrada-abjeta, prefigurada pela moral dos antropófagos de *Os Condenados*, de Oswald, retomada em *Os Prêmios*, de Cortázar e expandida nas *passagens* da ficção deste , opera, a rigor, na ambivalência do *kólpos*, em busca de uma identidade sem culpa, i.e. *sacer*, que, de algum modo, Haroldo de Campos detecta quando, em 1967, resenha o não-livro de Cortázar.

> Quando li o romance anterior de Córtazar, *Los Premios* (1960), vi logo que estava diante de um escritor que não se sujeitava ao estatuto colonial de ser um simples fornecedor de matéria-prima (do exótico, do típico, da "cor local") no concerto daquela *literatura universal* que Marx e Engels já prefiguravam como um corolário forçoso para o qual os problemas da técnica do escrever e do destino da forma romanesca em nosso tempo eram cogitações fundamentais. Tal como o seu mestre Borges, cuja influência, como renovador da prosa e exportador de técnicas, se pode encontrar em autores europeus tão significativos como o francês Robbe-Grillet ou o alemão Arno Schmidt. Tal como, entre nós, Guimarães Rosa, que soube assumir, numa circunstância brasileira, aquilo que de mais radical há no legado de James Joyce: sua revolução da palavra.
>
> É verdade que *Los Premios* é ainda uma obra de preparação, com muito de costumbrismo em sua marcação de personagens e seu debuxo duma atmosfera portenha. Mas a obra logo extrapola do quadro do realismo convencional para atingir um plano simbólico, de parábola absurda e tenebrosa, carregada inclusive de implicações sociais e contextuais. Todo um grupo heterogêneo de pessoas embarca, por graça de um sorteio de loteria, numa viagem-prêmio, com destino desconhecido. No navio, estabelece-se logo uma enigmática interdição entre o mundo dos passageiros de ocasião e a ordem constituída (o comandante e seus subordinados). Após uma série de peripécias que culminam num princípio de insurreição, a viagem é cancelada e o navio retorna ao porto de Buenos Aires, como se nada tivesse

morte e ressurreição, a dinâmica de totem e tabu ou o seqüestro da Dona Ausente, figura esta última que dramatiza a sobrevivência (repare-se a marca nietzschiano-dionisíaca da reabertura do ciclo) através do conceito de seqüestro que traduz a *Verdrangung* freudiana. Não custa observar, aliás, que o equivalente de seqüestro em alemão, *Entfuhrung*, liga-se à *Erfahrung*, a experiência, como ex-periência, como saber prestes a perecer, arrancado ao perecível, como saber que *de-lira*, que tira o caminhante, desvairadamente, de seu percurso originário, donde o seqüestro seria um saber desalojado, arrancado de seu lugar natural, assim como toda experiência que, para sê-lo de ruptura, conota, por força, violência. Trata-se de conceito correlato ao de *abdução*, que é também tirar do caminho, tal como o raciocínio *apagógico*, raciocínio pelo absurdo. Pierce chama, precisamente, de abdução todo raciocínio cuja conclusão é tão somente verossímil, permitindo, porém, passar do particular ao geral. Nesse sentido, o *seqüestro* seria o contrário de uma dedução, feita sempre a partir de provas e evidências constatáveis. Essa teoria da imagem não foi, a rigor, desenvolvida por Mário que permaneceu nos limites de uma fenomenologia de cunho normalizador. Mas é a teoria da imagem dialética benjaminiana ou da imagem-sobrevivente (Didi-Huberman) que alimenta, entretanto, o pensamento pós-utópico de Haroldo. O seqüestro do barroco seria, portanto, o desvio da abstração.

7. Emil M. Cifran, "Benjamin Fondane: 6, rue Rollin", *Oeuvres*, Paris,

acontecido. Da tentativa de motim resultara um passageiro morto e um tripulante ferido, mas os remanescentes são persuadidos a aceitar a versão oficial de que tudo não passou de um lamentável surto de tifo. Apesar dos protestos de alguns recalcitrantes ("el grupo de los malditos"), o "partido da paz", com a aprovação das senhoras, conclui um pacto de silêncio sobre as ocorrências com o inspetor da Diretoria de Fomento, representante da ordem. A circularidade viciosa dos eventos, desde a reunião dos passageiros premiados num café portenho, através dos incidentes da "viagem-que-não-houve", até ao arreglo final e ao desembarque nas docas platinas, é contrastada pela ágil movimentação dos diálogos, com vivos registros, por vezes deliberadamente paródicos, da fala dos personagens, segundo sua extração social e sua conformação ideológica[8].

Gallimard, 1995, p. 1602. Agradeço a colaboração de Renata Telles nas traduções aqui inseridas.

8. "O Jogo da Amarelinha", *Correio da Manhã*, Rio de Janeiro, 30 jul. 1967, 4º caderno, p.1.

Haroldo pondera que, até aí, porém, o desenvolvimento da narrativa pouco teria de particularmente inovador, se não fosse pela intercalação, a espaços dados, entre os capítulos marcados por algarismos romanos, de outros excursos em itálico, assinalados por alíneas, em que

> o autor, através do personagem Pérsio, medita em linguagem onírico-metafórica, de nítida vertente surrealista, sobre o acaso e o destino, tematizando o próprio jogo de azar que deu motivo à viagem-prêmio (a situação dos passageiros embarcados para o cruzeiro cujo rumo desconhecem é comparada à "perfeita disponibilidade das peças de um puzzle"). Ao mesmo tempo, é sobre o romance que ele reflexiona, fazendo inclusive críticas ao realismo de pendor imitativo: "Quando os maus leitores de romance insinuam a conveniência da verossimilitude, assumem sem remédio a atitude do idiota que, depois de vinte dias de viagem a bordo do vapor Claude Bernard, pergunta, apontando para a proa: "C'est-par-là-qu'on-va-en-avant?"(trata-se, é bom recordar, da célebre frase com que Valéry se escusava de escrever romances, invocada hoje pelos novos romancistas franceses para escrever anti-romances...). De outro lado, em nota final, o próprio romancista entra em cena, referindo em tom irônico de ficção borgiana, como nasceu e evoluiu seu livro, e desautorizando, mais provocativa do que convincentemente, quaisquer interpretações alegóricas ou éticas daquilo que chama de meros "jogos dialéticos cotidianos", desprovidos de transcendência[9].

9. Idem, ibidem.

Em conseqüência, a obra se cinde, estruturalmente, em duas, uma construção e uma desconstrução dos pressupostos normalizadores, quando não idealistas, do regime de verdade que o próprio relato veicula. Assim, acrescenta Haroldo,

> o segundo livro contesta e ironiza o primeiro, trivializando o *pathos* de seu possível desfecho herói-trágico, apenas entrevisto. Mas não é só. Neste livro número 2 intervém muita coisa nova, desde capítulos acessórios que desenvolvem o entrecho dos anteriores, como ainda material aparentemente desconectado, introduzido no todo por um processo de *bricolage* (poemas, extratos de livros, recortes de jornais etc.). E se esboça também uma estória dentro da estória (ou das estórias): o velho escritor Morelli (que aparece no capítulo 22 do primeiro livro como um anônimo cujo atropelamento é assistido casualmente por Oliveira) planeja seu anti-romance de estrutura probabilística, fazendo reflexões sobre o romance ("A música perde melodia, a pintura perde anedota, o romance perde descrição"; "O romance que nos interessa não é o que vai colocando os personagens em situação, mas o que instala a situação nos personagens"; "Meu livro pode ser lido por alguém de maneira que lhe dê vontade, Liber Fulguralis, folhas mânticas, e assim vai. O mais que faço é arrumá-lo da maneira como eu gostaria de relê-lo"). Um projeto mallarmeano, como se vê. O "horror mallarmeano frente à página branca"[10].

10. Idem, ibidem.

Portanto, a admiração de Haroldo de Campos pela narrativa de Cortázar é mera reativação, retorno, diferença, de sua escolha em favor do *Serafim Ponte Grande* ou, digamos assim, de uma comum estrutura das normas estéticas que guarda correlação, aliás, com a estrutura da vida social. Trata-se de uma questão que reconhecemos também em Freddi Guthman, seu modelo, ou em Benjamin Fondane, seu leitor. Essa característica bifronte da verdade é a mesma, por sinal, que, em outro plano, articula a própria obra de Fondane com a de Cioran. Em outras palavras, a admiração de Cioran por Fondane é tão esclarecedora de um quanto de outro autor, de cada um deles, em particular, mas também de seus leitores entre si.

A propósito de Cioran, Peter Sloterdijk chega a questionar-se como é possível abandonar uma negatividade imitável, entendida em forma de engajamento revolucionário, crítica radical, anarquismo estético ou subversão desconstrutiva, e decantar, no entanto, um negativismo inimitável, tão idiossincrático quanto universal. Esse negativismo inimitável de Cioran, que Sloterdijk associa, por sinal, aos anacoretas, verdadeiros atletas do desespero, é também o de Fondane. Ele se diferencia dos atletas da luta, os monásticos, sublinhando assim, que acumulação e dispêndio marcariam os extremos economiméticos do negativismo contemporâneo[11].

Ora, a *aristocracia do bombástico* que vemos em Cioran, Fondane, Lévi-Strauss ou mesmo Cortázar, outra coisa não é do que uma forma de denominar a matriz barroca da cultura pós-moderna. Haroldo de Campos talvez tenha sabido ouvir a lição de Carpeaux, a de que "toda a poesia moderna – simbolismo, 'poésie pure', 'surréalisme', e neotradicionalismo e o 'chorus for survival' revolucionário dos anglo-americanos – é gongorista" porque

> no processo de criação poética gongorista – que é o processo de toda a poesia moderna – revela-se claramente o papel criador da metáfora, análoga à tarefa de Adão, dando nomes às coisas, continuando a criação divina. Transforma a floresta selvagem das *Soledades* em jardim culto, em paraíso poético, aplicando-lhe a disciplinada *poésie pure*, elusão do mundo real, como em Mallarmé e Valéry[12].

A partir dessa constatação do barroco como nossa forçada entrada na globalização, Carpeaux chega a afirmar que "Góngora é o mais moderno dos poetas" e que,

> o gongorismo não é um fenômeno limitado ao século XVII; é um fenômeno que sempre volta na história da poesia. Aplica-se-lhe o conceito do barroco que Werner Weisbach expôs pela primeira vez e Eugenio d'Ors retomou: os "gongorismos", como os "barrocos", sempre se repetem na história. Houve um gongorismo na Antiguidade, em Píndaro, tão "incompreensível" e "hermético" como certos versos de Dante e sonetos de Mallarmé[13]. Góngora justifica a poesia mais velha e a mais moderna. O neogongorismo não é uma moda de "modernistas" balbuciantes, e sim um fenômeno de renovação[14].

Houve, portanto, ressurreições de Góngora antes mesmo de Góngora, dizia Carpeaux e profetizava até que haveria neogongorismos em futuros ainda indeterminados, porque "a poesia de Góngora, como a de Donne, é poesia duma época de crise", e porque "o que parece evasão nessa *poésie pure*, é, na verdade, alusão à vida futura", dimensão pós-utópica de uma linguagem absoluta. Em seu ensaio sobre a razão antropofágica, Haroldo assinalaria também que toda a questão logocêntrica da origem, na literatura

11. Peter Sloterdijk, "Le revanchiste désintéressé. Note sur Cioran", em *L'heure du crime et le temps de l'oeuvre d'art*, trad. Olivier Mannoni, Paris, Calmann-Lévy, 2000, p. 151-161.

12. Otto M. Carpeaux, "Góngora e o Neo-gongorismo". *Revista do Brasil*, n. 58, Rio de Janeiro, jun. 1943, p. 15-21. Incorporado a *Origens e Fins* (1943), o ensaio pode ser lido em Olavo de Carvalho (org.), *Ensaios Reunidos 1942-1978*, Rio de Janeiro, Topbooks, 1999, vol. I, p. 307-311.

13. Em "Píndaro Hoje", Haroldo chega a evocar a utilização da *Willing Suspension of Disbelief* por parte de Carpeaux para avaliar a poesia pítica. Cf. H. de Campos, *A Arte no Horizonte do Provável*, p.109-120.

14. O. M. Carpeaux, op. cit.

brasileira e mesmo nas outras literaturas latino-americanas, "à parte o problema, a ser considerado sob luz especial, das grandes culturas pré-colombianas", esbarrava no obstáculo historiográfico do barroco.

> Direi que o Barroco, para nós, é a não-origem, porque é a não-infância. Nossas literaturas, emergindo com o Barroco, não tiveram infância (*infans*: o que não fala). Nunca foram afásicas. Já nasceram adultas (como certos heróis mitológicos) e falando um código universal extremamente elaborado: o código retórico barroco (com sobrevivências tardo-medievais e renascentistas, decantadas já, no caso brasileiro, pelo maneirismo camoniano, este último, aliás, estilisticamente influente em Góngora). Articular-se como diferença em relação a esta panóplia de *universalia*, eis o nosso "nascer" como literatura: uma sorte de partenogênese sem ovo ontológico (vale dizer: a diferença como origem ou o ovo de Colombo...).
>
> Mário Faustino, inesquecível companheiro de minha geração, escreveu no fim dos anos de 1950: "O barroquismo do *Seicento*, italiano ou espanhol, é, aliás, o primeiro grande impulso organizado, na poesia do Ocidente, no sentido de fazer uma poesia 'orgânica', isto é, que cresce a partir das linhas de força dos próprios materiais de que se faz, poesia em que o poema reflete uma visão pormenorizada do mundo, à medida que constitui um outro mundo, microscópico e coisificado. [...] A verdadeira poesia do barroquismo seiscentista é evidentemente, antes de mais nada, uma poesia *culta*"[15].

15. "Da Razão Antropofágica...", op. cit, p. 14. A questão da infância e da destruição da experiência é magistralmente explorada por Giorgio Agamben em *Infanzia e storia*, Torino, Einaudi, 1978. Sobre Mário Faustino, ver H. de Campos "Mário Faustino: a Impaciência Órfica (Depoimento de um Companheiro de Geração". *Cadernos de Teresina*, a. 1, n. 1, Teresina, abr. 1987.

Por isso, conclui Haroldo, já podemos reconhecer, em pleno barroco, uma possível *razão antropofágica*, desconstrutora do logocentrismo herdado do Ocidente.

> Diferencial no universal, começou por aí a torção e a contorção de um discurso que nos pudesse desensimesmar do mesmo. É uma antitradição que passa pelos vãos da historiografia tradicional, que filtra por suas brechas, que envieza por suas fissuras. Não se trata de uma antitradição por derivação direta, que isto seria substituir uma linearidade por outra, mas do reconhecimento de certos desenhos ou percursos marginais, ao longo do roteiro preferencial da historiografia normativa. Em prosa, a uma dada altura do processo

de meandros, numa determinada configuração, ela produziria o filão do "romance malandro", assim batizado por Antonio Candido em "Dialética da Malandragem" (1970), ensaio que, a meu ver, num certo sentido, representa a "desleitura" deliberada, pelo crítico, da estrada real topografada em sua *Formação da Literatura Brasileira*. Um segundo pensamento, projetado com argúcia sobre o seu primeiro traçado retilíneo e cronográfico, deslinearizando-o em prol de uma nova possibilidade de recorte inteligível do mesmo espaço, reorganizado agora em diferente constelação. Aqui a história passa a ser o produto de uma construção, de uma apropriação re-configuradora, "monadológica", na acepção de Walter Benjamin. Distinguindo o romance "malandro" da "picaresca" européia, Candido reconhece nele elementos arquetípicos de matriz folclórica e um fermento vivo de realismo popularesco. Remoto e moderníssimo, o gênero se faz representar no Brasil, primeiramente, pela obra *Memórias de um Sargento de Milícias* (1852-1853), de Manuel Antonio de Almeida, deslocada, quase uma antiqualha, na série romanesca preferencial de nosso Romantismo canônico (a que vai de Joaquim Manuel de Macedo a José de Alencar). Não à-toa esta nova possibilidade de leitura da tradição ocorreu ao crítico no momento da revalorização dos romances-invenções de Oswald de Andrade, sobretudo do *Serafim Ponte Grande*, 1933 (experimento de transgressão semiológica da ordem, de contestação da legalidade e da legibilidade estatuídas, pela desordem perene, pela versatilidade anárquica)[16].

16. Cf. "Da Razão Antropofágica...", op. cit., p. 17-18.

Ao postular um texto de textos, simultaneamente universal e diferencial, paródico e paralelográfico, em suma, um hipertexto de tradutor-devorador, uma espectrografia tão descentrada quanto excêntrica, não surpreende, aliás, que Haroldo de Campos tenha sabido mostrar o débito que a razão antropofágica mantém com uma linhagem aristocrática do bombástico que, vinda de Góngora e de Mallarmé, pode ainda ser facilmente reconhecida não só em antecedentes locais mas também, em âmbito internacional, na obra crítica de Gilles Deleuze, Jacques Derrida, Christine Buci-Glucksman, Omar Calabrese ou Guy Scarpetta[17].

17. "Barrocolúdio Deleuziano", em Eric Alliez (org.), *Gilles Deleuze: Uma Vida Filosófica*, São Paulo, Editora 34, 2000, p. 525-533.

De fato, nos últimos anos, como já manifestara pioneiramente Oswald de Andrade, vem se firmando uma posição de relativa indiferenciação entre filosofia e poesia, entre razão e metáfora em que, pensadores como Lyotard, Derrida e Serres sublinham o caráter literário da filosofia, buscando demonstrar que a filosofia é menos abstrata do que tradicionalmente se pensa. Seu modo de escrever se encontra no limite entre literatura e filosofia. Eles reivindicam a impossibilidade de indicar no interior de um texto onde começa o texto filosófico e onde o literário. O motivo de sua iniciativa consiste em querer tornar a filosofia mais figural, mais corpórea, mais ligada à percepção.

Esta iniciativa é compreensível como reação à filosofia cartesiana, mais racional e mais dualista. Todavia, não há nenhuma dúvida que para Fondane teria sido um modo de aproximação errôneo. Do mesmo modo em que ele contrapõe pensamento racional e pensamento existencial, ele opõe pensamento filosófico e pensamento poético. Fondane distingue a filosofia da poesia declarando que a primeira é pensamento pensado, enquanto que a poesia é pensamento vivido[18].

18. Ann van Sevenant, *Il filosofo dei poeti. L´estetica di Benjamin Fondane*, Milão, Mimesis, 1994, p. 48.

Em *Baudelaire et l'Expérience du gouffre*, Benjamin Fondane sustenta, de fato, à maneira que mais tarde leremos no mestre da gramatologia, a tese de que a arte morre ao alcançar a autonomia, mesmo que Ann van Sevenant, sua principal comentadora, separe, até certo ponto, a reflexão de Fondane da desconstrução de Derrida. A autonomia não remeteria, então, à transgressão da experiência poética pelo pensamento, que é a tese de Fondane, mas à elevação da arte ao nível da razão, o que é uma forma de congelar a dicção no *statu quo*.

A poesia se quis "autônoma"; ela se emancipou da realidade afetiva, imaginativa, corporal, histórica, ela baniu de seu conteúdo o riso, o choro, o mistério, a fábula, ela aboliu até o objeto – e autorizou o poema a engendrar a si mesmo, com a colaboração única do espírito[19].

Ann van Sevenant considera que esse é o motivo pelo qual Fondane jamais aceitou a primazia da razão, da ética, do social ou da economia para definir o poético. A filósofa holandesa argumenta, em conseqüência, que

19. Ann van Sevenant, "L´esthétique de Benjamin Fondane", em Benjamin Fondane, *Faux Traité d´esthétique*, Paris, Paris Mediterranée, 1998, p. 17.

> de modo geral, ele não era de modo algum indiferente ao lugar que a arte ocupa na sociedade, porque ele considerava que a razão, a ética, o social e a economia se transformarão mas não farão jamais falta, muito pelo contrário. Ele sabia que a arte deve lutar para se fazer aceitar, que ela não recebe freqüentemente mais que o rótulo da imaginação, como se ela se situasse fora do real. Fondane, além disso, jamais compreendeu como a arte, sendo taxada de não-realidade, continua sendo

> a instância à qual o homem moderno recorre no momento em que ele sufoca na "vida real". Para ele, ao contrário, se me permitem a fórmula, *não existe o fora do real*. Ele percebe um desvio revelador na concepção de arte fundada sobre a oposição real/imaginário. Por que, com efeito, não admitir, de saída, que a arte não se situa fora do real, que as artes são tão reais como aquilo que se denomina "a verdadeira vida?[20]

20. Idem, ibidem.

Por esse mesmo motivo, Fondane se interessa, logo nos anos de 1920, pelos estudos da mentalidade primitiva de Lucien Lévy-Brühl. Neles encontrava apoio para sua tese de que o homem primitivo não saberia "inventar", pela simples razão de que não há, para o primitivo, outro real além do real; nem coisa ou ser situado fora do real, e que lhe sirva de ornamento. Não apregoava, com essa sua tese, um retorno romântico ao primordial mas assinalava, entretanto, que

> o princípio de participação devia mostrar que a crise de realidade do século XX se descreve, com efeito, em termos de "ausência de real", da "realidade tornada transparente", situação que conduz a uma vontade de "condensar o real". Mas Fondane sabia que não se pode condensar o real, reforçar a realidade, se ela só subsiste sob uma forma instrumentalizada; os poetas, vítimas dessa evolução, procuraram em vão chegar aí com a ajuda de "procedimentos externos de intensificação do real como as drogas ou os excitantes internos". A única possibilidade de salvar a arte é a de concebê-la, de saída, como real[21].

21. Idem, p. 18.

Para compensar esse "pouco de real", o poeta era forçado a encontrar a razão de ser da poesia em diversos fatores. Podia encontrá-la ora no novo de Baudelaire, ora no desconhecido de Rimbaud ou até mesmo no achado de Apollinaire.

> Essa crise de realidade domina o século XIX. Para ser obscuro, ela é apenas mais pungente. Pois não pode haver dúvida: é para reforçar a realidade, tornada transparente, encontrar um *equivalente às participações afetivas do primitivo*, que os poetas do século XIX, cegamente, recorreram a procedimentos externos de intensificação do real tais como as drogas, ou aos excitantes internos: o desregramento de todos os sentidos, a ascese, o delírio, até mesmo a loucura. É para condensar o real que eles convocaram, com todas as suas promessas, o "novo"

> (Baudelaire), o "desconhecido" (Rimbaud), o "achado" (Apollinaire); é pela mesma razão – uma razão de ser – que eles mais tarde romperam com a arte-imitação, fizeram a "patafísica", e finalmente alcançaram a "rejeição do objeto". E é porque o "pouco de real" parecia não querer mudar de nível, que nós assistimos à abertura das eclusas condenadas ("expandir o sonho no real" de Gérard de Nerval), e finalmente a uma *transfusão de sangue* deliberada que devia salvar a poesia pela incorporação massiva de realidades novas, virgens, tais como o sonho, o inconsciente, a alucinação consciente. E enquanto isso, apesar de seus esforços obstinados, desesperados, essa loucura não chega a nada que valha; a arte patina, ela está tão vazia quanto antes; ela termina por se perguntar se ela rima com qualquer coisa, se há um sentido; ela prega o caos e o suicídio. Ela não chega a recuperar essas trevas, esse silêncio e mistério de que ela tem tanta necessidade quanto o médium e a vidente. Desde sempre, lhe falta a necessidade, isso é claro; e a falta de necessidade é mil vezes pior que a falta de "solidez", como lhe reprovava Platão. Pois a falta de "solidez" em relação ao pensamento racional, testemunhava a verdade e a realidade mesma da arte poética[22].

22. B. Fondane, op. cit, p. 104-105.

Fondane tem, portanto, um julgamento muito duro a respeito da vanguarda, operação falida em que a arte permaneceria vazia como antes, exceção feita do dadaísmo, que ele via como um movimento em que a vanguarda se afirmava a si própria. Por isso, de algum modo, interpreta a obra de Lévy-Brühl como contribuição decisiva à teoria da poesia moderna porque, com relação ao pensamento primitivo, o antropólogo ativaria as estratégias do *ready-made*. Em seu estudo, Fondane argumenta que

> em lugar de apoderar-se do objeto de seu estudo e de reduzi-lo em seguida às leis universais do espírito humano, se interessou desmesuradamente no objeto mesmo – por ele mesmo, enquanto ele mesmo – e comprovou que não se deixava reduzir, que toda redução o empobrecia do essencial. Em uma palavra, que obedecia a leis e estruturas diferentes das que regem nosso entendimento lógico. Esta enorme descoberta marcaria para toda vida o jovem filósofo. Observou primeiro que o primitivo, enquanto pensava, não podia dar-se conta de seu pensamento, que seu pensamento não era discurso, dialética, que se formava muito diferentemente de nossos conceitos, que não

concordava com nosso princípio fundamental: *é verdade*, princípio sem o qual não poderia subsistir nosso pensamento lógico. Sem dúvida este pensamento "primitivo" não era puramente arbitrário; não alcançava o "geral" por meio de idéias, mas existe o "geral" só nas idéias? Uma certa identidade de reação, uma certa uniformidade de sentir, que estimulam uma mesma resposta do indivíduo a provocações semelhantes, não é uma classe de "geral", apesar de tudo? É o que Lévy-Brühl, opondo-se já então a Aristóteles, mas com respeito por sua terminologia, chamou de um modo novo que conservava inteiramente os direitos do pensamento lógico: *a categoria afetiva do sobrenatural*. Esta primeira descoberta arrastava outras consigo: que era impossível atribuir aos primitivos as categorias kantianas de tempo, de espaço, de causalidade, que essas categorias não eram por si mesmas tecidos uniformes, formas de entendimento, e sim coisas concretas qualitativamente desiguais, porções de tempo, de espaço, absolutamente *privilegiadas*. Assim mesmo, sem ignorar em seus assuntos correntes, a freqüência, a seqüência dos fenômenos, e levando em conta suas diferenças técnicas, o primitivo *descuidava* do princípio de contradição no momento em que intervinha sua categoria afetiva do sobrenatural. Se Kant tinha razão ao definir a abstração como uma operação que "*desatende*" as diferenças para interessar-se só pelas semelhanças existentes nos fenômenos, "desatender", por sua vez, as semelhanças e o princípio de contradição para *interessar-se pelas diferenças* era também uma maneira de abstrair. Além do mais, o primitivo desconhecia tanto o mundo físico puro quanto o mundo psíquico e o mundo sobrenatural separados ou ainda emancipados; atuava como se esses mundos se interpenetrassem mutuamente. Todavia o "como se" tem em nossa boca um emprego abusivo: não há "como se", segundo Lévy-Brühl, no pensamento do primitivo. Uma vez neste caos, Lévy-Brühl se abandonou. Notou que o primitivo estava impossibilitado de conceber o tempo, o espaço, a causalidade como categorias inatas e de tecido uniforme, ou ainda simplesmente como leis imutáveis extraídas por nosso espírito do resíduo dos fenômenos e, ao contrário, extremamente sensível ao irregular, ao insólito, ao acontecimento excepcional, extraordinário. Uma penetrante dedicação o fez distinguir que o regular e o uniforme tinham em comum o estarem vazios de significação, enquanto os fenômenos insólitos se achavam abastecidos dela em alto grau. No lugar do geral, do causal, do necessário, que governam a mentalidade lógica do civilizado, devia admitir-se que o primitivo fazia intervir uma categoria nova: o princípio místico (*maná, bugari, ungud*, como se queira). Princípio místico, bem entendido (na falta de um nome melhor), mas é necessário desconfiar de nossas definições, porque, no primitivo, o *maná* não é um símbolo (recordem-se de nossas disputas teológicas da Idade Média e da Reforma sobre a realidade do corpo divino na eucaristia) e sim uma realidade e ainda mais, e ao mesmo tempo, certos animais, certos homens, por exemplo, certas partes do homem ou certos instantes do homem, estão mais ou menos munidos dela e mais ou menos eficazmente[23].

Lezama Lima abre seu ensaio "A partir da Poesia" com a declaração peremptória de que "é para mim o primeiro assombro da poesia que, submergida no mundo pré-lógico, não seja ela nunca ilógica"[24]. Da mesma forma Fondane, como analisa van Sevenant, não entendia a inferioridade ou o pré-lógico, nem como antilógico, nem como alógico. Para o poeta romeno, o pensamento primitivo era tão racional quanto a razão e do que se poderia falar, em seu caso, é de um reino da imagem, como no caso do poeta cubano, ou de uma *suma ateológica*, nos termos bataillanos. Aliás, um companheiro de Bataille, Roger Caillois, outro dos admirados por Oswald de Andrade[25], resenhando *Homo ludens* de Huizinga, já chamara a atenção para o *Trickster*, cuja conduta, "imbecil e trágica", assemelha-se à da mulher, apontando em direção à morte. Dele, mais ainda do que do *potlach*, a parte maldita bataillana, se poderia tirar proveito – sintetiza Caillois – para uma teoria do lúdico na cultura[26]. Dessa origem provém, entre outros, a *Morfologia de Macunaíma* e, mais próximo de nós, um volume como *Makunaíma e Jurupari. Cosmogonias Ameríndias*[27]. Nesse sentido, van Sevenant pondera que

> a observação "o pensamento dele se coloca sobre um outro plano que não o nosso", era para Fondane uma representação interessante, que deixava supor que até Lévy-Brühl compartilhava a idéia de inconciliabilidade entre os dois modos de pensar. Fondane tinha sempre considerado as tentativas de conciliação como uma aproximação errônea. Além disso, ele admirava a obra de Lévy-Brühl, na qual encontrava,

23. B. Fondane, "Lévy-Brühl o el Metafísco a pesar Suyo". *Sur*, n. 57, Buenos Aires, jun. 1939, p. 67-68. O mesmo ensaio, com o título "Levy-Brühl et la métaphysique de la connaissance", foi publicado na *Revue Philosophique de la France et de l´étranger*, n. 129, p. 289-316 e n. 130, p. 29-54 em 1940.

24. José Lezana Lima, "A Partir de la Poesía", em (*La Cantidad Hechizada*). *El Reino de la Imagen*, Julio Ortega, Caracas, Biblioteca Ayacucho, 1981, p. 313.

25. Oswald de Andrade, "Posição de Caillois" (1943), *Ponta de Lança*, 2. ed., Rio de Janeiro, Civilização Brasileira, 1971, p. 55-58.

26. Roger Caillois, "J. Huizinga – *Homo ludens*". *Sur*, n. 108, Buenos Aires, out. 1943, p. 75-78.

27. Sérgio Medeiros (org.), *Makunaíma e Jurupari. Cosmogonias Ameríndias*, São Paulo, Perspectiva, 2002.

28. Ann van Sevenant, op. cit., p. 69-70.

29. B. Fondane, "El Poeta y la Esquizofrenia. La Conciencia Vergonzosa I", *Sur*, n. 34, Buenos Aires, jul. 1937, p. 48. *O Poeta e a Esquizofrenia* era o título primitivo do *Falso Tratado de Estética* de Fondane.

30. B. Fondane, "El Poeta y el Esquizofrénico. La Conciencia Vergonzosa del Poeta", *Sur*, n. 38, Buenos Aires, nov .1937, p. 48.

31. A própria patafísica, inscrita nessa tradição, é entendida como uma fenomenologia do monstro,

em uma descrição do momento da participação, algo comparável ao êxtase de Plotino. A propósito, Fondane observava que aquilo que Plotino havia vivido quatro vezes e com o máximo esforço, os primitivos conseguiam viver espontânea e naturalmente, porque não tinham mais que superar a antinomia entre sujeito e objeto[28].

Isto nos coloca, em última instância, o problema da relação entre poesia e pensamento. Ora, o poema, para a tradição platônica, obstaculiza a *dianoia*, i.e., a discursividade. Ele não é conhecimento, mas simples furor divino (*theia mania*). Nesse sentido, ele se oferece como uma proposta sem lei, como um não-pensamento, em tudo assimilável à disponibilidade sofística, que se manifesta como potência de falsidade de um pensamento possível. Fondane entendia assim que a confusão surrealista entre as finalidades da filosofia e as da poesia, que é uma fusão do desejo da ética e da vontade do pensamento, feita em nome de uma subjetividade expurgada de pulsão, manifesta as "verdades do supereu ético, cruelmente armado para a destruição do eu insensato, afetivo, imaginativo, real, que crê que a imaginação é um princípio mais vital, mais verdadeiro que a retidão de interpretação"[29].

Fondane julgava, contrariamente a Breton, que "o irracional não precede o racional; a experiência faz ver que o segue. Não se obtém o irracional, a irresponsabilidade, o subconsciente, senão pelo esgotamento voluntário do racional, da responsabilidade, do consciente"[30]. Traça, assim, Fondane uma linhagem precisa – Heidegger, Paul Nizan, Raymond Queneau, Bataille, Blanchot – que recusa a dialética da natureza porque toda negação é uma rebelião, mas é também um *nonsense*[31].

Ler para os primitivos significava mudar de religião[32]: os livros eram para eles um espelho, um instrumento a falar do porvir. Essa peculiaridade da participação afirma, portanto, uma singularidade qualquer, uma singularidade que se ama e se conhece, indiferente ao gênero ou à espécie sob a qual se apreende conceitualmente, mas, ao mesmo tempo, dissociada do corriqueiro a ponto tal que cabe pensá-la como paradoxo. Em uma obra recente e belíssima, *L'arcaico e l'attuale: Lévy-Brühl, Mauss, Foucault*, a filósofa italiana Mariapaola Fimiani parte, como Fondane, das idéias de Lévy-Brühl e Marcel Mauss acerca da magia e do mito, do símbolo e do sacrifício, do dom e do sagrado, para recuperar o conceito de "ontologia da atualidade" e assim resgatar também a pretensão de construir uma etnologia da sociedade contemporânea, tal como, oportunamente, a propôs Michel Foucault.

Com efeito, em textos de Lévy-Brühl e de Mauss, Fimiani constata que não se poderia falar de magia, de mito ou mesmo de símbolo, sem imaginar uma cadeia de significados procedente do passado mas confluindo, porém, numa tipologia de signifi-

i.e., uma heterologia radical, como destaca Juan Esteban Fassio em seu ensaio "Alfred Jarry y el Colegio de Patafísica", publicado na revista surrealista *Letra y Línea* (n. 4, Buenos Aires, jul. 1954). Cf. ainda o dossier "Patafísica, Ciencia de las Soluciones Imaginarias", na revista *Artefacto* (n. 3, Buenos Aires, 1999). Em seu último livro, *Potlach*, o poeta Arturo Carrera se questiona: "En el ir y venir de objetos, de dones y contradones que sólo en apariencia se guardan o se pierden, ¿qué lugar le asignaríamos a ese dinero en relación a la poesía como don? ¿Es todavía la poesía, como lo insinuó Georges Bataille, un sinónimo de *consumo*, dado que significa de la manera más precisa: 'creación por medio de la pérdida? ¿Su sentido se acerca al sacrificio y a la noción de cosa sagrada precisamente por ese gasto inevitable? Pero Bataille ciñó el don al derroche, al potlach, y lo definió como algo estrechamente ligado al pensamiento: `En efecto, escribe, la contradicción del potlach no se revela únicamente en toda la historia, sino más profundamente en las operaciones del pensamiento. Porque, generalmente, en el sacrificio o el potlach, en la acción (la historia) o la contemplación (el pensamiento), lo que buscamos siempre es aquella sombra – que por definición no sabríamos alcanzar – que llamamos vanamente la poesía, la profundidad o la intimidad de la pasión'". Arturo Carrera, *Potlach*, Buenos Aires, Interzona, 2004, p. 9-10.

32. Lucien Levy-Brühl, *La Mentalidad Primitiva*, trad. Gregorio Weimberg, Buenos Aires, Lautaro, 1945, p. 360.

cantes discursivos e rituais que se atualiza a cada momento. Ao analisar, por exemplo, o pensamento de Mauss acerca do caráter "mesclado" ou "intermédio" do tempo sagrado, diz Fimiani que existe hoje em dia uma evidente tendência ao uso do tempo sacro em uma vertente conservadora, defensora dos hábitos, das crenças, dos sistemas instituídos por um grupo, de modo a reforçar a dominação do período-forma, ou da duração rítmica abstrata, sobre a efetiva prática ritual, i.e., sobre a duração-matéria.

> As reflexões etnológicas dizem que a consciência arcaica é uma dimensão antitética às funções espistêmico-identificativas e exprime sempre um saber da diferença; mas deixam também distinguir dois possíveis modos de pensar – um *participativo* e outro *semiológico-relacional* – a que corresponde um dúplice modo de entender o diferir.
>
> As teses de Lévy-Brühl sobre a "mentalidade primitiva" afirmam, de fato, que o saber arcaico é indiferente às distinções e aos elos de conexão, é um saber participativo, místico, intuitivo e imediato, em que sentimento e afetividade, no momento indispensável do conhecer, tornam-se lugares privilegiados de percepção de forças e poderes "fluentes". Por isso se impõe a idéia de um mundo similar a um amálgama, a uma "cola" em que simplesmente se gruda uma poeira de eventos: o ser é a indiferenciação extrema de pontos infinitesimais equivalentes, um lugar de diferenças indiferentes incluídos em uma fonte única que infinitamente se multiplica e se subtrai. Desta unidade originária só se pode acolher o interminável mostrar-se e a inocência de um devir, substancialmente revertido na imobilidade do todo. O saber participativo da diferença parece, assim, compatível com a noção de uma singularidade plena, carregada, insólita, substancialmente auto-referida e autolegitimada, que oscila entre o irrepetível desejo e o absolutamente permutável, entre a dispersão dos muitos e o aniquilamento no uno: um modo de pensar o diferenciar-se do ser que conserva, de uma certa tradição romântica, o acolhimento de um puro transpassar e a dupla instância estético-religiosa e niilista, por certo, rumo à origem da direção dissolvente, antitrágica e conciliativa do pensamento contemporâneo[33].

Ora, o pensamento da participação de Lévy-Brühl, retomado por Fondane para uma crítica drástica ao surrealismo e sua conseqüente nobilitação do objeto, serve, ainda, para

33. Mariapaola Fimiani, *L´arcaico e l´attuale. Lévy-Brühl, Mauss, Foucault*, Turim, Bollati Boringhieri, 2000, p. 19-20.

uma reivindicação da singularidade, da soberania, como antídoto contra a indiferença da diferença, mas também, como afirmação da multiplicidade das mesclas. Nesse sentido, constataríamos uma convergência entre "o herói-sem-nenhum-caráter", fortemente moldado a partir de Lévy-Brühl, e o *pasticciaccio brutto* de Gadda ou mesmo o homem sem qualidades de Musil. Haroldo de Campos, que soube assinalar essa coincidência entre Musil e Mário de Andrade, lembrou também da interpretação de Blanchot, em *O Livro por Vir*, no sentido de que a singularidade qualquer, o homem sem particularidades, não é apenas

> o herói livre que recusa toda limitação e, rejeitando a essência, pressente que é necessário negar do mesmo modo a existência, substituída pela possibilidade. É, desde logo, o homem qualquer das grandes cidades, o homem intercambiável, que não é nada e não tem ar de nada, o 'Se' (*On*) cotidiano, o indivíduo que não é mais um particular, mas se confunde com a verdade congelante da existência impessoal"[34].

34. *Morfologia do Macunaíma*, p. 94.

Nesse sentido, como frisa Fimiani,

> refletir sobre a possibilidade e sobre os deslocamentos dos significados da indiferença pode começar a fazer entender, à distância agora de décadas do nascimento de um pensamento da diferença, como a dissolução do vínculo entre o múltiplo e o uno, que indubitavelmente sustentou a direção libertadora da indiferença, partilhava com o pensamento do mesmo, o risco da indiferença entre as diferenças e de uma real expulsão do outro, na desconsolada auto-afirmação do singular e na extinção de todas as tensões racionais envolvidas. Além disso, o milagre permanente e a transfiguração do banal, por meio de uma afirmação múltipla, poderia ser pensado como *um múltiplo da mistura*, pelo qual rememorar não é só repetir o traço, mas ligar a presença a uma proveniência sem arquétipos que seja também ela uma sólida memória dos antagonismos e ativação da mudança. "Numerosos são os perigos de referir-se às diferenças puras, liberadas do idêntico, tornadas independentes do negativo", advertia Deleuze: aqui se trata de liberar, em qualquer sentido, uma "potência de seleção" que destrói aquela "anima bella" na qual só convivem "diferenças conciliáveis". As diferenças inconciliáveis, as diferenças entre as diferenças, abrem um espaço de manobra dentro das individuais e frágeis

fronteiras do conflito. A genealogia como arquivamento, memória e ativação das lutas, dimensão de um movimento real, de mudança próxima e vindoura, certamente não de um futuro longínquo e projetado, permanece, para essas questões, uma tarefa ainda atual, talvez uma prática preliminar para uma ética que não se esgote na estéril repetição do eco[35].

35. M. Fimiani, op. cit., p. 17.

Esse recurso à dimensão participativa do pensamento de Lévy-Brühl abre-nos, portanto, a dimensão de uma poesia redefinida a partir das práticas reais do rito, que são, em sua enorme maioria, práticas mistas, formas do agir coletivo que não se limitam, por sua própria materialidade histórico-concreta, a reproduzir mecanicamente as crenças, nem a satisfazer as expectativas, mas reativam, de forma implosiva, de dentro, certos pontos de deformação e de mudança das representações dadas, potencialidade essa encaminhada a reabrir as tensões do movimento em direção a uma prática simbólica igualmente efusiva[36].

36. Fimiani é também autora de *Marcel Mauss e il pensiero dell'origine*, Napoli, 1984; *Lévi-Brühl. La différence et l'archaïque*, Paris, L'Harmattan, 2000; *Foucault et Kant. Critique Clinique Éthique*, Paris, L'Harmattan, 1998.

Redefine-se, em conseqüência, a prática, o rito, a que chamamos de *poesia*, a ponto tal, diríamos, que o poema passa, portanto, a ser a própria língua que, em oposição à comunicação coercitiva, isola-se, de maneira solitária e densa, para garantir um pensamento infinito. Mas veja-se bem: estamos falando de um pensamento, porém, não de um conhecimento. Há conhecimento quando um sujeito se enfrenta a um objeto, i.e., quando o real se oferece ao conhecimento em forma de objeto. Ele é visto, mensurado. Quando não for assim, se diz, pelo contrário, que o enunciado é hermético, o que comporta evidente censura, como se poesia e regime escópico racional fossem meros sinônimos.

Acontece, contudo, que o poema moderno não pressupõe nem descreve nada exterior a si mesmo e, portanto, ele não mantém qualquer relação com a objetividade. Não é que ele não tenha objeto: ele o destitui, precisamente, por meio da disseminação. O poema é, assim, uma máquina de negatividade que submete o objeto à prova de sua ausência. Na disseminação, então, o objeto perde completamente seu valor acumulado, não por uma falta intrínseca, mas por um excesso que o dissolve e distribui, anagramaticamente, de forma plural e recorrente, através da linguagem.

A poética de Fondane, mas também a aristocracia do bombástico, à qual, na falta desse rótulo, também chamamos de neobarroco, nos persuadem de que o poema, de um lado, é linguagem sem conhecimento, mas ele é também pensamento autoconsciente. Não é a forma sensível de uma idéia, mas é o sensível, em ação inoperante, da própria idéia poética.

Busca, como diria Bandeira, "fazer ver a palavra liberta de suas mortalhas". Haroldo de Campos, que evocou essa atitude desconstelizadora em artigo de 1966[37], dizia que ela podia ser reconhecida em um poema como "O Nome em Si", mera declinação do nome totêmico de Gonçalves Dias no estelário da página mallarmaica. Em homenagem a um e outro poeta, mas também a Fondane, um túmulo sem nome, gostaria de concluir com um pequeno depoimento. Guardo, em minha biblioteca, um exemplar da *História da Literatura Hispanoamericana*, de Julio Leguizamón, que pertenceu a Manuel Bandeira. Ora, no capítulo referido ao Romantismo, o autor evoca a opinião de Eugeni d´Ors, o brilhante teórico *Do barroco*, no sentido de que "o romantismo não seria senão a forma que o barroco – constante histórica – adota no século XIX"[38]. A frase, que deve ter sido lida no fim dos anos de 1940, foi destacada à lápis por Manuel Bandeira e funciona como o retorno do Real, uma palavra de ordem da aristocracia do bombástico, a partir da qual desler o *sermo humilis* do modernismo hegemônico.

37. "Bandeira, o Desconstelizador". *Metalinguagem* & Outras Metas, p. 109-116.

38. Julio Leguizamón, *Historia de la Literatura Hispanoamericana*, Buenos Aires, Editoriales Reunidas, 1945, tomo I, p. 459.

A ESTÉTICA CIENTÍFICA REVISITADA

ROLAND DE AZEREDO CAMPOS

O OBJETO ARTÍSTICO SE ABRE A VIAS DE ABORdagem diversas. Pinturas, composições musicais, poemas, romances são focados e interpretados verbalmente ora a partir de referências socioculturais, ora com critérios vinculados à própria materialidade dos signos estéticos, ou ainda, num âmbito de maior subjetividade, por expedientes sensível-perceptivos. Tais estratégias não se excluem, e todas podem conduzir a resultados consistentes. Junto com o problema da avaliação do objeto de arte individual, coloca-se outro: o da constituição de uma teoria estética, a possibilitar a ordenação dos fatos e idéias em torno dos quais transitam, no espaço-tempo, as manifestações da sensibilidade humana.

O fulcro da estética tradicional é o "belo", em geral associado à harmonia e à proporção. Apesar de um tanto fluida, essa concepção teve prevalência ao longo da história.

O século XX, no entanto, trouxe novos preceitos aglutinadores. A semiótica surgiu como uma teoria interpretativo-ordenadora do vasto universo dos signos. A heurística deslindou as similaridades do ato criativo em suas variadas formas de expressão. As revoluções científico-tecnológicas, por seu turno, inspiraram a teoria geral da informação e a cibernética. E nessa esteira tomou forma a proposta da inserção de conceitos físico-matemáticos nos estudos estéticos.

1. Max Bense, *Pequena Estética*, São Paulo, Perspectiva, 1971.

2. As técnicas computacionais, na época, estavam engatinhando, o que mostra o caráter precursor da proposta. Hoje se disseminaram a arte digital e a parceria criativa homem-máquina.

3. Abraham Moles, *Teoria da Informação e Percepção Estética*, Rio de Janeiro, Tempo Brasileiro, 1978.

Max Bense[1] ideou, na década de 1950, a substituição da "estética do gosto" por uma "estética da constatação", de caráter material e objetivo, ou seja, por uma "estética científica", abrangendo uma face semiótica, outra numérica (informacional), uma terceira, gerativa, e uma última, ajuizadora (valorativa). A vertente semiótica incorpora as tipologias de signos de Peirce, direcionando-as para o processo estético. A informacional trata da possibilidade de "mensuração" da obra de arte. As duas têm como referência o "estado estético" associado ao próprio objeto. A gerativa cuida das realizações artísticas por meio da computação[2]. A ajuizadora vê o objeto como valor, sendo de interesse para o nível do interpretante.

Haroldo de Campos, principal exegeta e divulgador, entre nós, da obra de Bense, considerava o tratamento semiótico o apogeu da estética científica, seu "aspecto mais sedutor e aliciante". Já a tentativa de quantificação, também levada a cabo por Abraham Moles[3], deu margem a polêmicas. A muitos soou impositivo e descabido o modelo *numérico*.

Pretendo a seguir comentar certos tópicos do projeto bensiano sob o prisma físico-matemático e no ambiente das conquistas digitais, sem intenção de legitimá-los na totalidade, mas esperando propalar seus pontos positivos e desfazer eventuais incompreensões.

Para começar, Bense defende a troca da noção clássica do "belo" pela da "medida estética", salientando assim a materialidade da obra artística, e ao mesmo tempo reduzindo a dimensão metafísico-especulativa do *approach* crítico. Para isso contribui igualmente a concepção sígnica: recorre-se a uma semiótica dos "estados estéticos" em que os esquemas criativos são derivados dos comunicativos. O processo de criação é concebido como um caso particular do mecanismo de comunicação, e envolve um repertório, um princípio seletor e um produto. A estética semiótica propõe uma tríade de ordenações: caógena (referente a caos ou mistura), irregular (também chamada de "configuração" ou ainda de "gestáltica") e regular (estrutural). A primeira corresponde à distribuição de probabilidade máxima. Suponha-se, como ilustração para este caso, uma camada de bolas de três cores diferentes preenchendo completamente, em proporção idêntica, mas misturadas, o fundo de uma caixa. A segunda ordem sugere uma configuração arbitrária, singular: um "lance de bolas", ao acaso, produzindo uma particular distribuição. A última remete a uma sintaxe ou "modelo". Pode-se pensar agora em bolas iguais dispostas num plano, com a estruturação periódica típica de uma rede cristalina. A transposição de uma dessas ordens para outra, no decurso da criação, caracteriza uma ação artística. Esta deve minimizar a entropia (desordem) da informação. É o oposto do que ocorre nos eventos físicos, notoriamente entrópicos, levando em geral a estados mais prováveis. Em termodinâmica a entropia significa a parcela de calor que não pode ser convertida em trabalho numa transformação de um sistema. Representa a quota não aproveitada da energia. Boltzmann, com grande clarividência, formulou a interpretação estatística da entropia (função S), resumida na expressão: $S = k \log D$, onde D é o parâmetro de desordem. O valor de S, então, aumenta quando o sistema passa a um estado menos ordenado, e assume um máximo na situação de equilíbrio. É o que se dá quando temos, por exemplo, dois recipientes iguais, postos em comunicação, um com 90 corpúsculos em movimento aleatório, outro com 10. Ao final resultará uma distribuição equilibrada, com 50 corpúsculos em cada recipiente. Já a ação estética pressupõe o improvável. Aponta para a entropia mínima, perfazendo um caminho contrário ao da função S, o qual pode ser referido, portanto, como um percurso de entropia negativa (ou "neguentropia", conforme sugeriu Norbert Wiener).

De par com as classes de signos, Bense adota uma relação numérica para auxiliar na descrição dos objetos artísticos, "introduzida mais ou menos intuitivamente e fundamentada mais ou menos empiricamente", ressaltando ser difícil achar outro parâmetro de maior abrangência. É o quociente de Birkhoff, tomado como medida macroestética:

$$M_e = O / C \quad ,$$

em função da ordem (O) e da complexidade (C).

George David Birkhoff, matemático norte-americano, notabilizou-se por suas contribuições à teoria das equações diferenciais e aos sistemas dinâmicos. Interessado nas simetrias da arte lançou, nos anos de 1930, a fórmula acima, visando principalmente os polígonos. Apostava no alto valor estético da ordem. Em sua opinião, a *beleza* deveria também aumentar com a diminuição da complexidade. Ou seja, uma figura geométrica mais *bela* seria a que traduzisse maior ordenação/harmonia a partir de um custo/esforço de atenção menor. A ordem corresponde a:

$$O = V + E + R + HV - F.$$

V expressa, numericamente, a simetria vertical: é igual a 1, se ela existe, caso contrário é 0. *E* refere-se ao equilíbrio ("aprumo") da figura, podendo também ser 1 ou 0. *R* à simetria rotacional. *HV* à possibilidade de inserção da figura em uma rede horizontalvertical. *F* é um fator que indica forma insatisfatória, desigual, sendo por isso subtraído. A complexidade *C* contabiliza o número de retas sobre as quais se assentam os lados dos polígonos[4]. Temos a partir daí medidas como as seguintes:

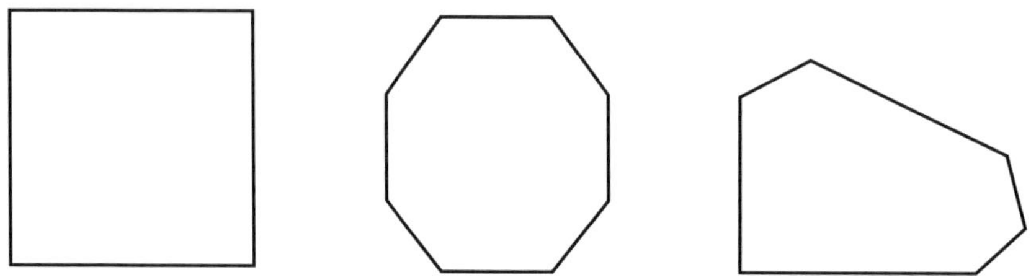

$M_e = 1{,}50$ $M_e = 0{,}62$ $M_e = 0{,}00$

Como se vê, tal aferição carrega uma dose de arbitrariedade. O quadrado acaba sendo o objeto privilegiado, mesmo diante de um triângulo eqüilátero, de uma estrela de cinco ou seis pontas, ou de um octógono regular. A baixa medida estética dos polígonos irregulares, no entanto, é quase consensual. E convém assinalar que a fórmula de Birkhoff contempla as simetrias bidimensionais básicas. São elas a bilateral (ou de reflexão), a translacional e a rotacional. A primeira rebate a figura num eixo, dela criando uma imagem. O par objeto-imagem não pode ser superposto. Esta simetria é preponderante no reino animal, e bem visível no corpo humano. Quem sabe ela orientou instintivamente nossas manifestações artísticas primevas, impondo-nos padrões familiares, arquétipos oriundos de nossa própria composição genética. O cérebro humano deixa transparecer de imediato a singela simetria de seus hemisférios. Na atividade cerebral há ações que decorrem de leis físicas de origem quântica. Erwin Schrödinger chegou até a indagar, nos anos de 1940, em qual medida a físico-química seria capaz de explicar a genética. Intuiu que a armazenagem dos genes em forma de "código" propiciaria a transmissão das informações hereditárias, o que foi depois comprovado pela decifração do DNA, revelando sua estrutura de dupla hélice, e situando o código genético no contexto mais amplo da teoria de sistemas informativos. Parece haver um vínculo entre as simetrias externadas na anatomia do homem, as simetrias internas dos procedimentos mentais, e aquelas presentes nos signos artísticos, criações humanas.

Inspirados nos organismos vivos, os "biomorfos" de Richard Dawkins povoam hoje a internet. São formas que evoluem "biologicamente": a partir de traços simples, por meio de regras iterativas, simula-se a reprodução, com mutações aleatórias. Os biomorfos a seguir ilustram a reflexão em torno de uma linha vertical.

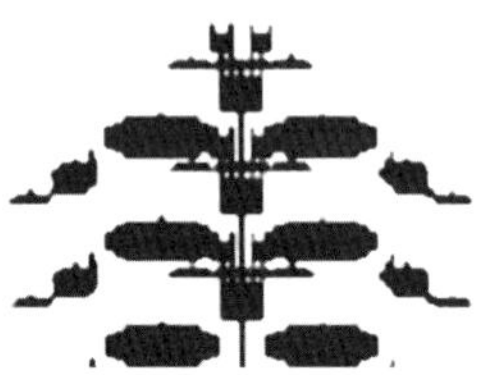

4. George David Birkhoff, "Aesthetic Measure", Cambridge, (Harvard University Press, 1933. Para todos os fatores de *O* são dadas prescrições, nem sempre simples, de atribuição de números. E há trabalhos mais atuais a respeito. O artigo "A Mathematical Theory of Interface Aesthetics", de David Chek Ling Ngo, Lian Seng Teo e John G. Byrne (na internet: <www.mi.sanu.ac.yu/vismath/ngo/index.html>), por exemplo, traz uma teoria computacional da interface estética, e analisa com detalhes a fórmula de Birkhoff para polígonos.

Há também as expansões e contrações radiais, de conotação dinâmica. E casos de maior riqueza de pormenores, em que as simetrias essenciais se combinam. Hermann Weyl chamou de "ornamental" uma categoria bastante freqüente na natureza e na arte[5]. Colméias de abelha, cristais, certos desenhos de Escher, *patterns* da *op art* tipificam tais configurações.

Na física o conceito de simetria é mais amplo: vincula-se a invariâncias e leis de conservação, conforme demonstrou a matemática alemã Emmy Noether. Weyl, por sua vez, percebeu que muito da regularidade da mecânica dos *quanta* se exprime através de grupos contínuos e representações matriciais. E apresentou, no âmbito da estrutura espaço-temporal, um modelo no qual os vetores – objetos geométricos de base – variam de comprimento quando sofrem transporte paralelo. Isto caracteriza uma geometria em que há mudanças de escala durante os deslocamentos. Posteriormente se verificou tal ocorrência nas formas fractais. Elas repetem padrões em escalas diferentes (auto-similaridade), o que é obtido pela aplicação de equações recursivas, gerando desenhos de grande apelo artístico. Benoit Mandelbrot chamou a isso de "pintar por números". Os fractais de Mandelbrot são derivados de seqüências numéricas. Imaginemos um número inicial, que é em seguida elevado ao quadrado e acrescido de um valor fixo (positivo ou negativo). Repetindo iterativamente o procedimento, chegaremos a uma série. Em alguns casos a série terá valores crescentes. Em outros, os números oscilarão entre limites bem determinados. Se aplicarmos esse mecanismo a números complexos – representados no plano –, em vez de a números reais – escritos numa reta –, e a seqüência final permanecer estável, obteremos um conjunto dito "de Mandelbrot". É a partir dele que o computador monta a figura correspondente.

E já se trabalha com a versão musical do método. A "composição por números" resulta da associação dos valores resgatados da equação de Mandelbrot – ou de equações similares – a sonoridade, de acordo com certas regras. Torna-se assim possível "ouvir" as simetrias fractais.

Na música, a reflexão no espelho corresponde à inversão temporal (palíndromo), processo muito explorado nas fugas de Bach e nas composições dodecafônicas. A translação remete ao ritmo. Na tradição poética o verso, além do aspecto rítmico, subentende a métrica, que engendra uma regularidade estrutural, não alheia ao som[6]. As rimas, aliterações, assonâncias etc. contêm ecos dos deslocamentos no espaço e no tempo, e de suas repetições constantes. Versos ímpares, quanto ao número de sílabas, são segmentados em duas partes "simétricas" por cesura interna. Na poesia concreta e na visual (transverbal), dela derivada, são freqüentes disposições proporcionadas de palavras/imagens na página para aduzir variáveis conotativas, ou até para moldar a semântica. Isto fica evidente em poemas como "Zen" (1966), de Pedro Xisto, e "Coito" (1971), de Villari Herrmann, que exibem projeção especular vertical e horizontal, respectivamente.

5. Hermann Weyl , *Simetria*, São Paulo, Edusp, 1997.

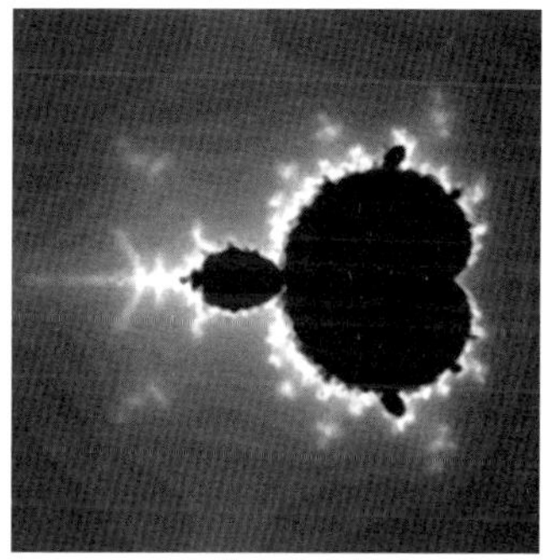

6. Olavo Bilac e Guimarães Passos, em seu *Tratado de Versificação*, Rio de Janeiro, Francisco Alves, 1921, definem "metro" como "ajuntamento de palavras, ou ainda uma só palavra, com pausas obrigadas e determinado número de sílabas, que redundam em música".

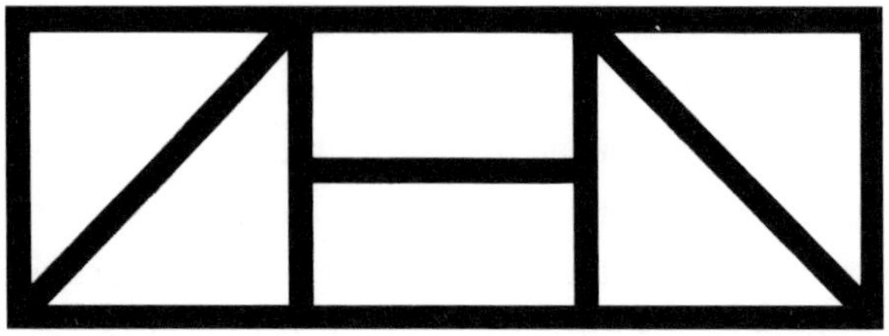

"Zen"

"Coito"

Estados estéticos também se evidenciam nas laborações da ciência. Paul Dirac sustentava que a "beleza" deveria ser tomada como um critério relevante na montagem de uma teoria da física. Atento a essa diretriz, Dirac atinou com a antimatéria. Percebeu que cada partícula tem um "álter", uma outra partícula de mesma massa, mas de carga elétrica oposta, de tal modo que o par assim constituído pode se aniquilar. A antipartícula do elétron, por exemplo, é o pósitron, detectado experimentalmente em 1932. Esta engenhosa articulação (anti-) simétrica trata as antipartículas como lacunas em estados de energia negativa. Tais lacunas, ao serem preenchidas, modelam o vácuo, que é simplesmente ausência de matéria. Outra teoria que tem chamamento estético é o eletromagnetismo. Foi formulada por meio do conceito de "campo", conjunto de linhas de força ocupando o espaço, e portador, no caso, dos eventos elétricos e magnéticos, mutuamente conectados. Maxwell obteve um conjunto surpreendentemente compacto, quase simétrico, de equações para descrever os campos eletromagnéticos. Na notação relativística (quadridimensional) elas se adensam ainda mais:

$$\partial_\alpha F^{\alpha\beta} = J^\beta \qquad \partial_\alpha {}^*F^{\alpha\beta} = 0$$

Nestes dois grupos de fórmulas $F^{\alpha\beta}$ e $^*F^{\alpha\beta}$ representam matrizes 4 x 4 contendo os campos, e J^β contém as "fontes": densidade de carga e corrente elétrica. Estas não aparecem no grupo da direita, o que obsta a simetrização plena. Convém notar que nos próprios fenômenos naturais irrompem às vezes quebras de simetria. No tocante aos signos da arte, tais manifestações de ruptura convocam o imprevisto e facetam o leque dos estados estéticos. Uma pequena falha num arranjo simétrico não deixa de ressonar o inusitado.

Penso que o parâmetro de Birkhoff, aplicado aos trabalhos artísticos, deve ser visto apenas como um indicador de traços de regularidade e simetria, capaz de ressaltar certos contornos do objeto, e que o fruidor saberá, legitimamente, sopesar. O acolhimento do método informacional no quadro da estética científica significa também a assunção do caráter experimental desta, sujeita por isso mesmo a contínuas correções e à revisão crítica.

A avaliação macroestética pressupõe o resultado, tal como se mostra ao receptor, negligenciando o processo de construção. A análise deste último conduz, de um lado, à heurística, e de outro, à semiose gerativa. De fato, a invenção emerge do recolho de informações, entendidas como conjuntos de signos, e escoradas num repertório. De uma perspectiva heurístico-informacional, a seqüência da realização envolve algo como um algoritmo peculiar que viabiliza o produto. O artista (princípio seletor) extrai elementos do repertório-fonte para instituir o objeto final. Nesse processo, o estado estético se insere num esquema de comunicação (cri)ativa. Justifica-se, desta maneira, a introdução de uma medida microestética, inspirada no formalismo matemático da teoria da comunicação. Na passagem da macro para a microestética, a complexidade C é substituída pela entropia informacional (H), i.e., a neguentropia. A ordem (O) é agora expressa pela redundância estatística (R), já que a ordenação de elementos é um fenômeno de repetição. Para o cálculo de H usa-se a fórmula de Shannon-Weaver[7]:

$$H = -\sum_{i=1}^{n} p_i \log_2 p_i$$

As p_i são probabilidades de aparecimento de cada um dos *n* signos do repertório, com os seus logaritmos tomados na base 2. A soma é então efetuada, incluindo todos os *n* elementos: $p_1 \log_2 p_1 + p_2 \log_2 p_2 + \ldots + p_n \log_2 p_n$, sendo a unidade o bit. A entropia se torna máxima (H_{max}) quando os elementos comparecem com igual probabilidade, repercutindo a situação de equilíbrio. A redundância R define-se então por: $R = H_{max} - H$, de modo que a seleção microestética se converte em: $m_e = R / H$.

Vê-se que $R = 0$ e $m_e = 0$ no caso de termos $H = H_{max}$. E quanto menor é a entropia efetiva, maior é a medida m_e, traduzindo uma ordenação maior.

Essa abordagem estatística elucida a tríade dos estados estéticos. O caógeno (ou da mistura) contém *n* signos equiprováveis, correspondendo a cada um $p_i = 1/n$. A surpresa de se constatar a presença de um desses signos alcança então o maior grau: a função H é maximizada, e R se reduz a zero. No estado configurativo cada elemento aparece com

7. Claude Elwood Shannon e Warren Weaver, *The Mathematical Theory of Communication*, Urbana, The University of Illinois Press, 1949.

uma freqüência singular, gerando para H um valor intermediário (entre 0 e H_{max}). No modo estrutural apenas um signo *s* é escolhido. Ele tem, portanto, probabilidade 1, ao passo que os demais têm probabilidade zero. O estado estrutural é o mais organizado, porque nele um mesmo elemento comparece repetidas vezes. Por outro lado, é o menos informativo (H=0), pois a assiduidade plena do signo *s*, em detrimento dos outros, ausentes, está prevista de antemão. Seja um repertório dado pelo conjunto de signos {*A*, *B*, *C*}, os quais podem ser dispostos numa rede 3 x 3. Eles ocuparão nove posições, conforme se mostra abaixo.

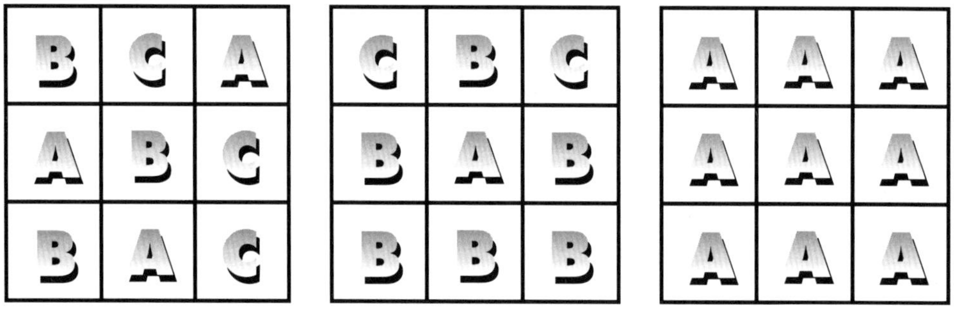

À esquerda se apresenta uma distribuição caógena. A aplicação da fórmula de Shannon traz $H = H_{max} = 1{,}56$ bit. No centro está um exemplo do modo configurativo, com H = 1,22 bit. À direita surge o modo estrutural (H = 0), em que o elemento *A* (*B* ou *C* poderiam ter sido igualmente escolhidos) aparece nove vezes. Percorrendo as três distribuições, seqüencialmente, notamos que a redundância vai aumentando (a originalidade sofre diminuição). O estado do caos, o primeiro, equipado informativamente em nível superior (H_{max}), viabiliza a produção dos outros, o configurativo e o estrutural. Diz Max Bense: "Todo caos é fonte real, repertório real de possíveis inovações, no sentido de criações. Isto pertence essencialmente à explicação do caos"[8]. E, segundo Haroldo de Campos, tal desenrolar se coaduna com a persecução de Mallarmé: abolir o acaso por meio de um poema, lance de dados supostamente capaz de converter o indeterminado no determinado.

8. M. Bense, op. cit.

Convém confrontar esse tipo de apreciação com a ciência do caos, de desenvolvimento mais recente, e que estuda a classe de fenômenos aparentemente caóticos, mas portadores de uma ordem oculta. Um exemplo é a já mencionada fractalização. Outro, de enorme ressonância, é o "efeito borboleta", descoberto há cerca de quarenta anos pelo meteorologista Edward Lorenz. É notória nossa incapacidade de prever com acurácia ocorrências como ciclones e tempestades. Podemos, porém, simular mudanças atmosféricas em computador, o que permite inclusive a avaliação dos erros cometidos nas estimativas. Um eventual crescimento desses erros em intervalos de observação mais longos revela as limitações de nosso poder de previsão. Constatamos assim a instabilidade essencial do clima. Daí Lorenz ter indagado, provocativamente: "O bater das asas de uma borboleta no Brasil pode desencadear um tornado no Texas?"[9]. A verdade é que esses efeitos são sensíveis às condições iniciais. Uma pequena variação nelas é capaz de conduzir a grandes alterações posteriores. Certos padrões climáticos, no entanto, são previsíveis, e admitem representação num diagrama chamado de espaço de fase. Trata-se de um sistema de eixos ortogonais contendo as variáveis de posição e de *momentum* (produto da massa pela velocidade). Surgem no gráfico figuras de "atratores", com a curiosa aparência de asas de borboleta (mais uma vez). As curvas atratoras contêm todos os eventos possíveis. São batizadas de "estranhas" quando comparecem em número infinito. Cada asa acondiciona um núcleo central.

9. Edward Lorenz, *A Essência do Caos*, Brasília, Editora UnB, 1996.

Uma diminuta mudança nas condições de partida pode transmutar significativamente as trajetórias dos atratores, que funcionam como hipoícones do regime atmosférico. A possibilidade de tais saltos justifica a *boutade* da borboleta "insolente", fonte de tornados. Certos sistemas dinâmicos também expõem um comportamento caótico. Henri Poincaré chegou a examiná-los no âmbito da mecânica celeste, intuindo neles a aleatoriedade. George Birkhoff, o esteta-matemático, logrou provar algumas das conjeturas de Poincaré. Obteve curvas fechadas em forma de anel, ancestrais dos atratores. E Birkhoff foi professor de Edward Lorenz no M.I.T. Circuitações concordes.

Cada vez mais o caos se firma como um novo paradigma, luzindo em uma amplitude extraordinária de situações. Tal qual o seu homônimo da estética bensiana, denota a extração, desde o estado aleatório, de grupamentos de formas organizadas. Para essa linha de pensamento convergem as opiniões de Heinz von Foester e de Henri Atlan, com suas concepções sobre a sucessão de elementos a partir do "ruído" e sobre a auto-organização. Nos processos auto-organizados as partes cooperam entre si, com a emergência de uma ordenação coletiva. São assim os organismos vivos, mas também conjuntos de moléculas sob certas condições. Isso nos transporta à assertiva da microfísica segundo a qual uma partícula só é completamente definida pelas interações de que participa. Ilya Prigogine, em sua análise das estruturas dissipativas, conclui ainda que a evolução aflora de flutuações, compondo um fluxo irreversível do devir.

É sintomática a atuação do computador na arte gerativa do decênio de 1960 e, com maior realce, na arte digital hoje consolidada. Cabe aqui recordar a atividade pioneira, no Brasil, de Waldemar Cordeiro e de Erthos Albino de Souza, que levaram a cabo experiências de desconstrução de imagens com a infusão programática de caracteres alfanuméricos. Isso numa época passada, em que os cérebros eletrônicos eram gigantescos, nutridos por meio de maços de cartões perfurados, executando lenta e pomposamente as instruções, e despejando as respostas em extensas faixas de papel. Após o advento dos micros domésticos, tornou-se corriqueira a co-autoria homem-máquina. Impressiona atualmente o farto cardápio de modalidades às quais o artista digital é convidado a aderir: biopoesia, animações tridimensionais, instalações virtuais, hipertextos... Parece inelutável atribuir-se à estética científica, descontando-se os seus exageros e entraves operacionais, uma visão antecipatória dessa nova e notável realidade.

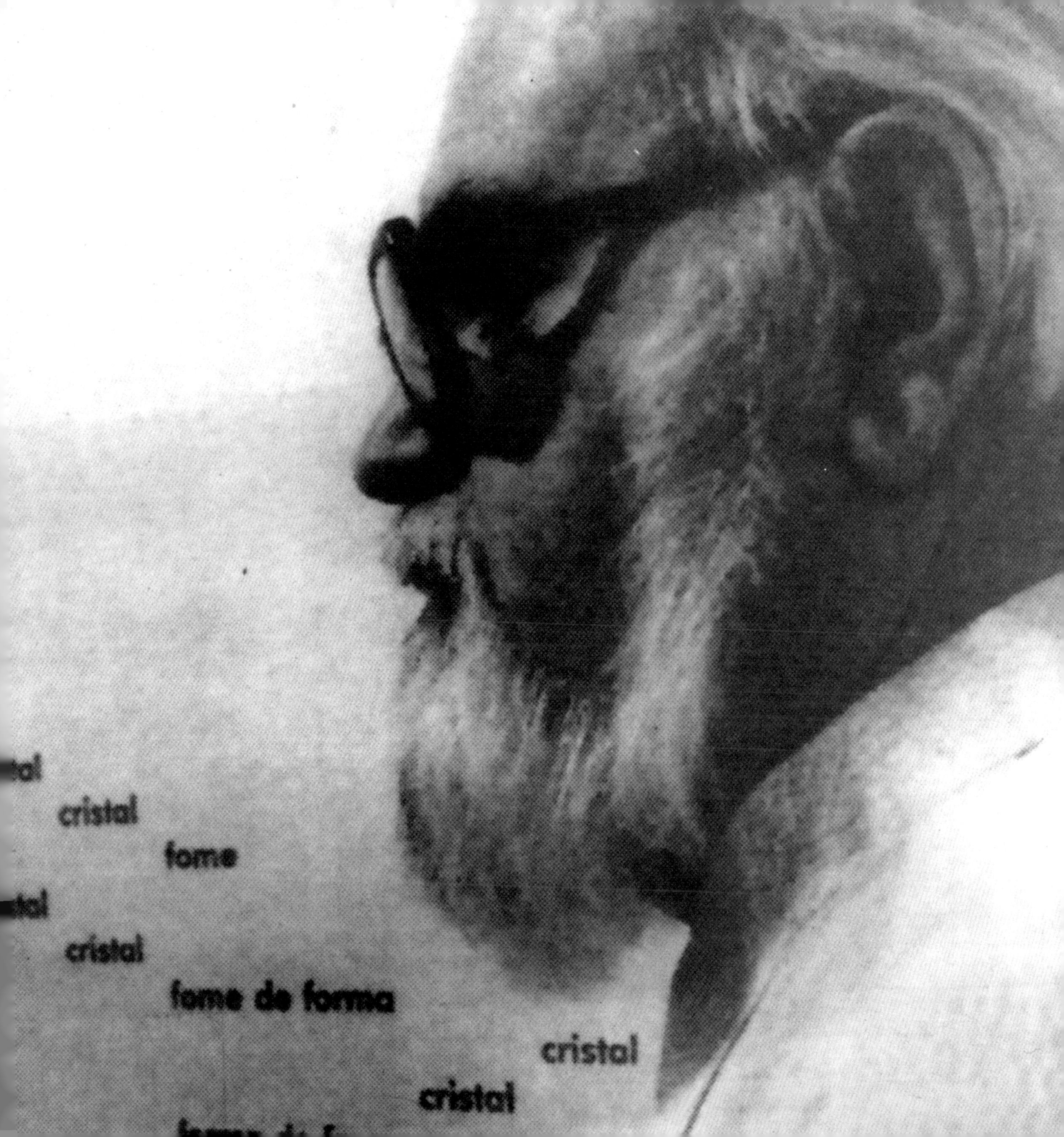

tal

cristal

fome

tal

cristal

fome de forma

cristal

cristal

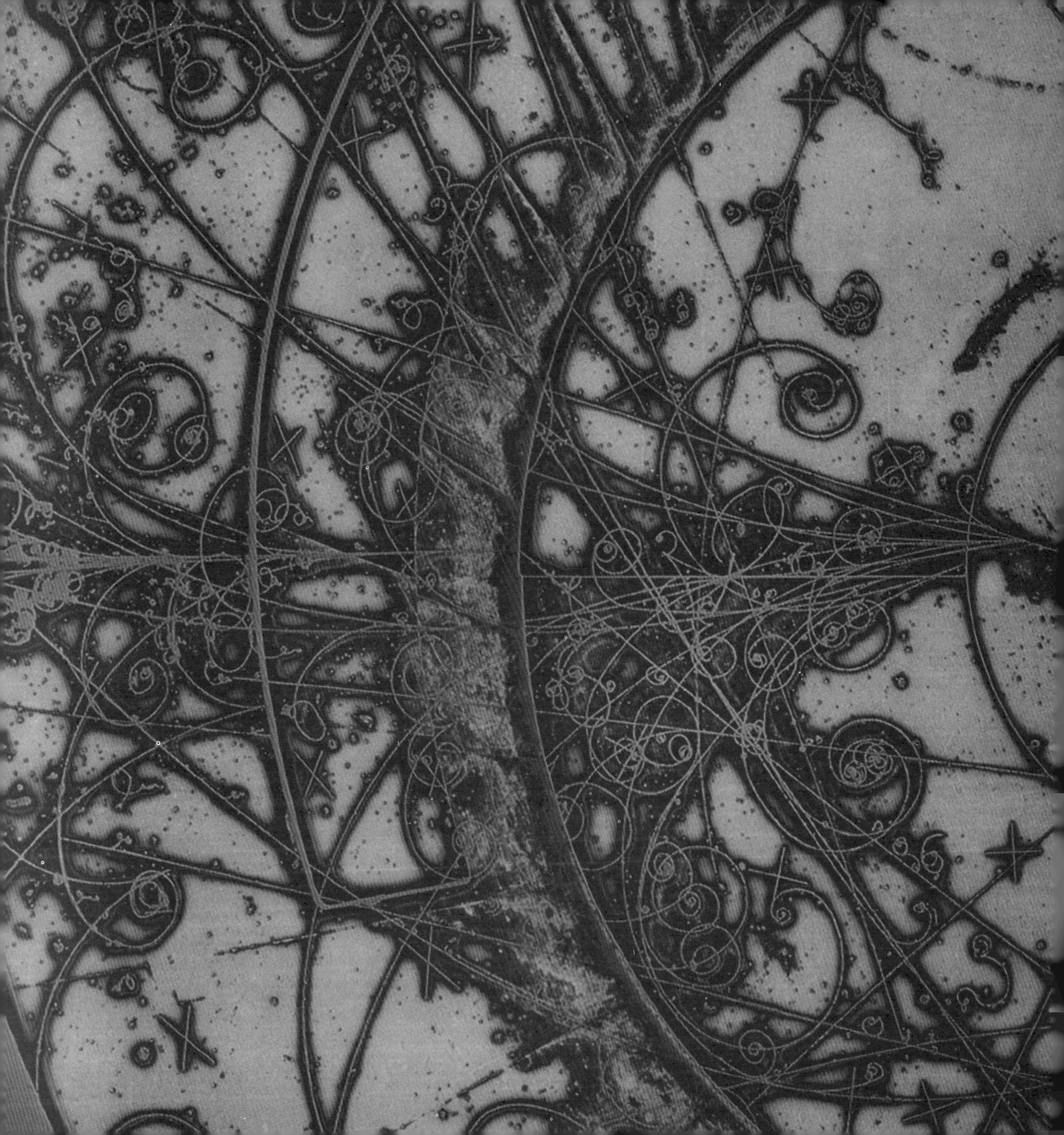

crítica & tradução

UM ORIENTE ALÉM DO ORIENTE: RELEITURAS DE HAROLDO DE CAMPOS

CLAUDIO DANIEL

REVELANDO O IMAGINÁRIO E A ALQUIMIA VERBAL de uma poética de circulação restrita em nosso idioma, Haroldo de Campos reuniu, em *Escrito sobre Jade*[1], peças de autores clássicos chineses, como Li T'ai Po e Wang Wei, do século VII, e cantos de rapsodos anônimos, compilados por Confúcio no *Livro das Odes*, ou *Shi King*, seis séculos antes de nossa era. Para realizar essa façanha titânica, o poeta fez uma leitura metódica dos textos originais e de numerosas versões ocidentais, como as de Ruckert (1833), Strauss (1880) e Klabund (1915), além das criativas versões de Pound, coletadas em *Cathay* (1915). Longe de se contentar com um exotismo decorativo e impressionista, recorrente na maioria das versões, Haroldo de Campos adotou outra estratégia de leitura, enfatizando a estrutura composicional, as imagens verbais e a rica sonoridade dessa poética densa e delicada. Como se sabe, a escrita ideográfica tem um caráter visual distinto do alfabeto fonético; é uma escrita para o olho e o pensamento, que registra o *desenho da coisa* e não o seu *nome*. Conceitos abstratos são também representados por figuras abreviadas, que se associam para compor significados. Assim, no exemplo citado por Pound, para dizer "vermelho", um poeta do Império do Meio podia juntar os ideogramas de "rosa", "cereja" e "flamingo". Esta é uma escrita imagética e analógica, em que as idéias são construídas por relações combinatórias. Quanto à oralização, o chinês é idioma altamente concentrado, monossilábico, em que palavras

1. Todas as obras de Haroldo de Campos, mencionadas neste ensaio, constam de bibliografia completa, ao final da presente edição. (N.da Ed.)

semelhantes se distinguem pela entonação musical. A leitura ocorre da direita para a esquerda, com os ideogramas dispostos em colunas verticais. Como recriar em português esse peculiar universo lingüístico, tarefa borgeana similar ao traçado da quadratura do círculo (para usar analogia empregada pelo próprio Haroldo de Campos, em seu estudo sobre poesia chinesa, publicado no livro *A Arte no Horizonte do Provável*)?

Desde meados do século XIX, diferentes tradutores têm se debruçado sobre a questão, como o português Camilo Pessanha (que viveu em Macau) e a brasileira Cecília Meireles, que optaram pela adoção de recursos conhecidos em nossa lírica tradicional para expressar o "conteúdo" ou o substrato emocional dos poemas. O jesuíta Joaquim A. Guerra, que traduziu na íntegra o *Shi King* (*O Livro dos Cantares*, 1979), chegou a utilizar a sextilha e o verso de sete silabas para recriar a *Ode 93* ("De Veste Alva e Lenço Azul"). Haroldo de Campos, em *Escrito sobre Jade*, caminhou em outro sentido, usando recursos avançados da poesia atual para "transcriar" ou "reimaginar" não apenas os significados, mas também os significantes dessa cifrada escritura. Diz Haroldo, em seu prólogo:

> Procuro compensar os aspectos caligráfico-visuais de uma poesia [...] escrita por meio de ideogramas, adotando técnicas de espacialização gráfica da poesia moderna para dispor o texto no branco da página e usando, quase exclusivamente, a composição em caixa baixa, dispensada a pontuação habitual [...]. No plano fônico e prosódico, não sendo possível reproduzir os módulos sonoros de uma língua tonal e, conseqüentemente, os esquemas de rimas do original, compenso esses aspectos através da extrema concisão (característica do chinês clássico, língua isolante) e do minucioso trabalho de orquestração das figuras fônicas e rítmico-sintáticas.

Adotando um repertório vocabular de alta precisão, com ênfase nos substantivos (e logo nas *coisas*) e um discurso mais sintético que sintático, com cortes elípticos, Haroldo de Campos recupera o pensamento plástico dessa poesia onde a visão de mundo, marcada pelo Tao e pelo Zen, se dá pela observação da natureza direta dos fenômenos, não raro rompendo com os limites da lógica rotineira. A tensão entre preciso e impreciso, presença e ausência, concreto e abstrato, real e imaginado é um *tropo* freqüente nessa lírica desconcertante, recordando processos da pintura *ch'an* e os aforismas ou filosofemas de Chuang Tzu: perfeição do imperfeito, inacabado ou desfeito, sugerindo a mutabilidade e impermanêcia do homem e do mundo. Esse choque entre o velado e o revelado atinge um alto nível de realização neste poema de Wang Wei, poeta-pintor da dinastia T'ang:

montanha vazia não se vê ninguém
ouvir só se ouve um alguém de ecos
raios do poente filtram na espessura
um reflexo ainda luz no musgo verde

Notável, nesta peça articulada na zona fronteiriça entre filosofia e pintura, o choque entre vocábulos como *montanha* e *ninguém*, *raios do poente* e *alguém de ecos*, em refinado contraponto. Caligrafia e silêncio, movimento e repouso, paleta cromática e página em branco compõem uma só experiência estética, que não difere da jornada do ser no tempo.

Sutileza e paradoxo são os signos por excelência na lírica de Li T'ai Po, santo ébrio taoísta, adepto de artes mágicas e alquímicas, que segundo a tradição morreu afogado no rio Yang-tse, ao tentar abraçar o reflexo da lua (anedota ou episódio registrado em poema de Pound). Sua rica imagética se assemelha a um cinema barroco, com inflexão filosófica e existencial, articulada em escalas de canto. *Escrito sobre Jade* registra oito composições desse autor insólito, o "Eremita do Lótus Verdeazul" que celebrou a vida e o vinho em poemas como este (que em sua configuração tradutória conta com espaçamentos, rupturas e a inclusão de ideogramas mesclados ao texto em português, à maneira dos *Cantos*):

entre flores uma jarra de vinho
solitário bebendo sem convivas
erguer a copa à lua lunescente
lua e sombra
somos três agora
(mas a lua é sóbria
e em vão
a sombra me arremeda)
um instante
sombra e lua
celebremos
a alegria volátil primavera!
canto e a lua se evola
danço e a sombra se alvoroça
despertos o prazer nos unia
ébrios separamos os caminhos
nós de água nunca mais reatáveis?
já nos veremos pela via láctea".

Reimaginar a poesia chinesa clássica numa língua e numa estrutura de pensamento regidas pela lógica de origem grega e hebraica é certamente uma temeridade, como confessa o tradutor (ou transcriador); o que dizer, então, do esforço de recriar o *Hagoromo*, ou *O Manto de Plumas*, peça de teatro nô escrita por Zeami, no século XV, no Império do Sol Nascente? Se o haicai é uma forma poética que dialoga com a caligrafia e a pintura, o nô é uma experiência de *gesamtkunstwerk* (obra de arte total) que une a recitação poética cantada e a declamação dos textos em prosa, a música de flautas e tambores e a narrativa dançada, com a colaboração de máscaras, indumentárias e de todos os recursos visuais de uma obra dramática. De maneira diversa do teatro musical wagneriano, porém, aqui não é a ação externa do episódio épico que causa o *pathos*, e sim os movimentos psicológicos, sugeridos por gestos mínimos de atuação, mímica e dança. Conforme diz Haroldo de Campos em ensaio sobre o tema publicado no livro *A Operação do Texto*, "um simples movimento de leque basta para indicar a morte da personagem: eidética do drama, sem demagogia e sem parafernália".

O drama simbólico reclama a participação mental do espectador, "que encena ele mesmo as coisas", no dizer de Mallarmé, em sua quase-epígrafe a *Igitur* (texto-limite entre poesia, prosa e representação). O nô, em sua forma estrita, não é literatura, mas uma ópera de câmara, uma arte que sintetiza as outras artes, sendo por isso considerado a quintessência da cultura japonesa (que, como toda "civilização realizada", tem um "projeto geral de beleza", uma "tradição viva" que "não deve apenas ser conservada, mas continuamente vivificada", como afirma o poeta no texto citado). Apesar de toda a riqueza dessa confluência de códigos, só recuperável plenamente (se isso é possível) com recursos intersemióticos, a tradução criativa dos textos do teatro nô, tal como realizada por Haroldo de Campos, é uma aventura fascinante, pela grande beleza plástico-sonora dessas composições, que podem ser lidas, hoje, como poemas altamente elaborados (tal como acontece com o repertório do teatro grego, traduzido entre nós por Trajano Vieira). No campo puramente verbal, uma peça como *Hagoromo* traz inquietantes desafios de linguagem, pertinentes à discussão sobre as possibilidades do poema longo moderno (que motivou, em nossa tradição literária recente, a *Invenção de Orfeu*, de Jorge de Lima, o livro inacabado de Mário Faustino, *Galáxias* e *Finismundo*, do próprio Haroldo). Não se trata de resgatar uma exótica curiosidade ancestral, mas de recuperar para o debate (e o fazer) poético atual as "essências e medulas" de uma arte sutil e complexa como um brocado de seda.

Na introdução a *Hagoromo de Zeami*, que traz a versão integral da peça, acompanhada pelo libreto original, com os ideogramas, transcrição fonética e significados literais de cada verso, o autor assim descreve a estrutura composicional desse poema constelar:

> O nô combina passagens em verso (sob a forma de canto ou de recitativo) com outras em prosa (*kotoba*), declamadas de forma lenta e solene, sem acompanhamento musical. O resultado geral do canto ou da entonação, para ouvidos ocidentais, assemelha-se aos modos "gregorianos" ou, talvez, ao *Sprechgesang* ("canto falado") da música moderna. Os estudiosos ressaltam o caráter "arcaico" e "artificial" da linguagem do nô. A língua usada nos monólogos e diálogos não era a falada no tempo de Zeami, mas um coloquial de corte, anterior de pelo menos um século, vetusto, isento de qualquer vulgaridade. A parte lírica e os coros compreendiam citações de poesia japonesa e chinesa e de narrativas clássicas, em prosa permeada de poesia.

Em seu trabalho de reorquestração das cintilâncias do poemário nipônico, Haroldo de Campos optou por uma mandala verbal que não distingue a prosa da poesia, inserindo pausas e espaçamentos entre palavras e linhas, conforme a fluência melódica e narrativa, recuperando também o aspecto visual da escrita ideográfica. "Preferi, assim, adotar um verso livre, espacejado e ritmado, salmodiável, com cortes e apoios fônicos, estrategicamente necessários para o relevo arquitetural do texto". Utilizando recursos aliterativos, de assonância e paronomásicos, Haroldo responde em eco à prosódia do original, obtendo efeitos sonoros como estes: "Singram barcos ao largo da Baía de Miho / Os brados dos pescadores marcam a rota das ondas", onde ouvimos os sons especulares de *b*, *g* e *ar*. Em outras seções, o poeta elabora neologismos e montagens verbais de feição cinemática como "Lua clariluna" (para transcriar *meigetsu*: *mei*: clara, brilhante, e *getsu*, lua) ou "cor-aroma" (para *keshiki*: *ke*, vapor, respirar, e *shiki*, cor), renovando a estranheza e o alto poder de impacto dessa curiosa partitura, atualizando-a com as figuras e modos de linguagem da poesia mais radical de nosso tempo: *make it new*.

Uma peculiaridade da poesia tradicional japonesa é o *kakekotoba*, ou "palavra pendurada", que instiga o tradutor a criar inusitadas simbioses verbais, amálgamas de nomes e formas como variações de um caleidoscópio. Conforme diz Haroldo: "Trata-se de um recurso de compressão semântica e ambigüidade poética, algo como a 'palavra-valise' de Lewis Carrol e Joyce. Assim, *matsubara* significa 'pinheiral' (*matsu*, pinheiro; *bara*, campo), mas, ao mesmo tempo, *matsu* é um verbo, com a acepção de esperar". E

Donald Keene, citado por Leminski em *Matsuo Bashô, A Lágrima do Peixe*, faz o seguinte comentário: "A palavra *shiranámi*, que significa 'ondas brancas', poderia sugerir a um japonês a palavra *shiráni*, que quer dizer 'desconhecido', ou 'námida', que quer dizer 'lágrima' ". A função do *kakekotoba*, conclui Keene, "consiste em ligar duas idéias diferentes mediante um giro ou desvio do seu significado próprio". Fazendo um paralelo com as sagas escandinavas, estudadas por Jorge Luis Borges em *Antigas Literaturas Germânicas*, poderíamos citar o *kenning*, tipo bizarro de metáfora em que o sangue é chamado de "água da espada" e o escudo de "lua dos piratas"; porém, a comparação seria imprecisa, pelo alto grau de síntese e ambigüidade da construção poética nipônica. Para dar conta desse paradoxal palimpsesto, Haroldo criou em português soluções não menos desafiadoras. A esse respeito, diz o poeta:

> A dificuldade é o sal da terra da tradução criativa. O prazer do jogo. Tenho afirmado, mais de uma vez, que em matéria de tradução de poesia vige a lei da compensação: o que não se pode obter de um modo, se consegue de outro. Assim:
>
> ....o pinheiral
> espera a primavera: cor-aroma.
>
> De PinhEiRAl sai esPERA e rima com PRimavERA: progressivamente, a primeira palavra vai-se projetando e ecoando na última.

Princípios similares de leitura crítica e recriação serviram de bússola ao poeta em seu meticuloso artesanato reimaginativo dos haicais de Matsuo Bashô, poeta-samurai do século XVII, contemporâneo de nosso Gregório de Matos. Nos ensaios "Haicai: Homenagem à Síntese" e "Visualidade e Concisão na Poesia Japonesa", presentes em *A Arte no Horizonte do Provável*, encontramos preciosas amostras dessa arte combinatória de vocábulos, como a peça seguinte: "o velho tanque / rã salt' / tomba / rumor de água". Além da fusão sonora das palavras, numa rápida seqüência de eventos, temos aqui uma relação de mímese e mímica verbal em que o poema, com truques de camaleão, reproduz em seu corpo semântico o movimento da rã em direção ao poço. A síntese entre natureza e artifício, refinamento e simplicidade, que orienta as artes tradicionais japonesas, é bem ilustrada nessa pequena saga verbal, que aponta para a visão direta dos fenômenos, em sua harmonia e espontaneidade. Em outra peça de Bashô, recriada por Haroldo, temos: "marescuro / gaivotas: gritos / vagamente brancos", no qual o impacto do claro-escuro e da sinestesia é reforçado pelo advérbio, que torna imprecisa a imagem verbal, tal como ocorre na pintura *sumiê*, em que as figuras de montanhas ou nuvens por vezes são borradas, num quase abstracionismo. A força de expressão do haicai, que reside na ação imprevista, na surpresa, no inusitado, é amplificada ao máximo no teatro nô, que pode ser considerado, em certo sentido, como uma coleção ou seqüência de poemas breves. E o coro final de *Hagoromo*, que celebra o vôo da *tenin* (ninfa do céu budista) de volta a sua morada, após recuperar o sagrado manto de plumas, pode ser lido, nessa perspectiva, como a montagem de pequenos aforismas ou sentenças, unificados pelo ritmo e pela apoteose dramática. Haroldo de Campos assim redesenhou esse canto, em timbre epifânico:

> Muitos são os jogos do Nascente
> muitos são os júbilos do Nascente
> Quem se chama Pessoa Alva da Lua
> na décima Quinta noite culmina:
> plenilúnio
> plenitude
> perfeição
> Cumpriram-se os votos circulares
> Espada e alabarda guardam o país.
> O tesouro das sete benesses
> chove
> profuso
> na terra.
> Passa-se agora o tempo:
> o celeste manto de plumas está no vento.
> Sobre o Pinheiral de Miho
> sobre as Ilhas Balouçantes
> sobre o monte Ashitaka
> sobre o pico do Fuji
> flutua
> excelso
> dissolvido no céu do céu.
> Esfuma-se na névoa
> e a vista o perde.

Transitando entre a fúria metafórica barroca, a geometria fractal da fase concreta e a alta concentração vocabular da maquinaria pós-utópica, a obra poética de Haroldo de Campos, ao longo de seu percurso textual (iniciado em 1949, com *O Auto do Possesso*), dialoga com o princípio do ideograma e os recursos de representação estética da literatura do Extremo Oriente. Já em *Ciropédia ou a Educação do Príncipe*, publicado na revista *Noigandres* n. 2, a disposição espacial das seções 2 e 6 recorda a visualidade ideográfica, e a montagem de termos neológicos como "cítaradolorosas" e "AUREAMUSARONDINAALUVIA" registra certa similaridade com as mesclas simbióticas da poesia japonesa. Essa relação intertextual irá se aprofundar em movimentos sucessivos de sua escritura, como em *austin poems*, incluído em *Xadrez de Estrelas*, *Signantia Quasi Coelum* e *A Educação dos Cinco Sentidos*. Porém, é no livro *Crisantempo* que Haroldo, vestindo a máscara/persona de um calígrafo de Cipango, dá vazão a uma série de poemas de finíssimo sabor oriental, escritos sob a égide do princípio poundiano da crítica como exercício de criação no estilo de uma época.

O caderno "Yugen: Caderno Japonês", que integra essa coletânea, traz 16 poemas de reluzente beleza plástica, sobre temas da história e do folclore do Japão, além do registro de recordações de viagem ao país de Issa e Buson. Em "Ryoanji", assim o poeta retrata o famoso jardim zen de pedras e areia, construído num templo de Kyoto:

o silêncio
ajardinado
sussurra um
koan de pedra
caligrafado
na areia
são
dorsos de tigre
estes
que assomam
na escuma
da areia
branca?
quinze pedras
mas você
nunca as vê

todas
imaginar
as que faltam
alegra
a mente
de ausente
presença.

Em outra bela peça, inspirada na trama de um drama nô escrito por Kan'ami (pai de Zeami), lemos:

matsukaze
moça pinheirovento
dança
no quimono roxoprata:
vestida de príncipe
gesto e leque
a amadora converte-se no amado
trinta anos para ver essa dança
agora que a vi
já posso devolvê-la
intacta
à memória de Deus.

Em contraponto com "Yugen" (termo que significa "charme sutil", um dos princípios da filosofia estética desse ambiente cultural), o caderno "Díptico para Gôzô Yoshimasu" traz recriações de um dos mais destacados autores da atual poesia japonesa, com as palavras e linhas dispostas em colunas verticais, à maneira dos *kanji*. Sonho dentro de um sonho (como na parábola de Chuang-Tzu), a releitura das formas poéticas do Oriente por Haroldo de Campos (reimaginar: re-sonhar uma escritura pretérita, fazendo-a atual) soma-se a inúmeras outras aventuras verbais do poeta, como as transcriações do *Paradiso* dantesco, do *Fausto* de Goethe, da *Ilíada* de Homero, da *Bíblia* hebraica e dos mais diversos idiomas, códigos e códices, em busca de uma transculturação ou reapropriação crítica do patrimônio cultural da humanidade, dentro da perspectiva de um mundo sem fronteiras. Jornada titânica, beirando os limites do impossível, que só poderia ser trilhada pelo maior poeta de seu tempo no hemisfério ocidental.

TRADUÇÃO E DES-TRADUÇÃO NA BÍBLIA DE HAROLDO DE CAMPOS

ENRIQUE MANDELBAUM

PODE-SE COM FACILIDADE CHEGAR À CONCLUSÃO de que nossa bicuda atualidade, vulgarmente dada a conhecer sob a tutela do nome "globalização", não tem nada a ver com o trabalho dos poetas. Poesia e *business* não rimam e, quando o fazem, na maioria das vezes é sob um piscar de olhos de gente desconfiada dos resultados. Nada contra os *business*, mas essa reificação no atacado da qual a própria palavra "globalização" é o melhor exemplo, ou seja, esse estado de coisas em que até os conceitos se alienam de suas estruturas de pensamento, de suas linhas reflexivas, para manifestarem-se como coisas em si milagrosamente ao alcance de todos, definitivamente tende a esmagar a poesia. Resta apenas fazer uma pergunta, antes de transformar com facilidade superficial o nosso presente em inferno refratário à poesia: acaso houve alguma vez um tempo do humano propício para a poesia? Um tempo para os poetas? Platão, em sua *República*, nesse plano-piloto idealizado, enxota os poetas pela porta da frente – embora seus leitores mais atentos digam que ele não apenas acolhe a poesia no interior de sua montagem, como ergue seu arte-fato argumentativo em busca da realização ideal sobre a palavra poética –, repetindo assim, de algum modo, a cena bíblica originária, em que o nomeador das coisas do mundo, o Adão das origens, tem seu destino selado pela expulsão do paraíso. E, sem querer congestionar com repetições dessa cena traumática que parece acompanhar a experiência dos poetas e da poesia história adentro, basta-nos lembrar a terrível consignação de Adorno – na verdade, uma condenação extraída da experiência histórica que, entre outros naufrágios, resultou na barbárie de Auschwitz – de que, após esse evento, não deveria sobrar mais espaço para a poesia. O espanto diante das possibilidades do humano não mais deve ser subestimado, não mais deve ser ocultado por qualquer roupagem sublimatória, o cruel aspecto destrutivo que, feito sombra, os homens deixam surgir em seu agir na história. Não mais conversas fiadas sobre a esperança, sobre promessas de realização de destinos pessoais ou nacionais, não mais patriotadas nem fé na dialética evolutiva do espírito. Não mais epifanias pessoais, iluminações que mais acobertam do que revelam, mais cobrem do que expõem a verdade de cada um. E mesmo o chamado nietzchiano a romper com tudo e reiniciar tudo, não mais. É tudo balela, são todas voltas num mesmo parafuso. O homem é bárbaro na essência, e o mal que é capaz de realizar torpemente, descuidadamente, banalmente, com a melhor das intenções, em nome do Pai, pela liberdade de todos, para acabar com a pobreza, contra a barbárie humana, pelo fim das opressões etc., espreita em cada gesto, assola em cada sorriso, aperta junto em cada abraço, morde em cada bocado de pão abençoado que se come. Já Kafka, antes de Adorno, sacou tudo, e foi talvez por isto que mandou queimar os seus escritos. Diante de todo o acúmulo da história humana e do acesso a tantos documentos, registros e textos, não sobra mais espaço para muitas ilusões. Essa conversa toda de literatura sapiencial, de literatura formativa, de luzes, esclarecimentos, razão edificante e positivismos, é tudo balela. No fim, tudo se realiza em violência, em homens devorando homens e ideologias apertando e sufocando realidades. A verdade sobre os homens planta-se mais no terreno da contradição do que do progresso, e não porque todo progresso é contraditório, mas porque o próprio acontecer humano carrega contradições. E a arte poética que se quer na linha de frente não pode e não deve abrir mão de um compromisso com a verdade, seja qual for o estatuto que se dê a ela. E se a verdade sobre os homens nada mais é do que algo assim como uma sentença condenatória, então para quê literatura? Há limites para o ceticismo de que um texto pode ser portador. Quando o ceticismo transforma-se em niilismo e põe em questão a própria forma humana, para quê o texto? Ninguém precisa de um texto terrorista, de um texto-bomba. Isto os homens fazem com mais naturalidade sem literatura, impulsionados pelas razões das vísceras. Nero cantava, enquanto Roma ardia e Jeremias também se lamentava, enquanto Jerusalém se consumia em fogo. E O-Que-Sabe já dizia:

> Pois o mal do homem avulta sobre ele...
> É névoa nada o que se faz sobre a Terra[1]

1. *Qohélet O-Que-Sabe.*

Uma velha verdade, um rumor antigo parece ter ganho força enquanto a história marchava: o homem não tem jeito. Vá fazer poesia diante dessa tristeza. Ou pior: com essa tristeza toda. E isto depois de tantas releituras para preservar algum tamanho de esperança, ou ao menos a busca de um nome justo para a dor da desilusão: barroquismo, classicismo, romantismo, naturalismo, simbolismo e vanguardistas todos nada mais são do que tratos diferentes na mesma bola. Um certo cansaço terminal, como aquele que parece assolar as personagens de Beckett, desponta no horizonte que se apresenta não como futuro, mas como cenário estável, quase eternidade, quando visto *a posteriori* tudo o que aconteceu. Se o poeta primeiro foi expulso do paraíso e depois da cidade ideal, agora ele é condenado novamente, não mais em nome do ideal, mas do real: para preservar a desconfiança crítica do homem para consigo próprio, último refúgio quase que paranóico de si consigo mesmo, não mais poesia, não mais louvação, não mais contemplação. E como a afirmação da vitória do negativo no homem diante da história é, na melhor das hipóteses, desnecessária, então chega de poesia. Chega mesmo? Paul Célan, sobrevivente da máquina de morte nazista, conseguiu poetizar fazendo da poesia o lugar do epitáfio. Paradoxo inevitável porque, afinal de contas, apesar da sombra destrutiva que o homem irradia, algo nele também resiste – uma resistência que emerge através da captação do negativo de cada situação, e que opera desconfiando dos próprios instrumentos por meio dos quais se realiza, ou seja, desconfiando de si como poeta e da própria língua como moldura de uma elaboração, para além das desconfianças do real. O texto poético há muito que abriu mão de ser uma imitação da vida, senão por opção, como conseqüência desdobrada da compreensão de uma crise que, tendo talvez seu epicentro plantado no limite insuperável das realizações humanas, se expande até a própria constituição do homem e extravasa para salpicar no núcleo da linguagem. Artesão e ferramenta estão seriamente comprometidos em sua condição de significar o mundo. Se, para o poeta, nunca foi tarefa fácil encontrar o seu ponto de equilíbrio e o seu vértice exploratório, redobram-se neste estado de coisas – uma atualidade já constituída há mais de um século, ou seja, uma atualidade dotada do tempo necessário para se fazer tradição, para se constituir como um prisma através do qual todas as operações culturais são re-significadas – os impossíveis para a sua realização. Sobra um diminuto espaço formalístico e estetizante em que o poeta recolhe-se aos seus domínios e poetiza sobre o poetizar, numa veia tal como a inaugurada por Mallarmé, numa encruzilhada em que crítica e prática poética se amalgamam na produção de um texto que é também uma reflexão sobre o próprio texto produzido, fazendo assim da imensa distância que separa os signos das coisas a oportunidade não apenas para a continuação do projeto poético, mas a razão de ser de uma aposta em sua revigoração e transformação. Ou seja, aquilo que o poeta aprendeu a reconhecer, essencialmente a partir da escola romântica, como sendo a razão de seu sentimento de perdição e que, através do ato poético, poderia ser superado – essa distância entre as palavras e as coisas –, não mais precisa ser superado. Ao menos, não com facilidade, não com imediaticidade. As palavras estão de um lado e o mundo do outro. E não cabe ao poeta, em sua operação de significação, mexer com o mundo. Bastante trabalho lhe dão as palavras, e é com as palavras que ele trabalha. E é na dança delas, no diálogo entre elas, que a função poética é suscitada. Exatamente no instante, como nos ensinou Jakobson, em que elas perdem a sua referência *primária*, o seu apontar imediato para as coisas do mundo. A linguagem poética, no dizer de Paul Ricoeur, "celebra-se a si própria"[2]. Para Haroldo de Campos, no ato poético as palavras são portadoras de uma densidade que chega a conferir-lhes materialidade em sua dimensão verbo-voco-visual. Haroldo nos ensinou que o ato poético pode ser um fim em si – não uma mediação, não um outro discurso sobre as coisas do mundo – e, em seu trabalho como poeta e como crítico, dedicou-se a vindicar que a poesia é uma criação na linguagem e que em seu interior estão em jogo complexas relações entre as palavras, as quais são responsáveis pela própria emergência do fenômeno poético. Com Haroldo, aprendemos não tanto a escutar as palavras, mas a escutar o que elas dizem na reunião a que são submetidas pela operação poética. Não é de Haroldo nem a inauguração nem o desenvolvimento de toda essa veia crítica, que soube ir ao encontro da produção do poema e da fruição dele, livre o mais possível de todo e qualquer conceito psicologizante, teológico ou advindo de qualquer outro campo que não aquele próprio do estudo da linguagem. A lista de autores seria quase interminável se pretendêssemos citar todos aqueles que se lançaram em busca do núcleo semântico formal da palavra poética. O que Haroldo fez foi levar essa poética do significante para todos os campos da literatura, fazendo uso de todo o arsenal terminológico e de uma operação na linguagem com tal ímpeto, radicalidade e fertilidade que nos permite posicionar seu nome entre os mais importantes produtores e teóricos dessa tradição. Com ele, aprendemos a reconhecer a especificidade do espaço textual e da operação poética e literária, a partir da materialidade proveniente do jogo suscitado pela linguagem no interior do próprio espaço poético ou textual. E também com ele, o que era reflexão sobre a palavra poética tornou-se poesia, ensinando ao mundo, a partir do Brasil – como uma voz do coro já empobrecido com a sua partida, do qual também fazia parte Derrida, que também já partiu –, que entre a reflexão teórica e a poesia pode-se vislumbrar uma origem em múltiplas transformações – poderíamos dizer traduções – de formas expressivas. Haroldo soube assim traduzir em galáxia poética o que era reflexão sobre poesia, transformando teoria em obra e crítico em autor, numa textualidade formada e cultivada em torno da noção não propriamente explicitada por ele, mas em diver-

2. Paul Ricoeur, "Filosofia y lenguage", em *Historia y narratividad*, Barcelona/Buenos Aires, Paidós, 1999, p. 53.

sos momentos teóricos implicada – a partir das recorrências a Benjamin – de uma unidade originária da linguagem, de uma linguagem adâmica desdobrada em múltiplas transformações de formas, de corpos poéticos e semânticas filosóficas, um "pó de letras" a perdurar em constelações de línguas e linguagens segmentadas e territorializadas, não tanto por alguma especificidade advinda da língua propriamente, mas pelo resultado da geografia política que a ação histórica dos homens sobre os homens suscita. Quando é a própria esperança utópica que é destinada a ocupar o banco dos réus, como uma das fontes da violência resultante da história dos homens, Haroldo, em nossa época pós-utópica, soube vislumbrar, ou ao menos soube nos levar a vislumbrar, no campo da linguagem, um veio que, de algum modo, aponta no sentido inverso à expansão desse "pó de letras", operando contra as dissociações e fragmentações das línguas, das linguagens e dos modos discursivos – traços que, como pegadas inscritas na passagem do tempo, sinalizam a expansão/dispersão dessa linguagem originária. Contra a corrente, Haroldo, munido da única ferramenta que o ser da linguagem possui – a ferramenta da tradução -, traduz para des-traduzir. Des-traduz toda uma teoria crítica sobre a poética para fazer poesia e, ao mesmo tempo, des-traduz toda a poesia para realizá-la numa teoria crítica sobre o fazer poético, encurtando assim as distâncias entre a ação e o conhecimento. Des-traduz a forma em conteúdo e des-traduz o conteúdo em forma. Des-traduz um conhecimento elitizado sobre a língua em música popular e des-traduz também a música popular, os Caetanos da vida, em conhecimento acadêmico. Des-traduz o Brasil em literatura universal e des-traduz a literatura universal em brasileiro. Haroldo via na operação poética um modo de fazer corresponder dois sistemas diferentes biunivocamente. No isomorfismo, ele encontrava a possibilidade de realização de epifanias, mesmo em tempos tão ágeis e velozes como os nossos – uma epifania singular, em que o mesmo se reconhece no instante em que se desconhece, num processo que, tomando a viagem de Dante como modelo, visa uma transformação através das formas, traduzindo o inferno em purgatório e este em paraíso. Não que Haroldo almejasse o paraíso, mas como um pescador de si no outro, almejava sim o trânsito através do não familiar, para des-familiarizar-se e reencontrar-se. Tem Freud em Haroldo, como tem Freud nos estatutos antropofágicos que Haroldo soube fazer preceder até a origem da cultura brasileira, no solo barroco inscrito na textualidade de Gregório de Matos, por exemplo. Mas tem também toda a fenomenologia do século XX em Haroldo, que soube re-encetar o domínio da metafísica numa tradução própria às características da língua. E isto num gesto grandioso, se levarmos em consideração seu obstinado empenho em fazer silenciar no poema a voz elocutória do eu. Sem psicologias, sem metafísicas, num salto que visa interromper esse processo de obesidade do eu tão catastrófico, mesmo em sua via utópica. Daí também seu empenho em silenciar em seus estudos uma biografia extra-textual do autor. Haroldo almejava a construção de uma história literária só feita de textos, uma história literária brasileira que deixasse surgir não apenas a expansão do "pó de letras" através das formas urdidas em superfícies textuais, mas também a re-encenação de toda a história universal do "pó de letras" a partir da encenação específica das formas urdidas por nossos autores. Como Octavio Paz, como Borges, como Lezama Lima, como Cortázar, como César Vallejo e tantos outros criadores que visaram inserir a textualidade produzida na América Latina na linha de frente da escritura universal, transfigurando a velha tradição literária e re-significando-a a partir de suas leituras, Haroldo também visava promover essa desacomodação da tradição literária, privilegiando, para isto, uma via singular: a da tradução, a que anteriormente nos referíamos como des-tradução. O termo que estamos utilizando talvez não seja suficientemente preciso, mas, através dele, queremos salientar essa operação contra a corrente que, mais do que transferir algo do original para a língua de chegada – no caso, o nosso português –, toma o original distante como ponto de chegada para o qual visa expandir a língua brasileira. Haroldo compreendia a tradução como um exercício de leitura crítica, como a resultante de uma leitura afiada, detalhada, quase musical, no sentido de, por entre a organicidade plena da voz textual, descobrir a sua partitura, isto é, o diálogo entre os elementos materiais que é responsável pela poeticidade textual e que, uma vez detectado, cabe ao poeta-tradutor outorgar transitividade à língua de chegada para operar com essa partitura, tentando suscitar assim um movimento análogo, ou melhor dito, isomórfico ao movimento de estranheza que o autor do texto original teria suscitado no domínio de sua língua. Neste sentido é que Haroldo des-traduz. Ele não importa textos para o interior do domínio nacional brasileiro, e muito menos se interessa em importar os vapores ideacionais que pairam em torno de todo texto. Como ele dizia, "para mim, em última análise, o extrato semiótico que subjaz, qual 'modo de formar', à poesia de todas as línguas, permite, por meio da 'transcriação', que a poesia se exporte na sua materialidade sígnica de uma língua para outra, quaisquer que sejam as dificuldades de transcurso". E é na busca desse extrato semiótico, dessa materialidade sígnica, que Haroldo planta algo assim como um "teologema da língua pura", aparentado à *"langue suprême"* evocada por Mallarmé. Nesse exercício, mais do que encurtar distâncias, mais do que agilizar um circuito de transferências que apenas cristalizem a situação colonizada de nossa língua, ao posicioná-la como necessitada de idéias textuais e de um repertório cultural estrangeiro, a postura de Haroldo o transforma num piloto de nossa língua que, munido de um complexo arsenal teórico e poético, a torce para esticá-la até os territórios poéticos suscitados pelo autor original. Ele não repete propriamente seus procedimentos, não se trata nem de uma cópia, nem de uma dublagem, nem tampouco de um fingimento. Na verdade, em sua operação, o autor se esvai e tudo que lhe interessa é ir ao encontro da materialidade sígnica responsável pelas ressonâncias poéticas do texto. Não se quer um substituto do texto original, nem talvez uma mutação, nem sequer um deslocamento. Trata-se apenas de mais uma leitura, isto é, de um diálogo crítico com o original que leve esse próprio texto a estranhar-se na familiaridade que lhe é espelhada através da leitura/transcriação. Claro que, nesse processo, a história tende a ser silenciada, porque a procura da materialidade sígnica transforma toda a dimensão de sentido, que cada texto poético suscita potencialmente, em algo assim como turbulências a serem superadas através de manobras formais. Traduzir, para Haroldo, é realizar um processo singular de interpretação que visa ater-se ao texto sem remetê-lo a uma conexão com o além textual. Isto ele deixa para os seus leitores. Se traduzir, para ele, era um modo de fazer uma leitura crítica do texto original, podemos supor que a sua operação de tradução é também um processo de desvestimento de significados para ir ao encontro do osso do signo. Não que ele fosse um anatomista. Longe disso. Nem que pretendesse fazer uma dissecção da poesia, apresentando aos pedaços as partes da função poética. O poético ressoa, tem um dinamismo que é próprio da linguagem e é responsável por sua intensa potencialidade de significar história adentro e afora do momento em que foi produzido. E de ressoar sempre com novidade, suscitando algo assim como um campo gravitacional em torno do qual o humano, necessitado de perguntas e respostas, aloca e recolhe sentidos que o expressem e expressem a sua situação existencial. Haroldo não era propriamente um hermeneuta, nem se pode exigir isto dele. Mas ensinou a todos que se preocupam em encontrar o sentido e a função do texto a necessária e agora obrigatória etapa de operação com as regras de jogo que estão em atividade na superfície textual, muito além ou aquém da história, da sociologia ou da psicologia humana. O viés teórico a partir do qual ele compreendia a língua e ao qual se aferrava com tanta intensidade e entusiasmo ensinou-nos a reconhecer com mais rigor, nas produções textuais, a singularidade de que são dotadas. Haroldo foi, sem dúvida, uma voz destacada nesse magnífico conjunto de críticos literários que temos o privilégio de ver operando entre nós, no Brasil, a partir dos anos de 1960, muitos deles ainda oferecendo suportes para uma leitura mais elaborada dos textos literários, o que significa a abertura de trilhas importantes para a realização de uma interpretação cada vez mais aprofundada do Brasil e dos brasileiros. Porque é a isto que uma boa crítica literária conduz. Escapa da moldura deste texto situar a produção de Haroldo em diálogo com as vozes autorais mais representativas de nossa crítica literária. A crítica da crítica literária contemporânea no Brasil ainda está por ser feita. Mas a voz de Haroldo só pode ser plenamente compreendida no interior desse campo, no diálogo com as outras vozes – um diálogo tenso e criativo que revigorou e trouxe novas perspectivas para o trabalho interpretativo do Brasil, tanto no que diz respeito aos princípios organizadores de um cânon literário, não mais deixado a serviço da construção de uma nacionalidade simplista, redutora e canhestra, quanto na compreensão do modo de lidar com autonomia e criatividade com a esfera de autores teóricos e literários consagrados da literatura universal. Queremos apenas ressaltar que é só no interior desse campo que o alcance das posições de Haroldo pode ser plenamente compreendido. E é nesse campo que ele soube ser crítico sendo poeta, o que, ao ver dele, era mais do que um luxo – uma obrigação. A prática da crítica, para Haroldo, significava uma transformação promovida no interior do campo da língua – tarefa de poetas, portanto. E fazer história no interior da língua sem dúvida significa agilizar a identidade brasileira. E também queremos ressaltar a profunda dimensão ética implicada em seu modo de operar com a tradução. Ética e política, com certeza. Esse seu modo de ir ao encontro do outro – entendendo por outro toda a textualidade produzida em épocas e espaços diferentes do nosso –, com o intuito, antes de tudo, de entender o modo de funcionar singular e específico desse outro e, uma vez compreendido, ir atrás da construção de uma forma nova em língua brasileira para, ao mesmo tempo, acolher o outro e renovar o patrimônio nacional, implica uma poderosa dialética entre o local e o universal, da qual temos ainda muitas lições a extrair.

Em sua poética da tradução, Haroldo gostava de salientar o exemplo de Hölderlin em sua polêmica tradução de Sófocles para o alemão, apoiando-se no texto de Walter Benjamin "A Tarefa do Tradutor", de 1923. Haroldo aproxima Hölderlin de um "tradutor exegeta"[3]:

> pratica uma espécie de tradução litúrgica, transubstancia a linguagem do original na linguagem da tradução como o oficiante-hermeneuta de um rito sagrado que procura conjurar o verbo primordial (é assim que no seu "Hyperion", antes de Mallarmé, o poeta suábio "lê" as estrelas como letras, com as quais "o nome dos livros dos heróis está escrito no céu").

3. Cf., "A Palavra Vermelha de Hölderlin", em *A Arte no Horizonte do Provável*, p. 97.

Destacando a especificidade de Hölderlin, Haroldo o vincula ao trabalho de tradução de Pound: "traduzir a forma é, para ambos, um critério básico"[4]. De acordo com Haroldo,

4. Idem, p. 98.

> Hölderlin escandalizou seus contemporâneos (inclusive os poetas...) porque, com intuição de poeta preferiu, à pálida convenção do sentido translato, a força concreta da metáfora original [....] Não há dúvida de que o sentido (conteúdo denotativo) do original assim se rarefaz, se

hermetiza; mas a compulsão poética da linguagem, em contraparte, aumenta consideravelmente[5].

E é por meio de Benjamin, novamente, que Haroldo traz a seguinte consideração de Rudolf Pannwitz:

> nossas versões, mesmo as melhores, partem de um princípio falso. Pretendem germanizar o sânscrito, o grego, o inglês, em lugar de sanscritizar o alemão, grecizá-lo, anglizá-lo. Têm muito maior respeito pelos usos de sua própria língua do que pelo espírito da obra estrangeira [...] O erro fundamental do tradutor é fixar-se no estágio em que, por acaso, se encontra sua língua, em lugar de submetê-la ao impulso violento que vem da língua estrangeira.

E Haroldo arremata:

> na tradução de um poema, o essencial não é a reconstituição da mensagem, mas a reconstituição do sistema de signos em que está incorporada esta mensagem, da *informação estética*, não da informação meramente semântica[6].

A incursão de Haroldo pelos textos bíblicos, ao nosso ver, constitui-se num privilegiado exemplo para a compreensão de seu trabalho de tradução[7]. Ao ler esses textos, os homens sempre quiseram extrair uma mensagem, *absorver perfeições*, na genial cunhagem de Moshé Idel[8]. A assinalada autoria divina do núcleo bíblico (os cinco primeiros livros, a *Torá*, em hebraico) ou a realização sob inspiração divina dos outros livros que compõem a Bíblia[9] conferiram a esse espaço textual – uma verdadeira selva de textos reunidos pela ação de um longuíssimo banho-maria histórico de mais de mil anos[10] - a condição de *locus* da sabedoria, ou seja, de todo esse padrão invisível a partir do qual, para os sábios do antigo Israel e do Oriente Próximo em geral, a partir do séc. III a.C., a realidade por inteiro é moldada. E seria, portanto, a leitura do texto bíblico um modo de ir ao encontro desse padrão. O livro de Ben-Sira (190 a.C.), *O Eclesiástico*, permite-nos ver em atividade essa identificação da sabedoria com os livros de Moisés, uma vez que o autor opera fazendo uma exegese explícita do texto bíblico, na qual o que é narrado na *Bíblia* não é mais tomado como um registro de eventos de um passado distante, nem compreendido exclusivamente como um oráculo profético, mas como palavras eternas que ofe-

5. Idem, p. 99.

6. Idem, p. 100.

7. Haroldo traduziu alguns fragmentos do texto bíblico: *Gênesis*, cap. 1:1-31 e 2:1-4 e *Livro de Jó*, cap. 38, publicados em *Bere´shith: A Cena da Origem*; o Livro do *Eclesiastes*, em *Qohélet O-Que-Sabe*; o relato da expulsão do Éden em *Gênesis* 2:4 – 3:24, a cena de Babel, *Gênesis* 11:1-9 e o *Cântico dos Cânticos*, reunidos sob o nome *Éden: Um Tríptico Bíblico*.

8. Moshé Idel, *Absorbing Perfections*, Yale University Press, 2002.

9. A Bíblia Hebraica compõe-se basicamente de três coleções, que totalizam 24 livros: a *Torá* (os cinco livros do Pentateuco), *Neviim* (os oito livros dos Profetas) e os seis livros e cinco rolos que compõem *Ketuvim* os escritos canonizados.

10. O núcleo do Antigo Testamento, a *Torá*, em cujo interior encontramos narrativas que remontam até antes de 1000 a.C., já se constituía numa coleção plenamente canonizada do modo como a conhecemos hoje com certeza no séc. V a.C., ou IV a.C. no mais tardar. Data do séc. III a.C. a *Septuaginta*, a primeira tradução do Livro hebraico, feita para o grego no Egito. De acordo com a tradição, essa versão foi o resultado do trabalho de 72 sábios hebreus enviados ao Egito para garantir a continuidade do contato com o Livro pela extensa população judaica que ali se instalou no período ptolomaico e que utilizava o grego como língua do cotidiano. A crítica bíblica contemporânea tem sido palco de um acirrado debate acadêmico a res-

peito das datações do texto bíblico, a partir das importantes contribuições de Wellhausen (1878) em sua elaborada crítica das fontes, na qual reconhece basicamente três substratos históricos diferentes: a fonte J (javista), a mais antiga (em torno de 950 a.C.), a fonte D (deuteronômica) e a fonte P (sacerdotal), a mais recente e responsável pela compilação que conhecemos hoje. A polêmica abarca uma extensa cronologia da história de Israel, que contempla o período pré-monárquico (séc. XII a.C.), atravessa o período monárquico (séc. X a 587 a.C.) e os anos do primeiro exílio na Babilônia (587-539 a.C.) e pós-exílio, até o período helenístico (539-533 a.C.). Isto para não dizer que o substrato mais antigo da *Torá* faz referência à pré-história nômade do povo de Israel, que alcança os séculos XV a XII a.C. O restante dos livros que compõem o chamado Antigo Testamento foi sendo incorporado aos poucos ao núcleo canonizado. Sustenta-se com fortes evidências textuais que os livros dos Profetas foram canonizados entre os séculos V e IV a.C., e os escritos e rolos, até o século I da Era Comum.

11. "Inter-e-Intratextualidade no *Eclesiastes*", *Bere´shith...*, p. 105. Referente ao livro do *Qohélet*, traduzido por Haroldo como *O-Que-Sabe* e tradicionalmente conhecido pelo nome de *Eclesiastes*.

recem esclarecimentos sobre o acontecer no mundo, na natureza, na história da vida dos homens e da vida pessoal. De acordo com críticos consagrados, os livros de sabedoria anteriores – *Provérbios*, *Jó* e *Eclesiastes*, por exemplo – nunca citam diretamente o texto bíblico de maneira explícita, deixando, por assim dizer, o horizonte de sabedoria que eles evidenciam em pequenas iluminações aforísticas e proverbiais pairar indefinidamente, sem suporte em qualquer particularismo textual mais manifesto. Haroldo, no entanto, apoiando-se nas leituras de Buzy, Gordis e Lohfink, destaca exemplos "bastante frisantes" da intratextualidade qohelética[11]. Ele entende por intratextualidade "o jogo remissivo que se estabelece entre o livro do Sabedor (o livro do *Qohélet)* e o corpus vétero-testamentário, o conjunto de livros que compõem o assim chamado Antigo Testamento. Cita como exemplo o profundo diálogo que existe entre *Qohélet* 3:18 e o versículo 28 do capítulo 1 do *Gênesis*. Entre ambos, dá-se um diálogo tensionado, uma vez que o trecho bíblico do *Gênesis* sustenta a dominação dos homens sobre os peixes, aves e animais terrestres – pondo assim em destaque a condição especial do homem em relação aos outros animais –, e o trecho do *Qohélet* apresenta o homem, na versão de Haroldo – "não são mais que animais ademais/ não mais" –, equiparado aos animais. Essa tensão ressoa com pleno impacto poético, dado que o conflito não se reduz apenas ao nível ideacional, mas penetra fundo na aproximação da linguagem utilizada nesses dois trechos, através dos espelhamentos presentes na configuração fonossemântica de ambas as passagens no original. E é o próprio Haroldo que encontra um belíssimo exemplo de "alusão cruzada" entre o *Qohélet* e uma passagem do "Canto de Débora" (*Juízes* 5:26), através de *Provérbios* (22:17-18). A leitura de Haroldo, atento à função poética, permite-lhe re-significar o texto do *Qohélet* a partir das ressonâncias que ele encontra, ao nível dos significantes, entre essa passagem do livro dos *Provérbios* e a passagem do "Canto de Débora". Ao transferir essa intertextualidade fonossemântica para as "palavras dos sábios" recolhidas no *Qohélet*, termina por outorgar-lhes a força do "cravo bem pregado" com que Yael extermina Sísara, o rei inimigo de Israel, no "Canto de Débora". Esses exemplos de inter e intratextualidade servem para ressaltar a idéia de que, para os antigos intérpretes – e o intérprete era também um agilizador do texto –, a escritura sagrada veio a constituir-se, como dizíamos anteriormente, no *locus* da sabedoria, embora aqui, por *locus*, não devamos entender apenas um lugar ou um espaço de sentidos emoldurados pelos limites textuais. É importante salientar a qualidade sígnica desse *locus*, as letras que o compõem e a dança que entre elas se realiza, cheia de modulações rítmicas, como o substrato material, no plano dos significantes, nessa organização formal da substância física que implica de forma tão veemente o plano do significado ou toda essa organização formal de substâncias ideativas, transformando assim esse *locus* numa inscrição sígnica particular.

Foi sobre essa estrutura lingüística que os exegetas hebreus buscaram encontrar os caminhos de Deus e dos homens e foram aos poucos realizando a idéia de que a *Torá* se oferecia como o grande livro de instrução, algo assim como uma fresta petrificada e petrificante, um suporte de inscrições oferecido por Deus para a contemplação da sabedoria. Esta não mais precisava ser encontrada na contemplação do mundo natural e dos homens. A leitura dos textos se sobrepunha a essa consulta para a compreensão dos caminhos de Deus. E o intérprete passava a ser algo assim como um mediador a revelar a sabedoria que emana do Livro. No princípio, era a palavra. Mallarmé afirmou que tudo no mundo existe para terminar em livro. A exegese judaica talvez tenha realizado essa afirmação de Mallarmé ao avesso, ou seja, tudo existe no Livro para realizar-se em vida. James L. Kugel, em *The Bible as it was*[12], deduz quatro pressupostos que suportam a peculiar relação exegética com o texto bíblico e que acabam por dotá-lo de uma moldura sagrada. O primeiro seria a suposição de que a *Bíblia* é um documento críptico, isto é, que se trataria de um texto cifrado onde X significa Y, e estaria na mão da habilidade do intérprete dar com os sentidos ocultos. A segunda suposição, o segundo princípio a partir do qual os exegetas operariam, seria a de que se trata de um livro de instrução, relevante para as vidas humanas de todas as épocas. O terceiro pressuposto diz que os exegetas partem do princípio de que as escrituras são perfeitas e perfeitamente harmoniosas, isto é, de que nada nessa reunião de textos suporta qualquer tipo de equívoco. E mesmo quando, manifestamente, um fragmento é contradito por algum outro – os famosos anacronismos do texto bíblico –, tratar-se-ia de uma contradição aparente, que pode ser clarificada através de uma interpretação adequada. E seria exatamente nessa tarefa de descobrir a harmonia básica que se esconde por trás da aparente camada de palavras discordantes, que o texto teria ganho essa sua condição de ser dotado de uma Voz – porque, para o exegeta, todo o texto bíblico seria enunciado por uma mesma e única Voz – cuja enunciação permanece sempre aberta a novos significados e que, ao manifestar-se em escritura, apresenta-se para o exegeta como uma superfície na qual nenhum detalhe é insignificante. Cada palavra, o uso das formas gramaticais, as repetições, os saltos narrativos, enfim cada aspecto do texto carrega consigo um motivo e deve dele se desprender uma lição. Nada é mero embelezamento retórico. O quarto pressuposto, que Kugel diz não ser condição necessária para os três anteriores, mas eventualmente uma conclusão deles, diz respeito a que tudo na escritura estaria divinamente sancionado, de que todas seriam "palavras do Eterno". De acordo com esse autor, para os primeiros intérpretes a *Bíblia* teria sido um produto dos homens, e só posteriormente teria se fortalecido a noção de que todo o texto bíblico seria resultado da Divina Providência. O que nos interessa ressaltar aqui é que esses exegetas, quando diante do texto, não procuravam

12. Cambridge, Harvard University Press, 1997.

propriamente explicá-lo, mas lançavam-se à procura de um sentido que fosse relevante para a situação deles e do contexto histórico de seu coletivo. Eles demandavam do texto algo assim como a revelação de uma mensagem de urgente valor para o entendimento da situação existencial em que se encontravam. Não se tratava de obter no texto um mero reconhecimento que justificasse o estado de coisas do qual o exegeta fazia parte. Sua operação não era tanto compreendida por eles como um exercício de projeção de uma realidade externa para dentro do texto, mas de ir ao encontro de uma realidade interna que os dotassem de elementos para dar conta da realidade. Integrando assim sabedoria e lei, vai aos poucos se desdobrando a exegese rabínica, da qual o Cristianismo é um dos destinos, e o Judaísmo rabínico, outro. Ambas as tradições se constituíram derivando ou atribuindo algo a esses textos fundantes.

Haroldo, em sua operação tradutória de passagens do texto bíblico, pretende fazer um caminho de mão contrária ao percorrido pelas tradições religiosas em sua relação com o Livro. E é neste sentido que a palavra des-traduzir ganha relevância, uma vez que sua meta inclui a tentativa de perfurar a complexa e dura geologia de mensagens depositadas sobre esse texto – aquilo que denominávamos anteriormente como plano do significado ou organização formal de substâncias ideativas, sobre a qual construiu-se todo o complexo sistema de crenças não só das religiões do Ocidente, mas também, através delas, de núcleos importantes dos diversos sistemas de pensamento ocidentais – e chegar até a dança dos signos, tocando, por assim dizer, o signo bíblico e os modos de comunicação lingüística em atividade no interior desse campo textual – chegar ao *â mago do ô mega*, tal como proposto e ao mesmo tempo realizado em seu poema de 1962, para ver em atividade *esse olho, esse ouro, esse osso*, o duro *Z* do *zero* ao *zênit* que encerra esse poema *"nitescendo ex-nihilo"* e que se dá como pétala a parpadear, a partir da dinâmica interna da estrutura em que está fixada, para um olho que faz do signo, para além de um pênsil para a coisa, a coisa, para resgatar, como ele diz, a "violência de seu sopro, evitando que esse alento fundamental se perdesse ou se edulcorasse"[13]. Ou seja, para liberar os signos dos automatismos que os modos de comunicação lingüística das leituras religiosas foram soerguendo em torno deles, ao fixá-los num sistema fechado de leituras que implicam normas e modelos lingüísticos. Todas as traduções bíblicas mais correntes, desde aquelas realizadas no início da Era Comum – incluindo aqui a *Septuaginta*, que serviu de base para a divulgação do Cristianismo –, sempre tiveram um profundo compromisso com a *mensagem*. O gesto de Haroldo não visa propriamente silenciar essas mensagens. Ao contrário, o que caracteriza suas traduções bíblicas é a profunda viagem a que ele se lança em tradições de leitura adentro, em busca do signo bíblico. Haroldo percorre

13. *Bere'shit...*, p. 20.

extensas bibliotecas e registra, com a humildade de um sábio estudioso, uma incrível recopilação de leituras de autores genialmente pinçados de dentro dos principais campos de leitura do texto bíblico, das tradições religiosas e da crítica acadêmica, deixando, por assim dizer, que surjam nessa viagem indicações, pistas a serem seguidas. Longe de silenciar as mensagens que a história soube depositar em torno dos signos bíblicos, ele as leva e nos convida a levá-las seriamente em consideração – mais do que convidar, nos ensina a apreendê-las e a acompanhar o intenso diálogo hermenêutico-ecumênico que se cria entre elas, pondo de manifesto assim uma fantástica cenografia espiritual[14] que já seria um resultado magistral dessa viagem, e que está registrada nos excelentes ensaios incorporados aos seus livros de tradução de trechos bíblicos. Aliás, como Haroldo é preciso em seus ensaios críticos! Claros, límpidos, profundos, extremamente eruditos e enunciados de forma ao mesmo tempo ousada e cuidadosa, avançando passo a passo, recheando de citações que não congestionam o espaço textual, mas deixam surgir uma voz que se mostra aprendendo com a leitura e transmite essa aprendizagem. No caso dos ensaios que acompanham as traduções dos textos bíblicos, esses não devem ser entendidos como meros agregados ao trabalho da tradução. Para Haroldo, traduzir é um modo de fazer uma leitura atenta. E os ensaios e notas que acompanham sua tradução são exercícios essenciais em seu processo de leitura/tradução/transcriação. Cada ensaio, cada nota é parte dessa atividade, e nós só ganhamos uma apreensão plena de seu exercício tradutório ao integrar o todo do trabalho que ele nos apresenta. Porque é a unidade do conjunto de exercícios textuais que suscita esse espaço tradutório no interior do qual toda uma história crítica dos destinos do texto trabalhado penetra, pondo em destaque operadores textuais nucleares em evolução no texto e lançando luz sobre o material bíblico. Acompanhando e estudando as diversas traduções, Haroldo vai em busca dos signos bíblicos para enucleá-los – palavra que ele utiliza em *Sobre Finismundo: a Última Viagem* – , tirá-los de dentro, suscitando assim um deslocamento proposital que revele e ponha de manifesto a função poética desses textos, em torno da qual toda essa topografia de sentidos foi se construindo história adentro. Mune-se, para realizar essa viagem tão complexa, de um complexo arsenal teórico, que inclui uma elaborada teoria sobre a linguagem em geral e sobre as particularidades da língua hebraica em específico, para ir ao encontro de sua sintaxe e das aventuras da errância dessa sintaxe, nas diversas versões do texto bíblico em outras línguas, nas múltiplas tradições tradutórias que em torno desse texto se ramificaram. Haroldo, ao comparar as diversas versões entre si e com o original, permanece atento ao "colóquio submarino" – a expressão é dele –, ou seja, ao diálogo intertextual subjacente que as versões e o original realizam entre si, quando aproximados. E é a partir desse "colóquio" que Haroldo realiza suas opções de transcriação. Registramos isto para

14. Derrida diz: "a história e a problemática da tradução na Europa constituíram-se, desde muito cedo, sobre o terreno – na realidade sobre o próprio corpo, o *corpus* da Sagrada Escritura. Fixaram-se assim – poder-se-ia dizer enraizando-se ou re-enraizando-se – línguas naturais no acontecimento próprio da tradução da *Bíblia*. Por economia, basta-nos pronunciar o nome de Lutero". Sirva esta passagem para salientar até que ponto essa cenografia espiritual, erguida em torno das traduções da Bíblia, das Escrituras Sagradas, ocupa um lugar central na formação das línguas e do pensamento ocidental.

destacar que a sua busca do núcleo semântico formal não é um simples retorno ao texto hebraico, sem mediação histórica. Longe disso. É uma ousada peregrinação por um extenso e múltiplo campo de leituras, todas elas levadas seriamente em consideração. Mas, como estamos tentando apontar ao longo de toda esta nossa reflexão, trata-se de uma peregrinação no sentido contrário ao realizado pela grande maioria dos empenhos tradutórios, aos quais ele próprio recorre. Haroldo costumava situar-se sempre "vetoriado" para o futuro, em ressonância com as tradições do moderno e da ruptura, nas quais se incluía. Mas, em sua operação de tradução do texto bíblico, emerge, com plena força, de que forma essa sua postura vanguardista é realizada, num complexo e profundo diálogo com as tradições clássicas. E se ele vai à procura da "cena da origem", do *Bere'shith*, o faz carregando junto toda a sobredeterminação inscrita a partir do banho de leituras feitas ao longo da história.

A compreensão da língua exploratória da qual se vale nessa sua incursão – o português de que ele se serve – parece emergir em ressonância com as reflexões que ele teceu em seus importantes e instigantes ensaios sobre temas da literatura brasileira, dos quais, entre outros, merece destaque "Tópicos (Fragmentários) para uma Historiografia do *Como*"[15], no qual ele desenha, em "ficção heurística", o impacto dos procedimentos literários no interior da língua, fixando como agente rastreador o caso da partícula comparativa *como* a partir do romantismo, num percurso da história literária brasileira que se inicia com José de Alencar e chega em Clarice Lispector. Haroldo mostra como Alencar teria "estranhado", modificado o português sob o influxo do paradigma tupi, a fim de realizar um mito de origem. Esse autor, para Haroldo, ao tentar capturar "a beleza da expressão selvagem", teria suscitado uma língua capaz de traduzir essa beleza não apenas no nível retórico, mas tatuada no próprio nível lingüístico e semiótico. Daí Haroldo entender Alencar como um tradutor, capaz de oferecer uma linguagem para o estranho. E assim Alencar torna-se uma passagem, em português, na direção "à condição edênica da língua natural, concreta, próxima às coisas em estado de nomeação inaugural, icônica". Já Clarice Lispector teria estendido o domínio da palavra em direção a regiões mais complexas e mais inexprimíveis e, nessa operação, teria suscitado uma linguagem em cuja materialidade sígnica estaria inscrita "a tensão conflitual com um referente volátil", com a figura da indizibilidade. Tratar-se-ia de uma literatura em que o traço epifânico, tão característico da obra dessa autora, mais do que uma operação apenas retórica, emergiria do trabalho verbal suscitado por ela em nível de primeiridade sígnica. Haroldo, em sua incursão no texto bíblico, estica essa língua portuguesa que José de Alencar teria estranhado, fazendo o português apontar em direção à língua "edênica", e à qual Clarice Lispector teria dado um novo giro, ao estendê-la em busca do inexprimível. E nós poderíamos agregar tam-

15. Em *Metalinguagem & Outras Metas* p. 147-165.

bém o giro promovido por Mário de Andrade – essa linguagem que Haroldo estudou tão profundamente em seu já clássico trabalho *Morfologia do Macunaíma*, no qual a busca da muiraquitã plasma-se em linguagem capaz de acolher a busca do caráter nacional, promovendo um amálgama, uma linguagem híbrida de todos os regionalismos, de uma "mescla dos modos de dizer dos mais diferentes rincões do país, com incrustações de indigenismos e africanismos, atravessada por ritmos repetitivos de poesia popular e desdobrada em efeitos de sátira pela prosódia estilística". Também repercute, na linguagem que Haroldo utiliza, o impacto da geometria na armação do poema de João Cabral de Melo Neto, "a quadra, não tomada como forma fixa, mas como um bloco, como unidade-blocal de composição, elemento geométrico pré-construído, definido e apto conseqüentemente para a armação do poema"[16], e sua operação de dessacralização, desalienando a linguagem de seus parâmetros nobres, "mostrando que poesia não é 'flor', mas 'fezes' (p. 82). E ainda a linguagem metamorfoseada de Guimarães Rosa, que soube fixar, como Haroldo mostrou em "A Linguagem do Iauaretê"[17], entre os signos e com os signos, matrizes arcaicas com potencialidade para transfigurar a linguagem, ao ponto de, quando necessário, mostrá-la desarticulada ou quebrada em "resíduos fônicos", suscitando assim uma operação na língua que permite a esta expressar, a partir de sua materialidade, a violência da onça que tende a se desgarrar do âmago dos homens. Haroldo aponta para o signo bíblico essa língua tensionada pela operação poética de todos esses autores, tal como compreendida a partir da leitura que promoveu deles, ou seja, a partir de uma leitura concreta, sempre afinada com as ressonâncias da operação ao nível dos significantes. Ele visa assim estabelecer uma ponte da "tensão de 'palavras-coisas' no espaço-tempo"[18] da poesia concreta com *davar*, que em hebraico significa tanto "palavra" quanto "coisa". No relato bíblico, a criação do mundo e de tudo que dele faz parte é uma apresentação do *davar* de Deus, que funde assim coisa e Voz divina, dotando a materialidade do signo de um poder criador e organizador do mundo e das coisas do mundo. No original em hebraico, a materialidade do signo apresenta-se com toda a sua potência. Cada uma das suas letras que, ainda que não sejam ideogramas, guardam, como Haroldo lembrava, a profunda impressão de serem cinzeladas em pedra, produzem palavras que, em sua contenção, realizam uma escrita consonantal impregnada de sentidos que só emergem diante do leitor, quando este outorga a essa escrita as vogais necessárias para que, dentre a pluralidade dos sentidos possíveis, um deles se realize na leitura. A não utilização de signos para ritmar a leitura, tais como pontos e vírgulas, também contribui para que o texto assuma essa condição de obra em aberto e, dotado de ambigüidade, transforme o ato de ler, de interpretar, num desígnio do leitor - operação esta que o movimento concretista sempre soube privilegiar, ao fazer do leitor o principal responsá-

16. Idem, p. 81.

17. Idem, p. 57-75.

18. Augusto de Campos, Haroldo de Campos & Décio Pignatari, "Manifesto Concretista", em *Teoria da Poesia Concreta: Textos Críticos e Manifestos, 1950-1960*.

vel pelo funcionamento do texto. É ele, em parceria com a obra, que deve arcar com a responsabilidade dos sentidos e conseqüências que consegue pôr em funcionamento no texto. Haroldo, em sua tradução, como nos velhos tempos da poesia concreta, evita o uso dos recursos gráficos de pontuação, criando um sistema visual, um dispositivo tipográfico que outorga ao texto uma "respiração prosódica" ou uma "pontuação do fôlego"[19] que permite, na leitura, levar em consideração "a articulação disjuntivo-conjuntiva do 'sistema de acentos' chamado massorético[20], que percorre, como uma filigrana partitural, o original hebraico". Tal procedimento leva, mais do que a um resgate da cantilena original, a uma liberdade rítmica que fragiliza a estrutura linear do discurso e amplifica a ressonância de cada palavra. E é a partir desse desprendimento da estrutura linear que cada versículo da versão de Haroldo aproxima-se da condição de bloco de palavras – tal como no original –, que ganham agilidade umas em relação às outras não apenas por causa da ordem gramatical inerente que as congrega, mas também pela repercussão sonora de cada palavra – sua prosódia – no conjunto de palavras reunidas no versículo. Deste modo, Haroldo re-descobre no texto hebraico uma cena privilegiada para a sua operação concretista. Dizíamos anteriormente que ele, em seu trabalho de transcriação, visa enuclear o signo bíblico. Mas isto não significa, apesar de toda ressonância harmônica que Haroldo soube identificar entre a forma textual bíblica, sua materialidade, e os procedimentos e leituras concretistas, um acoplamento imediato. Ao contrário, sua operação de enuclear, de chegar à forma poética bíblica, significa dar vazão a um giro de deslocamento proposital que revela, na forma em que é registrado, a extraordinária força necessária para a sua execução. O texto bíblico que resulta daí surge assim ao mesmo tempo extremamente próximo e distante do original. Próximo em seu resgate das tonalidades verbais, próximo por nos remeter à experiência de que o essencial do texto bíblico não se encontra no que diz cada palavra, mas no que é dito entre elas, próximo ao salientar a agitação fônica responsável pelo ritmar do texto, próximo por deixar surgir o estilo abrupto e enigmático das construções frasais, que parecem no original serem construídas sob a imantação de certas "palavras-guia", tanto no nível semântico quanto sintático e prosódico, e que a versão de Haroldo tenta, na medida do possível, reconstituir. Próximo também por manter a concretude e a diretividade das cenas distantes de qualquer edulcoramento e, nos textos de sabedoria, como é o caso do *Qohélet*, por garantir o molde proverbial atento à concisão formular, sem reduzi-lo a uma explicação. Próximo, enfim, por deixar que surja, em cada uma de suas versões bíblicas, o poder evocativo e o vigor do original. A distância do original emerge exatamente a partir daquele elemento para o qual Haroldo anseia o máximo de aproximação. Em seu movimento de procura da função poética – função esta suscitada a partir da materialidade sígnica –, Haroldo

19. Cf. *Qohélet/O-Que-Sabe*, p. 26.

20. Mesmo antes de o texto bíblico receber sua forma final, nas academias rabínicas da Palestina, durante os séculos I e II d.C., iniciou-se o trabalho de dotá-lo de um sistema de pontuações que visava tanto a preservação da integridade do texto quanto oferecer-lhe um ritmo para sua leitura, através de marcas que sinalizavam a entoação do texto. Esse trabalho, realizado por sucessivas gerações de estudiosos e que remonta ao período pré-macabeu, estende-se até aproximadamente o ano de 1425.

termina por conferir à sua transcriação uma forma versificada que, em princípio, é estranha aos originais com que trabalha, os quais, antes de mais nada, assumem essa condição de bloco compacto de escritura consonantal ausente de qualquer grafema que guie a vocalização ou a correta entoação dos versos. Claro que, ao optar pela forma versificada, Haroldo está consciente de sua ousadia. É que, desse modo, salienta-se a sua intenção de resgate do núcleo poético e de, como ele diz, "vivificar essa poesia primeva em nosso idioma, abalando-o criativamente com a violência do seu sopro". Desde os trabalhos precursores de Lowth, ainda no séc. XVIII[21], tem-se podido reconhecer cada vez com mais profundidade a técnica singular que caracteriza a poesia bíblica – o modo como são produzidos as cadências e ritmos, sua estrutura e seus padrões de funcionamento –, e que se apresenta disseminada por todo o texto, apesar do mesmo assumir, quase que em sua totalidade, uma configuração em prosa[22]. O aspecto sempre mais salientado da poesia bíblica é o paralelismo que Lowth definia sucintamente como sendo a correspondência de um verso ou linha com outro: "Quando uma proposição é feita e uma segunda é agregada, acompanhando-a com um sentido equivalente ou contrastante, ou ainda semelhante a ela na forma da construção gramatical, a isto eu chamo de linhas paralelas; e às palavras ou frases respondendo uma à outra nas linhas correspondentes, eu chamo de termos paralelos". Esta via de compreensão do texto bíblico tem suscitado um intenso debate entre os estudiosos. Nós, aqui, apenas gostaríamos de salientar que, indubitavelmente, até talvez por traços bem profundos da oralidade típica de extensas regiões do antigo Oriente Próximo – em que era costume, em determinadas cerimônias ou ofícios religiosos, o celebrante recitar ou cantar um curto versículo, que era respondido alternadamente por duas metades de um coro, a antífona –, uma certa métrica, um certo ritmo bem peculiar destaca-se no texto bíblico em hebraico, um ritmo que não é demarcado pelo número de sílabas, mas pelo sentido do que é desenvolvido. E, na ousadia de Haroldo de versificar as passagens bíblicas com que trabalhou, é justamente pela forma que ele selecionou e que mais se distancia do original – que corre em prosa – que esses efeitos poéticos ganham destaque e que todas as aproximações que ele soube encontrar em ressonância com o original se manifestam. O espaçamento dado a cada versículo, outorgando fôlego para que acompanhemos de forma manifesta o diálogo entre os hemistíquios que o compõem, evidencia o incrível frasear do texto bíblico, no qual as aliteraçoes, as paranomasias e mesmo as assonâncias e repetições colocam-se a serviço de deixar surgir um texto que avança pelo diálogo interno, que é suscitado entre as partes que compõem o versículo, diálogo intratextual que ganha no *Cântico dos Cânticos* a personificação de duas vozes que se entretecem na condição de amado e amada, num complexo sinuoso e erótico jogo de aproximações e distâncias que Haroldo soube tão bem reprodu-

21. Robert Lowth, *Lectures on The Sacred Poetry of The Hebrews*, Londres, Elibron Classics, 2001.

22. A *Torá* contém algumas canções de culto registradas na forma de versos, tais como a "Canção do Mar" (*Êxodo 15:1-18*) e o "Canto de Despedida de Moisés" (*Deuteronômio 32:1-43*). E em *Juízes 5*, a "Canção de Débora". Há também referências de que o canto era indispensável nos cultos religiosos (*Êxodo 32:18, Juízes 21:21 e II Samuel 6:5*). No livro dos *Salmos*, encontramos numerosos registros musicais de diversos tipos, sendo alguns chamados de *mizmor* e outros de *shir*, ambos significando canção; outros ainda recebem o nome de *tehilá* (hino), *tefilá* (reza de lamento ou de pedido) e *maskil* (canção artística). Esses registros abrem alguns dos salmos, regendo o modo como devem ser entoados e as ocasiões para as quais foram compostos.

zir. Assim também na tradução de *A Cena da Origem* ressalta-se o diálogo intraversicular, que não apenas narra o modo como Deus criou, mas performatiza, na montagem das cenas, essa operação criadora que é, ao mesmo tempo, organizadora, ao estabelecer separações entre luz e treva, entre águas, entre terra e água, dia e noite e entre os dias. E, no interjogo das partes separadas, deixa surgir a complexa vida. Na cena da expulsão do homem do Éden primordial, Haroldo imprimiu, no jogo dos significantes, a metamorfose da nudez inocente em nudez culposa, através da mediação da serpente – por sua vez metamorfoseada em maldita –, sem, no entanto velar o vivo aspecto pictórico da cena toda. Também no episódio bíblico da torre de Babel, para o qual Haroldo reserva um ensaio em que confere ao seu trabalho de transcriação o intuito de "desbabelizar Babel", suas opções permitem-lhe resgatar a incrível construção prosódica, por meio da qual a criatura divina, em ousadia irrompendo em arrogância, posiciona-se como construtor, manipulando a massa de argila como argamassa para o erguimento da torre. Cabe aqui salientar a significativa opção de Haroldo de apresentar sua versão junto com outras três, apontando, na multiplicidade das versões, a Babel que utopicamente, e num empenho que desafia o impossível, ele pretende superar "desbabelizando", trabalho a que nós nos referimos como sendo de des-tradução. Podemos no entanto nos perguntar sobre o valor que esse profundo mergulho em fragmentos tão menores do gigantesco oceano bíblico tem para o conhecimento do todo. Gregório de Matos, o poeta que Haroldo tanto apreciava, já respondeu por ele em *Ao Braço do Mesmo Menino Jesus quando Appareceo:*

O todo sem a parte não é todo,
A parte sem o todo não é parte,
Mas se a parte o faz todo, sendo parte,
Não se diga que é parte, sendo todo.

Em todo Sacramento está Deus todo,
E todo assiste inteiro em qualquer parte,
E feito em partes todo em toda a parte,
Em qualquer parte sempre fica o todo.

O braço de Jesus não seja parte,
Pois que feito Jesus em partes todo,
Assiste cada parte em sua parte.

Não se sabendo parte deste todo,
Um braço, que lhe acharam, sendo parte,
Nos disse as partes todas deste todo.

Nesse barroquismo que entrelaça parte e todo, Sacramento e Deus, um braço de Jesus, sem se saber, nos diz do todo de Jesus. A parte, sem se saber parte do todo, nos diz sobre as partes todas desse todo. Erguendo o poema de Gregório de Matos a um modelo, podemos dizer que Haroldo faz da parte, mais do que uma ponte para o todo, um fragmento para apresentá-lo. Haroldo, não por preguiça, abria mão da obra completa, levando radicalmente em consideração a idéia concretista de que a parte reproduz a complexidade do todo. Ele não traduziu todo o *Fausto* de Goethe, somente um fragmento. Também não traduziu toda a *Bíblia*, somente algumas partes que ele selecionou. Porém, o trabalho tinha que ser tão intenso que, tal como na última estrofe da poesia de Gregório de Matos, o fragmento, 'não se sabendo parte desse todo...nos disse as partes todas deste todo'. Assim, em seu mergulho profundo em pontos da cena bíblica, o que Haroldo recolhe, ao tocar o signo bíblico, ao enucleá-lo, é algo assim como uma partitura da regência do intenso agitar desse infinito oceano textual em torno do qual gerações de homens sobem aos céus e descem às profundezas. E os fragmentos bíblicos selecionados em sua leitura-crítica-tradutória acabam por configurar uma cena de intenso diálogo inter e intratextual, do qual emerge um facho de luz capaz de iluminar com singularidade toda a imensidão da epopéia bíblica, sugerindo-se quase como um ponto de vista, um vértice de leitura desse amplo universo. Em *Bere´shith: A Cena da Origem*, entre *Gênesis 1:1-31; 2:1-4* e o capítulo 38 do *Livro de Jó* estabelece-se uma ponte, como mostra Jacó Guinsburg na apresentação do livro, entre dois momentos da Voz: o daquela que se apresenta como criadora soberana, no primeiro capítulo do *Gênesis*, e aquela que, em tormenta, respondendo à interpelação de sua criatura, apresenta a outra cena da sua criação, a cena espantosamente complexa inscrita no capítulo 38 do *Livro de Jó*. Entre ambas as Vozes, entre o signo apresentado em sua plena força criadora e o signo dotado de potência para mostrar-se como enigma, Haroldo planta um tríptico bíblico composto de "três tábuas": a do Éden primordial perdido no relato da expulsão de Adão (*Gênesis 2:4 – 3:24*), a do esforço "humano, demasiadamente humano" em recuperar, por meios próprios, em oposição ao interdito divino, o Éden perdido, que é a passagem de Babel (*Gênesis 11:1-9*), e a da tentativa de resgatar a casa primordial do Éden através do eterno enlace de distâncias e aproximações amorosas da amada com seu amado, no *Cântico dos Cânticos*. Configura-se assim uma viagem, uma busca permanente, uma tentativa de resgate de um estado de dispersão, através de um esforço por penetrar o mais profundamente possível uma cena da origem ao mesmo tempo antiga e permanente, a cena dos signos em que a história se petrifica e diante da qual o homem pode perder-se e encontrar-se. A cena diante da qual o saber de *Qohélet* parece emergir – o saber desse sábio rei que, entre a vida e a morte, observa o correr da história. O saber daquele que se sabe mortal, mas que sabe que tudo permanece e dirige suas palavras aos que ficam, tão transitivos quanto ele, mas ao mesmo tempo tão permanentes na reiteração das gerações, sempre posicionadas diante de signos, suportes de inscrições que excitam a mobilidade dos homens e os induzem a traduzi-los incansavelmente, inesgotavelmente. Ainda é possível fazer poesia hoje? Haroldo de Campos tomou para si a reflexão desta questão realizando poesia, sendo poeta, num empenho contra a afasia das palavras reificadas. Talvez tomando Dante como modelo, ele soube fazer da poesia um meio para, ao transitar pelas formas, expandir a linguagem e, nessa expansão, superar a dispersão e a alienação promovidas pela densa nuvem de comunicação sígnica coisificada e automatizada que, feito um muro, parece-nos deter, nos dias de hoje, num beco sem saída. Haroldo soube transpor muros, abrindo frestas para que, apesar de nossos extremos limites, possamos vislumbrar a máquina do mundo e as galáxias.

MAKE IT NEW

INÊS OSEKI-DÉPRÉ

Haroldo de Campos, figura única no panorama literário contemporâneo, foi um homem de paixões. Uma delas era representada pelo filósofo alemão Walter Benjamin, outra pelo poeta americano Ezra Pound a quem ele se referia como a um amigo. Aparentemente antitéticas, as obras dos dois autores se encontram conciliadas em vários de seus ensaios sobre a tradução literária, constituindo um itinerário reflexivo inovador, que abre novos caminhos para o pensamento moderno.

O texto a seguir, relativamente breve, pertence a um conjunto mais amplo dentro do qual são estudados os efeitos do ensaio inaugural da tradutologia moderna que se deve a Walter Benjamin, "A Tarefa do Tradutor" e ao qual Haroldo de Campos sempre se referiu em seus artigos sobre a tradução-transcriação da poesia. Gostaria aqui de prestar uma homenagem ao amigo desaparecido, com quem tive a oportunidade de co-traduzir vários textos em língua francesa ou portuguesa, e de incluir seu pensamento – extraído da soma de seus artigos sobre a questão – dentro de uma problemática mais ampla que permitirá a evolução atual da tradutologia, prisioneira até hoje de uma dicotomia tornada fatal.

Se os pressupostos benjaminianos fundam e justificam uma nova prática do traduzir na França em que, para os tradutores contemporâneos, a literalidade (tradução voltada para a fonte) é o caminho que permite criar ou recriar a obra original num *élan*

1. Tradutores respectivamente da *Eneida* de Virgilio, de Sapho, da *Bíblia* e do *Alcorão*.

hiperliteral ou extraliterário (Pierre Klossowski, Michel Deguy, André Chouraqui)[1]; para os poetas que eu chamo de "americanos" – dentre os quais Haroldo de Campos ocupa um lugar privilegiado – o que é relevante na tarefa do tradutor é um outro aspecto do texto do qual falarei aqui.

Com efeito, no primeiro caso, a relação ao original é confirmada e existe realmente um "encontro fugitivo" entre original e tradução no ponto preciso em que a estranheza chega a se infiltrar no texto traduzido. Assim comenta Haroldo de Campos esse aspecto da "tarefa" de traduzir comparada à encenação:

> Assim, a recepção distraída (Rezeption in der Zerstreuung), disseminada, do tradutor-transcriador quanto ao significado (que a própria obra original já pré-ordenou, exonerando-o da fadiga de ocupar-se com esse aspecto comunicacional), prefigura, num outro nível, aquela do espectador de cinema, enquanto examinador distraído[2].

2. "Da Tradução à Transficcionalidade", em *34 Letras*, n.3, março 1989, p.88.

A "Tarefa do Tradutor" de Benjamin, ao qual remeto os leitores, coloca um outro postulado, desta vez não relacionado à religiosidade ou à função da tradução para o texto original, mas sobretudo relativo à teoria da linguagem e dos signos. Assim, sem evocar eventuais pontos comuns que se poderia estabelecer entre a língua absoluta (a *Uhr Sprache*) e o que Noam Chomsky definiu como linguagem, o que se enfoca aqui é a noção de transformação. Noção esta que, para os poetas "americanos", não significa somente o fato de que a tradução está e estará sempre simultaneamente em correlação com o original, mas que ela é o produto das transformações ocorridas em sincronia e em diacronia, que as aproximam separando-as e vice-versa.

Assim, para Octavio Paz, Haroldo de Campos, Augusto de Campos ou Ezra Pound, as teorias sobre o traduzir (e a práxis) insistem na noção de isomorfismo (noção introduzida por Haroldo de Campos) entre original e tradução e nas transformações necessárias à obtenção de uma tradução próxima do original (ou "superior" a este último), o que permite evitar o problema das equivalências sem cair na idéia da tradução-cópia do original. Haroldo de Campos, poeta, crítico e grande tradutor, retém particularmente dois princípios da tarefa do tradutor: em primeiro lugar uma transcodagem "semiótica" e a transformação do "simbolizante" em "simbolizado" (reconciliar o ícone e o referente transcendental). Deste modo, se o primeiro estágio da nominação corresponde à primeiridade icônica, cabe ao tradutor restaurar a iconicidade do signo. O valor aqui é atribuído à forma do original que determina a forma da tradução. Lembremos que para Walter Benjamin, a "tradução é uma forma".

Em segundo lugar, e no sentido inverso ao dos teóricos e críticos que manifestam uma reação negativa ao texto benjaminiano[3] "sob a investidura rabínica de sua (de Walter Benjamin) metafísica do traduzir, pode-se nitidamente descobrir uma física, uma pragmática da tradução". Esta pragmática consistiria ironicamente em "diabolizar" o tradutor, fazendo dele um "usurpador", um "translúcifer" num ímpeto derradeiro da *hybris*[4], portanto, na origem de uma dupla revolução: as traduções "monstruosas" como as de Hölderlin tornam-se, ironicamente os originais de novas traduções. Recentemente Paul de Man, filósofo desconstrutivista, próximo de Jacques Derrida, publicou um comentário do texto de Benjamin no qual insiste no caráter profundamente aporético do pensamento do filósofo alemão[5] cuja leitura necessita de uma reflexão dialética ou mesmo paradoxal.

Cabe, pois, a Haroldo de Campos, profundo conhecedor da obra de Ezra Pound, a articulação entre a "liberdade mimética", utilizada como método tradutivo pelo poeta americano, e as teorias de Benjamin. Nesse sentido, tentarei mostrar rapidamente em que medida Pound multiplica os acessos à língua primeira, por meio de sinestesias provocadas pelo choque de imagens: o poeta sacode a língua de chegada, no caso o inglês, numa transposição ao mesmo tempo literal e em osmose com o original. O cotejo do fragmento permitirá verificar que, se a teoria de Haroldo de Campos se aplica à tradução poundiana, ela ilustra a sua própria versão, semelhante na apreciação do modo de intencionar do original, mas totalmente diversa na sua realização.

3. Jean-René vê nele uma "metafísica do inefável", na base de um "literalismo anticomunicacionista", oriundo de um "anti-humanismo e de um impersonalismo heideggerianos" (Haroldo de Campos, 1977) Efrain Kristal recusa uma literalidade não fundada no sentido, segundo Haroldo de Campos (1987).

4. Ver a bela tradução de Haroldo do *stasimon* da Antígone, a partir de Hölderlin, em *A Arte no Horizonte do Provável*.˙p. 102-107.

5. Paul de Man, *Autour de La Tâche du traducteur*, Courbevoie, Théâtre Typographique, 2003.

CANZONE (Guido Cavalcanti, 1259-1300)

Donna mi prega, - perch'eo voglio dire
D'un accidente - che sovente - è fero
Ed è si altero - ch'é chiamato amore:
Si chi lo nega – possa 'l ver sentire!

Ed a presente – conoscente - chero,
Perch' io no spero – ch'om di basso core
A tal ragione porti canoscenza: Chè senza – natural dimonstramento
Non ho talento – di voler provare

Là dove posa e chì lo fà creare,
E qual sia sua vertute e sua potenza
L'essenza – poi e ciascun suo movimento,
É 'l piacimento – che'l fà dire amare,
E s'omo per veder lo pó mostrare [6]

6. Guido Cavalcanti, *Rima*, a cura di Guido Cattaneo, Turin, Einaudi, 1967, p. 47.

THE CANZONE

Because a lady asks me, I would tell
Of an affect that comes often and is fell
And is so overweening: Love by name.

E'en its deniers can now hear the truth,
I for the nonce to them that know it call,
Having no hope at all
                    that man who is base in heart
Can hear his part of wit
                    into the light of it,

And save they know't aright from nature's source
I have no will to prove Love's course
        or say
Where he takes rest; who maketh him to be ;
Or what his active virtu is, or what his force ;

Nay, nor his very essence or his mode ;
What his placation ; why he is in verb,
Or if a man have might
                    To show him visible to men's sight.

Ezra Pound[7]

7. Ezra Pound, *Translations*, London, Faber, 1984.

Sem pretender proceder a uma análise detalhada, pode-se fazer aqui algumas observações sobre a tradução de Ezra Pound. Embora utilizando o método que ele chama de "fridge effect", "efeito geladeira" (mistura de arcaísmos e de expressões modernas), ou "make it new", nota-se que ele mantém o esquema métrico (estrofes em decassílabos) e o respeito da versificação, ou, segundo suas próprias palavras: "the rhythm of any poetic line corresponds to emotion". O poema de Cavalcanti possui rimas externas e internas, o que se encontra na tradução de Pound. Do ponto de vista da economia do texto, estamos diante da mesma relação, tanto em inglês quanto em italiano[8]. As inovações poundianas concernem ao vocabulário e à sintaxe (construções elípticas) mais do que à prosódia, apesar dos primeiros influírem nesta última.

8. "I have in my translations tried to bring ouver the qualities of Guido's rythme, not line for line, but to embody in the whole of my english some trace of that power which implies the man", idem, p. 24.

Assim, no verso 2 encontramos ao mesmo tempo a palavra *affect*, rara, seguida de *and is fell*, construção bastante ingênua, originária de um discurso simples (poder-se-ia dizer jovem). No verso 3, *And is son overweening* pertence ao inglês coloquial, assim como a forma elíptica[9] *Love by named* em vez de *called love*. O verso 5 combina a fórmula arcaizante *I for the nonce*, com uma forma moderna – *that know it call*. Nos versos 6 e 7 aparecem ainda formas arcaizantes como *is base in heart/ Can hear his part of wit/ into the light of it*, que lembram versos de Shakespeare. Do verso 8 ao verso 11, pode-se citar, como exemplos de arcaísmos, *know't aright* (v.8), *Love's course, takes rest* em vez de *to rest* seguido da forma verbal arcaica *maketh* (v.9). No início do verso 10, *Nay* é arcaico, assim como no verso 11, *placation*, seguida da forma muito elíptica *why he is in verb*. Da mesma maneira *To show him visible to men's sight* pertence ao registro sintáxico arcaico. As formas restantes pertencem, menos pelo vocabulário, mas, sobretudo pela sintaxe, ao estilo coloquial, despojado e compreensível (nenhuma forma "elegante" no sentido acadêmico), o que corresponde ao aspecto "didático" de seu projeto.

9. Para Pound, poesia é "*dichten = condensare*" em homenagem a seu amigo Basil Bunting, e fórmula preferida de Haroldo de Campos.

Ora, se a tradução de Ezra Pound mantém as assonâncias e o ritmo, combina vocabulário arcaico e moderno, nem por isso deixa de preservar uma certa "aura" do original "o detalhe luminoso". Como não pensar aqui na tradução de Sófocles feita por Hölderlin? Lá onde o poeta suábio reaviva as palavras de Sófocles pelo retorno à etimologia, Pound vai buscar na tradição: Hölderlin reúne o alemão e o grego, Pound, por seu lado, nos aproxima de Cavalcanti.

A tradução de Haroldo de Campos (1970)[10] mantém, como a de Pound, uma linguagem ao mesmo tempo arcaizante e moderna, além da rima e da cadência que, como já assinalei, constituem, também para o poeta americano, os vetores da emoção:

10. Segundo Jacques Roubaud, superior à primeira. Conferência em Yale, em homenagem a Haroldo de Campos, pelo seu 70º aniversário, outubro de 1999.

Pediu-me uma Senhora
fale agora
Dum acidente
geralmente
forte
E de tal porte
que é chamado Amor

Quem ora o nega
prove-o novamente
Mas um presente
entendedor
requeiro
Nem espero
de um baixo coração

Conhecimento aberto desta razão
Se não se apega
                    a natural sustento
Meu intento não
                    vai poder provar
Onde êle nasce e quem o faz criar.

No poema original as rimas são freqüentemente externas, inicialmente em *terza rima*: v.1/ v.4; v.2/ v.5; v.3/v.6, alternando com rimas internas (encadeadas): canoscenza (v.7)- chè senza (v.8); dimostramento (v.8)- no ho talento (v.9), seguidas de duas rimas consoantes (emparelhadas): provare (v.9)/ creare (v.10). Os dois versos seguintes possuem rimas internas Potenza (v.11)- L'essenza (v.12); movimento (v.12)- piciamento (v.13) e o poema se termina em dois versos de rimas emparelhadas em –are (amare, mostrare).

A tradução de Haroldo de Campos condensa o poema de Cavalcanti, que de catorze torna-se um poema de dez versos. As rimas são em geral encadeadas (senhora/agora; acidente/geralmente; forte/porte; Amor/entendedor; novamente/presente; requeiro/espero; sustento/intento); ou emparelhadas e o poeta mantém as rimas finais apenas nos dois últimos versos. Haroldo de Campos dispõe os versos de maneira particular, dividindo o decassílabo em versos breves, suprime, como Pound, os travessões da versão italiana e cria uma respiração diferente, com "brancos", sem pontuação. O poema aparece em sua essência, lapidar.

Haroldo de Campos pertence àqueles para quem a tradução deve responder às três funções enumeradas por Ezra Pound: leitura, crítica e recriação poética. A função de recriação poética é tanto mais relevante como ela constitui, no seu modo de ver, não somente uma ferramenta para o próprio poeta, mas o modo mais adequado para a formação de uma cultura nacional.

Como Pound, suas traduções são famosas por recobrirem largas faixas da história literária, indo de James Joyce (*Finnegans Wake*) a Maiakóvski; dos trovadores aos poetas russos; de Dante (*O Paraíso*) a Mallarmé; do teatro Nô a Octavio Paz e Ezra Pound (*Cantares*); da *Bíblia* (*Qohelet*, *Bere'shith*) à *Ilíada* e Éden[11],para citar alguns exemplos.

Ora, ao examinarmos atentamente sua produção teórica e prática, somos obrigados a ver nela uma ambivalência que é muito produtiva, na medida em que não instaura antagonismos entre seus dois pressupostos. Com efeito, Haroldo de Campos consegue reformular a tese benjaminiana da tradução no sentido, não de uma prática liberalista, mas antes de uma prática "transcriativa". Assim, citando os termos da análise de Max Bense, para quem "a informação estética é inseparável de sua realização", ele chega a afirmar que "numa outra língua, haverá uma outra informação estética

11. Adepto do "laboratório de traduções", várias traduções suas foram feitas com Augusto de Campos e Décio Pignatari, outros grandes tradutores.

mesmo se a interpretação semântica permanecer a mesma". Mas, uma vez admitida a tese da impossibilidade da tradução para os textos "criativos", ela parece engendrar como corolário a tese da possibilidade, em princípio, da recriação desses textos, cuja informação estética, apesar de outra, faz com que os dois textos permaneçam unidos por uma relação de isomorfismo. A tradução de textos criativos é uma criação paralela, autônoma, mas recíproca.

De que forma? Traduzindo o próprio signo, ou seja, sua tangibilidade, sua materialidade (propriedades sonoras, propriedades gráfico-visuais), enfim, tudo o que constitui, para Charles Morris, a iconicidade do signo estético, entendido como "signo icônico", aquele "que é de certa forma semelhante ao que ele denota". Uma certa forma de literalidade em suma, expressa no modo de intencionar, termo benjaminiano.

Em outras palavras, de maneira mais detalhada, isso significa um programa de várias etapas, cuja primeira crítica consiste na análise do texto original. Trata-se, como o preconiza Maiakóvski para a criação do verso, de desmontar e de remontar a máquina da criação, ilustrando o propósito de J. Salas Subirat, o tradutor de *Ulisses*, de James Joyce, em espanhol: "traduzir, é a maneira mais atenta de ler". Essa maneira de "ler" permite, em seguida, através da comparação, medir o grau de intertextualidade (influências) que une os textos entre eles[12].

Essa posição não difere consideravelmente da de Octavio Paz, com quem Haroldo de Campos manteve estreitas relações de afinidade. Para o poeta mexicano, a tradução significa transformação literária do original. As operações de tradução fazem parte da literatura: por metonímia ou por metáfora, que são, como as define Jakobson, os dois procedimentos literários por excelência. A metonímia consiste na tradução com referência a um outro texto; a metáfora na transposição do objeto verbal. Em relação à tradução poética, considerada como "impossível", Paz afirma que as conotações podem ser conservadas na medida em que o tradutor consegue "reproduzir a situação verbal, o contexto poético onde elas se inserem"[13].

Octavio Paz observa, tal como o faz Haroldo de Campos, que o processo criativo na tradução procede no sentido inverso do processo de criação poética: a poesia joga com a pluralidade de sentidos dos signos e a acentua, sua matéria-prima sendo a linguagem em movimento, para atingir, através da poesia, a imobilidade dos signos ao passo que a matéria-prima do tradutor é a linguagem fixa do poema. Cabe, portanto, ao tradutor isolar os elementos textuais e repor em movimento os signos que o compõem para fazê-los regressarem à linguagem.

Num segundo tempo, trata-se para Haroldo de Campos de propor uma recriação do texto original "através das equivalências em nossa língua de toda a elaboração formal

12. A partir da tradução de Joyce para o português, por exemplo, pode-se medir o grau de influência que ela exerceu ou não no estilo de Guimarães Rosa. Essa idéia encontra um eco num crítico como Hans Robert Jauss que relaciona a recepção do barroco na França e a poesia de Mallarmé: a primeira tornada possível graças à segunda, o que intuitivamente Octavio Paz põe em evidência na sua tradução do "Soneto en x".

13. Octavio Paz, *Traducción: Literatura y Liberalidad*, Tusquets, Cuadernos Marginales, 1971.

(sonora, conceptual, imagística", do texto original no intuito de se refazer as etapas criativas originais. O que, concretamente, equivale a privilegiar a forma (aliterações, paronomásias, assonâncias) tanto ou mais do que o conceito e que coincide com as palavras de Pound a propósito de sua tradução de Cavalcanti: *The perception of the intellect is given in the word, that of the emotions in the cadence* apesar de Haroldo de Campos não praticar sistematicamente a mistura do arcaico e do moderno e alternar mais particularmente o clássico com o coloquial.

A terceira etapa da teoria de Haroldo de Campos, que corresponde à sua própria evolução poética e, por conseguinte, à sua última maneira de traduzir, consiste na revindicação de uma tradução que oblitere o original. Trata-se, de certa maneira, de passar da "tradução recriação" (T-R) segundo Etkind à "tradução imitação" (T-I)[14], o que ele realiza na sua "transluciferação" do Fausto de Goethe[15].

Do que se pode concluir que a intraductibilidade da poesia – e seu corolário – a recriação poética – põe em evidência a essência do fato literário. O que é intraduzível, com efeito, senão o que funda a literalidade, ou seja, o signo poético? Eis o que mostra admiravelmente Haroldo de Campos tanto na teoria como na prática.

Uma palavra para concluir. Há alguns ano, numa entrevista que fiz com Carlos Drummond de Andrade, pedi sua opinião sobre as traduções de Haroldo de Campos (e os poetas concretos). A resposta foi : "Haroldo? Um tradutor de gênio".

14. Efim Etkind, *Un art en crise, Essai de poétique de la traduction poétique*, Lausanne, L'Age d´Homme, 1982.

15. *Deus e o Diabo no Fausto de Goethe*.

TRANSCRIAR, TRANSLUZIR, TRANSLUCIFERAR: A TEORIA DA TRADUÇÃO DE HAROLDO DE CAMPOS

LUCIA SANTAELLA

TIVE O INESTIMÁVEL PRIVILÉGIO DE SER ALUNA DE Haroldo de Campos, e continuei aluna, mesmo depois de ter deixado de ser formalmente aluna e me transformado em sua colega como docente no programa de pós-graduação em Comunicação e Semiótica da Pontifícia Universidade Católica de São Paulo, onde esse grande mestre deixou marcas indeléveis de sua memorável presença. Deliberadamente, e sob sua generosa permissão, fui sua aluna por anos a fio. Suas aulas, mais do que magníficos e requintados exemplares de sabedoria escrupulosa, constituíam-se também em verdadeiros hinos de sensibilidade crítica. Com atenção suspensa no fino fio de suas inteligentes argumentações, elaboradas em filigranas de jogos de palavras, absorvíamos suas idéias como quem sorve o néctar do intelecto. Cada aula, tanto para o professor quanto para os alunos, era repetidamente inaugural. Ficava no ar aquela espécie de frêmito virginal de uma voz e um saber que nunca envelhecem. Não havia quem ouvisse suas cintilações do verbo e do saber sem que sentisse ter conhecido os meandros de beleza e de verdade que a vida acadêmica também pode e deve propiciar. Em seus cursos, fascinada, vi gestarem muitas de suas teorias, entre elas a teoria da tradução criadora ou transcriação, assunto do presente artigo.

Trata-se de uma teoria, de um lado, baseada em leituras de grandes autores: Ezra Pound, T. S. Eliot, Walter Benjamin, Paul Valéry e também nas leituras da moderna teoria

1. Para a elaboração dessa síntese, contei com a colaboração de Amálio Pinheiro.

dos signos, de C. S. Peirce e seus intérpretes, como C. Morris, M. Bense e outros. De outro lado, é uma teoria que foi se entretecendo, em uma rede complexa de conceitos, teorias e linhas de pesquisa, desenvolvidos por Haroldo de Campos ao longo dos anos e dos quais segue-se uma breve síntese[1].

Movendo-se no território de uma semiótica da Literatura, Campos trouxe uma nova visão da historiografia literária brasileira, redimensionada a partir de tomadas sincrônicas e diacrônicas que abalam as fronteiras entre o internacional e o nacional; resgatam obras antes consideradas menores, por não participarem das estruturas lingüístico-ideológicas dominantes; atendem às explorações realizadas por cada obra em seu espaço e material específicos, conforme as interinfluências trazidas pelas linguagens contemporâneas; implicam a invenção de um corpus crítico-seletivo que interliga criteriosamente os conceitos de tradução poética, operação metalingüística, paródia, carnavalização, intertextualidade, literatura comparada e relações entre diversos sistemas de signos.

É de se ressaltar que, nos seus trabalhos de resgate historiográfico, trabalhos estes devidamente incorporados às suas tarefas de tradutor e sobre tradução, Campos nunca perdeu de vista a dialética entre os elementos macroestéticos (ou semântico-ideológicos) e os microestéticos (estruturas significantes internas), para que se pudessem flagrar as peculiaridades construtivas espaço-temporais, passíveis de tornar útil a inclusão de um autor na corrente literária, ou pertinente à comparação literária ou qualquer relação intersemiótica.

Sob esse último aspecto, também não deixou de interessar-se pelas ligações entre o espaço da ação poética e das outras linguagens, sempre que essas ligações fizessem incidir luz nova sobre as linguagens confrontadas, como pode ser constatado em seus vários estudos sobre as inter-relações da literatura com o cubo-futurismo, as artes plásticas, o construtivismo russo e, especialmente, as relações da poesia com o ideograma.

Na trilha de um pensamento sobre as relações conflitantes entre o nacional e o internacional, Haroldo de Campos selecionou autores nacionais e do continente aptos a descortinar o que, no plano produtivo internacional, é importável, para que essa seleção pudesse ser acoplada aos materiais arquivados particularmente pela cultura nativa, segundo leis não linearmente ocidentalizantes a que chamou de "Razão Antropofágica". Apoiado, aqui, inclusive na contribuição esparsa de Marx e Engels, mais os instrumentos da paródia e da carnavalização, Campos mostrou um caminho em que as mútuas inclusões da diacronia na sincronia, pela via da ruptura dos gêneros clássicos e do resgate de camadas de linguagem em estado de palimpsesto, profanam a busca nostálgica do lugar transcendental do pensamento ocidental.

Entretecendo a literatura indissoluvelmente à cultura, situam-se os seus estudos sobre o *Fausto* de Goethe, sobre Gregório de Matos, sobre Oswald de Andrade, sobre os elementos dialógicos e diferenciais da cultura brasileira e, muito especialmente, aqueles sobre o Barroco. Nesta instância, suas reflexões afinam-se e trocam aderências com aquelas de Octavio Paz (a necessidade de criação de um espaço de diálogo poético-histórico no continente), com Jorge Luis Borges (criação de uma poética circular e tradutória de leitura) e, para citar apenas nomes maiores, Lezama Lima (a criação de um pensamento poéticoeroticamente relacional) via assimilação tradutória e ao arrepio da historiografia ocidental.

Tendo esse panorama como pano de fundo, vale ressaltar que este artigo não pretende tecer comentários em torno da teoria da tradução de Haroldo de Campos, ou de interpretá-la à luz de outras teorias. Ao contrário, tomando por base os inúmeros textos que foram escritos pelo autor, o que proponho é sistematizar, dando a conhecer a riqueza em lucidez e criatividade radical dessa teoria, recuperar as linhas de força de seu desenvolvimento interno ao longo dos anos, os acréscimos e intensificações a que foi sendo submetida com o tempo. Minha opção por transcrever um grande número de citações do punho do autor justifica-se pela admirável densidade poética de sua dicção também presente em seus textos teóricos. Deixar de trazer essa poesia à presença do leitor significaria, a meu ver, uma perda inestimável para este artigo.

O MITO DA TRADUÇÃO LITERAL

A teoria da tradução de Haroldo de Campos é, antes de tudo, uma teoria da tradução de textos estéticos, não quaisquer textos estéticos, mas aqueles que mais desafios apresentam para o tradutor. Por isso mesmo, é uma teoria de ruptura, subvertora das noções convencionais e correntes da tradução. Uma tradução convencional é aquela que tende a transmitir uma réplica aproximativa, freqüentemente diluída, do texto original.

Para Campos, as traduções destituídas de um projeto estético radical são, geralmente, de dois tipos: "ou se trata de traduções simplesmente mediadoras, como uma espécie de dicionário portátil ou léxico arrazoado *ad hoc*; ou se trata de traduções medianas, que procuram intermediar de maneira média", guardando "da aspiração estética apenas as marcas externas de um dado esforço de versificação (a medida métrica) e de um deliberado empenho rímico (a rima terminal, consoante)"[2].

Apesar de suas inegáveis boas intenções, tal "empenho estético mediano morigerado", continua Campos, não raro "redunda em *Kitsch* involuntário, seja pela imperita

2. "Transluciferação Mefistofáustica", em *Deus e o Diabo no Fausto de Goethe*, p. 184.

seleção dos paradigmas lexicais, seja pela trivialidade das rimas (obtidas, freqüentemente, pelo pinçamento de palavras em 'estado de dicionário', ou por um dificultoso contorcionismo sintático, que acusa o 'versejador de domingo')".

Em oposição a esses dois tipos de tradução, Campos propôs que o poeta-tradutor, devidamente nivelado com a melhor e mais avançada poesia de seu tempo, reconfigure, síncrono-diacronicamente a melhor poesia do passado. "Contribuições meritórias nesse campo, avaliáveis positivamente como obras de aturado labor, devoção, erudição e paciência, não podem elidir" o que Campos chamou de "diferença ontológica" que aparta categorialmente toda tradução como mediação e a operação radical da tradução que Campos concebeu como "transcriação".

A MÁXIMA TRADUTÓRIA HAROLDIANA

Entendendo por sentença absoluta aquela que "não tem outro conteúdo senão sua própria estrutura, Albrecht Fabri afirmou que a sentença absoluta é própria da literatura. Uma tal sentença não pode ser traduzida. Por isso, toda tradução é crítica"[3]. Muito similar a esta é a afirmação de Max Bense de que a informação estética não pode ser codificada senão pela forma em que foi transmitida pelo artista, de modo que qualquer alteração na seqüência de signos verbais de um texto poético perturbaria sua realização estética por pequena que fosse, de uma simples partícula[4].

Tais colocações acabam por postular em princípio a impossibilidade da tradução. Diante dessa impossibilidade, Campos propôs que ela engendra o corolário da possibilidade também em princípio da recriação desses textos. Formulou assim, já em 1962, em "Da Tradução como Criação e como Crítica", texto republicado em livro em 1967, sua primeira máxima da tradução criativa: "Teremos [...] em outra língua, uma outra informação estética, autônoma, mas ambas estarão ligadas entre si por uma relação de isomorfia: serão diferentes enquanto linguagem, mas, como os corpos isomorfos, cristalizar-se-ão dentro de um mesmo sistema"[5]. Alguns anos mais tarde, o poeta substituiria o termo "isomorfia" por "paramorfia" para descrever a mesma operação, mas acentuando agora, "no vocábulo (do sufixo grego *pará*, 'ao lado de', como em paródia, 'canto paralelo') o aspecto diferencial, dialógico do processo"[6].

Em função de sua máxima, para Haroldo de Campos,

> tradução de textos criativos será sempre recriação, ou criação paralela, autônoma, porém recíproca. Quanto mais inçado de dificulda-

3. Apud, "Da Tradução como Criação e como Crítica", em *Metalinguagem & Outras Metas*. p. 31-32.

4. Idem, p. 32.

5. Idem, p. 34.

6. "Tradução, Ideologia e História", em *Cadernos do MAM*, n. 1, Rio de Janeiro, dez. de 1983.

des esse texto, mais recriável, mais sedutor enquanto possibilidade aberta à recriação. Numa tradução dessa natureza, não se traduz apenas o significado, traduz-se o próprio signo, ou seja, sua fisicalidade, sua materialidade mesma (propriedades sonoras, de imagética visual, enfim, tudo aquilo que forma, segundo Charles Morris, a iconicidade do signo estético, entendido por signo icônico aquele "que é, de certa forma, similar àquilo que ele denota"). O significado, o parâmetro semântico será apenas e tão-somente a baliza demarcatória do lugar da empresa recriadora. Está-se, pois no avesso da chamada tradução literal[7].

7. "Da Tradução como Criação e como Crítica", op. cit., p. 35.

Também de acordo com Paulo Valésio, "a importância da tradução icônica [...] está no fato de que, ao radicalizar algo que está presente, em certa medida, em toda tradução, ela desmistifica a ideologia da fidelidade"[8]. Nessa mesma linha de argumentação, Jakobson afirmou que:

8. Apud, "Transluciferação Mefistofáustica", op. cit., p. 209.

uma tradução fiel, cerrada, de poesia seja uma contradição em termos. O que permanece possível é a transposição congenial – a resposta livre, criativa de um poeta de língua inglesa a um autor russo ou japonês, e vice-versa, – um desempenho similar, na essência, a uma transposição inventiva, engenhosa, de um poema ou de um romance em pintura, cinema, balé, ou numa composição musical[9].

9. Apud, *Hagaromo de Zeami: O Charme Sutil*, p. 7.

Tais considerações foram retomadas, sob novas entonações, em 1976, na nota introdutória da tradução que Campos realizou dos 6 *Cantos do Paraíso*, de Dante. Nesta, o autor já nomeava seu projeto geral de tradução criativa de "transcriação", "um modo de traduzir que se preocupa eminentemente com a reconstituição da informação estética do original em português, não lhe sendo, portanto pertinente o simples escopo didático de servir de auxiliar à leitura desse original"[10]. Sua mira é produzir um texto isomórfico em relação à matriz, um texto que, por seu turno, ambicione afirmar-se como um original autônomo, *par droit de conquête*.

10. "Luz: a Escrita Paradisíaca", em *Dante Alighieri. 6 Cantos do Paraíso*, p. 7.

Alguns anos depois, ao comentar suas traduções bíblicas, Campos enfatizou, mais uma vez, que não buscava "uma suposta 'autenticidade'" ou "verdade textual". Ao contrário, seu empenho estava em alcançar, em português, "uma reconfiguração – em termos de 'transcriação' – das articulações fonossemânticas e sintático-prosódicas do texto de partida". Seu objetivo era "obter, através da operação tradutora, um texto comparativa e coextensivamente forte, enquanto poesia em português, a ser cotejado com as versões convencionais como um virtual exemplo contrastivo do que há por fazer, nessa matéria, em nosso idioma"[11].

11. "Nota prévia" a *Bere'shith: A Cena da Origem*. p. 11.

Na discussão de sua tradução do *Hagoromo* (*O Manto de Plumas*), Campos chamou sua estratégia tradutória de hiperpoundiana, em virtude da radicalização do método. "Em vez de um mero substitutivo esteticamente vacilante, pelo qual o tradutor 'fiel', à medida que o produz, vai-se apressurando em pedir desculpas quanto ao resultado", Campos dispôs-se a configurar:

> um texto poeticamente eficaz, minuciosamente trabalhado, autônomo como obra de arte verbal, dentro dos recursos da língua portuguesa, extremados, quando necessário, para responder ao impacto do original. O produto obtido guarda, com o texto de partida, uma relação formal e semântica de 'reimaginação', para além tanto do rudimentarismo literal, quanto da banalidade explicativa[12].

12. *Hagoromo de Zeami...*, p. 16-17.

Por tudo isso, faz muito sentido a afirmação haroldiana de que "a tradução radical libera a forma semiótica oculta no original, no mesmo gesto em que se dessolidariza, aparentemente, de sua superfície comunicativa"[13].

13. "Transluciferação Mefistofáustica", op. cit., p. 208.

BENJAMIN E O HORIZONTE METAFÍSICO DA TRADUÇÃO

Comentando sua tradução ("traduzir, transluzir") dos 6 *Cantos do Paraíso* de Dante, Campos dizia que "a operação tradutora tende, no limite, ao escopo daquela descrita por Walter Benjamin: liberar, na língua da tradução, a linguagem pura que o original vela, e em relação à qual o sentido comunicativo (*Bedeutung*) é apenas uma referência tangencial[14]". Nessa concepção de Benjamin, Campos encontrou uma versão sintonizada com sua teoria da tradução como transcriação, explorando-a para a construção, cada vez mais sofisticada, das idéias de que partira em 1962.

14. "Luz: a Escrita Paradisíaca", op. cit., p. 17.

Para Benjamin, a tradução, como a filosofia, não tem Musa. Para Haroldo de Campos, se ela, de fato, não tem Musa, poder-se-ia dizer que tem um anjo. "No entender do próprio Benjamin", continua Haroldo de Campos,

> cabe à tradução uma função angelical, de portadora, de mensageira (compreendida esta na acepção etimológica do termo grego *ángelos*,

do hebraico *mal'akh*): a tradução anuncia, para a língua do original, a miragem mallarmaica da língua pura; ela é mesmo, para o original, a única possibilidade de entrevisão dessa língua pura: – ponto messiânico (ou em termos laicos da moderna teoria dos signos, – lugar semiótico) de convergência da intencionalidade (mais exatamente, do "modo de intencionar", *Art des Meines*, *Art der intentio*) de todas as línguas, que assinala, entre elas, ao nível desse telos desocultado graças ao peculiar "modo de reprodução" (*Darstellungmodus*) que é a tradução, uma "afinidade eletiva", independentemente de todo parentesco etimológico ou histórico[15].

15. "Transluciferação Mefistofáustica", op. cit., p. 179.

Em uma outra referência interpretativa dessa complexa teoria benjaminiana, Campos indicava a saudade como esperança filosofal da tradução, saudade "em direção àquela 'língua pura' ou 'língua da verdade' de que a tradução se faz anunciadora, ao liberá-la do cativeiro a que está relegada no texto original"[16]. É nesse aspecto anunciador da tradução que se revela a "tarefa do tradutor":

16. "Para Além do Princípio do Saudade", em Folhetim, *Folha de São Paulo*, 412, 9-12-1984, p. 6-8.

> No original, o "modo de intencionar" voltado para a "língua verdadeira" está opresso, velado, por um conteúdo comunicativo que não lhe é essencial; incidindo sobre esse "modo de intencionar" – o que, em outros termos, se poderia chamar "forma significante" – do original, e não sobre o "conteúdo inessencial", a tradução acaba sendo uma prática desocultadora, ainda que provisória, pois anuncia, à maneira de um modelo "intensificado" e "nuclear", a complementaridade da "intentio" de cada uma das línguas isoladas na convergência harmonizadora da "língua pura", na qual "os últimos enigmas, que atraem o esforço de todo o pensar, são conservados sem tensão e como em silêncio"[17].

17. Idem, ibidem.

Com isso, ainda na interpretação de Campos, Benjamin inverte a relação de servitude que, via de regra, afeta as concepções ingênuas da tradução como fidelidade, isto é, tradução literal ao sentido, ou tradução servil, concepções para as quais a tradução deve transmitir o conteúdo do original. Em contraposição a essa concepção, na perspectiva benjaminiana da "língua pura", no caso da tradução de mensagens estéticas, de obras de arte verbal, "o original é quem serve de certo modo à tradução, no momento em que a desonera da tarefa de transportar o conteúdo inessencial da mensagem", permitindo-lhe dedicar-se a uma outra empresa de fidelidade, esta subversiva do pacto rasamente conteudístico: a "fidelidade à reprodução da forma", que arruína a tradução ingênua ou má tradução, aquela que se limita à "transmissão inexata de um conteúdo inessencial"[18].

18. "Transluciferação Mefistofáustica", op. cit., p. 179.

Partindo da tradução "angelical", de Benjamin, que, em termos semióticos, pode ser expressa como a tradução portadora da mensagem inter (ou trans) semiótica da língua pura, Haroldo de Campos deu um passo além ao reverter a função angelical do tradutor numa empresa luciferina. Da ênfase colocada no "lema rebelionário do *non serviam* (da não submissão a uma presença que lhe é exterior, a um conteúdo que lhe fica intrinsecamente inessencial)" foi extraída a hipótese da tradução luciferina. Recusando-se a servir submissamente a um conteúdo, recusando-se à tirania de um Logos pré-ordenado e rompendo "a clausura da metafísica da presença (como diria Derrida)", a tradução se torna uma empresa satânica, transgressora por excelência[19].

19. Idem, p. 180.

CAMPOS E O HORIZONTE LUCIFERINO DA TRADUÇÃO.

Se pensarmos, como Borges, declarava Campos, que o "conceito de texto definitivo não corresponde senão à religião ou ao cansaço", a substancialização idealizante do original pode ser abalada no deslocamento da questão da origem para a pergunta sempre "di-ferida" do rascunho do rascunho, pois, para Borges, não pode haver senão rascunhos. Sob essa luz, longe de render-se

> ao interdito do silêncio, o tradutor-usurpador passa, por seu turno, a ameaçar o original com a ruína da origem. Esta seria aquilo que Campos considerava a última *húbris* do tradutor luciferino: [...] reencenar a origem e a originalidade como plagiotropia, como 'movimento infinito da diferença' (Derrida) e a mímesis como produção mesma dessa diferença[20].

20. "Para Além do Princípio da Saudade", op. cit., p. 7.

Assim sendo, o contraparte 'maldito' da angelitude da tradução é a *húbris*, o pecado semiótico de Satã, a transgressão dos limites sígnicos, transgressão da relação aparentemente natural presente na dicotomia entre forma e conteúdo. Em um tal contexto, Lúcifer funciona como uma metáfora da "operação de finitização da metafísica benjaminiana do traduzir, para convertê-la numa física, num fazer humano resgatado da subserviência hierática a um original 'aurático', liberado do horizonte teológico da 'língua pura', restituído ao campo cambiante do provisório, ao jogo de remissões da diferença: um jogo sempre recomeçado"[21]. Nesse sentido, para Campos, o anjo da tradução passa a se chamar *Agesilaus Santander*,

21. Idem, ibidem.

pois no limite de toda tradução que se propõe como operação radical de transcriação, faísca, deslumbra, qual instante volátil de culminação usurpadora, aquela miragem [...] de converter, por um átimo que seja, o original na tradução de sua tradução. Assim, nada mais estranho à tarefa de traduzir, considerado como uma forma [...] que aspira a uma fidelidade – hiperfidelidade – a outra forma ("fidelidade à re-doação da forma") do que a humildade[22].

22. "Transluciferação Mefistofáustica", op. cit., p. 180.

Como se pode perceber, a empresa é luciferina porque chega a sugerir uma superação do texto original. O que cabe ao tradutor é transcriar, "excedendo os lindes de sua língua, estranhando-lhe o léxico, recompensando a perda aqui com uma intromissão inventiva acolá, a infratradução forçada com a hipertradução venturosa, até que desatine e desapodere aquela última *húbris* (culpa luciferina, transgressão semiológica?), que é transformar o original na tradução de sua tradução"[23]. Em síntese, "flamejada pelo rastro coruscante de seu Anjo instigador, a tradução criativa, possuída de demonismo, não é piedosa nem memorial: ela intenta, no limite, a rasura da origem: à obliteração do original". A essa "desmemoria parricida" Haroldo de Campos chamou "transluciferação".

23. "O Branco no Branco", em *Pedra e Luz na Poesia de Dante*, p. 82.

A TRADUÇÃO COMO LEITURA CRÍTICA

Também para Kenner e Pasternak[24], o que se traduz não deve ser o significado, mas sim o tom do que é dito, o "tônus" do original. Muito próxima dessa idéia, Haroldo desenvolveu uma concepção musical da tradução, inclusive no que diz respeito à leitura do original a ser traduzido, que deve ser lido como uma partitura.

24. Apud, "Da Tradução como Criação e como Crítica", op. cit., p. 37.

Quando o tradutor ingenuamente confunde a complexa e sutil dinâmica da função poética, em sua multiplicidade configuradora, com os aspectos mais óbvios e mais exteriores do exercício desta (a métrica e o rimário), ele leva ao obscurecimento a "intrincada teia de som e sentido que percorre o texto como um todo, qual disseminado jogo paranomásico, só acessível à leitura partitural própria da tradução radicalmente criativa"[25].

25. "Transluciferação Mefistofáustica", op. cit., p. 184.

Sob efeito dessa leitura partitural, a fragilíssima beleza aparentemente intangível do produto acabado em uma língua estranha não resulta simplesmente de um ato inspirado, de um frenesi inexplicável, mas de uma maquinaria criativa que deve ser desmontada e remontada pelo tradutor. O original se revela suscetível de "uma vivissecção implacável que lhe revolve as entranhas, para trazê-lo novamente à luz num corpo lingüístico diverso"[26]. Por isso, a tradução é, ao mesmo tempo, crítica. Como já foi afirmado pelo

26. "Da Tradução como Criação e como Crítica", op. cit., p. 43.

tradutor de Joyce para o espanhol, J. Salas Subirat, "traduzir é a maneira mais atenta de ler"[27]. Assim sendo, a tradução leva à "penetração no âmago do texto artístico, nos seus mecanismos e engrenagens mais íntimos"[28].

Quando traduziu Dante, Campos dizia que, para isso, fez "um percurso exploratório, 'topografando', por assim dizer, o original, com vistas a assediá-lo programaticamente em alguns de seus passos mais inçados de dificuldades"[29]. Para a tradução das duas cenas finais do Segundo *Fausto*, Campos também submeteu o original alemão a uma análise micrológica, "marcando em cores diversas a 'melodia de timbres' fono-semânticos que o percorre e entretece"[30].

Com uma mirada aléfica (miradouro privilegiado, o ponto vertiginoso para o qual convergem, segundo J. L. Borges, todos os lugares: divisar o universo em um grão de areia, como queria Blake), o tradutor-transcriador tem de reconhecer o desenho geral da poética do original, redesenhando-a e disseminando-a no espaço de sua própria língua. "Como à visada aléfica corresponde uma leitura partitural, o transcriador não pode contentar-se com o jogo parco das rimas terminais e a compulsão métrica"[31].

Em suma: tradução é labor altamente especializado, que requer dedicação amorosa e pertinaz e aquilo que Eliot chamou de "olho criativo"[32].

A FÍSICA DA TRADUÇÃO

A física da tradução é um índice do fazer, em termos operacionais, uma pragmática do traduzir. Para realizar a tradução da forma, ou seja, "do modo de intencionalidade" de uma obra, como postulava Benjamin, uma forma significante, portanto, um intracódigo semiótico, o tradutor deve, segundo Campos,

> re-correr o percurso configurador da função poética, reconhecendo-o no texto de partida e reinscrevendo-o, enquanto dispositivo de engendramento textual, na língua do tradutor, para chegar ao poema transcriado como re-projeto isomórfico do poema originário. O tradutor de poesia é um coreógrafo da dança interna das línguas, tendo o sentido [...] não como meta linear de uma corrida termo-a-termo, sineta pavloviana da retroalimentação condicionada, mas como bastidor semântico ou cenário pluridesdobrável dessa coreografia móvel. Pulsão dionisíaca, pois dissolve a diamantização apolínea do texto original já pré-formado numa nova festa sígnica: põe a cristalografia em reebulição de lava[33].

27. Idem, ibidem.

28. Idem, p. 46.

29. "Luz: a Escrita Paradisíaca", op. cit., p. 7.

30. "Olhar a Palavra, Ouvi-la, Senti-la, Tocá-la, Operá-la ... e Transcriar Goethe", Entrevista concedida a J. J. de Moraes, em *Caderno de Programas e Leituras, Jornal da Tarde*, 3-10-1981, p. 3-4.

31. "Transluciferação Mefistofáustica", op. cit., p. 189.

32. "Da Tradução como Criação e como Crítica", op. cit., p. 46.

33. "Transluciferação Mefistofáustica", op. cit., p. 181.

O procedimento transcriador é, portanto, uma operação radical, "cuja virtude transfusora aja blocalmente sobre os paradigmas (desprezando-se o sentido pontual desta ou daquela palavra isolada), para remobilizar, no texto traduzido, um análogo contraponto de séries fono-semânticas, visando ao efeito icônico do todo"[34]. O que se tem aí é uma concepção da tradução como transfusão. "De sangue. Com um dente de ironia poderíamos falar em vampirização, pensando agora no nutrimento do tradutor". Nessa operação, Campos também enxergou sua noção *sui-generis* de mímese, "não como teoria da cópia ou do reflexo salivar, mas como produção da di-ferença no mesmo"[35].

34. Idem, p. 183.

35. Idem, p. 208.

Nesse sentido, a mímese é equivalente à noção de ícone. Nos comentários à sua tradução do *Fausto*, Campos chamava atenção para o fato de que uma tradução icônica, tal como propunha,

> é necessariamente intensiva e não extensiva; trabalha em concentração e não em expansão. Seu campo experimental é, de preferência, o fragmento, o excerto. Opera monadologicamente [...]. É um modelo em miniatura, que lança sobre o original uma luz transparente, capaz de revelar as virtualidades do todo numa exponenciação da parte"[36].

36. "A Transcriação do Fausto", em Suplemento de Cultura, *O Estado de S Paulo*, ano II, n. 62, 16-08-1981, p. 13-15.

A TRADUÇÃO COMO CRÍTICA DA TRADIÇÃO

Transcriar também significou para Campos apropriar-se da historicidade do texto-fonte, apropriação pensada como "construção de uma tradição viva", o que se constitui em um ato usurpatório regido pelas necessidades do presente da criação. Por isso, "os critérios intratextuais que enformam o *modus operandi* da tradução poética" podem "ditar as regras de transformação que presidem à transposição dos elementos extratextuais do original 'rasurado' no novo texto que o usurpa e que assim, por desconstrução e reconstrução da história, traduz a tradição, reinventando-a"[37]. Traduzir como forma responde assim não à vida do original, mas à sua sobrevida, ao estágio do seu perviver[38].

37. "Tradução, Ideologia e História", op. cit., p. 58.

38. "O Arco-íris Branco de Goethe", em Folhetim, *Folha de S Paulo*, 19-09-1982, p. 4-5.

A tradução é, portanto, uma "forma de leitura apropriadora e transformadora da tradição (modalidade cultural da antropofagia oswaldiana, talvez)". Por isso mesmo, "a escolha do modelo a transcriar não é ingênua, nem deve ser inócua. Trata-se fundamentalmente de uma operação crítica"[39].

39. "A Transcriação do Fausto", op. cit., p. 15.

Nessa medida, traduzir é um modo de reler o passado, presentificando-o. Uma releitura do passado, em modo sincrônico "e com ganas de reatualizá-lo, repristiná-lo, de fazer – pessoanamente – do outrora agora". Como leitura da tradição, quando não é ingênua nem se confina ao "museológico", a tradução realiza o "salto tigrino" (Benjamin) do sincrônico sobre o diacrônico[40].

40. "Transluciferação Mefistofáustica", op. cit., p. 188.

À luz de um tratamento sincrônico, a história aparece "como franja colorida de uma simultaneidade cristalina" (Benjamin)[41]. Assim, a tradução restitui "o modo de intencionalidade do original, oprimido e obscurecido pelo cerimonial museológico do versejar acadêmico, ao qual se arrimam, como a um corrimão obsequioso, as traduções convencionais"[42].

41. Idem, p. 190.

42. Idem, ibidem.

Sob esse aspecto, aos termos "paramorfismo" e "canto paralelo", Campos incorporou um outro termo à sua teoria da transcriação: o termo "plagiotropia". Derivado do grego *plágios*, oblíquo, que não é em linha reta, com esse termo, Campos pretendeu caracterizar o movimento de derivação ou ramificação por obliqüidade. Um tal movimento lhe parecia adequado para "descrever o desenrolar do processo literário como leitura 'polifônica', antes por desvios do que por um traçado reto, da tradição". Um sinônimo para "plagiotropia" seria "transculturação", dado que esse movimento transcorre em um espaço não confinado pelas geografias regionais. Nesse sentido, a transcriação tem um lugar privilegiado no tropismo histórico-cultural[43].

43. "Olhar a Palavra, Ouvi-la, Senti-la, Tocá-la, Operá-la... e Transcriar Goethe", op. cit., p.5.

Enfim, a tradução radical, transcriadora de um grande original é a única maneira de "não se contentar apenas com a 'imagem do significado' de um texto, mas, para além disso, aceder à 'imagem do seu significante' (ou de sua 'forma significante', mais exatamente, uma vez que se trata de uma forma imantada, 'irradiada' pela volátil componente semântica)". Além disso, o empenho "na reinvenção da tradição para propósitos produtivos (não meramente conservativos)", no contexto da América Latina, abre-se para uma perspectiva "transumanista" necessariamente antropofágica[44].

44. Idem, ibidem.

Não se pode negar que a teoria da tradução de Haroldo de Campos é admiravelmente lúcida, criativa e, ela mesma, poética. Muito mais admirável essa teoria soa, quando cotejada com a prática tradutória genial que o poeta foi engendrando paralelamente à teoria, como uma prática que trouxe para os leitores de língua portuguesa o privilégio de escutar, em sua própria língua, na mesma dicção densa do original, alguns dos maiores poetas da humanidade.

crítica & artes

A BREVE INTERRUPÇÃO DO FIM

GERALD THOMAS

HAROLDO, PRA MIM, ERA TUDO. OU MELHOR, minto. Ele era muito mais que isso, pois "tudo" não quer dizer nada. Desde os meus 13 anos, quando eu perambulava aqui em Nova York com Hélio Oiticica, já ouvia falar dele e me interessava pela sua poesia concreta. Achava aquilo fascinante. Junto com os "ready-mades" de Duchamp e as pinturas deformadas de Francis Bacon, a arte vinda da Factory de Warhol e a música de Wagner, Hendrix, eu encontrava na poesia concreta de Haroldo de Campos a "resolução" de toda essa estranha equação que eu entendia ser o mundo (ou enigma, sei lá) ou fragmento ou estilhaço que somente depois de adulto eu consegui entender como sendo a consciência humana.

Eu havia lido – se não me engano – um ensaio de Guy Brett (na época crítico de arte do *Times* de Londres) sobre a arte contemporânea e Haroldo de Campos era citado junto com seu irmão, Augusto. Além do que, Hélio Oiticica e Waly Salomão não paravam de falar sobre Haroldo e Augusto de Campos como se fossem os representantes de deus na terra.

Pra mim, uma criança daquela idade – precoce ou não – formada por Ivan Serpa e louca pela vanguarda, a idade pedia "role models", a figura do pai, a figura do deus humano, e Haroldo de Campos, de tanto ouvir falar dele e de tanto ler seus poemas, virou isso: o meu deus andarilho.

Tanto no Brasil quanto aqui em Nova York, os irmãos Campos sempre estiveram na minha mira, mas fora do meu alcance. Com meus parcos 13 anos de idade, não havia motivo e nem desculpas ou pretexto pra chegar até eles. Mas eu morria de vontade.

E o fascínio continuou, cresceu através dos tempos.

Pausa monumental. Passam-se 20 anos.

Pausa para ler o que escrevi até agora. O tempo fictício de escrever algo abstrato sobre alguém muito amado num número determinado de horas se choca com a dor real de ter perdido essa pessoa PRA SEMPRE.

Caramba! Como continuar? Algo em mim diz que é impossível descrever "realmente" o Haroldo de Campos que eu conheci tão intimamente, de que fui amigo, cúmplice, companheiro de trabalho e a vontade que dá é a de pedir desculpas ao Jacó Guinsburg (uma outra paixão em minha vida) e jogar a toalha. A tarefa é simplesmente grande demais.

Mas posso tentar não desistir, afinal, sou discípulo, por assim dizer, de Samuel Beckett, cujos motes são famosos. Entre eles "Não posso continuar. Preciso continuar". Ou "Falhar. Falhar de novo. Falhar melhor". Então, usando da minha convivência com Beckett no início dos anos oitenta em Paris, vou honrar o compromisso e tentar – da melhor forma possível – descrever "quem" foi Haroldo de Campos pra mim, ou melhor. Quem foi "Sir Haroldo de Campos" para um jovem autor e diretor de teatro, cuja vida inteira foi influenciada por sua obra, inspirada nela, iluminada por ela, essa vasta obra que se ramificava em tantas e – contraditoriamente juntava todos os ramos e galhos e os amarrava criando tronco e raízes fortíssimas de onde brotavam idéias tão incrivelmente originais que os queixos caiam e criadores alertas em todos os cantos do Brasil e do mundo se inspiravam e suas vidas mudavam e estavam mudadas pra sempre depois de Haroldo de Campos.

Faz sentido o que digo?

Não me importo. Estou emocionado e, sinceramente, não quero revisor, copy-deskeiro nenhum me corrigindo. Afinal, acho que nunca sofri tanto quanto nesse ano que passou com a falta desse homem nesse planeta. Mesmo passando alguns meses sem vê-lo, sempre sabia que ele estava lá, em Perdizes, tinha notícias dele através de Jacó e Gita, não queria incomodá-lo em seus períodos "down" que eu sabia serem terríveis.

Mas vamos aos fatos. Onde eu estava? Ah sim, nos meus 13 anos e sem acesso a ele. Bem, as coisas mudam radicalmente quando...

Décadas depois, já estabelecido como "um nome internacional de teatro", mais ou menos especializado em montar premieres mundiais de textos de Samuel Beckett no La

MaMa etc, eu resolvi escrever uma peça especialmente dedicada aos poetas concretos, com a Cia de Ópera Seca brasileira – *Eletra ComCreta* – na esperança de que eles fossem atraídos pelo título e.....bem, a partir disso, pudéssemos, sei lá... começar uma discussão, amizade, qualquer coisa.

O espetáculo ficou mais de um ano em cartaz e nenhum dos três (Haroldo, Augusto ou Décio) apareceu. Dei o caso por perdido. Pelo menos fomos sucesso de público. Inexplicavelmente, até hoje é um dos espetáculos que o público mais comenta. Pode ser que Haroldo não o tenha visto. Mas como foi tão fortemente inspirado nele, tenho a fortíssima certeza de que – de certa maneira – algo ali foi "decalcado" dele e se infiltrou no espetáculo. Se é que houve algo de genial naquele espetáculo (e muitos disseram que houve), talvez aquilo pudesse ser atribuído a ele e não a mim. Sim, muitas coisas não se explicam. Essa é uma delas.

Mesmo assim fiquei triste dele não ter visto *Eletra ComCreta* – pois Haroldo era essa referência monumental e transbundantemente gigantesca em minha vida (além do mais tínhamos paixões em comum como Joyce, Goethe, Pound e minha relação pessoal com Beckett, pensei eu, poderia lhe interessar...).

Mas o acaso é justo! No ano seguinte, em 1987, quando montei *Trilogia Kafka*, recebo um telefonema da bilheteria de que Haroldo de Campos, Boris Schnaiderman e Jacó Guinsburg estavam lá em cima e veriam aquela sessão. Meus joelhos tremeram como se fosse a minha estréia, a minha passagem do amadorismo pro teatro profissional.

Nunca mais nos desgrudamos. Foi uma coisa inexplicável (as melhores e mais fortes coisas do universo ou das galáxias são inexplicáveis). Nos falávamos sempre. Ele voltava e voltava pra ver as peças. Escrevia sobre elas. Queria saber sobre cada detalhe do texto e de como cheguei à idéia dessa e daquela cena. E a música. E a luz. E ficava fascinado com os atores. Ficou íntimo do elenco. Eu o visitava (e a Carmen) em sua casinha em Perdizes com enorme freqüência. E lá, parecíamos duas pilhas fora de controle, um falando paralelamente ao outro. Não havia granada que nos parasse. Nos encontrávamos com muita freqüência (nos últimos tempos) no apartamento do Jacó e Gita Guinsburg.

A cada artigo seu a respeito de um espetáculo meu, as lágrimas caiam. Aquilo não podia ser verdade. Um ano antes, afinal, eu ainda tentava atraí-lo com *Eletra ComCreta* e... agora, ele escrevia com uma euforia contagiante sobre a minha obra. Meu deus. O que fazer disso tudo? E tinha mais. Jacó estava preparando, através de sua editora, a Perspectiva, uma edição sobre o meu trabalho no teatro. A "curadoria" seria do Haroldo. A enxurrada de emoções não parava.

No entanto sou amargo. Meus contemporâneos não são generosos (existem excessões, claro) a ponto de admitirem o quanto (digo, o QUANTO) Haroldo de Campos foi sua maior influência. Muitos cantam seus versos. Outros o vertem em seus cantos e o transformam ou o transgridem, mas não o citam e nem o agradecem. O cerne da genialidade reside justamente em admitir as influências. E o fato é que Haroldo de Campos influenciou DUAS ou TRÊS gerações de CRIADORES! Mas poucos têm a humildade de repetir seu nome ou de lhe prestar as homenagens diárias, horárias que ele merece.

De fato: sem sua existência, e a de sua obra, não seríamos nada. E esse nada é o oposto de tudo, não estou fazendo jogos semânticos nem brincadeiras metalingüísticas.

Graças a Haroldo de Campos, a arte brasileira é moderna. E isso não é dizer pouco. Mas parece que isso não foi o suficiente: Haroldo de Campos nunca mereceu o tratamento "oficial" que um, digamos, Jorge Luis Borges, recebeu em sua Argentina ou um Octavio Paz recebe no México e me pergunto porque. Por que?

Sua obra é internacionalmente conhecida. Vi e testemunhei isso na Alemanha, na França, na Itália e aqui, em Harvard e em New York University na Columbia University. Desde Umberto Eco até Jacques Derrida, os endossos e as venerações vinham de todas as partes. Mas e o Brasil? Por que a resistência? Por que as briguinhas mesquinhas?

Quando saíamos pra jantar, às vezes essa amargura ficava aparente sob a torrente de trocadilhos que trocavamos noite adentro. Com o passar dos anos, sua fragilidade ficou mais transparente e assim ficou sua terrível depressão e diabetes. Às vezes falávamos sobre isso, às vezes ele chegava a discursar sobre isso. E, às vezes, a depressão fazia com que sumisse por meses a fio.

Viramos confidentes. Falávamos (atropeladamente) sobre tudo, desde as várias fases de Goethe até o *Panaroma de Finnegan's Wake* (eu insistia em que a dupla terminasse a jornada da transcriação). Celebrávamos Bloomsday nos vários pubs Finnegans da cidade (com Giulia Gam e Bete Coelho – do meu elenco) e líamos e nos divertíamos com as mais infames piadas e os piores trocadilhos.

Sua morte foi um dos maiores choques que já recebi. Principalmente porque eu não havia sido informado de nenhuma internação, de nenhuma enfermidade. E foi na tarde da estréia de *Tristão e Isolda* no Municipal do Rio, justamente essa produção que me trouxe tantos problemas.

Acho que, no fundo, abaixei as calças e mostrei a bunda no final, pois estava em tamanho estado de stress com a notícia da morte de Haroldo, que não soube reagir às vaias e aos xingamentos anti-semitas que me eram berrados.

Mas tenho muito orgulho em ter levado pro palco, ainda que imperfeitamente, um texto inédito seu, escrito dois anos antes do meu nascimento, ou seja, em 1952 – "Graal,

O Retrato de um Fausto quando Jovem". Além disso, no mesmo ano, usei enormes trechos de *Galáxias* numa coreografia que fiz para um grupo de dança de Belo Horizonte, o Primeiro Ato. Aquele trabalho chamava-se *A Breve Interrupção do Fim*.

A morte de Haroldo parece, até hoje, quase um ano depois, justamente, uma breve interrupção do fim. No Blog que mantenho no UOL, Ana Peluso e eu (minha fiel parceira de Blog e excelente poeta) publicamos poemas dele constantemente, fazemos referências a ele pois sei que o Brasil tem a memória curta e sei que vivemos uma era horrivelmente frívola, uma era em que Haroldo talvez fosse cada vez mais infeliz.

A experiência de ter montado *Graal* foi estupenda. Haroldo estava décadas, talvez meio século na frente do seu tempo. Ele ia ao Rio visitar os ensaios a cada duas semanas e confesso que eu não sabia muito bem o que ler em suas reações faciais. Ele andava muito cansado. Jantávamos no Lama's (ele adorava a fritada de camarão, que devorava) e eu o deixava em seu hotel preferido, o Hotel OK, na Senador Dantas.

Eu estava mais do que cansado de saber da diabetes. Mas algo de diabólico em nó, nos torna cúmplices no crime. Eu sabia que ele não podia comer tanto e não podia tomar vinho. Mas, longe de São Paulo, era farra. E como amigo era meu dever agir como "policial". Mas como fazer isso? Impossível. A gente se torna automaticamente cúmplice no crime e, não somente libera geral, como ri de tudo e a decadência toma conta. Não tenho dúvidas de que, quando saí do ar do RJ-TV, na tarde da estréia de *Tristão e Isolda*, e me contaram que Haroldo havia morrido, a primeira imagem que me veio à cabeça, foram as várias "farras" que cometemos juntos e que – com seu estado debilitado – eu jamais deveria ter permitido. Mas evidentemente não fui o único.

Voltando a *Graal*: seu texto, evidentemente, não era pra ser falado por atores treinados pelo método stanislawskiano. Lembro-me de "importar" de São Paulo (os atores eram alunos formandos da CAL, mais a Bete Coelho no papel principal) o dramaturgista (hoje crítico da Folha de S Paulo, Sergio Salvia Coelho), para explicar ao elenco que aquelas falas não eram "frases cotidianas" e, portanto, a ênfase, o coro, os gestos podiam ser tudo, menos "normais" ou coloquiais.

Pois, acho que a produção não levantou e não alcançou o ponto desejado justamente porque os meninos não entenderam o que queria dizer aquele aglomerado de palavras e não entendiam o Haroldo visto por Goethe (e vice-versa) e não entendiam a brincadeira metalingüística com o *Retrato de um Artista quando Jovem* de James Joyce. Em última instância, a culpa seria minha que, como diretor do espetáculo, não conseguiu transmitir toda aquela rede de informações para o elenco e, *ultimately*, para o público.

Haroldo ficava na platéia vendo os ensaios, mas acho que se sentia encabulado demais pra criticar. Sonhava em ver o coro dos anjos voando (coisa que num teatro é tecnicamente difícil e estávamos operando com um orçamento mínimo), sonhava em ver as cenas montadas que havia sonhado. Mas aquilo não era possível. E esse era o grande paradoxo. O teatro é concreto. E aqui estávamos nós com o pai da poesia concreta, óbvia e visivelmente decepcionado em não ver realizado cenas altamente lúdicas e praticamente, concretamente irrealizáveis.

Conversamos como contornar o problema. Mas Haroldo, depois de alguns jantares me parecia resolvido com a produção. Preferia que acontecesse do jeito que estava. "Melhor fazer do que não fazer", e terminava com uma convincente gargalhada. E sugeria uma batucada, um samba pro final. E assim foi feito.

Graal tratava de um ser mítico e era uma peça mítica-romântica. Porém, já desconstruída e, em vários momentos extremamente "concreta", causou "problemas" já que o elenco era praticamente amador. Mas para a Bete e eu, foi um orgasmo, um delírio, uma delícia que eu repetiria hoje, amanhã e a semana que vem.

Mas é compreensível que o público tenha dificuldades com esse tipo de teatro impopular. É sempre bom e saudável lembrar que, quando *Esperando Godot* estreou em Paris, dirigido por Roget Blin, no Studio de Paris para uma platéia de 70 pessoas, 35 saíram no intervalo. E quando, quatro anos após a estréia na França, ela teve sua estréia aqui nos EUA, Walter Kerr, o crítico do *New York Times*, a derrubou, argumentando que se tratava de algo em que "nada acontece, em dois atos". Kerr, 25 anos depois, renunciou como crítico. E em sua renúncia, dizia que achava *Esperando Godot* a maior obra de arte do século XX. Admitiu ter errado profundamente e admitiu que provavelmente arruinou a vida de centenas de artistas.

Sinto que Haroldo de Campos já deveria fazer parte "oficial" da História literária brasileira. Mas ainda sinto que existe alguma resistência quando o nome dos irmãos é pronunciado. A poesia concreta é uma fase e existe como tal no passado desse País, uma fase gloriosa.

Nas últimas décadas, Haroldo já estava traduzindo obra de sete diferentes idiomas, um estudioso sem precedentes no Brasil e, mesmo assim, nunca conseguiu se livrar do "stigma" da poesia concreta. Lembro-me de um dia muito peculiar...um dia em que recebeu uma tradução alemã de *Finnegan´s Wake*, um verdadeiro monstro, algo que pesava, tranqüilamente, sete kilos. Nós conferíamos juntos página por página e tínhamos momentos de êxtase, pois o tradutor (esqueço o nome) havia conseguido o inconseguível (segundo Haroldo). Muito orgulhoso por ter conseguido um exemplar entre somente quinhentos impresssos (e o conseguiu pela internet), ele o exibia como se fosse o velho testamento. Essas memórias são sagradas e me fazem lembrar os melhores e mais preciosos momentos da minha vida.

Não estou conseguindo escrever esse texto sem lágrimas nos olhos, sem uma pedra na garganta. Só em pensar que não o verei mais, que ele não abrirá mais aquela portinha de ferro em sua casinha em Perdizes... chega. Acho que basta. Haroldo era um lutador, um ser mefistofáustico que adorava mostrar o punho. Ele iria detestar um idiota romântico como eu derramando lágrimas (mal sabe ele quantas já derramei).

Vou terminar esse texto plagiando Derrida que escreveu sobre Haroldo de Campos uma das coisas mais doces e sinceras: "Quando eu crescer, quero ser você!"

O MULTI-CONVERSOR

LIVIO TRAGTENBERG

É difícil estabelecer uma separação, não mais que precária, na epifânica do poeta Haroldo de Campos entre o espaço da criação e o espaço da crítica. De forma única, Haroldo amalgamava esses universos através de uma alquimia indissociável e desierarquizada. Reflexão e criação são fagulhas de uma mesma chispa, atravessando fronteiras na selva selvagem da signância haroldiana.

Assim não há como separá-los no *logos* haroldiano sem que se perca uma parte importante do seu trânsito na linguagem.

A música das palavras ocupava para Haroldo um espaço essencial idéia e imagem. A barroquização, em sua poesia, tem no jogo sonoro um de seus elementos básicos. Manipulando não apenas os efeitos mais conhecidos, como a aliteração, a rima interna etc.; mas estabelecendo jogos de contrastes entre vogais claras e escuras, consoantes explosivas e oclusivas.

Na convivência entre contrários, espaço por excelência da composição barroca, a sonoridade da palavra estabelece, ao mesmo tempo, a cadência, com suas velocidades internas, e um jogo de bordaduras melódicas, bastante característico da sua dicção poética.

Ao invés de buscar efeitos pirotécnicos com aliterações e que tais, buscou, sobretudo o estabelecimento de ritmos internos de leitura, calibrando pausas em medidas graduais – da mais breve à mais longa –, verdadeiros engasgos, na divisão do verso, em recortes que criam rupturas em relação à cadência anterior. Nessas mudanças de linha no verso, Haroldo criava o verdadeiro espaço rítmico de sua poesia. Essa escansão rítmica, por vezes invisível, não aparente através apenas pela quebra do verso na linha, obedecia a um projeto fônico que, entre os demais elementos, levava em conta a *velocidade* geral da leitura e as alterações de andamento, com seus *accelerandos* e *ritardandos*.

Sobre esse aspecto, recorro a uma descrição do próprio Haroldo:

Singram barcos ao largo da Baía de Miho,

Os brados dos pescadores marcam a rota das ondas.

"As aliterações em /b/ e /g/, bem como a disseminação da figura fônica AR respondem a rimas grafemáticas (os "harmônicos" que dançam diante do olho, segundo Fenollosa), recuperáveis no original"[1].

Ao recuperar a expressão de Fenollosa em relação aos "harmônicos" Haroldo chama a atenção também para o resíduo fônico que acumula e impregna a leitura do verso poético "'colorindo' todos os planos semânticos, à maneira de uma 'dominante'"[2].

Na verdade, esse resíduo cria uma espécie de arco tonal dentro do ritmo e cadência do verso. A consciência desse arco tonal, que se estabelece na leitura poética, advém também do fato de Haroldo ter sempre destacado a importância da poesia lida em voz alta.

Não há como precisar o momento em que a função sonora e a função simbólica encontram formulação e corpo na palavra, no verso, no poema e no texto. São um sem números de impulsos que entram em curto circuito com outros tantos feixes de percepções sensoriais e referenciais de diferentes naturezas. E dessas velozes colisões, uma luz – ou a escuridão em vórtice – se faz, epifania, síntese, criação.

Assim, ao se abordar um objeto criativo, deve levar em conta as diversas "idades" ou etapas de gestação e geração desse objeto. Deve-se levar também em conta, elementos e situações exteriores a ele, mas que apresentam vetores de informação que enriquecem-no, quando toma contato com a epidemia dos contextos. Como escreveu Roland Barthes, a tarefa da crítica não é a de "descobrir 'verdades' mas

1. *Hagoromo de Zeami: O Charme Sutil*, p. 19.

2. *Ideograma – Lógica-Poesia-Linguagem*, p. 32.

somente 'validades'"[3]. E essas validades se relacionam com as diferentes áreas de reverberação do objeto criativo. (A sonoridade das palavras era certamente uma "validade" no sentido da composição da forma essencial na poética haroldiana). Nas relações que estabeleceu com a música e, acredito, com outras linguagens também, Haroldo de Campos buscava antes de tudo identificar, sobretudo os *conversores*, mais que um juízo a respeito dos resultados. Esse foco implicou numa necessidade de reconhecer mecanismos básicos de operação dos diferentes materiais.

3. Roland Barthes, *Crítica e Verdade*, São Paulo, Perspectiva, 1970, p.161.

A idéia de conversor embute a idéia de transcriação, central na obra do poeta. Que por sua vez embute também processos de transmutação, metamorfose, e transubstanciação. Uma abordagem alquímica do processo de fruição e análise.

Ao transcriar e trafegar entre um grande número de idiomas, Haroldo se entusiasmava com as relações e correlações entre as estruturas fônicas, gramaticais e lexicais que através de seu olhar apurado sempre propiciavam surpresas onde aparentemente o óbvio se instalara na percepção.

Recordo uma conversa entre Haroldo, Theophil Maier (cantor alemão, especialista em Dada, integrante do grupo Ex-Voco, de visita por São Paulo) e Baldur Liesenberg, músico ("o bardo de Blumenau" e colaborador em projetos comuns desde 1981), a respeito das diferentes traduções do verso *vanitas vanitatum*. Haroldo comparava a tradução para o alemão de Martinho Lutero, a versão brasileira corrente vulgar, sua própria transcriação com relação ao original em hebraico, conforme Desenho.

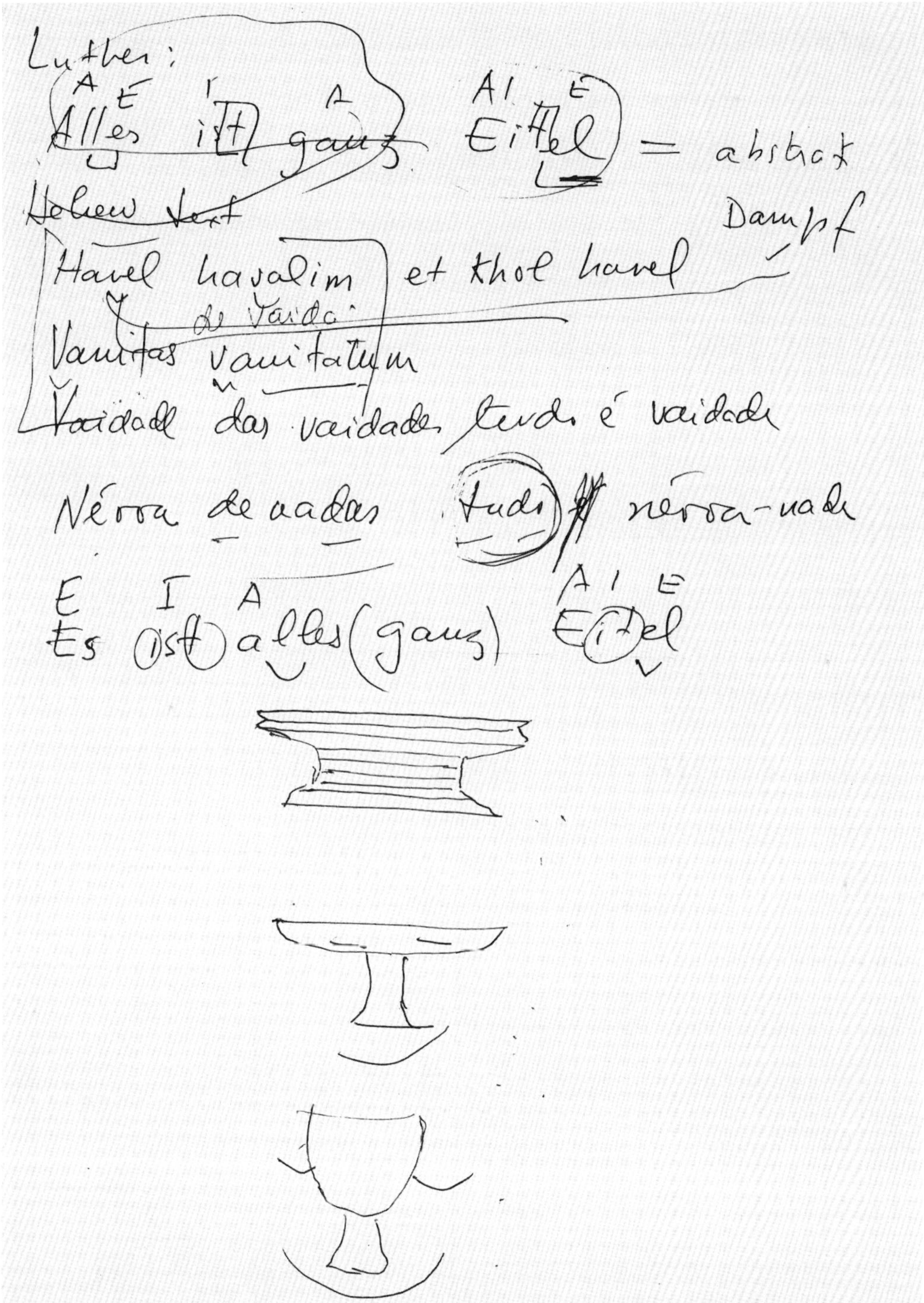

Luther:
Alles ist ganz Eitel = abstrakt
Hebrew text
Havel havalim et hol havel
Dampf
de Vaidade
Vanitas vanitatum
Vaidade das vaidades tudo é vaidade
Névoa de nadas tudo névoa-nada
Es ist alles (ganz) Eitel

Haroldo assinala a simetria de vogais nos versos e a repetição das consoantes [*v*] e [*h*] - que soa *rá* em hebraico, buscando em sua transcriação o equilíbrio dessas sonoridades ao longo do verso.

Desempenha papel fundamental no processo da trasncriação a sonoridade e as alternâncias de ritmos e entre sons e silêncios.

A identificação e mesuração da pausa no verso haroldiano foi, com o tempo, ganhando mais e mais importância.

A escrita bíblica explicitava elementos de sua oralidade através dos neumas (os *te'amim*), e a esse tipo de objetivação fônica, Haroldo buscou responder em sua transcriação para o português com um conjunto de ações gráficas que possibilitem que o olho guie a fala. Isto é, que o espacejamento do texto no papel funcione efetivamente como uma partitura de leitura.

Como explica o próprio poeta na introdução ao *O-Que-Sabe*, ele procurou "hebraizar" o português. Na tradição barroquizante de Odorico Mendes, buscou tornear certas palavras que seriam poeticamente mais eficazes. Essa torção na língua encontra, no plano fônico, uma das balizas e referências mais importantes.

Numa operação de calibragem dos meios sonoros, a transcriação do hebraico ganhou uma qualidade idiomática própria com a reinvenção, e mesmo criação, de palavras em português que pudessem responder as demandas consonantais, onipresentes no hebraico.

"A estrutura rítmica já é portadora de sentido" (Henri Meschonnic). Uma das preocupações de Haroldo no processo de transcriação do *Qohélet* (*O-Que-Sabe*) era justamente quanto à transposição gráfica dos *te`amim* (conjunto de sinais que acompanham o texto bíblico com indicações rítmico-melódicas), no sentido de recuperar uma dinâmica do "fôlego" na leitura do texto bíblico. A sua detalhada explanação do processo de depuração da codificação desses símbolos em sua transcriação[4], é o testemunho da importância que o papel da dimensão sonora desempenhava.

A adoção mallarmaica dos espaços em branco foi mais um recurso agregado à escolha dos sinais gráficos, que simbolizaram as distinções entre as pausas (Haroldo estabeleceu três, da cesura à pausa mínima). Sua explanação é muito clara, mas o que se observa é que ao adotar um sistema gráfico aberto, com a adoção dos espaços em branco além dos sinais gráficos que indicam a qualidade das pausas, ele estabelece uma leitura partitural (não apenas musical) ao texto. Que pode ser interpretada pelo leitor comum, de forma que é impossível atropelar as disposições gráficas do texto como qualidades temporais. Um grande resultado, com recursos mínimos.

À época, discutimos se essa estandartização das pausas em três categorias (traduzindo um sistema complexo de 27 tipos de acento) não reduziria muito as possibilidades rítmicas de leitura.

4. Haroldo de Campos, *Qohélet /O-Que-Sabe*.

Mas como relata o próprio Haroldo "preocupou-me desde logo, obviar à dificuldade em reconhecer com presteza e nitidez os segmentos em branco interpontuados na composição. Nesse sentido, além da gradação dos espaços intervalares, entendi necessário tornar ainda mais evidente a marcação na página para o olho"[5].

5. Idem, p. 28.

O resultado é que uma organização gráfica que se assemelha a uma partitura de música contemporânea, com seu sistema próprio de notação, preservando o que considerava essencial: um espaço de liberdade no estabelecimento dos parâmetros de tempo e de expressão, das durações e das cadências. Ou seja, dentro de um mínimo de regras, buscar matizar as inflexões, pausas e cesuras dentro de um largo espectro expressivo. Buscando assim pontos de equilíbrio, que balizassem a leitura textual, possibilitando "visualizar" o tempo de leitura, sem que seja necessário recorrer a um sistema métrico fixo.

À época da visita do compositor Karlheinz Stockhausen para concertos no Rio de Janeiro, em 1988, Haroldo já comentava com certo sarcasmo a ênfase excessiva que o compositor alemão dava ao processo extremo de racionalização na concepção e escrita musical ao mesmo tempo em que, paradoxalmente, considerava-se um emissário vindo da estrela Sirius... [6]

6. Ver também os textos de Haroldo de Campos relacionados à visita de Stockhausen em Livio Tragtenberg, *Artigos Musicais*, São Paulo, Perspectiva, 1991.

Haroldo observa, "nesse desdobramento (sobre as peças recém apresentadas no Rio de Janeiro em 1988), o racional buscou imantar-se do mágico, o geométrico extravasou para o orgânico, o construtivo descontruiu-se para dar espaço-tempo à paixão, sem perder, por nem mesmo um milímetro de som-segundo, a lucidez: racionalismo e sensibilidade"[7].

Captando ao movimento bi-polar que caracteriza a criação de Stockhausen desde os anos de 1960, quando busca na cultura oriental elementos para o seu geometrismo germânico, Haroldo reconhece que mesmo na surrada *neue musik* o espaço de criatividade se encontra na combinação de contrários, na impureza de materiais, e não necessariamente sistêmica. Apesar de que em nosso novo ambiente tecnológico digital não se tratam mais de elaborações sistêmicas, mas, antes de tudo, estratégias de manipulação e reformatação de softwares e hardwares.

Interessado e identificado com as pesquisas musicais da segunda metade do século 20 na Europa e Estados Unidos, com Stockhausen, Boulez, Cage, Nono e Xenakis, entre outros; e incentivador – ao lado de Augusto de Campos – dos músicos reunidos em torno do Manifesto Música Nova (publicado na revista *Invenção* número 3, 1963) como Gilberto Mendes e Rogério Duprat, entre outros;

estava desde os meados dos anos de 1950 sintonizado com as pesquisas do estúdio de música eletrônica da rádio de Colônia na Alemanha, bem como as pesquisas realizadas na França por Pierre Schaeffer e Pierre Henri, que visavam a construção de uma nova poética sonora.

7. L. Tragtenberg, "Stockhausen: Rigor, Amor, Humor, Furor", op. cit., p.157.

A proximidade com as pesquisas realizadas por Augusto de Campos em torno da música contemporânea, desde os anos de 1950, contribuíram também, ao longo do tempo, para que Haroldo estivesse sempre atualizado em relação a compositores, idéias e tendências da música experimental.

Ele destaca, em entrevista de 1982, de forma bastante precisa, qual era o seu interesse na questão da musicalização do texto poético:

> o que mais me interessa é o problema do *isomorfismo*, ou seja, da transcriação de estruturas intersemióticas, um processo em que a autonomia do texto poético não é rasurada pela composição, e em que esta, por seu turno, toma o texto como matriz aberta para novos lances inventivos, onde a sua autonomia se manifesta como produção musical paralela, com direitos próprios, paramórfica, mantendo o texto poético ausente e presente, num sutil procedimento de dialogia estrutural[8]. (as maiúsculas e os grifos são meus).

8. "Poesia e Música" em *Metalinguagem & Outras Metas*, p. 287.

A idéia da isomorfia é uma das bases da técnica serial de composição musical. Que projeta horizontalmente, nos diferentes elementos da composição, como as freqüências, durações, ataques, andamentos, timbres etc.; um mesmo padrão de manipulação. No entanto, como se observa na composição mais bem sucedida com a poesia de Haroldo da fase concretista, *Nasce Morre* para vozes, duas máquinas de escrever e tape (1963) de Gilberto Mendes, o isomorfismo é, antes de tudo, uma "matriz aberta".

Mendes reconfigura a geometria cubista das palavras em recortes fonéticos que formam cachos de consoantes e vogais, redispostos num tempo musical não-linear. O desenvolvimento desse procedimento em tempo real recoloca a circularidade proposta na geometria original do poema sem que haja perda dessa chave importante de sentido, uma vez que introduz o elemento aleatório sobre um material de base estocástico a partir dos fonemas do poema.

Por buscar uma tradução estrutural fechada, direta, entre estrutura poética e estrutura musical, boa parte das composições realizadas sobre poemas concretos nos anos de 1950, 60 e 70 apresenta um resultado poético redutor. Não se percebe nelas aquela dimensão, que Haroldo chama de "paramórfica", uma vez que buscam transpor e repetir mecanicamente as estruturas textuais na forma musical. Boa parte da música nova (*neue musik*) apresenta esse problema quando se aproxima do texto seja ele poético ou de outro estilo.

Aqueles "novos lances inventivos" que poderiam ser alçados a partir do texto poético, são substituídos pelo estabelecimento de um sistema de regras de manipulação que se propõe análogo e também isomórfico, que ao invés de dialogar com o poema, estabelece uma pretensa (porque em geral os teóricos do serialismo integral também eram de certa forma moralistas, uma vez que em seu código de conduta composicional adotavam conceitos de pureza e impureza, para julgar decisões estéticas) transposição estrutural, que cria, em última instância, no resultado sonoro, uma parede entre composição musical e poema. Tomo como exemplo duas composições do período heróico do serialismo integral como amostras dessa situação. Em *Circles* (1960) de Luciano Berio sobre texto de e.e. cummings, a realização musical recria as estruturas gráficas, os intervalos de silêncios gráficos de cummings, obtendo um diálogo desenvolvido ao longo da peça entre texto e som musical, em diferentes tons e especificidades. Já em *Cummings ist der Dichter* (1974) de Pierre Boulez, uma coluna vertebral de acordes, como uma armadura sonora, estruturados em analogia com a disposição vertical do texto de Cummings (aliás, Boulez achava dispensável a compreensão do texto em tempo musical, uma vez que o ouvinte já teria contato com esse texto na forma impressa).

São formas distintas na abordagem do texto poético, para Haroldo ambas válidas, mas sem dúvida expressava uma preferência por aquelas composições em que re-inventam a oralidade do texto seja de forma descontínua ou fragmentada.

Mais uma vez a questão dos *conversores* se coloca. Ou seja, aqueles elementos específicos de cada linguagem necessitam de conversores (ou tradutores) na linguagem a ser agregada. A capacidade em captar essas especificidades é que irá determinar um resultado interessante na tradução interlinguagem.

Não é à toa que Haroldo de Campos apresenta em detalhes os seus processos de conversão intersemiótica ao apresentar os seus trabalhos de transcriação (*Fausto II* de Goethe, *Cantos do Paraíso* de Dante, entre outros tantos). Esses conversores são a essência do processo de transcriação. No entanto, cada situação apresenta as suas chaves própria de conversão. Não é possível aplicar um mesmo modelo a diferentes objetos intersemióticos. Então, esse jogo que constrói suas regras a cada partida requer ao mesmo tempo que se zere o modo de produção. Que se parta sem nenhum pressuposto condicionante, uma liberdade que fez Haroldo ouvir a música "das falas populares" no *Eclesiastes* e fazê-las falar em expressões como "é vento-que-some", "e por dentro de mim", "fiz para mim", que permeiam todo o texto. Por estranho que pareça, nesse ponto a poética barroquizante de Haroldo tangencia a poética cageana que incorpora elementos semânticos de diferentes matizes e fontes sem atribuir-lhes hierarquias isoladoras. É possível, sob esse ângulo, ouvir as EUROPERAS (1982-89) de John Cage como uma transcriação haroldiana da ópera européia[9].

9. John Cage era um admirador de Augusto e Haroldo de Campos. Me disse, certa vez, que era um privilégio ter a possibilidade de tê-los como interlocutores e referencias criativas, calando assim minhas lamúrias sobre a vida cultural em São Paulo.

10. A partir da página 54 do volume supra-citado (nota 1).

As ricas anotações que se sucedem na transcriação do texto Nô, *Hagoromo de Zeami*[10] são como diagramas do funcionamento desses conversores poéticos.

Para o poeta, a música devia, sobretudo, criar o seu próprio espaço de significação, de realização plena; nele o texto poético gravita num "aparece/desaparece" a que se referiu. É justamente nessa pulsação constante que deve haver entre os dois universos sígnicos, o sonoro e o textual, que as estruturas abrem espaços para que as especificidades do material possam apresentar-se plenamente e não simbólica ou ilustrativamente.

Já no texto *A Arte no Horizonte do Provável*, de 1969, Haroldo fazia um arrazoado das relações entre a poesia e a música contemporânea. Stockhausen, Boulez, as atividades dos compositores brasileiros ligados ou próximos ao *Música Nova* compunham um panorama sobre o qual discutiam especialmente as relações de forma: procedimentos de forma aberta (como na *Troisième Sonate* de Boulez) e estocáticos e aleatórios (em Gilberto Mendes e John Cage); mas chamava a atenção principalmente para a tensão que se estabelecia na construção da forma musical contemporânea entre elementos fixos e elementos móveis.

De certa forma, *Galáxias* é uma resposta formal a essas questões. E o que parecia claro para Haroldo, então, é que os músicos tinham uma compreensão muito mais profunda da herança de Mallarmé, que os próprios poetas contemporâneos; uma vez que percebiam que o lance de dados mallarmaico questionava sobretudo os procedimentos e não apenas os significados. Assim que Haroldo sempre ressaltou a pertinência com que Stockhausen faz uso das palavras em suas composições, sempre a partir do resultado musical.

À ocasião do espetáculo *A Cena da Origem*[11] pude trabalhar as transcriações do *Qohélet* para serem cantadas em português e hebraico simultânea e alternadamente, com o uso de um pequeno grupo instrumental (marimba, saxofone, eletrônica). À época, Haroldo enfatizava a importância de se materializar, em tempo musical, as ressonâncias fônicas das palavras nos dois idiomas. Para tanto, criei uma espécie de cânon livre (repetição de uma parte pela outra com um certo atraso), que em determinados momentos era acionado para enfatizar essa ressonância fônica. Desde os primeiros ensaios surpreendeu-nos que esse amálgama fazia soar uma espécie de novo idioma, que: arcaizava o português, e fazia *cantar* o hebraico, ao ressoar o jogo generoso de vogais da língua portuguesa em contraposição com a bruteza quase pétrea das consoantes hebraicas.

Buscava, sobretudo, a concreção fônica. O objeto-som da palavra, seu corpo no espaço-tempo.

Numa perspectiva da relação entre poesia e música, Haroldo se interessava por aquelas criações onde a soma dos fatores altera o re-

11. Estreado em março de 1989, Teatro Mars, São Paulo.

sultado, onde 1 + 1 = 3. Nesse sentido, tanto a música contemporânea européia do pós-guerra, que buscava "ouvir as estruturas" do poema, quanto a canção que cria uma nova dimensão de significados para o texto poético, como na obra de Walter Franco, por exemplo, ocupavam um mesmo espaço não-hierarquizado para Haroldo. Ainda que ressaltasse uma certa qualidade especial da sonoridade poética posta em liberdade dentro de um contexto sonoro inventivo.

Uma extrema generosidade, que lhe era peculiar, impedia que externasse opiniões desfavoráveis sobre trabalhos de pessoas em que reconhecia o empenho e seriedade, apesar dos resultados criativos. Dessa forma, externou certa vez, não vestia a roupa do crítico; mas antes, do criador-crítico; desobrigado das batalhas triviais, e movido tão somente pela paixão das batalhas belas.

ET TOUS ILS CHANGENT LE MONDE

MARC DACHY

HAROLDO DE CAMPOS É A FIGURA MÍTICA DO *kaloskagathos*, o perfeito *honnête homme*. Em todos os planos, poesia, escritura, teoria, tradução, edição, Haroldo de Campos deslumbra. Na maior parte das etapas que vivi nesses últimos anos, minha dívida para com ele e seu irmão tornou-se considerável. Ele constitui uma referência marcante, um norte.

Quando, em 1990, eu traduzi Kurt Schwitters, coloquei a empresa sob seus auspícios. O método da transcriação poética, a atenção às camadas semântica e sonora, todas as observações de Haroldo de Campos sobre essas questões foram para Corinne Graber e para mim um estímulo permanente, um enriquecimento da nossa relação com o texto e uma incitação a ouvir todas as dimensões escritas de Merz[1].

É por isso, creio, que mais estimei Haroldo de Campos: tudo que ele tocava se tornava mais rico, mais efervescente, mais vivo, e, num século em que as vanguardas foram férteis, assim como os abandonos ou as covardias, Haroldo de Campos esteve à altura do momento. Ele era o homem da situação, soberano. Encarnou com gênio o continente da vanguarda, do qual mostrou uma compreensão intuitiva impressionante. Tudo em suas mãos tornava-se claro e luminoso, cada uma de suas entrevistas ou estudos possui a elegante clareza incisiva de um manifesto. Quando dirigi, em 1993, a bienal *Et tous ils changent le monde* (*E Eles Todos Mudam o Mundo*), naturalmente foi preciso que ele

1. Marc Dachy alude aos textos do poeta alemão Kurt Schwitters recolhidos sob o título *Merz. Choix de textes*, em publicação francesa (Paris, Lebovici, 1990), com tradução sua e de Corinne Graber. (N.da T.).

figurasse como um dos "poteaux d´angle" (a fórmula é de Julian Beck, do Living Theater) dessa mudança do mundo, e sua participação, assim como a de Augusto, foi muito destacada. A poesia visual, que contém tantas abordagens, alcançou, com os irmãos Campos e Décio Pignatari, realizações decisivas em nossa relação com essa vertente da linguagem. Sua relação ao mesmo tempo lírica e material com a língua é um exemplo magistral. Haroldo conhecia de dentro, apaixonadamente, tudo o que justifica que se encontrem em nossas paixões cruzadas pelas letras e pelas artes plásticas. Não somente as diferentes fases e facetas de sua obra, sempre fértil e inventiva, são de um grande valor, mas a atitude, a determinação de Haroldo de Campos ao abrir cotidianamente o caminho (de Mallarmé a Khlebnikov, passando por Joyce e Pound) é exemplar.

O poeta das Galáxias, nós o admiramos sem reserva, sua palavra nos habita, seu fluxo, sua audácia, a beleza de sua linguagem e todos os fenômenos que ela carrega e engendra. As Galáxias estão aí para sempre, mas também os textos teóricos, as análises.

Saudemos a memória do homem que conhecemos e admiramos. Sua obra se destina a uma grande repercussão, pois, como escreveu Augusto de Campos, "o valor subversivo e libertador da poesia exige cada vez mais que a consideremos, não como um compartimento literário, mas como uma operação interdisciplinar, cujo horizonte se alarga ao contato das artes visuais e da música, suas irmãs".

Quanto a Décio Pignatari, escreveu num texto sobre a poesia concreta brasileira para o *Times* de Londres: "Criar coisas verdadeiramente novas é criar a liberdade". Haroldo de Campos engajou-se nessa luta citando o jovem Marx: "a educação dos cinco sentidos é um trabalho de toda a história do mundo, de sua origem até nossos dias". Nessa história do mundo, a reflexão crítica de fundo sobre a linguagem e a elaboração poética de Haroldo de Campos são pontos de restauração, como dizem hoje em dia nossos computadores, para relançar o programa de transformação poética geral.

[*Tradução do francês de Leda Tenório da Motta e Thelma Médici Nóbrega.*]

NO VÉRTICE DA UTOPIA

SHEILA LEIRNER

EMBORA TODOS OS TEXTOS, MESMO OS CIENTÍFICOS e acadêmicos, sejam sempre pessoais, eu gostaria que este testemunho – antes de passar pelo conhecimento – saísse da memória que "percebe" um legado. Mesmo porque, a transmissão de um mestre como Haroldo de Campos, não é algo que se define apenas teórica e cronologicamente, como uma taxidermia de idéias no papel. Dentro ou fora da biblioteca, o seu pensamento é um valor vivo e o contato com ele, da mesma forma como acontece com outras proximidades superiores, pode permear toda uma existência crítica.

Para isso, todavia, é necessário que – mesmo tratando de artes plásticas – não façamos exclusivamente um amálgama entre a personalidade do intelectual e as idéias que defendeu há quarenta anos. Até para a arte, acredito, Haroldo de Campos foi infinitamente mais complexo e mais rico do que o concretismo.

Pessoalmente, não posso afirmar que foi um "próximo". Nossa relação resumiu-se a poucas discussões, uma ou outra visita à Monte Alegre, alguns generosos e condescendentes contatos sociais da parte dele e à uma orientação específica que marcou a minha conduta num determinado problema de curadoria para uma exposição.

Aqui se tratava de um convite e uma dúvida a respeito de *O Pequeno Infinito e o Grande Circunscrito*[1], mostra que realizei simultaneamente à 20ª Bienal de São Paulo, da qual já não era mais a curadora. O convite ele recusou sabiamente, mas às dúvidas res-

1. *Arco Arte Contemporânea*. Coletiva com obras de Artur Barrio, Carlos Bevilacqua, Célia Euvaldo, Philippe Favier, Paulo Gomes Garcez, Marco Gianotti, Fernanda Gomes, Guillermo Kuitca, Milton Machado, Nina Moraes, Monica Nador, Ernesto Neto, Anne e Patrick Poirier, Regina Silveira e Tunga. De outubro a novembro de 1989.

pondeu com grande pertinência, pois não sei o que eu faria sem a sua improvisada visão Leibniziana para desenvolver aquela experiência de "passagem do grande ao pequeno". Do enorme espaço da Bienal e da parafernália "bienalesca", agora circunscrita, ao infinito não-lugar que cabe à arte enquanto resumo do grande universo uno.

Talvez não tivesse sequer podido formular a tal metáfora em forma de exposição, de modo que as obras funcionassem como outras metáforas individuais formando entre si uma espécie de metalinguagem temática... É possível que não tivesse me dirigido a Rilke para tentar compreender o *Aberto* da oitava elegia. Quem sabe não teria recorrido a Bachelard e à sua imagem planetária exemplar da maçã de Cyrano de Bergerac; a Baudelaire e às "mônadas solitárias" que eram para ele as gravuras de Goya; a Walter Benjamin e à sua fascinação pelos dois grãos de trigo de Cluny com a inscrição integral do *Shema Israel*, toda a essência mesma do judaísmo. E, talvez, tampouco teria procurado Goethe para entender a noção de *Urphänomen*. Mas, afinal, para minha felicidade, Haroldo de Campos era, como Baudelaire, o "poeta sempre disposto a ler o grande no pequeno".

É claro que a transmissão crítica de Haroldo não começou nem parou ali. Para a geração dos críticos de arte que exerceram antes e, sobretudo a partir do início dos anos de 1970, ele trouxe um considerável subsídio ético e estético. Embora estivéssemos ainda na primeira infância, quando o *Plano-piloto para Poesia Concreta*[2], escrito junto com Augusto de Campos e Décio Pignatari, foi publicado pela primeira vez, as suas idéias atravessaram as décadas e nos atingiram, se não diretamente, pelo menos como uma alusão constante aos antecedentes estéticos e históricos do que vivíamos naquele momento.

Mas, paradoxalmente, o que vivíamos naquele momento, ou seja, a desmaterialização da arte e o conseqüente questionamento sobre a premissas e a estrutura burocrática dos credos artísticos coletivos, parecia irritar a geração dos concretistas. Afinal de contas, causávamos embaraço a um círculo que, convenhamos, já havia eleito "mestres", "tendências" e de certa forma estabelecido uma "tradição" para eles. Nada de surpreendente nesta dialética entre pais e filhos. Sobretudo quando os filhos estão mergulhados na crítica da incerteza que pode representar, então, a "pior das perdições" para quem não trabalhou senão na convicção, na segurança do conhecimento "exato", por meio de afirmações nada menos do que categóricas como aquele *plano-piloto*.

Antes de mais nada, e sem querer nos colocar adiante do verdadeiro objeto deste texto que é a contribuição de Haroldo de Campos para as artes plásticas, é preciso relatar algumas coisas. Nem que seja para falar um pouco do concretismo e neoconcretismo, da sua herança para a arte contemporânea dos anos de 1970 até hoje... pelo seu inverso. Primeiro que, ao contrário destes "genitores" dos quais ele fazia parte, nós não almejávamos a objetividade. Embora pudéssemos compreender e estabelecer relações histó-

2. Publicado originalmente em *Noigandres* 4, 1958, São Paulo, edição dos autores, republicado em *Teoria Da Poesia Concreta; Textos Críticos e Manifestos, 1950-1960* e *Projeto Construtivo na Arte: 1950-1962*, Aracy A. Amaral, MEC-Funarte, 1977.

cas e estéticas, o "isomorfismo" plástico não nos satisfazia em momento algum. Não queríamos os valores (e resultados) formais do "fundo-forma", "estruturas-conteúdos", "espaço-tempo". Longe estávamos das questões de "movimento", "tensão", "dinâmica de estruturas" etc. E mais distantes ainda nos encontrávamos da sistematização dos processos e da ordenação material da "informação".

Nosso interesse artístico podia ser resultado da paixão, idiossincrasia, sorte ou temperamento, mas tinha sempre a arte como medida absoluta de atuação. Não que nos voltássemos à antiga estética interpretativa ligada à "temática do ser" ou que os nossos objetos de análise fossem necessariamente criações de transcendência ontológica. Mas tratávamos de uma arte "pós-concretista", ou pós-modernista se preferirmos, que lidava com a paródia, ironia, metáfora, alusão, expressividade, hedonismo, subjetividade. Uma arte que propunha a abertura da dúvida, autocrítica, contradição, enfim. Logo, uma crítica, que andasse entrelaçada até a linguagem com aquela profusão de novos valores (que é o que deve ainda fazer a verdadeira crítica), só podia tender a mostrar-se tão ambígua e escorregadia quanto o seu assunto.

Imagino que a tentativa de substituir os resíduos dos velhos sistemas de essências (enunciações abstratas universais) por análises concretas numa terminologia de ação, conflito, intenção e hipótese criativa, devia agastar bastante quem sustentava justamente a "enunciação abstrata universal" da unidade indivisível entre forma, função e conteúdo como Haroldo, Décio e Augusto. E que uma arte não-formalista (para a qual o resultado formal, em si, não é um objetivo) como a que defendíamos – não contra o concretismo, mas em oposição a todos os sistemas e valores autoritários, dogmáticos e tradicionais – pudesse causar alguns mal-entendidos.

Assim, hoje, no sentido contemporâneo do termo, com o qual Haroldo de Campos sem dúvida estaria de acordo, poderíamos dizer que praticamente todas as obras dos artistas do concretismo inspirado pelos três poetas, e sob a égide deles, e mesmo talvez a de Waldemar Cordeiro, principal teórico do grupo, são "formalistas". E isto não desmerece o seu valor. Hermelindo Fiaminghi, Judith Lauand, Luís Sacilotto, Maurício Nogueira Lima, Lothar Charoux, Kazimir Fejer e mesmo – nas artes gráficas – Alexandre Wollner, entre muitos outros, possuem uma obra mista, que pode ser avaliada do ponto vista formal e também do conteúdo teórico.

Se, por um lado, o neoconcretismo – inaugurado pelo *Manifesto Neo-concreto*[3] de Ferreira Gullar – considerava-se como uma ruptura, "uma tomada de posição em face da arte concreta levada a uma perigosa exacerbação racionalista", por outro lado, como todo movimento dissidente ele era parte (e fruto) da árvore da qual tinha saído. Hoje podemos considerar que concretismo e neoconcretismo são, portanto, os reversos de

3. Publicado no *Jornal do Brasil* em 22-03-1959.

uma mesma moeda onde os trabalhos "mistos" de Willys de Castro, Hércules Barsotti (paulistas que aderiram ao movimento carioca), Franz Weissmann, Amílcar de Castro, Lygia Clark, Lígia Pape, Reynaldo Jardim, entre outros, também podiam ser analisados tanto formalmente quanto do ponto de vista de seu conteúdo teórico.

Há um exemplo que também define o concretismo pelo seu contrário e que – além de poder ser considerado, portanto, como mais uma das "heranças" de Haroldo – certamente o teria divertido se ele o tivesse visto em 1999. Quando um conhecido artista brasileiro apresentou, na Bienal de Veneza, uma série de trabalhos que intitulou *Construtivismo Rural*. Eram telas recobertas por pele de vaca costurada de maneira a formar motivos geométricos. Tal humor irreverente, que associava elementos e texturas orgânicas à uma "aparente" construção formal e cromática, foi um dos melhores e mais ilustrativos modelos da questão que atravessa até hoje a arte do século 20: a grande cisão provocada pela repulsa recíproca (e também pelo desafio) entre a abstração e a figuração, o formalismo e o informal, o concreto e o não-concreto.

* * *

Em sua enorme erudição, Haroldo de Campos provavelmente levou em conta o desenvolvimento do construtivismo através do pensamento de seus fundadores, desde a renúncia ao simbolismo preconizada por Endell no final do século 19 e já vislumbrada por Platão, até as suas origens russas em 1914 e a sua dispersão pela Europa, Estados Unidos, América Latina e Japão. Influenciado principalmente pelo neoplasticismo de Mondrian e pelos mestres concretistas europeus como Albers e, sobretudo Max Bill que viu na antológica exposição no Museu de Arte de São Paulo em 1950[4], sonhava com uma "arte do tempo" e do espaço, de maneira concomitante. Uma arte que seguisse o exemplo da música de Webern, Boulez, Stockhausen. Que se comportasse como um ideograma e pudesse ser percebida pela gestalt.

4. E também na Bienal de São Paulo, em 1951, onde Max Bill foi premiado pela polêmica obra *Unidade Tripartida*.

Logo, o seu sonho deve ter nascido do mesmo desejo subjacente, que orientou boa parte dos artistas e teóricos nos anos de 1950 e 60, de reagir contra a predominância da arte informal. Como eles, é possível que Haroldo praticava aquela espécie de "resistência", típica dos que viviam sob o signo da arte alegórica (como a de Portinari) e também um pouco mais tarde da Pop Art e nova-figuração. Pertencia certamente àquela oposição militante, não apenas deslumbrada com as experiências da vanguarda russa, mas igualmente nauseada pela abundância de imagens, representações, expressões, subjetividade, hedonismo e, talvez mesmo pela imoralidade do circuito artístico. O concretismo de Haroldo, guiado pela paixão do racionalismo e de uma certa neutralidade, além de reivindicar o que queria ser, foi, sobretudo, uma oposição contra tudo aquilo que ele, eticamente, não desejava aceitar.

A aspiração à "pura visualidade, livre de conotações outras que as da 'arte', incorporava, ademais, um projeto social [...] o propósito claro de modelador do gosto das massas e promotor de harmonia social através da implantação de uma nova ordem plástica"[5]. Parte do projeto construtivo brasileiro, o concretismo de Haroldo de Campos e de seus adeptos idealizava integrar a arte à sociedade industrial (e à publicidade), enquanto que as demais manifestações do abstracionismo durante a mesma década, e também nas seguintes, não continham esse aspecto, segundo alguns, "messiânico e reformador".

De maneira geral, pode-se dizer que os anos de 1950 no Brasil foram atravessados por uma linha abstracionista radical – com alguns ramos paralelos como o grupo *Frente*[6] – cujo início é o manifesto *Ruptura* com a exposição coletiva de 1952[7] liderada por Waldemar Cordeiro, e em cujo final está a I Exposição Nacional de Arte Concreta[8]. Mas hoje, no presente histórico, as criações de muitos artistas que seguiram Haroldo de Campos, e que naqueles anos ainda eram improváveis, tornaram-se aceitas, reconhecidas, colecionadas, estudadas. Como sempre, mesmo a "revolução" mais radical, seja ela visual ou teórica, é "generosamente" reabsorvida pelo sistema e devolvida em ícones e outras formas estratificadas. No entanto, isto é apenas um breve parêntese...

Aquilo que começou no romantismo com a procura de uma nova ética, proclamando a independência do artista, com algumas intenções de *épater les bourgeois*, continuava vivo em Duchamp e na sua máxima: "Reduzir, reduzir, reduzir". O sintoma desse processo foi o aparecimento das pinturas monocromáticas iniciadas por Malevitch, do concretismo apoiado em Mondrian e do construtivismo que se refletiu fortemente na América Latina; enquanto Ad Reinhardt retomava pouco depois o monocromatismo e as idéias puristas do concretismo europeu, levando o cerebral ao extremo.

Na arte brasileira, contudo, o concretismo não foi um movimento "reducionista", como ocorreu mais tarde com o minimalismo nos Estados Unidos e, mais fracamente, na Europa. Ele possuía, assim como várias outras tendências e ismos, elementos de reducionismo (estrutura espaço-temporal, analogia "não narrativa e não linear" de elementos, fisiognomonia dos signos etc.) que relacionavam, de alguma maneira, a ética à estética por meio do rigor, da disciplina e sobretudo da purificação artística. Possuía, digamos assim, uma consciência reducionista que, embora usasse "modelos" estrangeiros não pretendeu, em nenhum momento, e de forma alguma, imitá-los. O seu impulso, a sua necessidade de esvaziamento expressivo corresponde exatamente à vontade genuína e profunda de alcançar maior realismo e exatidão, por meio de uma linguagem sensível e original.

5. *Em Busca da Essência – Elementos de Redução na Arte Brasileira*, introdução de Gabriela Wilder à exposição de mesmo nome na 19ª Bienal de São Paulo, 1987.

6. Fundado (1954-1956) por Ivan Serpa, com o apoio de Ferreira Gullar e Mário Pedrosa. Foi núcleo do neoconcretismo carioca a partir de 1959.

7. No Museu de Arte Moderna de São Paulo, com obras de Lothar Charoux, Anatol Wladislaw, Kazmer Féjer, Leopold Harr, Luís Sacilotto, Geraldo de Barros e Waldemar Cordeiro.

8. Realizada no MAM de São Paulo em dezembro de 1956 e no MAM do Rio de Janeiro, em 1957, com a poesia de Haroldo e Augusto de Campos, Décio Pignatari, Ferreira Gullar e com obras de Waldemar Cordeiro, Geraldo de Barros, Franz Weissmann, Hermelindo Fiaminghi, Lothar Charoux, Aluisio Carvão, entre muitos outros.

Assim, o processo de redução, no Brasil dos anos de 1950 e 60, é verificado apenas em alguns momentos do concretismo e neoconcretismo de influência européia. Na Europa, esse processo teve mais em comum com o suprematismo russo do que com a fatualidade do minimalismo americano. Importavam, para os europeus, os significados das relações do artista com o material, textura e cores. Mas, em meados do século XX, nos três continentes, todas essas tendências foram igualmente relevantes em seu sentido estratégico. Ninguém aceitou um papel passivo e correu-se o sério risco de fazer a arte crescer mais e mais para dentro de si mesma. O que importava era continuar o processo histórico inevitável já perseguido pelos antecessores, obrigando-a a seguir o próprio destino.

A consciência reducionista persistiu e paradoxalmente sintetizou também a procura do Expressionismo abstrato – da destruição da ilusão e a revelação da verdade elementar aos objetivos da Hard Edge, às vezes da Pop Art e mesmo do Hiper-Realismo – de apresentar o objeto de arte como a pura expressão autônoma da própria presença. Esta consciência atravessou mais de quatro décadas depois do concretismo, acumulando as experiências do conceitualismo. Questionados ou não, afinal, os dogmas estéticos e a retomada de valores do modernismo ainda se revelaram nos trabalhos das gerações mais novas e pontuaram mesmo os anos de 1980 que marcaram a volta à pintura (ao "pictural"), à subjetividade e à figuração. Hoje, a contribuição concretista reaparece sem dúvida em outro contexto, pois nesse ínterim surgiram ainda anticorrentes como a da "desconstrução", por exemplo, e aumentou o número de "neoconstrutivos", ainda mais radicais, dentro da arte contemporânea.

Não imagino como Haroldo teria percebido os diferentes caminhos que o processo reducionista abriu em nosso país e as maneiras díspares com que se manifestou no mundo. Pergunto-me como ele teria analisado a chamada "neoabstração" européia que, diferentemente da jovem arte brasileira contemporânea mais dedicada à empatia genuína entre mediação e conteúdo, joga permanentemente com citações aos velhos mestres da geometria e da abstração. O que não raro acontece por trás da encenação, da farsa e do pastiche, do mesmo modo como o Neo-Expressionismo comentava Carrá ou De Chirico há duas décadas. O que diria Haroldo de Campos desse novo maneirismo, dessa "aparência" e simulação estilística do processo reducionista?

Se evidentemente agora são datados os manifestos, textos e obras do projeto construtivo brasileiro, e o projeto-piloto de Haroldo de Campos, pelo menos eles continuam a nos dar a dimensão do eterno embate entre a utopia do gesto pictórico transcendente e a dissipação que vemos se alastrar no mundo da arte contemporânea. "Não se conhece mais a transcendência", afirma Jean Baudrillard:

a única realidade é aquela da operação em tempo real e da confusão com essa realidade. O resultado é uma equação nula, sem diferencial, apenas o cálculo integral da realidade. [...] A arte, não é mais do que uma idéia prostituída em sua realização"[9].

9. Em *Le pacte de lucidité ou l'intelligence du Mal*, Paris, Galilée, 2004.

De todo modo, sejam quais forem as especificidades de cada movimento abstracionista, o concretismo entre eles, é certo que todos representaram um dos pólos que englobam o processo inteiro da arte no século XX: o vértice onde reside a utopia. E Haroldo de Campos, por meio de seus princípios para uma nova ordem plástica, ajudou a construir o caminho no qual a arte pode, agora também, existir em função do próprio destino, das próprias questões, da própria evolução; em contraposição à que é diretamente orientada para o Homem e a Vida. Ou seja, excepcional poeta e intelectual que foi, passou "do grande ao pequeno" para atingir o *u-topos*, o "não-lugar infinito que cabe à arte enquanto resumo do universo uno"[10] dentro do qual o Homem e a Vida não parecem mais do que uma grande e finita aventura.

10. Em Introdução à *O Pequeno Infinito e o Grande Circunscrito*, p. 1.

ESBOÇO DE UMA COMPOSIÇÃO CONCRETISTA PARA HAROLDO DE CAMPOS

SÍLVIO FERRAZ

ENCONTREI COM HAROLDO DE CAMPOS POUCAS vezes. Uma na fila do consulado francês, quando ainda era necessário visto para entrar na França, isso em 1994 e outra alguns anos antes, em um concerto do Festival Música Nova no Instituto Goethe de São Paulo, isso talvez em 1991 ou 1992. Da segunda vez, apenas o ouvi lendo um de seus longos trechos de *Galáxias*; da primeira conversamos rapidamente quando falamos algumas vezes no nome de Gilberto Mendes, Willy Correia de Oliveira e Pierre Boulez.

Se esses dois encontros pessoais não tiveram significado nenhum, nem para a minha vida, nem para a dele, alguns anos antes, no entanto, um outro tipo de encontro tinha sido mais importante, ao menos para mim, o único que soube deste encontro. Em meados de 1979 me lancei em um projeto composicional, o último que desenvolvi dentro da estética composicional concretista. Na classe de composição de Willy Correia de Oliveira mais líamos Haroldo e Augusto do que estudávamos as obras importantes de repertório musical do século XX. De um modo geral, o paideuma campos-poundiano era letra obrigatória àqueles que pretendiam seguir escrevendo música vinculada à vanguarda paulistana, embora Willy fosse um pouco avesso aos escritos de John Cage que líamos traduzido por Rogério Duprat na revista *Através*. Muitos dos jovens compositores da época tinham sempre sob o braço um exemplar de *Metalinguagem* e de *Ideograma*. Os dois livros de Haroldo de Campos apresentavam duas dimensões da composição, musical, poética, da prosa, em suma, qualquer tipo de composição. Em *Metalinguagem* o problema da referencialidade, sintática ou semântica, e a questão da tradução intersemiótica; em *O Ideograma*, o problema da montagem, da contrução, da justaposição de elementos. Em ambos, a importância de se compreender a estrutura daquilo com o que se queria trabalhar, e esta estrutura estaria sempre vinculada aos aspectos da materialidade do som e das imagens.

Munido desses dois livros e mais alguns artigos esparsos dos irmãos Campos e do próprio Willy Correia de Oliveira, que via um relojoeiro em todo compositor que admirava, encontrei quase que por acaso os "Esboços para uma Nekuia", de Haroldo de Campos, poema publicado na revista *Através 1*. Como em muitos dos poemas concretos, estavam ali diversos elementos sugestivos para a composição musical: a disposição espacial, a sonoridade sibilante das palavras, as vogais reiteradas, as palavras dispersas e isoladas em pequenas constelações. Tomei por tema as páginas 3 e 4; dois esboços ou um esboço só, ou mais de um esboço – sendo cada constelação um esboço.

Fig. 1: Haroldo de Campos. "Esboço para uma Nékuia", 1974.
Transcrição aproximada do poema publicado em *Através 1*, São Paulo, Duas Cidades, s/d, p. 40-41.

dois o AMOR
corpos
estátua crisálidas ar
áurea
degolada ex pulsam
nos crisólitos
lençóis
jorro! chuva
de ouro
ENSOLARA
se
encorpam
num
o
CORPO
um foco de vermelhos
canibal

O número de leituras estruturais, é claro, é quase que infindável, todas as contelações se conectam. O poema, sendo espacial, não refere nenhuma leitura linear, de tempo linear, e, se há linearidade, deveria ser pensada como sobreposição de linhas, a ponto de a linha se desfazer: "o amor ensolara o corpo canibal"; "dois corpos – estátua áurea degolada nos lençóis – se encorpam num jorro!"; "chuva de ouro, um foco de vermelho"; "ar: pulsam crisólitos"; "crisálidas expulsam crisólitos"; e assim vai. Reduzir tudo a linhas, sobrepô-las em vozes destinadas a cantores, fixar tudo numa partitura tradicional. A tarefa, pensada assim, não parecia difícil. Era só prever algumas boas combinatórias, grafá-las, distinguí-las com grupos de alturas específicas, ou mesmo timbres vocais específicos (vozes femininas para as constelações curtas, vozes masculinas para as constelações longas; sons anasalados, sussurros, vozes ofegantes, voz forte, voz falada etc., serviriam facilmente para distinguir alguns significados como "o brilho de ensolara", "dois corpos pulsam", "num jorro!". Uma série de relações fáceis de diretas que rapidamente desfariam o problema, e desfariam a própria graça do poema: a distribuição espacial, a não linearidade, as combinatórias soltas. Uma solução fácil desfaria mais do que rapidamente toda a graça da leitura, das combinatórias acontecerem ou não, de não apenas as boas combinatórias sobreviverem, mas de sobrevirem também – vez ou outra – aquelas que talvez não tivessem sentido nenhum: "se encorpam ensolara", "crisálidas ex canibal corpo".

Frente a todas essas possibilidades combinatórias de palavras, a primeira saída foi a de redesenhar o poema refazendo o quadro de possíveis combinações, não mais no nível das palavras, mas dos fonemas que as compõem. A matriz então foi a dos mesósticos de John Cage, ampliando letras que se repetem, acoplando fonemas paralelos, assim por diante, para depois redesenhar a disposição espacial do poema original e encontrar nela uma possível disposição para a espacialização das vozes do coral. E assim, conforme o poema, ir aproximando cada vez mais a leitura musical da não linearidade espacial contida no poema, ou seja, encontrar uma temporalidade na espacialidade do poema.

Vale aqui lembrar que a questão do espaço foi, juntamente com a descoberta do som (das sonoridades, dos "objets sonores" conforme definiu o compositor Pierre Schaeffer), lugar das grandes invenções da música do pós-guerra. Tirou-se a música do tempo para lançá-la no espaço, lugar apropriado para transformar a música em escultura; para tornar sensível uma música de proporções e uma série de invenções mais atadas ao desenho da partitura do que à escuta rítmica ou melódica.

O poema de Haroldo tinha as duas dimensões necessárias a este modo de invenção. De um lado as palavras espalhadas pelo papel, de outro as palavras conectadas por suas unidades elementares, os monemas e os fonemas. Tudo relacionado em uma forma de

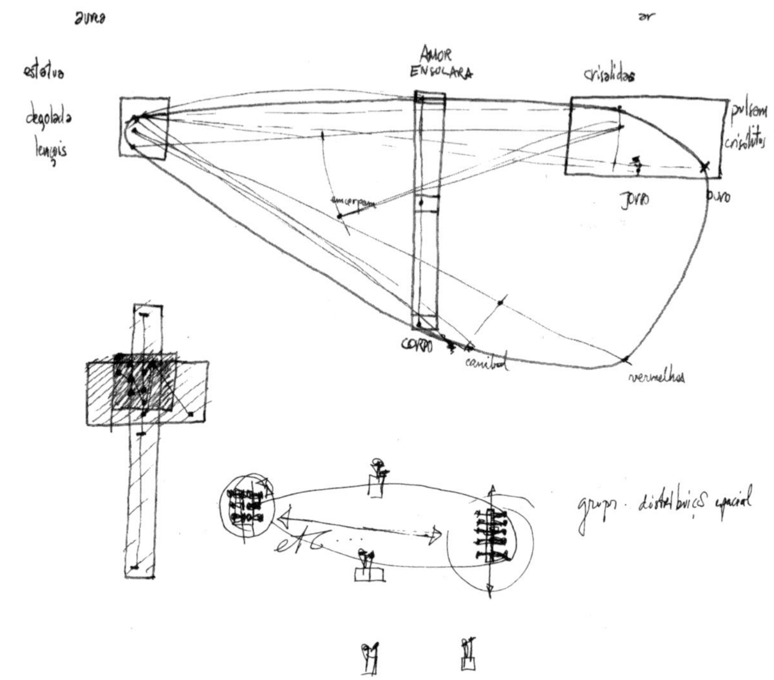

Fig. 2: leitura espacial do poema.

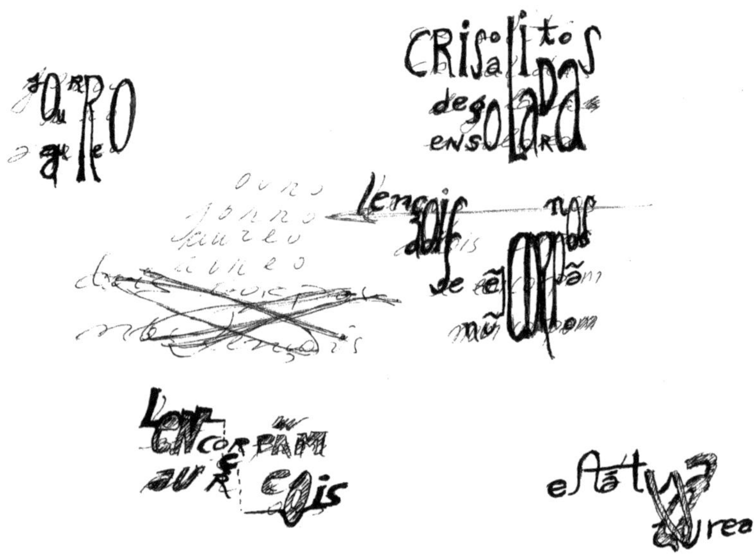

Fig.3: reescritura de *Nékuia* em mesósticos, à maneira de acróstico, figura de estilo em que, no meio de frases e palavras, Cage forma, como uma coluna vertebral, palavras que remetem ao som e ritmo (Joyce as utiliza aos trabalhões em *Ulysses*).

eco, de reverberação. Uma palavra ressoando dentro da outra, como um som que, projetado em uma sala, difunde-se pelos cantos desta sala de modos os mais diversos. A partir daí forjou-se então uma imagem: o jogo do poema poderia ser simplesmente o de uma palavra gritada que teria ecoado ou reverberado de maneiras tão distintas que geraria outras palavras: ecos e reverberações das sonoridades, ecos e reverberações de significados.

Submeter todo este mundo de leituras a uma só partitura seria perder quase toda a potência do poema. Reduzir à partitura seria simplesmente não cumprir a determinação do tradutor-traidor, mas do tradutor-redutor. De tornar o encontro com o poema em um mal encontro e de reduzir, de um modo drástico, toda aquela potência que se revelava nas leituras. Escolher uma pequena linha, seguir esta linha, mas este era o caminho mais fácil e, para concretizá-lo, bastaria aplicar as fórmulas já empregadas por Willy Correia de Oliveira e Gilberto Mendes em diversas de suas transduções dos poemas de Augusto, Haroldo de Campos e Décio Pignatari, e desfazer-se daquilo que era um desafio para se compor. Daí ter optado desde os primeiros rascunhos a compor uma peça que fosse como um móbile. A própria partitura deveria conter uma dimensão de ser remodulável a cada performance, como a leitura se modula a cada vez. Mas mesmo assim, isto não suprimiria a linearidade. Quando a peça está sendo tocada, para quem ouve tanto faz se a partitura é assim ou assado. A saída foi encontrada, de certo modo, na espacialização da leitura do poema no papel. O poema não foi outrora simplesmente espacializado em Mallarmé, a própria leitura foi espacializada. O próprio encontro com os sinais gráficos tornou-se não linear.

A resposta mais simples está na concepção de uma "ars combinatória" tão aclamada pelos compositores serialistas italianos, ligados a Bruno Maderna e Luigi Nono. Uma "ars combinatória" da escuta permitiria não apenas traduzir o poema em música, mas resgatar uma potência de leitura de poema, em uma potência de escuta em uma música. Porém, a partir deste ponto o trabalho tornou-se maior do que se poderia imaginar, razão pela qual a composição da peça nunca foi concluída.

Cada uma das palavras foi analisada segundo seus formantes: seus fonemas e monemas. Posteriormente isoladas em cartelas. Nas cartelas, as palavras foram escritas primeiro isoladas, cada palavra ou fragmento de palavra em uma cartela; depois reunidas em grupos de afinidades ou disparidades, pela sonoridade ou pelo significado (áurea-ouro; áurea-crisólito; degolada-vermelho; degolada-canibal; lido-lada; lada-lito; áurea-jorro; ar-outro; canibal-estátua; áurea-canibal etc.). Para cada cartela, duas articulações, ou seja, duas partituras relativas à movimentação dos cantores pelo palco. Junto à indicação de movimento, a velocidade do movimento: rápido, lento.

Para cada fonema foi definido um campo de notas musicais (de altura não definida)[1] relacionadas à estrutura espectral da vogal correspondente ao fonema segundo uma ta-

1. Cada cantor cantaria a frase melódica escrita a partir da altura que lhe viesse no momento da performance; mais grave, mais agudo, muito grave, muito agudo, mas sempre a mesma melodia.

bela simples extraída de análise das resultantes sonoras obtidas pelas variações da técnica vocal dos cantores da antiga República Popular de Tuva[2]. A tabela para tal transposição foi tomada de empréstimo da partitura de *Stimmung* de Karlheniz Stockhausen. Um material arbitrário, mas com função bem clara dentro da estrutura da música como tradução da estrutura sonora do poema: as passagens melódicas ecoariam entre si, mas como pequenas variáveis, ressoando por sua vez as próprias vogais.

Situações distintas de sorteio das cartelas determinariam se o trecho seria intercalado ou não por formas de articulação como: gritado, suspirado forte, ofegante, sussurrado, murmurado, ou um simples canto liso sem alterações.

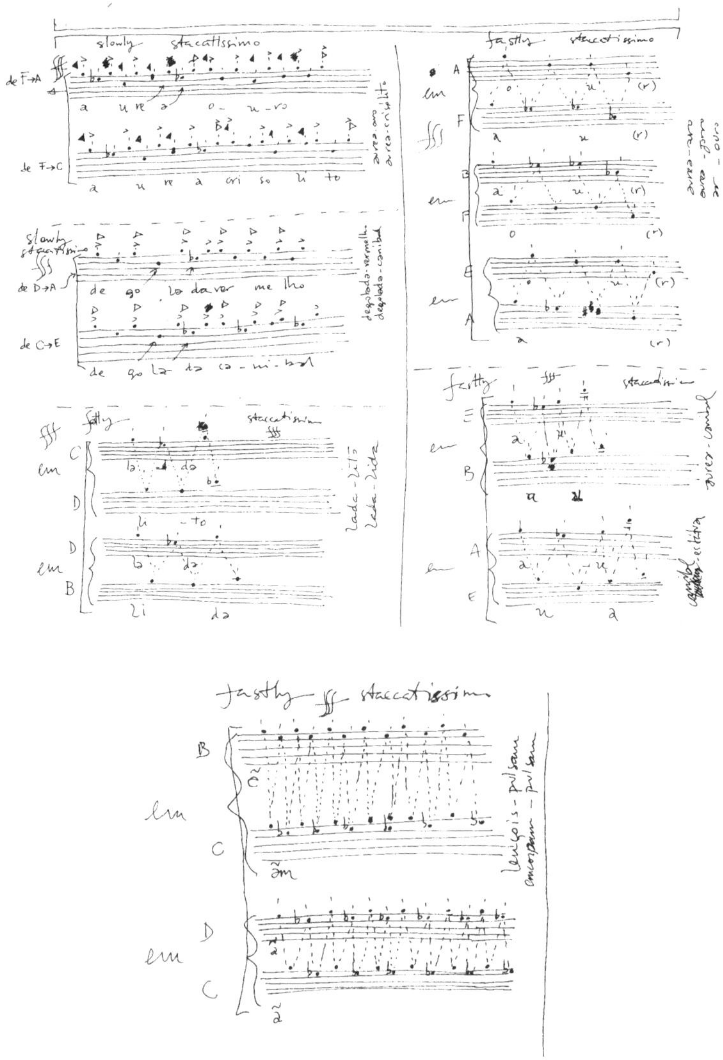

Fig.4: trechos de cartelas onde se lê a relação intervalar deduzida de leitura espectral das vogais, associadas às palavras e fonemas do poema de Haroldo.

2. República da ex-União Soviética, localizada na Sibéria. Os homens da República de Tuva se valem de uma técnica de canto, que faz com que a voz se multiplique através de um reforço das componentes parciais harmônicas de cada vogal, fazendo com que ouçamos uma longa nota grave sobre a qual desenrola-se uma melodia aguda, quase um assobio.

Como todo projeto nunca segue em linha reta, o espaço do poema foi simplificado em seis pontos pelos quais estariam distribuídas as cartelas, segundo famílias de palavras e sonoridades:

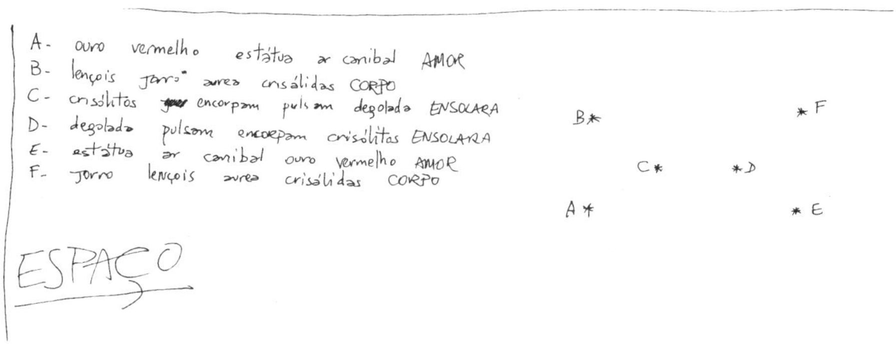

Fig. 5: Famílias de palavras e sua distribuição no espaço de performance.

E como todo projeto toma para si o seu próprio desenvolvimento, as palavras começaram a se agrupar pela possibilidade de movimentação dos cantores no palco. Assim, aquele que saísse do ponto A para ir ao ponto F deveria ter ao menos alguma palavra que se relacionasse por eco ou reverberação entre as palavras dos dois grupos. Ainda assim, as cartelas deveriam prever o relacionamento das palavras, com o que uma das cartelas relacionaria as palavras AMOR-CORPO-ENSOLARA formando com elas uma grande linha continua a ser cantada concomitantemente por todos os espaços.

Cartelas definidas, os espaços definidos, o movimento de um para o outro espaço desenhado, o que seria exatamente a peça e como a escuta estaria prevista nela? O espaço para o espetáculo deveria ser um grande galpão, separando público e cantores em dois ou mais pisos de níveis distintos. Os cantores em um nível mais alto – seis tablados interligados por pontes –, e o primeiro piso reservado ao público, que poderia então "ler" a música, transitando livremente por entre os grupos, se posicionando a cada momento de uma maneira distinta. Assim como o poema a peça não teria começo nem fim, seria contínua, estaria aparentemente sempre ali. Não há uma direcionalidade nas cartelas, uma não conduz à outra e a ausência de uma ou outra não altera em nada o resultado geral. O tempo se foi assim como a linha da leitura sobre o papel. Tudo se comportaria como uma grande escultura sonora pela qual o ouvinte-viajante passearia, interligando o que bem entendesse, ouvindo ora um grupo, ora outro, ora um movimento; de perto, de longe, andando junto com um cantor que se locomove de um ponto a outro etc. Tudo como quem lê.

Se para os concretistas, afirmava Haroldo de Campos em *Metalinguagem*, a tradução seria uma recriação fundada na fisicalidade do texto traduzido, nas suas "propriedades sonoras, de imagética visual [...]tudo aquilo que forma [...] a *iconicidade* do signo estético"[3]. A tradução atingia um outro patamar. Não se dava mais nos espaço dos signos gráficos, ou no das conotações e denotações, mas em um outro lugar: aquele de uma sensação. O trabalho de composição não estava mais diante de um jogo intersemiótico concentrado no plano do material composicional, mas implicava agora na noção de leitura e de escuta, as quais por sua vez chamavam à ação aquela de sensação. Estava agora no campo do que não se traduz. Levar a leitura para escuta seria afastá-la tanto da transposição estrutural quanto da tradução semântica. Naquele momento, um projeto um tanto quanto irrealizável. A peça foi abandonada e jogada em uma caixa que tempos depois recebeu a inscrição de "rascunhos para ouvir". Mas o desafio de tradutor estava ainda em aberto e o projeto não se afastava tanto assim daquele que Haroldo de Campos apontou como ponto crucial da tradução:

3. "Da Tradução como Criação", em *Metalinguagem & Outras Metas*, p. 35.

> Antes de tudo uma vivência interior do mundo e da técnica do traduzido. Como que se desmonta e remonta a máquina da criação, aquela fragílima beleza aparentemente intangível que nos oferece o produto acabado numa língua estranha. E que, no entanto, se revela suscetível de uma vivissecção implacável, que lhe revolve as entranhas, para trazê-la novamente à luz num corpo lingüístico diverso[4].

4. Idem, p.43.

parte 2

pers

CANTIGA DE SANTO HAROLDO DE BABEL

AFFONSO ÁVILA

[*do livro inédito* Cantigas do Falso Alfonso el Sábio]

de que língua quereis o mel
mais doce ao que o bacharel
serviu em haia ou o solidéu
mulato em roma a granel
de favo esta a alvo papel
serve-o em rima menestrel
de tóquio paris a tel
aviv unindo o nô a israel
com pausa em franco rondel
freando ao germano o tropel
da consoante em anel
ao hispano seu corcel
de metáfora e aranzel
limando a lixa e cinzel
o russo eslavo pedrel
cobrindo dante em dossel
do inferno recria o painel
de fogo e ranger cascavel
círculo a círculo a bel
itálico paga aluguel
do purgatório e em broquel
navega empós o baixel
que leva ao Dino troféu
fiel sai à liça do infiel
decanta o arábico de fel
redimindo-o em seu gazel
de ulisses sobe ao batel
rumo ao ítaco dintel
e orna o grego capitel
a lusitano pincel
reestiliza o anglo plantel
a brasílico cordel
verso a verso em carrossel
decodifica o novel
o babilônico escarcéu
poesia é a torre do ao léu
ajoelhem tirem chapéu
ostentando tal laurel
cativo lugar no céu tem santo haroldo da babel

VERÃO

AGE DE CARVALHO

VERÃO: a pantera
lenta se levanta,
flore
a orquídea
sob a Caveira de Frohner
(Schädeldecken) na parede
enquanto
                    cruzas o living
e, outra vez, este dia
(teu dia, desde o início,
que ano a ano atravessas vendado,
teu dia, farejado, hoje
e longe ainda do chamado –
"Quem vem lá?",
duas sombras consolantes
te ombreando
na passagem)

em paz.

HAROLDO DE CAMPOS POETA GALÁCTICO. *IN MEMORIAM*

AUGUSTO CONTADOR BORGES

Você que amou os signos mais que a vida
e fez de tudo com as palavras
a ponto de torná-las vivas
mais que as próprias coisas
e do silêncio fez a língua
dragonária
do poema
como a cinza faz o fogo
você não cabe neste túmulo
nem se resume numa lápide
você que ainda há pouco
da tristeza fez o júbilo
em borbulhas de citros que só seus olhos viram
dança agora entre as ninfas
do poema em lupanar de estrelas
que muitas são as frestas desta vida
e a festa da linguagem continua
enquanto *o escuro se espuma de cerveja*

PROFILOGRAMA – HAROLDO

AUGUSTO DE CAMPOS

[*1987, revisto em 1993*]

o

g
ar

gal
har
b

ar
roco
quer
se

sol
t
ar
par
a

bril
har
no
ar
co
i

riso
sol
ar
do
har
ol
do

ARRASTÃO

ANDRÉ VALLIAS

Para o heraldo Eurico Browne

na terça-feira gorda
leitor poeta poesia
o poeta quaresma
de cinzas orgia
quarta-feira
quarta-feira
de cinzas orgia
o poeta quaresma
leitor poeta poesia
na terça-feira gorda

A VISITA
MAPA ARÁBICO-ALGÉBRICO DE SÃO PAULO 1967

JOAQUIM GUEDES

A VISITA

Carmem e Haroldo chegaram cedo para almoçar. Era um sábado ensolarado de primavera paulistana sobre manacás-da-serra floridos e um *ficus* gigante que resiste até hoje no lugar.

O pretexto era conversarmos sobre as possibilidades e sentido de paredes, piso e tetos como suportes de novas formas de registro e encontros, nos espaços da vida cotidiana, ao alcance das mãos, preenchendo superfícies com letras, números, descobrindo palavras e significados fruídos no uso do espaço.

ANTECEDENTES

Olhávamos, Liliana e eu, a pessoa humana, a liberdade, a alegria e a austeridade como valores fundamentais, e o Barroco e os acréscimos não propriamente arquitetônicos à arquitetura com certa desconfiança, atentos à importância das artes.

IDEOLOGIA

Alguns arquitetos incluíam "obras de arte" como parte constitutiva de seus projetos. Porém, na vida me coube, até aqui, acreditar que o valor intrínseco da Arquitetura independe de relevos, frisos, métopas, modenaturas, esculturas e pinturas agregados, à exceção, prudente, talvez, apenas das que conseguem integrar-se à construção, com qualidade, desde a Antigüidade, por necessidade ou exigências culturais e políticas, nos templos egípcios, chineses, hindus, nas catedrais góticas e ortodoxas, na Contra-reforma, que ensinavam história e poder a sociedades ágrafas. Um mural de Diego Rivera, o David de Michelangelo ou uma cabra vermelha em aço de Picasso não acerscentam e não salvam má arquitetura. A praça nua de Mies van der Rohe em Chicago é bela em si, enquanto as "obras de arte" apostas à nova catedral de Los Angeles, projeto do excelente arquiteto Rafael Moneo, ou a Igreja da Sagrada Família de Gaudí, em Barcelona, soam falsas ou forma extemporânea de culto, ícones vazios de significado, decoração usual na circunstância.

Arquitetura é todo o ambiente construído, coberto ou descoberto resultante, é Cidade – arquitetura para a vida –, é o espaço humano, antinatural, artificial e cultural, em afirmação radical para pensar entre extremos.

A sobrevivência e prosperidade da sociedade humana fundam-se na ação antrópica, *sine qua non*, que domina a natureza com sensibilidade, ciência e responsabilidade, em cada momento, para colocá-la a seu serviço.

da
vive
Eva

O ASSUNTO

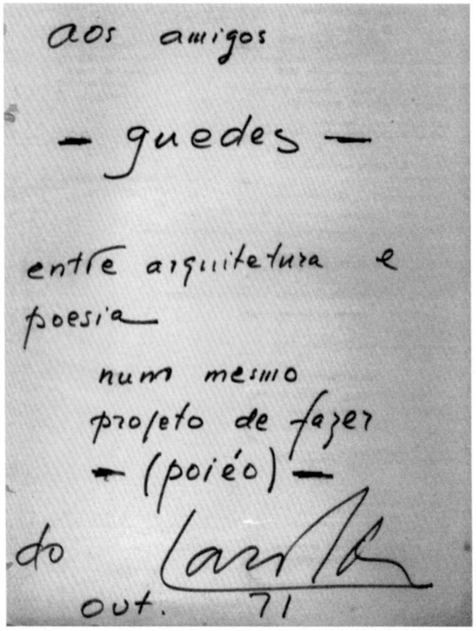

Em 1967 mergulháramos em estudos pioneiros sobre modelos de crescimento urbano e transformação de uso do solo para São Paulo, observando origens, destinos, desejos e atividades sobre mapas.

Pouco a pouco, fui tomado pela visão de uma carta arábico-algébrica da cidade, representando pessoas movendo-se como um tecido complexo de fluxos diferenciados, transcritas por letras e números em rotações e dimensões diversas, desenhando espaços, densidades e direções prováveis do crescimento leste-oeste da metrópole.

Daí a imaginar arquiteturas foi um pulo, signo e equações prenhes de vida, organizados sob nova lógica a representar momentos, idéias, estórias, acontecimentos em mutação permanente, continuamente substituídos ou acrescidos, modificados em intensidade e importância, como nas cidades reais.

Filhos presentes ao almoço brincavam, à meia distância no jardim, atentos e discretos, quando saíram, já noite.

Haroldo deixava-nos a *"Antologia Noigandres 5 / capa: homenagem do grupo noigandres a Alfredo Volpi, primeiro e último grande pintor brasileiro"*, com uma espaçosa dedicatória "entre arquitetura e poesia num mesmo projeto de fazer – (*poiéo*)".

JACK ROBINSON

CHARLES BERNSTEIN

dubious

mild

tornado

dovecoats

imperious

redemption

russle

myopic

malleable

torso

gizmo

ember

unearthly

truant

GRAFITO PARA HAROLDO DE CAMPOS

CLAUDIO DANIEL

Murmúrase algo por allí.
– VALLEJO

nome:
sim, desabitado.
montou
no dorso de garuda
rumo à galáxia-de-nébula.
desvinculado dos livros,
investe agora em esfinges
de outros círculos obsessivos.
ele, que conhecia
– como ninguém –
a excêntrica máquina
de vocábulos e sentenças,
agora mudo
(bashô: *a cigarra cantou-se toda*).
ele, o manco capac.
ele, o colombo de barba rabínica.
talvez ganesha,
que escreveu o *mahabharata*
com a presa marfínica.
Pousando os pés sobre a mínima banqueta
marroquina, olhou-me,
entre máscaras de teatro chinês
e um volume de guenádi
aigui. olhou-me,
com pupilas de *rishi*,
desvendando um verso neogrego,
como quem soletra
o sol. (no fundo da sala,
soava outro sol
na tela de tomie othake.)
falávamos de lezama;
de hinos egípcios, gatos hieráticos
e canções astecas.
até a hora satúrnica da despedida
(houve um último telefonema,
do hospital, e uma conversa
sobre salvador elizondo).
agora – murmura-se –
ensina música para as esferas.

MEMÓRIA PARA HAROLDO
MEMORIA PARA HAROLDO

EDUARDO MILÁN

[*Tradução de Claudio Daniel e Luiz Roberto Guedes*]

ANTES

Na época de meus 31 -
32, Haroldo de passagem
por aqui me convida a visitar Palenque.
"Vamos a Palenque, Milán". Escrevo
isto como uma carta destinada, à mão.
Creio que lhe respondi, soberbo, que não
Gostava das ruínas. Era certo.
"Não gosto das ruínas, Haroldo".
Porém, Haroldo convence: "Ali está inscrita
Uma figura em uma lápide no Templo
Das Inscrições que parece extraterrestre".
Haroldo cita a viagem em um ensaio,
"De uma cosmopoesia",
Publicado em *Poesia Sempre* em 2001.
Estamos falando de 83-84. Cita a descida
Ao útero úmido – assim o vejo agora –, cita
A saída da clausura sufocante, o parto.
Cita nosso engatinhar até a próxima cabana –
A recabana* – éramos dois – que nos cobria
Com sua chuva fresca – para comer.
Cita o assentar-nos. O tremor – era incrível,
Mas TREMEU, difícil de aceitar a coincidência
Daquele que veio do céu e a terra que se livra,
Se acomoda ou se libera de uma posição incômoda,
Agitando-se – tremendo – como um cão,
Um cão que sacode as gotas de seu pêlo.
Para quem se acostuma a um tremor leve,
Mas nada se acostuma a um tremor,
Não há tremor leve depois de haver estado
Junto à lápide, fundidos no útero
Úmido, colados à parede que escorre água.
"O maionauta", diz Haroldo

ANTES

En el tiempo de mis 31-
32, Haroldo en tránsito
por aquí me invita a visitar Palenque.
"Vamos a Palenque, Milán". Escribo
esto como una carta destinada, a mano.
Creo que le respondí, soberbio, que no
Me gustaban las ruinas. Era cierto.
"No me gustan las ruinas, Haroldo".
Pero Haroldo convence: "Allí hay inscripta
Una figura en una lápida en el Templo
De las Inscripciones que parece extraterrestre".
Haroldo cita el viaje en un ensayo,
"De uma cosmopoesia",
Publicado en *Poesía Sempre* en 2001.
Estamos hablando del 83-84. Cita el descenso
Al útero húmedo – así lo veo ahora –, cita
La salida del encierro sofocante, el parto.
Cita nuestros gateos a la cercana palapa-
La repalapa – éramos dos – que nos cobija
Con su lluvia fresca – para comer.
Cita el sentarnos. El temblor – era de no creer,
TEMBLÓ, difícil de aceptar la coincidencia
Del venido del cielo y la tierra que se libra,
Se acomoda o se libera de una posición incómoda,
Se sacude algo – tiembla – como un perro,
Un perro se sacude las gotas de su pelo.
Para lo que se acostumbra un temblor leve
Pero nada se acostumbra a un temblor,
No hay temblor leve después de haber estado
Junto a la lápida, hundidos en el útero
Húmedo, pegados a la pared que escurre agua.
"El mayonauta", dice Haroldo

* *Repalapa* ("recabana"): neologismo criado pelo autor.

e nomeia à figura inscrita na lápide
do Templo das Inscrições: "maionauta",
união de "maia" e "astronauta",
batismo de *port manteau*
digno do momento de guerra do período
concreto (1952?-1960?). Só faltou
que tudo aquilo tivesse sido em maio.
O batismo é um oásis entre ruínas,
Coisa concreta que à ausência o nome rapta.
Fora do útero do Templo o tremor sob a cabana
– a recabana que nos dá abrigo – éramos dois –,
vôo de borboleta a uma distância prudente,
tremor de asas que sacode.

Não sei o que há para explicar, Haroldo, agora
Como antes não há nada a explicar:
Não há como explicar um vôo de borboleta.
Ou sim há que explicar:
Haroldo teve uma iluminação,
Iluminou-se de pé frente à lápide.
É difícil distinguir entre a luz
Que cotidianamente banha um rosto
Assombrado – o contrário exato
De um rosto em sombras, em penumbra, olhos
Desorbitados por uma luz de dentro –
O tom de uma nova luz:
Algo de calcário, de calcanhar
Que lhe sobe do calcanhar ao rosto,
De rosto que vence a impotência,
A cólera ou a ira. A memória acode rápida,
Ao chamado da campainha.
Da mesa de alguns convidados
– Devir de resplendores ao redor de um só.
Rosto de Haroldo que perdura em mim,
A pergunta é: quem tocou a campainha?

y nombra a la figura inscripta en la lápida
del Templo de las Inscripciones: "mayonauta",
unión de "maya" y "astronauta",
bautismo de pormantó
digno del momento de guerra del período
concreto (1952?-1960?). Sólo faltó
que todo aquello hubiera sido en mayo.
El bautismo es un oasis entre ruinas,
Cosa concreta que a la ausencia el nombre rapta.
Fuera del útero del Templo el temblor bajo la palapa
-la repalapa que nos da cobijo –éramos dos-,
vuelo de mariposa a una distancia prudente,
Temblor de alas que sacude.

No sé qué hay que explicar, Haroldo, ahora
Igual que entonces no hay nada que explicar:
No hay que explicar un vuelo de mariposa.
O sí hay que explicar:
Haroldo tuvo una iluminación,
Se iluminó de pie frente a la lápida.
Es difícil distinguir entre la luz
Que cotidianamente baña un rostro
Asombrado –lo contrario exacto
De un rostro en sombras, en penumbra, ojos
Desorbitados por una luz de adentro-
El tinte de una nueva luz:
Algo de calcáreo, de talón
Que le sube del talón al rostro,
De rostro que vence la impotencia,
La cólera o la ira. La memoria acude rápida,
Al llamado de la campanita
Desde la mesa de unos comensales
Devenir de resplandores alrededor de uno solo.
Rostro de Haroldo que perdura en mí,
La pregunta es: ¿quién tocó la campanita?

DEPOIS

Loucura não lhes falta, satisfeitos,
Uns deixam a sobriedade de lado,
O cão deitado. Neón, muito,
Palavras, totalidade das subterrâneas.
Estratégia de deixar cair a máscara
Das coisas. Seriam, sem máscara, as coisas?
Uma maçã sem máscara? Um pêssego?
Para ficarmos na fruta: Haroldo,
Você que sabia tudo ou quase
Tudo – o que dá no infinito igual, o mesmo: uno –
Diga-lhes – diga-nos – com essa campainha
– Din-don, lá de longe talvez te ouçam –
De alegria que tinhas, aquele súbito
Chamado de atenção, o claro como
Modular o inframundo, os móveis,
Mesa do entredito, a palavra.
– Quem foi Ulisses não se esquece, recorda-nos.

DESPUÉS

Locura no les falta, satisfechos,
Uno echa la sobriedad de menos,
El perro echado. Neón, mucho,
Palabras, totalidad de las subterráneas.
Estrategia de dejar caer la máscara
De las cosas. ¿Serían, sin máscara, las cosas?
¿Una manzana sin máscara? ¿Un durazno?
Para quedarnos en la fruta: Haroldo,
Tú que lo sabías todo o casi
Todo – que da en el infinito igual, lo mismo: uno-
Diles – dinos – con esa campanita
– Din-don, desde allá tal vez te oyen-
De alegría que tenías, aquel súbito
Llamado de atención, el claro cómo
Modular el inframundo, los muebles,
Mesa del entredicho, la palabra.
– Quien fue Ulises no se olvida, recuérdanos.

A FRONTEIRA DO DIZER

HORÁCIO COSTA

A Haroldo de Campos, in memoriam

- Conecta com isso.

    E é uma pedra.

- Conecta com isso.

    É terra.

- Conecta com isso.

    É nuvem. Tem a forma do dragão.

- Conecta com isso.

    É onda. Tem a forma da onda.

- Conecta com isso.

    É chip. Parece Shangri-lah.

    Não é sílica. Nem silêncio. Nem palavra.

Conecta com isso.

POLÍSSONAS PRAIAS

SABLES, SYLLABES

JACQUES ROUBAUD

[*Tradução de Leda Tenório da Motta*]

Naquele tempo e por um pouco do tempo minúsculo no fim das contas que nos retém e distrai e engloba eu morava na rue de la harpe no quartier latin de Paris numa rua que foi na renascença uma rua dos músicos e me levantando um dia da minha escrivaninha um dia de luz de verão de primavera não sei mais dizer direito numa manhã com certeza a julgar pela luz que banha essa lembrança me levantando da minha escrivaninha e chegando numa das grandes imensas janelas que davam para a rua naquele lugar em que eu estava morando há pouco tempo

e menos tempo ainda se compararmos essa duração com aquela outra incansável da luz eu vi se abrir na minha frente uma outra janela uma janela do hotel do crescente que ficava defronte e nessa janela alguém que com certeza tinha acabado de acordar e de pressentir a luz dessa manhã de primavera ou verão em Paris na rue de la harpe no quartier latin de acordar e de ir até a janela do quarto e de abri-la a rua não é muito larga e a janela do hotel no segundo andar daquele hotel do

crescente ficava bem em frente da grande imensa janela onde eu tinha vindo em silêncio olhar a rua não sei bem por que pelo efeito de um grão de areia de distração foi um grão de areia de duração e de distração consagrado a uma coincidência o que não tem nada de surpreendente pois estamos no pouco de tempo na praia de tempo minúsculo que nos ocupa distrai e engloba consagrados pela luz à coincidência foi num instante de coincidência eu estava dizendo que eu vi se abrir na minha frente aquela janela daquele quarto daquele

hotel o hotel do crescente que eu vi quem estava do outro lado da rua de pé naquela janela que eu vi e reconheci e gritei "haroldo"! eu me lembro que ele hesitou um segundo e mesmo alguns segundos que ele olhou em frente do outro lado da rua para aquela grande janela um pouco obscura a luz banhava a fachada do hotel do crescente não era por acaso um hotel que se chamava hotel do crescente mas as casas do outro lado da rua não recebiam o sol de manhã como diz pierre reverdy ele olhou e gritou "jacques!"

um retrato tirado cinco ou seis anos mais tarde por volta de 1985 ou 86 no festival de poesia de cogolin mostra haroldo saindo do mar mediterrâneo ele sai do mar que é como todos os mares expressamente marítimo e muito especialmente marítimo é o mediterrâneo nesse retrato em preto e branco que parece carregar o azul vinoso e homérico do mar com a sua espuma as suas dobras o seu perfume negro e azul pois nesse retrato haroldo tem tudo de quem sai do mar depois de uns

bons vinte e sete vinte e oito séculos desde que mergulhou nele recitando os versos da odisséia em que ulisses sai do mar do mesmo mar sacudido pela mesmidade absoluta nas sílabas do poema em que ulisses na praia vê nausicaa com o branco anil de sua roupa lavada com suas criadas suas lindas pequenas criadas ela ri enfim seria possível ouvi-la rir ao ver ulisses e ulisses não ri sente-se ligeiramente ridículo na frente de todas essas jovens o que prova como dizia samuel butler que a odisséia foi escrita

por uma mulher pois que grego homem teria pensado em pôr seu herói em posição tão ridícula mas nesse dia muitos séculos mais tarde perto de cogolin nausicaa vê haroldo sair do mar e ela não ri pois haroldo tem cabelo de espuma e barba de espuma mas o que ele tem principalmente são milhares de sílabas de espuma de poesia no cabelo e na barba a "espuma do refluxo" do "mar multitudinário finas fatias farinhas de água salina na ponta da espuma"[1] ele sai do mar fotográfico com

todas as sílabas de seus poemas enganchadas minusculamente na barba e nos cabelos branquinhos como espuma de vinte e sete vinte e oito séculos ele dá ao mediterrâneo um pouco da amplidão oceânica que lhe falta eu olho para esse retrato e sinto que haroldo foi levado para lá pelo mistral o "maïstre" o mestre dos ventos da provença levado para lá e jogado no mar de cuja espuma ele sai com a boca cheia de sílabas de arnaud daniel ele as cospe no vento e o vento as faz ressoar batendo malhando amassando

triturando martelando a areia as pedras como um ferreiro o ferreiro das sílabas o "fabbro" haroldo fabbro de língua mediterrânea e oceana a um só tempo saindo do mediterrâneo com a boca cheia de sílabas que ele expulsa e que batem malham amassam trituram martelam nossas cabeças nossos ouvidos sílabas daqueles poemas de versos imensos pounding upon our ears haroldo em suma é o poeta mais barbudo mais espumoso mais ideogramático mais ideodramático mais pound

poundiano pounding e entra ano sai ano pelos anos afora ele faz e refaz o oceano vindo dar nos antigos parapeitos da europa para fazer o reconhecimento dos lugares poundianos revisitá-los e investi-los com suas sílabas com suas reflexões captá-los no espelho de suas sílabas de seus ideogramas de sua barba de seu cabelo atravessado pelo mistral bater malhar amassar triturar martelar pounderar o metal ouro areia espuma línguas mediterrâneas pergaminhá-las papirizá-las envelopá-las com papel japonês umedecê-las no silêncio

depois dispô-las em páginas no branco espumante marítimo das páginas ocupar as páginas do que não é só silêncio ruído canto significante de pedaços de palavras de frases mas desenhos de língua envelopamentos volutas espirais entra ano sai ano ele começa e recomeça a mergulhar no mar marítimo do começo das sílabas latinas mas principalmente mas antes de mais nada provençais retorna e recomeça e reinventa e desdobra e desembrulha e enriquece as sílabas das cansos dos trovadores e é

assim que entra ano sai ano quando ele ressurge do silêncio dos dias por um pouco daquela duração minúscula que nos é dado conhecer quando ele aparece na janela do hotel do crescente no terraço de um café numa calçada da rue de buci quando escuto sua voz de sílabas quando reconheço sua voz no telefone quando o escuto e o vejo sair das páginas de seus livros como da espuma mediterrânea na fotografia do festival de cogolin quando começo a conversar com ele sobre aquilo que nos ocupa a ambos a po&

sia e na po&sia os momentos que são para nós os primeiros do começo e do recomeço os momentos das cansos dos trovadores e os momentos da voz japonesa antiga que se encontram e se misturam e também a milhares de quilômetros nos sacodem nos martelam nos cingem nos persuadem nos emulam filhos da "era de pound" que somos quando revejo haroldo depois de um ou dois anos quando juntos falamos daquilo que nos ocupa nos preocupa e não cessa de

1. Referência a *Galáxias*.

começar e recomeçar a nos inquietar revulsar entusiasmar desencorajar estimular relançar na espuma de indefinidas migalhas nos grãos de areia inumeravelmente numerados da luz quando tudo isso eu lembro e relembro e reencontro esse momento inesquecível esse momento de poesia de vinte e cinco anos atrás quando vi sobre a página e comecei do começo a ler as primeiras sílabas das primeiras linhas imensas e longas e serradas das GALÁXIAS.

En ce temps là, et pour un peu du temps minuscule somme toute qui nous occupe et distrait et englobe j´habitais rue de la harpe dans le cinquième arrondissement de paris une rue qui fut à la renaissance une rue de musiciens et un jour me levant de mon bureau un jour de lumière d´été de printemps je ne sais plus exactement un matin certainement d´après la lumière qui inonde ce souvenir me levant de mon bureau et allant à l´une des grandes immenses fenêtres qui donnaient sur la rue dans ce lieu où j´habitais depuis peu

et pour peu de temps encore si on mesure cette durée à celle infatigable de la lumière je vis s´ouvrir en face de moi une autre fenêtre une fenêtre de l´hôtel du levant qui me faisait face et à cette fenêtre quelqu´un qui s´éveillait seulement sans doute qui venait seulement de pressentir la lumière de cette matinée de printemps ou d´été à paris rue de la harpe dans le cinquième arrondissement de s´éveiller d´aller à la fenêtre de sa chambre et de l´ouvrir la rue n´est pas très large et la fenêtre de l´hôtel au deuxième étage de cet hôtel du

levant faisait exactement face à la grande immense fenêtre où j´étais venu regarder en silence dans la rue je ne sais pourquoi par l´effet d´un grain de sable de distraction ce fut un grain de sable de durée et de distraction voué à une coïncidence ce qui n´a rien de surprennant car nous sommes dans le peu de temps dans la plage de temps minuscule qui nous occupe et distrait et englobe voués par la lumière à la coïncidence ce fut dis-je un instant de coïncidence je vis s´ouvrir en face de moi cette fenêtre de cette chambre de cet

hôtel du levant je vis celui qui était de l´autre côté de la rue debout à cette fenêtre je l´ai vu et le reconnus et je criais "haroldo!" je me souviens qu´il eut une seconde peut-être même plusieurs secondes d´hésitation qu´il regarda en face de lui de l´autre côté de la rue cette grande fenêtre un peu obscure la lumière innondait la façade de l´hôtel du levant ce n´était pas pour rien un hôtel appelé hôtel du levant mais les maisons de l´autre côté de la rue n´étaient pas innondées de soleil par le matin comme dit pierre reverdy il regarda et cria "jacques...!"

une photographie prise cinq ou six ans plus tard vers 1985 ou 86 à l´occasion du festival de poésie de cogolin montre haroldo sortant de la mer méditerranée il sort de la mer qui est comme toutes les mers expressément maritime et tout spécialement maritime est la méditerranée sur cette photographie en noir et blanc qui est comme chargée du bleu vineux et homérique de la mer de son écume de ses plis de son parfum noir et bleu car sur cette photographie haroldo a pris toutes les apparences de qui sort de la mer après une

bonne vingt-sept vingt-huitaine de siècles s´y étant plongé en récitant ces vers de l´odyssée où ulysse sort de la mer la même mer frappée de mêmeté absolue dans les syllabes du poème où ulysse sur la grève voit venir nausicaa avec le blanc bleu de sa lessive avec ses servantes ses petites servantes toutes jolies elle rit enfin il serait possible d´entendre qu´elle rit à la vue d´ulysse et ulysse ne rit pas il se sent légèrement ridicule devant toutes ces jeunes filles ce qui prove comme disait samuel butler que l´odyssée a été écrite

par une femme car quel grec homme aurait pu imaginer de mettre son héros dans une position si ridicule mais ce jour-là de beaucoup de siècles plus tard non loin de cogolin nausicaa voit sortir de la mer haroldo et elle ne rit pas car haroldo a des cheveux d´écume et de la barbe d´écume mais surtout il a des millions de syllabes d´écume de poésie dans ses cheveux dans sa barbe il detient "la mousse du reflux" de "la mer multitudinaire minces miettes farines d´eau saline dans la pointe de l´écume" il sort de la mer photographique avec

toutes les syllabes de ses poèmes accrochées minusculement à sa barbe et à ses cheveux tous blancs comme de l´écume de vingt-sept vingt-huit siècles il donne à la méditerranée un peu de l´ampleur océanique qui lui manque je vois cette photographie et je sens qu´haroldo a été transporté là par le mistral le "maïstre" le maître des vents de provence emporté lá et jeté dans la mer dans l´écume dont il sort la bouche pleine de syllabes d´arnaut daniel il les crache dans le vent et le vent en résonne qui bat tape frappe pilonne

concasse martèle le sable les pierres comme um forgeron le forgeron de syllabes le "fabbro" haroldo fabbro de langue méditérranéenne et océane à la fois sortant de la méditerranée la bouche pleine de syllabes qu´il expulse et qui battent tapent frappent pilonnent concassent martèlent nos têtes nos oreilles les syllabes de ces poèmes de vers immenses pounding upon our ears en somme haroldo est le poète le plus barbu le plus écumeux le plus idéogrammatique le plus idéodramatique le plus pound

poudien pouding et d´année en année dans les années il franchit et refranchit l´océan et vient parmi les anciens parapets d europe reconnaître ls lieux poundiens les revisiter les investir de ses syllabes de ses réflexions les prendre au miroir de ses syllabes de ses idéogrammes de sa barbe de ses cheveux traversés de mistral battre taper frapper pilonner concasser marteler pounder le métal l´or le sable l´écume des langues méditerranéennes les parcheminer les papyrusser les envelopper de feuilles japonaises les tremper de silence puis les disposer sur les pages dans le blanc écumeux maritime des pages occuper les pages de ce qui n´est pas que silence ni que bruit ni que chant signifiant de bribes de mots de phrases mais dessins de langue enveloppements volutes spirales année après année haroldo commence et recommence à plonger dans la mer maritime du commencement des syllabes latines mais surtout mais avant tout provençales revient et recommence réinvente et déplie et détrousse et enrichit les syllabes des cansos de troubadours et c´est

ainsi que d´année en année quand il ressurgit du silence des jours pour un peu de cette durée minuscule qu´il nous est donné de connaître quand il apparaît à la fenêtre de l´hôtel du levant à la terrasse d´un café sur un trottoir de la rue de buci quand j´entends sa voix de syllabes quand je reconnais sa voix au téléphone quand je l´entends et le vois sortir des pages de ses livres comme de l´écume méditerranéenne sur la photographie du festival de cogolin quand je me retrouve parlant avec lui de ce qui nous occupe tous les deux la po&

sie et dans la po&sie les moments qui sont pour nous les premiers du commencement et du recommencement les moments des cansos des troubadours et les moments de la voix japonaise ancienne qui se rejoignent et se mêlent et également à des milliers de kilomètres nous frappent nous martèlent nous saisissent nous persuadent nous émulent enfants de "l´ère à pound" que nous sommes quand je revois haroldo après une deux années quand nous parlons ensemble de ce qui nous occupe nous préoccupe et n´en finit pas de

commencer et recommencer à nous inquieter nous révulser nous enthousiasmer nous décourager nous stimuler nous replonger dans l´écume indéfiniment émiéttée dans les grains de sable innombrablement énumérés de la lumière quand tout cela je me souviens et me ressouviens et retrouve ce moment inoubliable ce moment de poésie d´il y a vingt-cinq ans où j´ai vu sur la plage et commencé le commencement de lire les premières syllabes les premières lignes immenses et longues et serrées des GALAXIES

MONGE EM SUA DESEMBOCADURA

MONJE A SU DESEMBOCADURA

JOSÉ KOZER

Para Haroldo de Campos, em sua galáxia

[*Tradução de Claudio Daniel e Luiz Roberto Guedes*]

O caminho, de curva em curva, desce até a praia (digo, termina essa
escarpa onde começa a areia): desapareceu
por completo o aroma da chuva no cume
da montanha, aí um manancial. Desapareceu
por completo o odor de terebentina que (seguindo
em sua descida sinuosa o caminho) o monge
(paralelo a sua sombra) recorda ao atravessar (três
dias, duas noites) (no terceiro dia é quando tudo
acontece) (ah) o bosque de azinheiras: seu bastão de pinho negro;
nas agulhas de pinheiro se deitava, odor de grata putrefação,
clareira do pinhal: foi antes de haver entrado
(cinqüenta anos) (quantas coisas não acontecem a partir dos
cinqüenta anos) (essa idade não é o mesmo que as outras)
(ah) no monastério: daí o odor a terebentina que
ainda impregna sua túnica açafrão. E agora a fome
saciada com um punhado de bolotas (cara de porco
grita-lhe o buda interior, comedor de bolotas). O
monge ri. Ri saltimbanco. Aqui termina o
caminho, aqui começa a areia. Uma ilha, uma
lâmpada (longe). Mais ou menos quilômetro,
quilômetro e meio, e se poderá refrescar os pés
(essas peças menos embotadas de seu corpo). Água
doce no cantil, água salgada para a ablução
desta manhã: não há dúvida que o mundo é
perfeito enquanto é o que é sem ser o que não é
(cara de porco grita-lhe o buda interior, assim qualquer um
é sábio). Água doce por água salgada: não se
contrapõem. A contradição não existe, os
opostos carecem de realidade (ulterior, claro está)
(eu não nasci ontem). Assim, da montanha
ao bosque à praia (digo, às extensões da
areia, de grão inabarcável) (escarpa da ribeira) há
um trajeto: há vinte anos o monge septuagenário
entendeu que se trata ou de três experiências distintas
ou de uma mesma experiência onde as três tendem a
resumir-se: tendem a somar-se, à extinção. Extinção

da areia, desembocadura (na descida) do bosque
à montanha (um caminho sinuoso) extintos ao
alcançar o arranque da areia. O monge reconhece a
margem do mar, água doce por água salgada, carece de
sentido perguntar (a partir deste ponto). Bravo pelo
monge (ah). Siris de fogo. O mangue à distância
nas ilhotas. A boca da cova do caranguejo de praia.
Senta-se. De seu bornal extrai a fome, do
cantil a sede.

El camino, de revuelta en revuelta, desciende hasta la playa (digo,
termina ese tajo donde comienza la arena): ha desaparecido
por completo el aroma de la lluvia en la cumbre
de la montaña, ahí un manantial. Ha desaparecido
por completo el olor a trementina que (siguiendo
en su descenso sinuoso el camino) el monje
(paralelo a su sombra) recuerda al atravesar (tres
días, dos noches) (al tercer día es cuando todo
sucede) (ah) el encinar: su bastón de pino negro;
en las agujas se recostaba, olor a grata putrefacción,
claro de la pineda: fue antes de haber entrado
(cincuenta años) (cuánto no sucede a partir de los
cincuenta años) (no es lo mismo esa edad que otras)
(ah) al monasterio: de ahí el olor a trementina que
aún impregna su túnica azafrán. Y ahora el hambre
saciada con un puñado de bellotas (cara de cerdo
le grita buda interior, comedor de bellotas). El
monje ríe. Ríe saltimbanqui. Aquí termina el
camino, aquí comienza la arena. Una isla, una
lámpara (a lo lejos). Más o menos kilómetro,
kilómetro y medio, y se podrá refrescar los pies
(esas piezas menos embotadas de su cuerpo). Agua
dulce en la cantimplora, agua salada para la ablución
de esta mañana: no cabe duda que el mundo es

perfecto en cuanto es lo que es sin ser lo que no es (cara de cerdo le grita buda interior, así cualquiera es sabio). Agua dulce por agua salada: no se contraponen. La contradicción no existe, los opuestos carecen de realidad (ulterior, claro está) (no hay que chuparse el dedo). Así, de la montaña al bosque a la playa (digo, a las extensiones de la arena, de grano inabarcable) (tajo de la ribera) hay un recorrido: hace veinte años el monje septuagenario entendió que se trata o de tres experiencias distintas o de una misma experiencia donde las tres tienden a resumirse: tienden a sumarse, a la extinción. Extinción de la arena, desembocadura (en descenso) del bosque a la montaña (un camino sinuoso) extinguidos al alcanzar el arranque de la arena. El monje reconoce la orilla del mar, agua dulce por agua salada, carece de sentido preguntar (a partir de este punto). Bravo por el monje (ah). Macaos de fuego. El mangle a lo lejos en los cayos. La boca de la cueva del cangrejo de playa. Se sienta. De su morral extrae el hambre, de la cantimplora sed.

ARAUTO

JOSELY VIANNA BAPTISTA

o

verbo

seja

alento

ao

estridor

doe

a

ode

o

silêncio

o

nome

ao

desespero

dome

o

medo

SILÊNCIO NA BIBLIOCASA

REYNALDO DAMAZIO

primavera de 2004
Em memória de H.C.

Livros ocupam a casa
Cupins copistas traçam
Silhuetas de Heitor e Andrômaca
Entre nênias e ninfas

Rumores iridescentes e
Cores polifônicas ruminam
Nas paredes a partitura
Da opereta joyceana

O som que emana
Da letra negra é
Branco como o nada
Que labora o signo

Babel desaba sob bombas
Bárbaras enquanto alhures
O lúmpen clama por
Deuses e verdades eternas

Poetas esperneiam por
Um grão da voz
Incapazes de reerguer
O paraíso desconstruído

Indiferente a teses e antíteses
Lady Bi vaga de viés
Sua felinidade geométrica
No torvelinho de ptyx

Rasurada a sombra do titã
A nau insana soçobra
Outra máquina se insinua
A sereia sorri

COMMEDIA PARA HAROLDO

TARSO DE MELO

INFERNO

a selva emaranha a vida e o guia é cego,
sigo: desvendo a língua em desencontro
e logo íntima se diz a alheia entranha

e me bifurca e desalinha os fios da fala
(na galáxia, a via perfeita é via perdida,
palavra que diz, desdiz, desvanece)

se vou daqui – ali – alongo a vereda
escapo das feras por dentro delas
(as letras que cravo no centro da terra,

as letras que implodem a voz do poema)
círculo após círculo, sigo, investigo
cada palavra e seus subterrâneos

torre adentro a luz do dicionário
rompe a veia e penetra o mistério
imprime novas estrelas, preme o céu

contra elas, desfere novos sons e cessa:
heróis, destino, verbo, musa, vírgulas,
tudo atravessa e verte à vala do sentido

PURGATORIO

céu, estrelas: o rio lança outra esfera
e fogo ainda pende das barbas do vate –
escorro por onde narro, varo portais

e entro, observo desde o terraço vasto
da linguagem a vida (o que desespera,
o que multiplica, a viagem que basta,

o futuro que foge com tudo que passa)
– a música que levo dessa margem a outra
é a música que invade o resto do riso,

é a música que amarra as festas da fala,
fende a razão, prende, entalha um astro
em cada asterisco, deus em cada traço

: sofrer o poema, pagar seus pecados;
vingar-se da língua é singrar suas águas
(daquela que falo, daquela que rapto), hábil

rio do que esqueço? translúcido escarneço
(nódoas da memória, gritos migram até blocos
de notas e insanos velam ainda seu sentido)

PARADISO

sim, cada palavra é uma biblioteca
(e a porta que nos leva para a outra
é a porta que na outra se abre, sem-

pre) e daqui avisto várias (eis o céu
da *bibliocasa*: sua infinita cosmologia,
o mapa que me recebe e leva a tudo

e a nada), voando de livro a livro, vindo
com seus planetas, alheios sóis, céus
: a caneta ordena estrelas, letras, tudo

encaderna o sonho, fixa o canto, mira
(versos incendeiam a oficina, tomam tudo
que dão, transtornam idéias cristalinas:

a poesia chega e arromba a porta, despreza
a agenda; mergulho nos poemas como numa
fonte da juventude) – mar de lombadas,

vaga fúria – o olho alastra-se infinito
: o horizonte é uma palavra e avulta
e de sua sombra soa todo sentido

parte 3

um chá na ponte alegre

POEMS

HAROLDO FRANCÊS

LEDA TENÓRIO DA MOTTA

Assim, libertado do grande público, libertado da crítica tradicional, que é, ao mesmo tempo, guia e escrava, livre da preocupação com a venda e sem qualquer consideração com a preguiça dos espíritos e os limites do leitor médio, o artista pode se entregar sem restrições às suas experiências.

PAUL VALÉRY, *Variété*

MAIS DE DEZ ANOS ANTES DE SUA MORTE, E JÁ envolvido com a tradução da *Ilíada*, com tudo que isso tinha, como se pode perceber agora, *post mortem*, de preparação da última viagem, Haroldo de Campos reivindicava o direito a uma certa "ciência", e em nome disso a uma certa "impaciência", e por conta de ambas antecipava muito do que viria a dizer naquela que parece ser a sua última entrevista. Aqui reproduzida, a seguir, em registro impresso e sonoro, essa entrevista, que começa com acentos intimistas, por uma apresentação, jamais feita antes, da família, meio irlandesa, meio quatrocentona, do poeta, e termina com um adendo, só aparentemente pequeno, a *O Seqüestro do Barroco - O Caso Gregório de Mattos na Formação da Literatura Brasileira* – causa assim uma dupla comoção. De um lado, nos permite ouvir, materialmente falando, e como numa liturgia, a última voz do poeta. De outro, nos faz chegar às mãos, em testamento, suas últimas ciências e impaciências.

De fato, olhando bem, já estava tudo lá em *Crisantempo*, essa lira dos sessenta anos de Haroldo, que deve ser, ao lado de álbuns como *Xadrez de Estrelas*, *Galáxias* e *A Máquina do Mundo Repensada*, o que de melhor foi feito, em poesia brasileira, no último meio século, embora não se tenha podido perceber completamente isso ainda, até por falta de recuo temporal. Em certos belos versos melancólicos em que já o vemos querendo exilar-se em sua casa e em seu trabalho, de volta a Ítaca, finalmente, depois de tantas viagens. Versos como estes, da seção "personagens":

> mas vi tudo isso
> tudo isso e mais aquilo
> e tenho agora direito a uma certa ciência
> e a uma certa impaciência
> por isso não me mandem manuscritos datiloscritos telescritos
> porque sei que a filosofia não é para os jovens
> e a poesia (para mim) vai ficando cada vez mais parecida
> com a filosofia
> e já que tudo afinal é névoa-nada
> e o meu tempo (consideremos) pode ser pouco
> e só consegui traduzir até agora uns duzentos e setenta versos
> do primeiro canto da *Ilíada*
> e há ainda a vontade mal-contida
> de aprender árabe e iorubá
> e a necessidade de reunir todas as forças disponíveis
> para resistir a mefisto e não vender a alma
> e ficar firme
> em posição de lótus
> enquanto todos esses recados ambíguos (digo: vida)
> caem na secretária eletrônica[1].

Ou como estes da seção "entre vênus e minerva", em que nos fala da chatice da velhice:

1. Haroldo de Campos, "Meninos Eu Vi", em *Crisantempo*, p. 92-93. Trata-se de um poema do início dos anos de 1990, como informa uma nota à p. 355 de *Crisantempo*, onde lemos que ele foi originalmente publicado no antigo suplemento Letras do jornal *Folha de São Paulo* em 02/03/1991.

a oca ocre o tédio
o eixo médio
o sem-remédio
o epicédio[2]

É esse *ennui* que faz "ciência" rimar com "impaciência". Até porque todos esses versos não escondem que são declinações de outros de um outro grande poeta brasileiro, dos mais presentes ao recolhimento final de Haroldo, a que os acontecimentos também entendiam ("les événements m´ennuient", reclamava ele)[3]. Trata-se do Carlos Drummond de Andrade de *Claro Enigma*, ele também posto "entre lobo e cão", quer dizer, entre a noite e o dia, ou entre a morte e a vida, e igualmente pronto assim acusar o golpe da "terrível prenda da madureza", que chama de "ingaia ciência": "A madureza sabe o preço exato/ dos amores, dos ócios, dos quebrantos,/ e nada pode contra sua ciência/ e nem contra si mesma. O agudo olfato,/ O agudo olhar, a mão, livre de encantos, se destroem no sonho da existência"[4].

É de *spleen* que se trata em suma. E a arrastada e perfeccionista recriação de Homero, que se estende por mais de uma década, teria tudo a ver com essa gravidade "pós-tudo" de um Haroldo curado da doença infantil do modernismo, que agora se rende a uma filosofia "que não é para jovens", como quem fecha o círculo de sua vida.

De fato, desde *Galáxias*, obra-prima do começo dos anos de 1980, de que poderíamos dizer, em puro estilo haroldiano, que é mallarmeanamente um livro, ainda cheio de fé na modernidade, o concretismo, em que a crítica abespinhada continuou (e continua) a enclausurar toda a sua obra, já não descrevia mais o poeta por inteiro. Num inesperado recuo dos epigramas tão alegremente antidiscursivos do período rebelde, ele já se preparava aí, nesse flamejante poema em prosa de surpreendentes longuras narrativas para o *nado de peito* clássico que seria, a julgar pelas rimas dantescas perfeitas de *A Máquina do Mundo*, a sua última e irônica posição, de tradicionalista atemporal. Já largava mão de todos aqueles jogos formais ilustrativos do "fim histórico do verso" que se tornariam, findas as escaramuças da fase heróica, uma marca da poesia brasileira contemporânea, fazendo do concretismo uma das mais produtivas tradições recentes de nossa literatura[5].

Mas se, à medida em que foi vendo "tudo isso e mais aquilo", o poeta concretista foi ficando disfórico e filósofo antigo, como ele mesmo reconhece, é de se perguntar, então: nesse caso, "não vender a alma" seria persistir em quê? Que significaria, ao fim e ao cabo, permanecer impávido "em posição de lótus"? (A mesma posição atribuída por Haroldo a Severo Sarduy no elogio fúnebre "Para um tombeau de Severo Sarduy",

2. "saturnum in aquario ascendentem", idem, p. 46.

3. Tirada de um Paul Valéry septuagenário, essa é a epígrafe de *Claro Enigma*. Falo mais longamente sobre isso no capítulo "Drummond Engomado" de meu livro *Sobre a Crítica Literária Brasileira no Último Meio Século*, Rio de Janeiro, Imago, 2002.

4. Carlos Drummond de Andrade, "A Ingaia Ciência", *Claro Enigma*, Rio de Janeiro, Nova Aguillar, 2002, p. 248.

5. Como demonstra a recorrência da palavra "concretismo" no pequeno livro de Manuel da Costa Pinto, *Literatura Brasileira Hoje*, São Paulo, Publifolha, 2004.

note-se[6]). Que resta, enfim, no Haroldo que vai dos anos de 1990 ao novo milênio daquele ativista revolucionário que, como já se disse, só fazia sentido na radicalidade?[7]

Muito do que é dito na entrevista que se segue pode e deve ser ouvido à luz desses momentos de *Crisantempo*, e vice-versa. Dada a Thelma Médici Nóbrega (que fez doutorado sobre Haroldo, comigo na PUC), numa tarde de maio de 2003, no sobradinho do bairro das Perdizes, com espantoso vigor agonístico para quem estava tão perto do fim, a entrevista reinterpreta esses versos, ao mesmo tempo em que esses versos a interpretam, e ambos nos permitem ler o poeta, como diria Valéry[8], por cima dos ombros.

De fato, cotejadas as declarações do Haroldo tradutor que acaba de vencer a prova de fogo da recriação dos vinte e quatro cantos e dezesseis mil versos do texto-fonte com as palavras do Haroldo poeta de *Crisantempo*, o que se declara é a garra leonina (ele era, aliás, do signo de Leão!) do Haroldo crítico. "Manter viva a enteléquia", depois de tudo, é não se conformar nunca com certas *idéias feitas* sobre a literatura brasileira, certa visão de nossas artes letradas nos termos exóticos de um caráter brasileiro – o "Guarani cavalheiresco"[9] –, não só apartado do universal mas defasado em relação a ele. Daí um Haroldo-que-não vendeu-a-alma a afinar ainda suas armas críticas, e a nos ditar, em testamento, a continuação do livro em que mais firmemente se posiciona contra esse *logos* nacional: *O Seqüestro do Barroco na Formação da literatura brasileira. O caso Gregório de Mattos*.

Na parte conhecida desse pequeno (só no tamanho) volume de 1989, que é o décimo-primeiro de uma série de dezessete trabalhos de reflexão crítica publicados em vida por Haroldo, e que está hoje vertido para o inglês e o espanhol, sem que tenha deixado de causar um enorme mal-estar por aqui, o que explica a censura do silêncio que sobre ele continua pesando, o autor nos havia mostrado, ao arrepio da interpretação magistral da história da literatura brasileira por Antonio Candido, como a poesia trabalha contra as funções práticas do discurso ordinário, a referencial e a emotiva, ou a "comunicativo-expressiva", e como ela é, assim, uma estranha língua desfuncionalizada, auto-referencial e metalingüística[10]. Com isso, havia lançado uma suspeita em relação à tese de que nossas primeiras letras legitimamente nacionais seriam as que, ao cabo de uma aclimatação penosa e de uma evolução por saltos decisivos, enveredaram pela reportagem de temas locais, pondo-se a representar a realidade do país, e se ampararam na resposta de uma recém-formada camada de leitores, os consumidores de folhetins, na altura do romantismo. E tudo isso punha à prova a *Formação da Literatura Brasileira*, que, até então, só havia encontrado os seus Eckermann (para lembrarmos o amigo adulador de Goethe), mas não debatedores que lhe respondessem "às instigações mais provocativas"[11].

6. "ele – herdeiro heráldico passeando pela mão regedora do senhor barroco/seu voluntarioso principado de jovem crisóstomo criollo/ até sentar-se em posição de lótus no café de flore/ entre menta e limões cortados que lucilam feito cristais citrinos/ recolhendo no vôo o debrum amarelo-fogo de uma ouropêndula/ caligrafada por tu-fu". Cf. "Para um tombeau de Severo Sarduy", *Crisantempo*, p. 113.

7. Cf. Leyla Perrone-Moisés, "O Teórico e o Crítico", dossiê "Haroldo nas Estrelas", Caderno Mais, *Folha de S. Paulo*, 14 setembro de 2003.

8. "É preciso olhar os livros por cima dos ombros do autor". Paul Valéry, "Rhumbs", *Tel quel*, *Oeuvres*, II., Paris, Gallimard/Pléiade, 1960, p. 626.

9. "Da Razão Antropofágica: Diálogo e Diferença na Cultura Brasileira", *Metalinguagem & outras Metas*, p. 237.

10. *O Seqüestro do Barroco na Formação da Literatura Brasileira. O Caso Gregório de Mattos*, 1989, p. 27.

11. Idem, p. 12.

Como se pode depreender da entrevista que mais adiante se publica, se tivesse vivido para completar essas considerações, que vieram dar direito de cidade a um Barroco literário nacional, representado por um artífice sem público e sem papas na língua, mas nem por isso menos brasileiro, nem menos preparador de nossa modernidade – Gregório de Mattos –, estava em preparação, no produtivo canteiro de obras do *mezzanino* da casa da Rua Monte Alegre, e talvez lá se encontre, ainda, neste momento, em alguma pasta, aguardando publicação póstuma, uma segunda rodada de reflexões, ainda mais atiladas, em torno de uma outra questão, a esta pertinente. A questão de saber se seria historicamente procedente a hipótese de Candido que nos inscreve na literatura portuguesa como num mau começo, segundo o seu bem conhecido enunciado, cheio de metáforas naturalistas: "nossa literatura é galho secundário da portuguesa, por sua vez arbusto de segunda ordem no jardim das Musas"[12].

Temos aí um dos motivos mais acatados de nossa historiografia literária. Mas, para Haroldo, que se põe a repensá-lo, em voz alta, na entrevista, uma formulação que não está à altura das melhores de um mestre que ele é o primeiro a homenagear, como na dedicatória da *Morfologia do Macunaíma*, e que segue em outros pontos, mas não nesse.

O pequeno acréscimo trazido pela entrevista ao texto conhecido de *O Seqüestro do Barroco* é sutil. Haroldo joga com o fato de que, por mais de meio lustro, de 1580 a 1640, Portugal foi espanhol, sob Felipe Segundo. É o que faz valer para argumentar que não era à literatura portuguesa que estávamos submetidos, nos primórdios letrados da colônia, como quer a *Formação*, mas àquela a que então se submetia, e de que então se nutria, a própria literatura portuguesa: a espanhola. Daí, segundo ele, os poetas mais referencialmente portugueses do período serem tão castelhanos. Não apenas isso, mas quando, no século XVII, aqui se implanta uma civilização barroca – que nos conquista tanto quanto a conquistamos, para pôr as coisas numa via de mão dupla[13] –, a literatura espanhola em que nos inspirávamos estava em seu apogeu, num "século de ouro". Nessas circunstâncias, não seria assim tão tranqüilo tomar a literatura colonial brasileira como o ramo secundário de um outro ramo *idem*, fazendo dela uma espécie de cópia da cópia, mas conviria parar para pensar na importância da brilhante tradição de que ela parte.

Nessa sua nova incursão ao pensamento de Candido, Haroldo vai "da fonte até o vale", como recomendava Walter Benjamin, de quem ele é um atento leitor, que se fizesse[14]. Revendo a ambientação histórica de nossa cena primitiva, pode assim substituir a habitual referência lusa por uma outra que a engloba e modifica qualitativamente e, ato contínuo, problematizar ainda mais a hipótese acerca da precariedade da vida do espírito aqui nas paragens americanas. De fato, se antes, na parte conhecida desta argüição, Haroldo desconstruía um certo enredo metafísico da *Formação*, convocan-

12. Antonio Candido, "Prefácio da Primeira Edição", *Formação da Literatura Brasileira: Momentos Decisivos*, Belo Horizonte/Rio de Janeiro, Itatiaia, 1993, p. 9.

13. "o Barroco americano, como o definiu Lezama Lima, é uma 'arte da contraconquista'. A esse processo chamamos, desde Oswald de Andrade, 'devoração antropofágica'", em *O Seqüestro...*, p. 65.

14. Walter Benjamin, "Le Surréalisme" em *Mythe et violence*, Paris, Denoël, 1971, p. 297.

do Jacques Derrida para destramar a narração das origens ali proposta, e verificava, graças a Roman Jakobson, que a leitura temático-nacionalista ali em vigor ignorava o autocentramento dos discursos literários, principalmente modernos, e privilegiava a comunicabilidade, mais própria das mensagens ordinárias, o que ele faz agora é ir às últimas conseqüências do argumento, sustentando, em tom elegante mas firme, que há na *Formação* um equívoco em relação ... à própria formação, menos lusa que espanhola.

Seria ingênuo ver nesses propósitos de alguém que estava acabando, nesse mesmo momento, de traduzir a *Ilíada*, e que já sabia, de algum modo, de que não lhe restava muito tempo pela frente, um mero clima de opinião. Até porque Haroldo deixa uma obra crítica longa e consistente o bastante para que não lhe façamos a injustiça de tomar o que diz aí como uma malcriação (contra o Pai), mas como parte do desenvolvimento de uma linha reflexiva que tanto mais merece nossa consideração quanto originou, aqui, uma outra corrente de pensamento crítico, armada a partir de outros pressupostos, lingüísticos, filosóficos, estéticos, que não os de Candido, aos quais vem se somar[15].

Falemos de pressupostos estéticos. E a propósito, de um Haroldo francês, que, ao brigar assim com o texto *seqüestrante*, repercute idéias de um punhado de criadores de primeiro plano, que fizeram da dissidência, também no campo da crítica, o seu denominador comum.

De fato, nada do que Haroldo diz de subvertedor, na entrevista que se segue se pode entender sem referência a uma das famílias de artistas mais presentes ao *paideuma*, a julgar pela recorrência do nome "Mallarmé" em seus escritos, desde a *Teoria da poesia concreta*. Trata-se daquele punhado de poetas máximos que chamamos de "simbolistas", que estão na origem de muitas das vanguardas do século XX, a começar pela formação chefiada por André Breton, o que explica o gesto ritual dos surrealistas de partir para o enterro dos Anatole France[16].

É sob o influxo do grande simbolismo que aquilo que poderia parecer – e tem parecido – insulto se deixa ler como gesto de revolta poética próprio do mais puro espírito da modernidade. Pois se há algo que define esse movimento fecundante do final do século retrasado, cujos artífices foram os primeiros a nos falar em "linguagem poética", evocando com isso um idioleto, resultado de um estranhamento, já por si revoltoso, do discurso ordinário, é o gesto de repúdio às bela-letras bem estabelecidas, aí incluídos os críticos triunfantes. Embora isto não seja mais que um começo de explicação, o Haroldo desabusado que se lança, apaixonado, no questionamento da explicação de nossa literatura pelo ângulo histórico-social vem no rastro desses rebeldes que fazem

15. Trato disso mais detidamente no capítulo "Notas para uma Conclusão" de meu livro *Sobre a Crítica Literária Brasileira no Último Meio Século*, aqui já citado.

16. "Seja festa no dia em que se enterra a astúcia, o tradicionalismo, o patriotismo o ceticismo e a falta de coração", escreve Breton num panfleto, em 1924, a propósito de Anatole France. Cf. Maurice Nadeau, *Histoire du surréalisme*, Paris, Seuil, 1964, p. 60.

a guerra contra tudo e contra todos, os jornais, os folhetins, os circuitos editoriais, os professores de letras, o gosto médio do leitor comum... Foram esses *malditos* que redefiniram a poesia como uma língua outra, chamando a si a tarefa de comentá-la, e ousando pensar que não são os críticos de plantão que julgam os livros, mas os livros que julgam os críticos.

Num dos mais conhecidos capítulos de *Variété*, o artigo "Existence du symbolisme", de 1938, Paul Valéry (que, aliás, também se consagrava, como Haroldo, a traduzir um clássico dos clássicos, Virgílio, pouco antes de se ir, em 1945[17]), reconhece e resume essa diferença. Em princípio, tudo separa os assim chamados "simbolistas", nota ele. Os temperamentos, os estilos e até os ideais estéticos dos Verlaine e dos Rimbaud, dos Mallarmé e dos Villiers variam de caso em caso, de tal modo que nos perguntamos como puderam eles, com o tempo, vir a ser confundidos sob essa denominação equalizadora. Mas quando se examina o caso mais de perto – prossegue –, descobre-se que há, no fundo, algo que os une: o demônio da negação. Valéry escreve:

> Por mais diferentes que fossem, reconheciam-se identicamente separados do resto dos escritores e dos artistas de sua época. Por mais que se diferenciassem, que se opusessem entre si [...], concordavam, contudo em um ponto [...]. Concordavam em uma resolução comum de renúncia ao sufrágio do número: desdenhavam a conquista do grande público. [...]. Além disso, recusavam também, nitidamente, o julgamento das pessoas e dos grupos em condições de influenciar as classes mais em evidência. Desprezavam ou ridicularizavam as sentenças e as chacotas dos críticos mais bem estabelecidos nos folhetins mais imponentes, invectivavam contra Sarcey, Fouquier, Brunetière, Lemaître, Anatole France [...]. Sem apoio na imprensa, sem editores, sem saída para uma carreira literária normal [...] acomodavam-se a essa vida fora de contexto; faziam suas revistas, suas edições, sua crítica interna...[18].

Não vamos aqui querer equiparar os concretistas – que também tomamos em bloco, passando por cima das diferenças, sob o guarda-chuva de uma denominação que aliás é da lavra de Oswald de Andrade[19] – a tais heróis e santos da implantação da alta modernidade, que pagaram em vida pelas suas ousadias, vivendo à margem da sociedade francesa, como um Verlaine ou um Rimbaud, ou tendo que se fechar em cenáculo ou em copas, como Mallarmé, que vivia de suas aulas de inglês, escrevia pouco, para poucos, e publicava menos ainda. Estão certos todos os que pensam que, há muito tempo, o epí-

17. Trata-se da tradução das *Bucólicas* de Virgílio, realizada de 1942 a 1944, sob a Ocupação. Ela está hoje recolhida no primeiro volume das obras completas do poeta, na edição Gallimard/Pléiade.

18. Paul Valéry, "Existência do simbolismo", *Variedades*. Organização e introdução de João Alexandre Barbosa, tradução de Maiza Martins de Siqueira, São Paulo, Iluminuras, 1991, p. 66. Grifos meus.

19. No *Manifesto Antropófago*, onde lemos: "Sejamos concretistas".

teto de *out siders* já não se aplica mais aos rebeldes tardios do grupo noigandres, que, aos poucos, foram ocupando o seu lugar na universidade brasileira, nos circuitos editoriais, nos jornais, nos segundos cadernos, e são hoje parte do nosso "capital simbólico", como se diria em Sociologia das artes. Mas o fato é que, sem levar em conta essa outra musa praguejante, não se pode entender o Haroldo crítico.

Num outro belo poema de *Crisantempo* – "Para um Tombeau de Severo Sarduy" – Haroldo nos diz que o escritor cubano exilado em Paris era um "monge da religião lezâmica" (em alusão a Lezama Lima). Isso enseja dizer que, Haroldo, por sua vez, é um monge da religião simbolista. Assim, é contra a tela desse bastidor da negação, da invectiva e – principalmente – deste valor que Valéry chama a "crítica interna", cujo corolário é a tomada das obras, de dentro, em sua arquitetura escritural, que tal revolta crítica tem que ser pensada, se quisermos encará-la, de fato, seriamente. É esse legado que se reatualiza nas operações centrais de obras como *O Seqüestro do Barroco*. Da escolha do alvo – o crítico mais festejado, baseado na universidade mais tradicional do país –, à imposição de uma poesia pura – graças à valorização das funções poética e metalingüística contra a referencial e emotiva– , passando pela obliteração da importância dada à recepção dos autores por *Monsieur Tout-le-Monde*, que só poderia, mesmo, devolver a rejeição, tomando a poesia concreta, por uma sopa de letras.

Mais próxima no tempo, outra tradição moderna, saída desta primeira, a que se pode e se deve associar a *ars critica* rumorosa de Haroldo de Campos é a representada pelo *Contra Sainte-Beuve* de Proust. Trata-se de um texto proustiano capital, que também não se poderia explicar, de resto, sem se recorrer aos simbolistas, com os quais não só o jovem Proust mas toda a vanguarda da *Nouvelle Revue Française*, a que ele sonhava pertencer, e a que pertence Valéry, fazem cumplicidade, nos alvores do século passado.

Para além da sabida história de que a chave da personagem do barão de Charlus é a mesma da personagem Des Esseintes do poema de Mallarmé[20], há em Proust muitas outras provas dessa dívida. Que se lembre, a propósito, como o Narrador de *Em Busca do Tempo Perdido*, *alter ego* do escritor, toma distância do gosto clássico antiquado de sua boa Avó, quando ela lhe recomenda freqüentar, para o seu aperfeiçoamento artístico e moral, o salão da marquesa de Villeparisis. Embora adore a Avó e não perca as recepções da marquesa, que faz o neto? Não só não a acata mas sai em defesa dos escandalosos artistas que assombram esse "*côté*" granfino do Faubourg de Saint-Germain, e são tachados, nesse nicho de topo de sociedade, de "eterômanos (de éter) de devoção baudelairiana", justamente por se filiarem ao poeta dos paraísos artificiais, que está no DNA de todos os simbolistas[21].

20. Stéphane Mallarmé, "Prose pour des Esseintes", *Poésie/Oeuvres*. Paris: Gallimard/Pléiade, 1945, p. 55.

21. Marcel Proust, *Sodome et Gomorrhe/ À la recherche du temps perdu, II*, Paris, Gallimard-Pléiade, 1954, p. 956.

É em campanha contra os velhos padrões de gosto estabelecidos pela cultura dos salões, e antes de enveredar pelo sua última e melhor produção – *À la recherche du temps perdu* – , que Proust investe na direção do mais recepcionado crítico francês do século XIX, o poderoso Augustin de Sainte-Beuve (1804-1896), numa obra menor, de título aguerrido: *Contra Sainte-Beuve*. Nesse texto inacabado, que ele redige por volta de 1909, e que hoje reverenciamos por ser um dos rascunhos do romance do tempo perdido, o escritor põe em risco a tese psicoligista beuviana de acordo com a qual o que melhor explica as obras de arte é a vida de seus criadores.

Elaborada sob a influência dos novos horizontes metodológicos historicistas e cientificistas que dominam, crescentemente, o século XIX europeu, essa teoria da imitação da vida pela arte, de paradigma clássico, transfere o método experimental para o campo da literatura, que se quer agora, ela própria, um modo de observação experimental. Chefe de uma nova escola de romancistas, Émile Zola põe-se assim a abordar os males da alma humana como vícios ou patologias, que cabe ao escritor, aqui entendido como misto de sociólogo e anatomista, diagnosticar. Defensor das mesmas idéias modernizantes, Sainte-Beuve as difundiria pelo território do comentário crítico, em estudos de estilo que são também pequenos tratados sobre o caráter dos criadores, amparados numa espécie de devassa de sua intimidade, que vai da curiosidade pela vida sexual à posição financeira, passando pelas posições políticas e pelo regime de trabalho dentro de casa.

Fino analista das contradições do homem, que seu Narrador não termina nunca de desvendar, embora apele até mesmo para as ciências naturais – como no episódio antológico do encontro sexual entre o barão de Charlus e o alfaiate Jupien, descrito, à moda dos ultra-realistas, como uma dança erótica de um zangão penetrador rumo à corola de uma flor-macho[22]– Proust não poderia senão encarar tudo isso com o maior ceticismo. Não há "côté", meio físico, no romance proustiano, seja ele social, sexual ou racial, cujas leis internas não possam ser subvertidas, revelando a infinita desordem de seus seres duplos. Mais que isso, para Proust, são os próprios escritores que são infinitamente ambíguos, que se transfiguram, por completo, em seus escritos, de tal modo que lhe é impossível admitir que haja relações de causa e efeito entre o sujeito biográfico e o eu interiorizado e misterioso que ali se manifesta, longe das circunstâncias da vida dita real. Essa é a razão pela qual, no seu entender, a obra de Sainte-Beuve, a despeito da projeção, do falso mestre, não é uma obra profunda. Proust escreve:

> O famoso método que, segundo Taine e muitos outros, tornou-se o guia inegável da crítica no século XIX , esse método que consiste em não separar o homem da obra [...] esse método desprezava aquilo

22. Marcel Proust, *La prisonnière*, *Oeuvres Complètes*, II, Paris, Gallimard/Pléiade, 1954, p. 630.

> que uma convivência um tanto profunda com nós mesmos pode ensinar: que um livro é o produto de um outro eu e não daquele que manifestamos nos costumes, na sociedade, nos vícios[23].

23. Marcel Proust, *Contra Sainte-Beuve. Notas sobre Crítica e Literatura*, tradução de Haroldo Ramanzini, São Paulo, Iluminuras, 1988, p. 51-52.

Ao contrário do que pode parecer hoje, quando nos chega chancelada pela sua vitória, essa *crítica da crítica* é não apenas inaudita mas insuportável, nesse primeiro decênio do século XX, em que o autor dos *Lundis* (extensa coleção de tomos de Sainte-Beuve, saídos de seus rodapés das segundas-feiras, no jornal *Constitutionnel*) era ainda reverenciado pelo *beau monde* freqüentador das tertúlias de salão, tanto mais que seu pensamento revivia no de um outro mentor da nobreza, seu discípulo Hippolyte Taine. Mas o tempo encarrega-se de relativizar as verdades mais bem estabelecidas. Assim, desde que sabemos que *À la recherche du temps perdu* é um monumento da literatura universal, podemos saborear sossegados todas as ironias que o *Contra Sainte-Beuve* desfecha contra estas e aquelas autoridades. Até porque muito desse surpreendente capítulo crítico passou do inacabado livrinho deixado na gaveta para as páginas da *Recherche*, onde Sainte-Beuve é citado nada menos que catorze vezes, e onde surpreendemos, a horas tantas, a mesma Senhora de Villeparisis defendendo Sainte-Beuve, no divertido episódio em que admoesta um de seus convidados, nos seguintes termos: "como dizia o Sr. Sainte-Beuve, é preciso crer nos que viram [os escritores] de perto e puderam julgar mais exatamente o que valiam"[24]. Não nos damos conta, enfim, de que, no nascedouro, esse briga comprada com o homem que foi o senhor dos destinos da literatura francesa durante quase todo o Segundo Império, nada menos era que uma operação de risco, ademais inspirada no padrão de atitude dos "eterômanos".

24. Proust, *À l'ombre des jeunes filles en fleurs*, *Oeuvres*, II, p. 711.

De fato, trata-se de uma avançada defesa do interesse das próprias obras para o comentário da literatura, que ninguém ousava fazer, ainda, nessa virada de século, em que os naturalistas vulgarizavam os conhecimentos científicos e os estetas mais seguidos dedicavam-se ao enquadramento das obras de criação nos determinismos do meio, da raça e do momento histórico, tríade que passa de Sainte-Beuve para Taine, como de pai para filho. Ora, Proust não apenas se ergue contra o positivismo de Sainte-Beuve, assinalando o equívoco de sua "botânica literária", mas acusa a mediocridade dos resultados assim obtidos. De seu posto de observação empírica – dirá ele – o falso guia malogra fragorosamente na valoração de todos os verdadeiros grandes artistas de seu tempo, só sabe reconhecer os pequenos talentos, não por acaso recrutados entre os poderosos, o conde fulano, o marquês sicrano... Ao passo que de Balzac, Baudelaire, Nerval e Flaubert Sainte-Beuve nada tem a dizer. Mas o erro de mira em relação a Baudelaire, que aos olhos de Sainte-Beuve não passava de um jovem simpático e esforçado, é o que mais revolta Proust: "O maior poeta do século XIX, que era seu amigo, além de tudo, não figura nos *Lundis*, enquanto que os condes [...] têm aí seus lugares garantidos"[25].

Os leitores de Proust sabem que a briga continua nas páginas de *À la recherche du temps perdu*, onde muda o inimigo, mas se mantém a recusa do velho ensinamento. Nessa transição, ela assume a forma do requisitório contra o literato-professor, figura ilustrada pela personagem de Brichot. Assim, mais de uma vez, no romance, vemos o emblemático acadêmico ser interpelado pelo barão de Charlus, por não saber reconhecer o gênio de Balzac, que ele toma, por seu turno, por um "escriba pouco meticuloso" e, em vista de suas longuras, "rocambolesco"[26]. Como se vê, é a Sorbonne, agora, o alvo. O que equivale a dizer que Proust tampouco teme argüir a academia francesa mais tradicional e, em seu tempo, mais respeitável.

25. Idem, p. 73.

26. *Sodome et Gomorrhe / Á la recherche du temps perdu*, II, p. 1050-1051.

Depois desses capítulos confluentes da obra menor e maior de Proust, nenhum escólio da obra de Balzac e Baudelaire pode furtar-se aos primorosos estudos de caso que nos deixa o escritor, ao fazer de crítico, interpondo-se, com brilhantismo, no caminho dos *profissionais*. E se precisássemos disso, uma boa prova da relevância de Proust-crítico é o papel que lhe dá ninguém menos que Walter Benjamin, que toma o cuidado de evocá-lo, ao tratar de Baudelaire, em seu clássico "A Imagem de Proust"[27].

Mais de cem anos decorridos, tudo isso ressoa, de algum modo, na obra crítica de Haroldo de Campos. De um lado, porque, como outro inimigo declarado das botânicas da literatura, o que ele também faz, principalmente no *Seqüestro*, é questionar o reducionismo das operações críticas ancoradas na materialidade de fatos concretos que não a concretude das palavras. Começando pelas imagens "organicistas" da *Formação* – galho, arbusto, jardim, aclimação[28] –, que nos plantam no solo português como numa origem concreta. De outro lado, porque, como historiador que persegue uma temporalidade não-linear, o que ele recupera para uma outra história de nossa literatura são alguns modernos *avant la lettre* que, como Baudelaire e Balzac, aqui viviam, antes, seqüestrados: Gregório de Mattos, Sousândrade e Kilkerry.

27. W. Benjamin, "A Imagem de Proust", *Obras Escolhidas* I, *Magia e Técnica, Arte e Política*, tradução de Sérgio Paulo Rouanet. São Paulo: Brasiliense, 1985.

28. A. Candido, *Formação da Literatura...*, p. 13.

Num nexo mais recente, desde os anos de 1950 franceses, um outro importante anticrítico, conhecido cultor de todas as ironias e de todas as rebeldias, vem também nos ajudar a entender Haroldo "resistindo a mefisto".

Muito presente aos índices onomásticos de *A Arte no Horizonte do Provável* e *Metalinguagem & Outras Metas*, há todo um capítulo sobre ele neste último volume. Trata-se de um autor que Haroldo preza, particularmente, pela sua "heterodoxia" (ou "paradoxa") e por uma escritura que se deixa solicitar pela literatura, ao ponto de assumir um caráter "jubilatório"[29]. Um autor de quem, noutro belo poema de *Crisantempo*, ele cita a conhecida imagem do *punctum*, que é o arrebatamento, a fisgada, a ferida da fotografia, fazendo-a valer para a poesia: "a poesia/ pensada como um ponto (um *punctum*) cego na retina"[30]. Um autor que também ousou se erguer contra a velha universidade – a Sorbonne, outra vez! –, nas páginas de um de seus primeiros livros, quando não gozava ainda da respeitabilidade que sua dissidência corajosa haveria de lhe conferir. Estamos falando de Roland Barthes, e de um clássico moderno da teoria literária, seu *Crítica e Verdade* (1966).

29. *Metalinguagem & outras Metas*, p. 123.

30. "Poema Qohelético 1: Ano Bom, Dia Um", *Crisantempo*, p. 36.

O livro, que está no centro de um crucial debate contemporâneo de idéias, segue-se a um outro de sua autoria, não menos rumoroso, *Sur Racine*. E chega para terminar de enterrar a autoridade dos mantenedores de um patrimônio tombado do seiscentos francês, a tragédia raciniana, que se mantinha, ainda, por volta desses meados do século anterior, em que Barthes se lança, dentro de uma aura de intocabilidade. "Racine é Racine" já zombavam as *Mitologias*.

Temos com *Crítica e Verdade* mais uma incursão no gênero invectiva. Voltada para a figura de um correligionário do professor Brichot na vida real – Raymond Picard, outro sorbonista, nesta seqüência de bombardeios sobre o Quartier Latin, que carrega nas costas a herança de outros modelos do determinismo crítico –, ela reconduz, por outros caminhos, o mesmo embate. Trata-se de uma pequena guerra de guerrilha estética, tão mais assimilada pela cultura da segunda metade do século XX quanto está na origem do sofisticado movimento que chamamos, desde então, de "nouvelle critique".

Rememoremos, rapidamente, mais estes acontecimentos.

Barthes já havia estreado com *O Grau Zero da Escritura*, já havia publicado o seu *Michelet par lui-même*, ambos de 1954, e já nos havia encantado com as fulgurâncias estilísticas de *Mitologias*, em 1957, quando, em 1963, lança *Sur Racine*. A obra movia-se totalmente fora do enquadramento histórico e das perspectivas de cunho biográfico (*à la* Sainte-Beuve) com que a havia emoldurado Picard. Bem por isso, restituía, inesperadamente, à tragédia raciniana toda a sua força e toda a sua atualidade. Mas ao fazê-lo, seu autor invadia o reduto de Picard, o dono do assunto. Pior ainda, atentava contra as práticas de rigor histórico estabelecidas pelo mestre de Picard, Gustave Lanson, entidade tutelar das letras na Sorbonne, que, no dizer do próprio Barthes, se havia constituído, nos últimos cinqüenta anos, no "protótipo do professor francês"[31].

31. Roland Barthes, "O que é a Crítica" , *Crítica e Verdade*, tradução de Geraldo Gerson de Souza, São Paulo, Perspectiva, 1970, p. 159.

É como epígono de Lanson, autor de uma monumental *Histoire de la littérature française* (1894), onde postula a existência de analogias diretas entre sujeito autoral e personagem, o tempo narrativo e o tempo real, que Picard vem a público falar de impostura, num panfleto pomposamente intitulado "Nouvelle critique, nouvelle imposture", onde denuncia o solapamento das bases da cultura acadêmica séria pelo recém-chegado.

É recusando a pecha que *Crítica e Verdade* reafirma, três anos depois, todo um conjunto de procedimentos definidores de uma outra modalidade crítica, que Barthes chama de "interpretativa", por oposição à ideológica[32]. Ironicamente, a noção de "nova crítica", que surgira como um chingamento, agradava ao grupo de Barthes, que a assume para si. Estava inaugurada a *nouvelle critique*.

Como defini-la? Associam-se aí, principalmene, o ensaísmo requintado de Maurice Blanchot em torno da interioridade e do espaço próprio da literatura, definida como "infinita conversa"[33]; requintes de decifração psicanalítica, que, aliás, invertem o princípio da analogia autor/obra, já que a psicanálise imagina relações de denegação entre essas duas ordens; e uma investigação discursiva que se faz à luz das lingüísticas gerais fundadas por Saussure e dos aportes da antropologia de Lévi-Strauss, que, por sua vez, se baseia não só em Saussure mas no russo Vladimir Propp (o estudioso do conto maravilhoso) para ver o mito como uma narrativa, ou uma palavra.

É sob o influxo de todas essas disciplinas somadas que a nova crítica propõe uma escuta do significante – e não do significado – e, em paralelo, o caráter assinado, e assim relativizado, ou poeticamente fragilizado, das exegeses, que passam, desde então, a ter algo a ver com a literatura, e trocam a decretação de um sentido fechado pelo que Barthes chama de "presunção do sentido"[34]. Aos cuidados deste outro método, pela primeira vez, obras chanceladas pela eternidade – a exemplo também do conto "Sarrazine" de Balzac, objeto de *S/Z* – seriam tecnicamente examinadas, em seus movimentos verbais estruturantes, sem mais nenhuma referência a qualquer instância extra-literária.

Quem trocaria, hoje, em sã consciência, nos departamentos de letras e nas pós-graduações em literaturas, o auxílio da *nova crítica* francesa – vale dizer, de um Barthes, de um Gérard Genette, de um Tzvetan Todorov, de uma Julia Kristeva – pelos préstimos de um Lanson? Certamente, ninguém. A começar por Haroldo. Eis porque, outra vez, aqui, neste outro pequeno grande livro que é *Critique et vérité*, que todos devorávamos nos anos de 1970, e ainda devoramos, temos outra *querela dos antigos e dos modernos* que se reativa na crítica de Haroldo, cultor do mesmo círculo lingüístico, do mesmo Propp (que ele chama "o folclorista de Leningrado"[35] e que lhe sugere o *modus operandi* da *Morfologia do Macunaíma*), da mesma psicanálise lacaniana (saída da mesma antropologia straussiana) e do mesmo Blanchot. Sem contar que é do Barthes "sujeito incerto"[36] (e de um Blanchot *idem*) que procede Jacques Derrida, que, como vimos, é um das referências para a desconstrução operada no *Seqüestro do Barroco*.

Acrescente-se que da crítica de Haroldo podemos dizer, como da de Barthes, que tanto menos se fechou em "ismos" quanto abriu-se, sem estabilizar nenhuma verdade, a tudo o que de mais instigante foi produzido no século XX como pensamento sobre a lin-

32. Idem, ibidem.

33. Maurice Blanchot, *L'Entretien Infini*, Paris, Gallimard, 1969.

34. No "Prefácio" a *Crítica e Verdade*, p. 6.

35. "O Epílogo", *Morfologia do Macunaíma*, p. 263.

36. Como ele mesmo se define na aula inaugural do Collège de France. Cf. Roland Barthes, *Aula*, tradução de Leyla Perrone-Moisés, São Paulo, Cultrix, 1980, p. 7.

guagem: semiologias, semióticas, intersemióticas, estruturalismo, pós-estruturalismo, novas críticas, teorias da recepção, para só falarmos deste estelário, que sequer começa a dar conta de sua enorme erudição. Assim, vale para Haroldo o elogio que, em *Metalinguagem & Outras Metas*, ele endereça a Barthes (e por tabela, vale a farpa para os não-barthesianos): "mais chegado à disforia do cético que ao fervor do zelote"[37].

Dizem os helenistas da Tróia que Haroldo revisitou tão longamente antes de ir-se, com sua barba de Homero, em agosto de 2003, que quem quiser, de fato, conhecê-la, deve ir à *Ilíada*, não às escavações descobertas na Turquia[38].

É o mesmo que nos diz Haroldo – que agora "embalsama-se num âmbito de mel/ transmigrado afinal para o âmbar incorrupto das palavras da tribo"[39] – no irresistível depoimento a seguir, quando se recusa a passar ao largo do principal – "palavras, palavras, palavras" –, e se ergue impaciente, com sua voz finada que nos fica para sempre, contra os modos do salão da marquesa de Villeparisis...

37. *Metalinguagem & Outras Metas*, p. 123.

38. "Se vocês querem fazer uma idéia da Tróia de Homero não devem ir à colina de Hissarlik. Mesmo o *Guide Bleu* da Turquia é obrigado a constatar que o sítio é decepcionante. É melhor ler a *Ilíada* ou contemplar uma coleção de vasos gregos nos quais se representam diversos episódios da guerra legendária". Pierre Vidal-Naquet, "A História e a Geografia", em *O Mundo de Homero*, tradução de Jônatas Batista Neto, São Paulo, Companhia das Letras, 2002, p. 25.

39. Para citar aqui o magnífico fecho de ouro de "Para um tombeau de Severo Sarduy", *Crisantempo*, p. 114.

ENTREVISTA COM HAROLDO DE CAMPOS

THELMA MÉDICI NÓBREGA

HAROLDO: EU E O AUGUSTO CRESCEMOS NUM ambiente aberto e carinhoso. Eu e o Augusto éramos muito ligados. Éramos muito amigos, porém, como é normal entre irmãos, nós brigávamos muitas vezes. Às vezes as brigas ficavam mais ou menos aguerridas, e minha mãe, Elvira, fazia o papel do anjo mediador. Quando não conseguia, intervinha o papai, que sempre estava presente, fazia intervenções e nos apartava. Mas nunca me deu um tapa, nunca me bateu, sempre tratou as questões diplomaticamente, sempre conseguiu resolvê-las com concórdia. Era um ambiente muito propício. Com papai eu tinha menos convivência, porque ele trabalhava muito fora. Ele tinha gosto literário, até certo ponto atualizado, ele gostava muito de Cesário Verde, por exemplo, um português que ele sabia de cor, gostava muito de Antonio Nobre. Também tinha um ouvido musical, tocava de ouvido, tocava muito bem piano. A gente se reunia, e ele compunha muitas músicas populares, samba, no estilo carioca, tipo Noel Rosa, e à noite, quando ele podia, a gente se reunia em torno do piano e cantava...

THELMA: Vem daí, então, sua formação musical?

H: O ouvido musical do Augusto, sem dúvida, é herdado do papai. Eu não tenho esse ouvido como o Augusto. O Augusto canta bem, é bem modulado. Minha mãe tinha uma boa educação, era Almeida Prado, e acompanhava o que a gente fazia e tinha muito orgulho do que a gente produzia.

Quanto ao nome Almeida Prado, o nome de solteira de mamãe era Elvira de Almeida Prado. Era de uma tradicional família Almeida Prado de Jaú. Minha avó se casou com um médico sanitarista irlandês, filho de irlandeses, formado na Bahia, chamado Valentim, ou Valentine Butler Browne.

Ele era, portanto, meu avô materno, filho de Theobald Butler Browne, que era um irlandês que veio trabalhar no consulado britânico na Bahia, em Salvador, e lá se casou, e daí veio o ramo Browne. Meu avô era um perfeito inglês, o irmão dele, tio Williams, voltou para a Inglaterra e ficou lá.

T: Então você tem família em Jaú?

H: Eu não conheço Jaú. Eu tenho família em Jaú, mas não tenho essa coisa genealógica, de ficar procurando raízes. Conhecemos a Irlanda, mas não conhecemos Galway, que foi onde nasceu meu bisavô irlandês.

Eu tinha um tio, que já faleceu, Orlando Prado Browne, que gostava de genealogia, era sócio do instituto genealógico e produziu várias coisas, inclusive uma bela árvore genealógica, interessante, que acabava numa rainha, num trono inglês. Eu nunca dei muita importância a isso. Hoje eu tenho mais interesse. Tenho vontade de conhecer Jaú e, da próxima vez que a gente possa ir à Irlanda, de ir até Galway. Por coincidência, é a mesma cidade onde nasceu a mulher do Joyce, a Norma Barnacle. Claro que meu bisavô era muito anterior a ela, mas foi uma cidade em que ambos viveram. Há reminiscências que me interessam de ambos.

T: Mas você não sabe se tem escritores, poetas, em sua árvore genealógica mais próxima?

H: Não sei dizer. Existe, no passado, um grande poeta e escritor inglês, Mister Thomas Browne. Ele é Browne com "e" também. É a distinção entre o Browne irlandês e o inglês, ambos significando "marrom", "amorenado", que vem do francês Le Brun, devido à conquista românica. Browne seria o Bruno, e Butler significaria o botelheiro, aquele que guardava a adega do soberano. Então, eu sou o Bruno Botelheiro.

Você pergunta se a leitura era um hábito de família...

Tem uma coisa interessante, que eu quero referir. Eu tive muito pouco contato com meu avô materno, professor Valentim, porque ele morreu cedo. Ele e minha avó, Francisca, morreram de uma pneumonia numa época quando ainda não havia tratamento específico. Ele era um homem muito severo, tinha o aspecto físico, assim, de um inglês, mas foi ele quem me deu a edição da *Retirada da Laguna*, do Taunay. Foi um presente que ele me deu, e eu guardei com muito carinho, na versão para o português, porque o Taunay escreveu para o inglês e francês. Mas foi um livro que me impressionou muito na época.

T: Você era criança?

H: Não me lembro em que ano ele morreu. Eu devia ter em torno de 10 ou 11 anos. Mas foi me dado por ele, e comecei a ler. É um raconto de guerra, e você acaba se envolvendo.

Você pergunta da Biblioteca. Bom, no início, a minha biblioteca era conjunta com a do Augusto, e a tônica dela era literatura brasileira, história do Brasil e, restritamente, autores estrangeiros. Depois, nós passamos por uma determinada revolução de pensamento, abandonamos uma espécie de carapaça acadêmica que no colégio a gente sempre adquire, aquele cânone normativo, e começamos a nos interessar por outras literaturas. No Colégio, tivemos uma excelente formação em línguas, e passamos a nos interessar por poetas de outras literaturas. Aliás, nunca me esquecerei de um professor que tive lá, o que mais me impressionou durante todo o curso, o professor Tranquillo Tranquilli, um ítalo-francês.

T: Meu pai também fala dele.

H: Ele gostava muito do Cruz e Souza simbolista. E eu tenho cada vez mais apreciado Cruz e Souza e tenho trabalhado, não com um ensaio exaustivo, mas com trabalhos mais genéricos sobre a importância dele, que, aliás, foi difamado, pois diziam que era um negro que nunca se interessou pela revolta dos escravos, o que não é verdade, porque quando era jovem compôs um poema violentíssimo contra os escravocratas, em uma revista de lá, onde ele nasceu, chamada *O Moleque* ou algo assim. Mas o problema dele não era só o Abolicionismo como um problema tópico. Era a rejeição ao negro. Ele se sentia emparedado. No Rio, ele se sentia intimidado, quando ia pela rua do Ouvidor, aqueles cafés e confeitarias, e os poetas brancos – não que fossem racistas, nada disso –, não tinham com ele a mesma atitude que tinham entre si, porque ele era um tipo estranho, um poeta negro, que teve uma excelente formação, porque foi praticamente adotado pelos fazendeiros, estudou no melhor colégio de lá, em Florianópolis, e aprendeu grego, latim, francês, teve como professor de matemática um notável naturalista, Fritz Müller, que aliás o apontou como exemplo da falha das teorias racistas de Gobineau. Ele dizia, "Tive um aluno negro que foi o melhor de todos os meus alunos". E ele era negro puro, o pai e a mãe eram negros. Sendo que o pai logo foi alforriado. E ele também viveu livre, alforriado e tratado como um filho da família, como um príncipe, que gostava de se vestir bem, dava aulas, tinha possibilidades de acesso a, enfim... Durante algum tempo ele fez parte (?) de um teatro, que viajou pelo Brasil inteiro... No Rio de Janeiro é que ele ficou desamparado desses amigos, e a situação começou a ficar muito ruim para ele, porque a mulher dele, Gavita, ficou meio louca. E sua poesia foi muito mal recebida pela crítica. José Veríssimo fez um ataque brutal, Silvio Romero foi mais brando, mas o Simbolismo era considerado uma poesia de mau gosto, decadente, e ele padeceu muito com isso. E, curiosamente, ele faleceu em 1898, que é o mesmo ano em que morreu Mallarmé.

Quanto ao meu primeiro poema, eu não me recordo dele. Eram poemas muito acadêmicos, sem significado, que não mereceram da minha parte preservação. Eu comecei a ter visão de uma poesia nova justamente nos meus poemas publicados em 1950 no meu livro *Auto do Possesso*, escritos quando eu tinha entre 18 e 19 anos. O livro é de 50, mas os poemas foram escritos entre os 19 e 20 anos. Aí é que eu já estava dentro do que me interessava em poesia. Muitos dos poemas publicados lá até hoje têm validade, inclusive o poema título, "Auto do Possesso", que é uma espécie de auto, um mistério medieval, feito dialogadamente, um trabalho interessante.

T: Mas você já sabia que seria poeta desde quando?

H: Isso se manifestou muito precocemente. Aos dez anos, acho que já tinha jornaizinhos com os quais eu colaborava. No São Bento, a educação era muito boa nesse particular. Tive um excelente professor de francês, um excelente professor de latim, que foi o Tranquillo, um excelente professor de inglês, que foi o Tranquillo, um professor de espanhol que usava um livro muito importante, do Miguel (?), que não só era um curso de espanhol, mas uma antologia, desde os poetas mais antigos até o Garcia Lorca etc. E tive em português dois excelentes professores, o Domingos Marmo, acho, e, sobretudo o Cid Franco, que era um homem que eu admirava e que despertou em mim o interesse pelo socialismo democrático. Ele era um socialista espírita, tinha um programa de rádio, ganhei prêmios lá. Tem um livro que ele me deu. Pelas idéias dele, pelo vigor, pela compostura dele, eu comecei a me interessar pelas idéias do socialismo. Depois redescobri nossa amizade através do filho, Walter Franco, que hoje é amigo nosso.

Você pergunta, como era estudar no Colégio São Bento no período da II Guerra. Bom, como eu era externo, e só ia lá num período determinado, não vivia dentro do Colégio, o que valiam mesmo eram as aulas. O convívio com os padres nem sempre era muito fácil, porque havia alguns deles, aliás, eram boas pessoas, como Dom Afonso etc, que também me deu aulas de latim, mas que eram pessoas muito dogmáticas, na concepção da igreja, e aquilo não condizia com meu espírito – falar em inferno, das chamas do inferno, pôr um sujeito de castigo, era um negócio... quanto mais falavam de chamas do inferno, mais eu achava interessante. Que chama é essa, que dura a eternidade? Mas com outros padres eu já tinha um contato muito bom, como o Dom Padim, que foi reitor na minha época, o dom Paulo Pedrosa, também muito simpático com os alunos, havia esse Theodore Koch, que também era muito simpático, dom Henrique, professor de matemática, que muita gente não apreciava porque fazia umas brincadeiras, puxava a pessoa... Eu era ótimo com ele, porque era muito bom aluno de matemática, embora não me interessasse pela coisa. Ele sempre me tratou com muita gentileza. Com os alunos também, tive bons amigos lá, o Boris Fausto, Lucio Sergio do Prado Leite (?), que vive no Rio, o arquiteto Paulo Mendes de Almeida foi meu colega, o Ruy Gama, que foi diretor da FAU, vários colegas interessantes, inclusive um monge beneditino, que foi quem me iniciou na poesia do Georg Trakl e do Rilke, ele se chamava Reiner, Peter Reiner, inclusive ele faleceu, infelizmente. Foi juiz, acho que não chegou a entrar como monge. E um outro, o José Carlos [de Freitas Castro], uma pessoa bastante interessante. Eu fui reencontrá-lo como assessor na Embaixada do Brasil em Genebra. Ele fez conferências. Eu fiz duas conferências lá. Ele esteve presente, e durante o jantar nós retomamos o contato. Pela lista dos alunos, você pode ver o sobrenome.

T: Procurarei nos anuários...

H: Seu pai, desde logo, eu tinha muita afinidade com ele, a gente era bastante amigo, se mais não éramos era porque a gente não morava muito perto, e havia vários problemas de locomoção... Também fui amigo do Rubens de Paiva, que foi brutalmente assassinado.

T: Foi quem o levou à presidência do Grêmio Literário?

H: Sim, foi graças a ele, porque era muito extrovertido, e me empurrou para a coisa. Eu era mais tímido. Ele foi o vice-presidente. Ele era um homem que vinha de uma família muito rica de Santos, tinha carro, era um homem exuberante. Ele me hospedou na casa dele uma vez em Santos. Gostava muito do Oswald de Andrade. Era uma pessoa muito especial. E muito corajoso, tanto que minha explicação para o que aconteceu com ele foi que ele era deputado e foi acusado de dar abrigo e escape a alguns refugiados políticos... Acho até que ele era do partido do Brizola, não era de um partido especificamente como o PC ou coisa assim. Tenho a impressão de que pegaram o Rubens e levaram para algum brutamontes da Aeronáutica, começaram a apertá-lo, e ele é capaz de ter cuspido na cara dele, ele reagia, era um sujeito de uma coragem inacreditável. Deve ter confrontado e deve ter sido maltratado, talvez tivesse algum problema cardíaco, era um tipo loiro com a pele meio vermelha, um pouco gordo, enfim, robusto, mas uma pessoa muito desassombrada, e que vivia num ambiente de gente que pertencia ao mundo VIP, estava acostumado a ser bem tratado. Provavelmente algum milico enfurecido começou a xingá-lo ou dar nele, e ele o mandou praquele lugar e cuspiu na cara, porque devia estar amarrado, e daí não havia remédio e desapareceram com o corpo. Conheci muito Eunice, na época em que eram noivos. Eles ficaram noivos mais ou menos na época em que nós dois ficamos, logo depois do colégio. Ele se formou em Engenharia, eu me formei em Direito. E posteriormente tivemos alguns contatos, não constantes, porque ele tinha uma vida muito diferente da minha, mas numa dessas ocasiões conhecemos a Eunice, em alguma festa ou recepção.

CARMEN: Na época, era muito comum fazerem aos sábados reuniões em casa, com bailinhos. Eram os anos dourados. Então o pessoal do colégio se reunia e fazia festas e bailinhos em casa.

H: Mesmo antes da ditadura, ele era deputado federal, e veio aqui para São Paulo e construiu um hotel chamado, se não me engano, Vila Rica, e fica ali naquela rua que vai do Largo do Arouche até a praça da República, e que existe até hoje. Ele me convidou para a inauguração, nós fomos, batemos um papo. Ele não se esquecia de mim, e eu também tinha por ele bastante amizade e afeto, e a notícia da morte dele me abismou. Mas era um tempo de violência, cada dia era um, o frei Tito, o Herzog, uma época de gravíssima repressão, no que a igreja teve um papel fundamental, via Cardeal Arns, e membros da Ordem dos Advogados, políticos etc. Foi terrível. Os que caíram nas mãos dos militares, via de regra sofreram. O Caetano e o Gil não chegaram propriamente a sofrer, mas foram humilhados, tiveram as cabeças raspadas. Mas os que caíram nas mãos dos mais furibundos sofreram agressões físicas, tanto mulheres como homens. Mas hoje tudo isso está publicado, há o Tortura Nunca Mais etc.

T: Foi nessa época que você foi passar um tempo em Londres?

H: Não. Nossa primeira viagem à Europa foi em 1959. É que eu tive um excelente curso de inglês no colégio, e de francês também, esqueci o nome do professor, mas era nativo, e depois de ter tido o curso, eu, Augusto e Décio, depois de nos conhecermos na faculdade, fizemos um curso particular com o pai do Norman Potter, que não era colega do São Bento, mas o pai dele era professor de inglês. E, com ele, fizemos um curso específico de leitura de poesia. A primeira viagem foi em 1959. Depois voltei em 1964, antes de decretado o Golpe, em janeiro, convidado pelo Max Bense como Leitor em Stuttgart. A primeira viagem foi de contato, visitamos Portugal, a Alemanha, a Espanha, a Áustria. Fomos no navio "Vera Cruz" e voltamos no navio "Bretagne". Ali fiz a entrevista com Pound, com Ezra Pound.

T: Você encontrou com o Pound, então? Porque a gente tinha a impressão de que você só tinha se comunicado com ele por cartas na época da tradução dos *Cantos*.

H: Não, eu fiz uma entrevista com ele, que, aliás, foi publicada na nossa edição do Pound pela Hucitec. Marquei uma entrevista com ele em Rapalo. Já estava muito doente, mas nós conversamos, foi um pouco difícil, porque ele já estava um pouco desmemoriado, e, enquanto eu conversava com ele, a Carmen tomava um chá com a mulher dele, a Dorothy Shakespear, que era desenhista, pessoa finíssima.

C: Ela me mostrou sua coleção de bichinhos...

H: Estivemos com (?) e estivemos com o João Cabral naquela altura. Foi naquela visita também que conheci Max Bense e Elisabeth Walther, em Stuttgart, e ficamos amigos pela vida inteira. Conheci muita gente, muitos poetas, conheci o Umberto Eco na Itália.

T: Um capítulo da sua biografia, que é interessante, é o que está naquele seu poema "Meninos, eu vi", em que você menciona vários flashes desses encontros.

H: É verdade. Eu sempre fui uma pessoa sem nenhuma timidez e sem nenhum complexo de inferioridade para falar de igual para igual com personalidades. No caso do Umberto Eco, foi até espantoso, porque eu conheci antes dois poetas novíssimos do grupo. Estávamos no Café Rossi, o Alfredo Giulliani e o Nani Ballestrini, somos amigos até hoje, nos vimos a última vez que estivemos em Roma. E mostrei para eles o xerox que eu tinha tirado de meus artigos de "A Obra de Arte Aberta". Eles pegaram aquilo, foram diretamente ao Eco e disseram, "Eco, olha aí um brasileiro que escreveu antes de você". O Eco pegou aquilo, ficou espantado, conversou comigo e depois escreveu uma carta, dizendo que eu parecia para ele uma personagem de Borges, porque tinha feito uma resenha do livro dele seis anos antes de o livro ser escrito, livro esse que ele escreveu sem conhecer os meus artigos, o que provava a objetividade daquelas idéias, não eram fantasmagorias, eram idéias que estavam no *zeitgeist*. E aí ficamos muito amigos.

T: Qual texto seu foi mostrado ao Eco?

H: "A Obra de Arte Aberta", que está na *Teoria da Poesia Concreta*. Foi escrito em 1955, e o livro dele é de 1962...Ficamos muito amigos, ele veio ao Brasil várias vezes, nós nos encontrávamos em Milão...

C: Ele cantava Ópera...

H: Muitas vezes fomos à casa dele. Era casado com uma alemã, que era uma mulher de um humor incrível, que dava cada gozada e cada gelada nele. Ela cortava o barato dele. E ela era uma mulher bonita, né?

C: Simpática...

H: É uma designer.

T: O Derrida também diz que você anteviu, que esteve lá antes dele...

H: De fato, ele disse isso, e no caso do Derrida me causou bastante surpresa, porque eu estive em contato com Derrida, mas pouco, eu tive um contato nos anos de 1970 com ele, no Collège de France, e fui apresentado a ele por Todorov. Ele me recebeu no gabinete dele e eu fiz observações sobre certos gostos poéticos dele, disse que as escolhas que ele fazia não tinham a radicalidade das idéias dele, porque os poetas que ele escolhia não tinham levado a poesia adiante de Mallarmé.

T: E ele gostava de quais poetas?

H: Eu falava do Jabès, que é um poeta mais contido, e que, de fato, não tem maior radicalidade na estrutura do verso, e o Sollers, que, naquela altura, fazia romances mais ou menos tradicionais. E ele concordou comigo e falou que para ele o que interessavam eram certos problemas de poética e tinha esses autores a mão. Depois, a outra vez que estive com ele foi em Veneza, quando ele foi apresentar um livro dele traduzido para o italiano, (?), do qual pretendo fazer uma tradução, um verdadeiro poema filosófico, e o tradutor dele, que é muito meu amigo, um crítico literário importante, Stefano Agosti, um professor de Veneza, me convidou para assistir à conferência, eu assisti à conferência, fiz várias pequenas intervenções, mas bem no ponto, e depois me convidaram para uma recepção oficial, mas não pude ir, porque estava cansado. E daí o contato mais longo que tive com ele foi na casa da Leyla, que deu um jantar para nós. Eu dei para ele vários livros meus, e daí talvez ele tenha se dado conta de algumas coisas. E depois, quando estivemos em Paris uns dois anos depois, ele nos convidou para jantar com a mulher dele, que é uma psicanalista, e foi uma coisa maravilhosa, ele foi nos buscar no hotel, que se chamava Hotel Place de la Sorbonne. Ele foi nos buscar no carrinho dele, e fomos a um restaurante maravilhoso, que ele mesmo indicou, conversamos muito, depois, a partir de certo momento, comecei a me cartear com ele, mandar coisas, e vou fazer a tradução desse poema, que ele escreveu, evidentemente, em francês, mas está traduzido para o italiano e para o alemão, numa edição primorosa, que foi lançada nessa ocasião em Veneza, e que eu pretendo logo mais traduzir, que é um poema filosófico. Ele é um magistral manipulador da palavra, pertence à tradição dos filósofos poetas, como era o Nietzsche, por exemplo, assim como Lacan e Freud são grandes escritores, por isso é difícil para um lacaniano ser lacaniano, porque geralmente nossos psicanalistas não dominam a linguagem, e o Lacan domina a linguagem, foi chamado de o Góngora da psicanálise, e os franceses o chamam de o Mallarmé da psicanálise. Então, não é qualquer trocadilho que tenha o espírito e a sutileza dos trocadilhos lacanianos.

T: A linguagem reflete uma teoria?

H: No caso dele, a linguagem é fundamental. Um curso de psicanálise dele deveria ter um curso de poética. Ele era amigo do Jakobson. E tem mais, o Freud também foi um escritor importante. Ele não usava uma linguagem como a do Lacan, mas em livros dele como a *Interpretação dos Sonhos* e o livro sobre os jogos de espírito, ele apresenta coisas que são pedaços de poema, com jogos paronomásicos, ele percebeu muito bem a importância. E, para a língua alemã, era um escritor clássico, ganhou o prêmio Goethe. Vamos prosseguir.

T: Já que estamos falando de grandes nomes, e o Ponge?

H: Ponge também conheci pessoalmente, nessa viagem de 1959, ele inclusive me deu o original de um poema seu sobre o rio Sena, que era todo espacializado, uma coisa muito bonita, e ele era muito amigo do Bense, a Elizabeth Walther tem um livro muito específico sobre ele, e eu mandei para ele dois trabalhos publicados diferentes, "A Retórica da Aranha", figura nos livros, na bibliografia, e noutra ocasião em que estive na França, estava traduzindo um último poema, o mesmo poema, mas de uma maneira mais explicativa e anotada, e marquei encontro com ele numa "mas", que é uma espécie de casa de campo na Provença, onde ele vivia, e lá passamos uma tarde juntos, ele me explicando algumas coisas, discutimos soluções, e tive depois o prazer de mandar para ele o resultado, ele ainda durou alguns anos, e me indicou a biblioteca St. Geneviève em Paris, para eu tomar conhecimento de alguns originais dele, e eu fiz uma pequena pesquisa lá, ele me deu vários livros, e nosso contato foi esse. Tem bilhetes, não tem cartas. Ele era um homem bastante sóbrio. Mas foi muito interessante. Os meus contatos não eram contatos diplomáticos, triviais, eram contatos baseados num entendimento em torno de questões poéticas. Se esse entendimento ocorresse, a amizade surgia. Se não ocorresse, ficava uma coisa assim... Com o Octavio Paz foi a mesma coisa. Conheci o Octavio Paz por carta, através de questões precisas que eu fiz e que estão no livro *Transblanco*, que ele respondeu muito bem, depois nos encontramos várias vezes... Mas a amizade não nasceu de uma cortesia diplomática, como temos vários diplomatas que conhecem fulano ou sicrano e aquilo fica na ordem do ornamental. Não é o caso do Murilo Mendes, que aliás não era diplomata, mas um professor de literatura, designado pelo Itamaraty para a Universidade de Roma, chamada La Sapienza, onde fez um trabalho magnífico, ficou amigo dos pintores e poetas mais interessantes de lá. Tenho até um texto num catálogo, com um texto que eu já tinha publicado aqui, em que falo que quando perguntei ao meu amigo, Mário Diácono (?), secretário do Ungaretti, qual era a pessoa que mais se interessava por esses jogos (?), ele disse que era Murilo Mendes. E escrevi um artigo "Murilo Mendes Romano", em que digo que o Murilo Mendes era romano, mas padroado e concreto, ele tinha conquistado em Roma um prestígio. Eu fui testemunha disso.

Quanto aos nossos primeiros trabalhos de tradução, eu publiquei num jornal extinto, *O São Paulo*, que era dirigido pelos críticos Péricles Eugênio da Silva Ramos, um expoente da Geração de 45, e pelo crítico Osmar Pimentel, que foi um crítico que escreveu muito bem do meu *Auto do Possesso*, o Péricles também.

T: De quais autores são as traduções que saíram nesse jornal?

H: Autores ingleses, como Dylan Thomas, há um fragmento... Mas são traduções que hoje eu não republicaria sem repensar. Já eram produtos mais artesanais. Traduzi o fragmento inicial da "Wasteland", o Augusto fez várias traduções...

T: Ainda não havia a transcriação.

H: Ainda não havia a transcriação, mas havia um *approach* poético. E foi um período em que tomamos contato com uma livraria aqui, chamada Bodega dei Libri Italiani, e no subsolo havia muitos livros considerados não-vendáveis, e nós encontramos lá coisas maravilhosas de literatura italiana, e começamos a ler muito a poesia mais recente italiana.

T: Traduziam também?

H: Sim, eu e o Augusto traduzíamos, mas acho que àquela altura pouco publiquei das traduções. Agora vai sair um livro pela Ateliê, não com traduções novas, mas recuperei uma tradução de um poema longo que eu não tinha conseguido resolver e agora eu resolvi.

T: Do próprio Ungaretti?

H: Sim, será um livro sobre o Ungaretti, com traduções minhas – do Ungaretti, da parte de "l'Allegria" – e da Aurora Bernardini – da parte de "Il Dolore". Revisei com ela a tradução dela e está muito boa.

T: Eu gostaria de saber, como tradutora e estudiosa de tradução, poesia e crítica, como essas três artes se conjugam para você, como uma influencia a outra e se alguma tem prioridade.

H: A poesia tem prioridade, a poesia sempre foi a chave da abóbada. Para conhecer melhor a literatura estrangeira eu passei a traduzir, e para participar do debate que se travou não só em torno da poesia concreta, mas da revisão que fizemos da literatura brasileira, sobre Sousândrade, Oswald, eu comecei também a desenvolver um trabalho ensaístico, que, aliás, já vinha de antes, porque esse trabalho sobre a obra de arte aberta é de 1955 e eu publiquei outros trabalhos naquele período. Agora, da tradução criativa, que depois se chamou de transcriação, o que se pode dizer é que tenho toda uma teoria sobre essa tradução, tenho um livro que está para sair que se chama *Poética e Semiótica da Operação Tradutora*. São vários trabalhos publicados em esparso que vou reunir ali. Acho a teoria muito fundamental nisso, mas a tradução poética é uma prática teórica, em que o poeta tem a mesma natureza. O poeta em alemão se diz Dichter, e o poeta-tradutor é o Umdichter, aquele que faz o trabalho de transpor ou "circumpor" aquele texto. Quando o Hölderlin traduz a poesia grega, ele é um Umdichter notável. A regra final, extremamente pragmática, que na realidade absorve todas essas especulações, é a seguinte, dada pelo Dante Gabriel Rossetti, um poeta e pintor pré-rafaelista, e tradutor do Dante e dos italianos, e do qual o Pound teve bastante influência, que diz simplesmente o seguinte, depois de algumas reflexões sobre o problema, "A única coisa que não é permitida na tradução é traduzir um bom poema num mau poema". E é isso que as professoras de teoria da tradução não sabem, não são capazes de distinguir. Se eu desse para uma dessas professoras dois ou três textos, ela não saberia dizer qual é o melhor. Ela faz uma operação suspendendo o problema da qualidade, a tradução não importa, as várias traduções são variantes, encontra um jeito de esmagar a mosca azul, já que não é capaz de analisá-la. O Jakobson, que era um grande lingüista e teórico da tradução, esse sim, era um lingüista e um expert, o que ele escolhia em matéria de poesia era tiro no alvo. Você vê o poema do Fernando Pessoa que ele escolheu – tiro no alvo. A grandeza de um teórico da tradução está ligada a sua capacidade poética. O Steiner, autor de *After Babel*, sempre foi um excelente conhecedor de poesia.

T: Você acha que ele tem ouvido?

H: Claro que tem. Antes de *After Babel*, ele publicou uma antologia de traduções, considerando o Pound o mestre dos tradutores. Tudo que ele aponta é interessante. Aliás, ele é trilíngüe, nasceu em Viena, teve educação francesa e se trasladou para os Estados Unidos. Ele analisa um repertório vastíssimo. Para mim, as especulações podem até interessar, desde que o crítico tenha sentido do limite, saiba que aquelas especulações são contribuições teóricas, às vezes especulações, bonitas em si mesmas, mas, como diria o Pound, "tutto bellissimo, ma non functiona", mas o que dá o horizonte prático a tudo aquilo é o trabalho de tradução que, se não for feito por um poeta ou por alguém dotado das mesmas qualidades de um poeta, pode acontecer, esse trabalho de tradução vai transformar um bom poema num mau poema.

T: Ou seja, uma repetição do sentido?

H: Tem traduções anteriores, no Brasil há várias traduções completas, tem a do Cristiano Martins, mineiro, antes dele tem a do Xavier Pinheiro, que é excelente. Excelente em termos, porque ele é da escola odoricana, mas tem interesse. E da Henriqueta Lisboa, que é a melhor de todas, mas é parcial, só o Purgatório. Não falo das minhas traduções e das do Augusto, até poderia falar, porque a modéstia não é um problema que se coloque em termos literários. Ou, como dizia o jovem Marx, "Só os mendigos são modestos" (risos). A primeira coisa que se diz é, "vou modestamente apresentar minha tradução..." Eu não apresento minhas traduções modestamente, apresento luciferinamente.

T: A modéstia é o mal dos tradutores...

H: Acadêmicos. A modéstia é a cadeira. Como dizia o Nietzsche, não se pode colocar a cadeira no meio, tem que se aspirar ao vento da altura, por mais difícil que seja a escalada. Eu avanço num poeta, o termo é esse, com espírito devorador. Eu quero fazer mesmo um trabalho luciferino, de apropriar-me do sangue daquele poeta. E dizem, "você é infiel". Não sou infiel, sou o mais fiel de todos os tradutores, porque outros tradutores têm problema de manter o conteúdo, e no máximo manter as rimas, e eu não faço só isso, eu trabalho, na maneira do Jakobson, e mantenho todos os jogos internos, fônicos, os jogos de estrutura gramatical, e fico dentro da área semântica do meu poema. De modo que chamar isso de infiel, só para quem não entende do problema, porque isso não é ser infiel. Pode ser considerado infiel se você jogar isso contra o bastidor de uma teoria de subserviência clássica. Mas não é infiel quando você considera do ponto de vista lingüístico. Aí é hiperfiel, porque trabalho com microestruturas. Um exemplo que eu dou, no meu livro sobre o Goethe, é aquele poema sobre o grifo, que tem jogos de palavras o tempo inteiro, e eu reproduzo tudo isso.

T: Li, no Arco-Íris Branco, que você desenvolveu a teoria da transcriação antes de ler o Benjamin, antes de ler "A Tarefa do Tradutor".

H: Foi antes. Eu já tinha escrito meu artigo "Da Tradução como Criação e como Crítica", e eu já falava em recriação e isomorfia do poema, e dizia que só o poema difícil interessava. E é a teoria do Walter Benjamin, que é muito anterior à minha, de 1925, eu só a conheci, por acaso, na Paraíba, onde apresentei esse trabalho, através de um crítico suíço, que me deu de presente um livro sobre tradução que tinha o texto do Walter Benjamin. Chamava-se Pierre Furter. Era um professor de sociologia, que lecionou no Recife, mas depois sumiu, ninguém sabe, não apareceu, nunca mais o vi, mandei-lhe correspondência sobre minha conferência em Genebra, mas nunca mais deu as caras. Há muitos ex-amigos dele que têm a mesma queixa, mas não importa. Foi ele quem me revelou esse texto, que depois eu trabalhei profundamente. Inclusive fiz uma tradução específica desse texto para meu trabalho didático.

T: Nunca publicou?

H: Não, porque era uma tradução muito experimental. Eu deslindo todos os jogos de palavras do Walter Benjamin.

T: Quando você escreve a respeito desse ensaio dele, você usa essas traduções.

H: Uso pedacinhos. Por exemplo, missão e demissão, *Aufgabe*, que significa as duas coisas. Então eu digo, qual é o encargo, qual o ônus do tradutor? É desonerar-se. Faço vários jogos. Eu tenho isso em várias passagens, só que nunca publiquei porque era um trabalho que usava para meus seminários. E não tive maior interesse em publicá-lo, talvez no futuro, talvez nesse livro sobre tradução eu possa publicar.

T: Seria ótimo.

H: Hoje existem boas traduções. A melhor delas foi publicada em Santa Catarina. As boas traduções que eu conheço são as inglesas. Entre as brasileiras existe uma feita pelo Luiz Costa Lima, que é boa, mas a melhor é desse grupo de estudos de Santa Catarina, que ficou muito bem feita. Embora não faça jogos. Quando o Benjamin usa paronomásia, eu uso paronomásia. Com "Valor" e "vigor", por exemplo, eu reproduzi coisas que em alemão são um pouco diferentes. São ditas por expressões um pouco diferentes, mas eu uso porque o valor e o vigor na tradução é aquilo que está dito no âmbito semântico das palavras, só que os tradutores geralmente traduzem de uma maneira mais semanticamente fiel ao texto, mas eu não, a minha tradução se caracteriza por isso.

T: Dependendo do filósofo, a filosofia não está só no sentido, mas também na forma.

H: Não é possível traduzir Nietzsche sem isso. Eu mesmo mostrei isso, num poema chamado "Hegel, poeta", que está em *Crisantempo*, em que eu pego um texto do Hegel e, sem fazer modificações, faço uma tradução rigorosa, totalmente admissível (?) naquele texto, e o texto vira um poema. As pessoas se admiram. É um poema de vanguarda, de hoje, parece coisa de Gregor Stein, com coisas que nunca vi os filósofos enfatizarem, por exemplo, que a verdade é a orgia báquica, parece coisa do Nietzsche, mas é coisa do Hegel. Como é que as pessoas ficam falando só nas estruturas dialéticas que vão levar ao Marx? O próprio Marx era um grande escritor, cheio de trocadilhos. O Freud, às vezes, também não se pode traduzir sem dar atenção aos jogos, trocadilhos, criação de palavras. O problema é o seguinte, a rigor, uma tradução filosófica, quando o próprio filósofo não tiver essa inclinação para a linguagem, o que é muito comum nos filósofos brasileiros, com raríssimas exceções, deveria ter uma assessoria poética.

Quem tem feito traduções bastante interessantes é o Rubens Torres Filho, que é poeta também. Mas é muito raro. Os filósofos não estão atentos a essa camada fundamental

T: Eu escrevi há pouco tempo um artigo sobre seu trabalho como tradutor, crítico e poeta, dizendo que a tradução como crítica tem como corolário uma crítica de tradução.

H: Sem dúvida.

T: Como você estava dizendo ainda há pouco, as teorias *mais recentes*, que supostamente viriam da desconstrução, recusam qualquer julgamento de valor sobre as traduções.

H: Mas não é essa a opinião do Derrida, são pessoas que não entendem de Derrida. Imagine se um sujeito pega a *Gramatologia* e traduz de qualquer maneira, com todos aqueles jogos de palavra, ou o livro *Glas*, ou qualquer dos textos dele. É um erro, uma incompreensão quase analfabética, eu diria, da teoria do Derrida. Basta ver o próprio Derrida. Ele é o autor da desconstrução, mas seus textos são tão bem entrosados que só podem ser traduzidos por alguém que faça aqueles jogos. Quando ele pega um fragmento do Joyce, ele faz o jogo do Joyce. Eu sou o tradutor que posso fazer a coisa do Derrida, e ele sabe disso. Dizer que a desconstrução leva à arbitrariedade, à neutralidade semântica, qualquer coisa vale, não é verdade. Vá propor ao Derrida uma tradução de um texto dele, transformando o trabalho dele numa coisa insossa e de baixo nível. Ele não aceita.

T: E no seu doutorado?

H: Primeiro eu fiz os prefácios ao Oswald. E fiz um doutorado sobre a morfologia do Macunaíma, que as pessoas que me atacavam dizendo que eu só me interessava pelo Oswald não podem nem responder. Eu digo, não escrevo só sobre o Oswald, fiz uma tese sobre a morfologia do Macunaíma. Vou ajustando com o tempo. Tenho outras prioridades. Polêmica para mim, na minha idade, é uma coisa secundária. Mas, algumas polêmicas, eu vou chegar lá. Durante o maior período do Barroco, nós não estávamos submetidos à literatura portuguesa. Durante quarenta anos, Portugal foi súdito da Espanha. A nossa referência era a literatura espanhola. Camões era considerado um grande poeta épico espanhol. Todos os poetas eram bilíngües, Botelho de Oliveira, Gregório de Mattos, antes disso Gil Vicente. Então, isso tem de ser reformulado. Não pode ser galho menor de árvore menor, porque fomos galho de uma árvore que representava a maior literatura do período, a literatura da Idade de Ouro, de Calderón, de Góngora, de Quevedo, Lope de Vega.... Então não posso chamar essa literatura de uma literatura menor. Eu vou fazer uma segunda edição ampliada do *Seqüestro do Barroco*, e vou fazer aquilo que o Jakobson fazia nos livros dele, "Réponse à la Critique", no final. Não sei se você viu um número de homenagem que a Folha fez em torno do Antonio Candido, em que dou uma entrevista dizendo que Candido era o maior de nossos críticos, sem dúvida, embora eu tivesse discordâncias dele, mas que evidentemente ele era muito superior, embora discípulo, ao Silvio Romero, e entre os críticos brasileiros, Álvaro Lins, Sergio Milliet, e, sem se ombrear com ele, o Sergio Buarque de Holanda, se tivesse continuado a se dedicar à crítica literária e não à história.

É que tenho muito trabalho a fazer, coisas que me interessam mais. Estou trabalhando ao mesmo tempo com a republicação de alguns livros meus, como por exemplo, o *Hagoromo*, essa trilogia de poesia chinesa clássica... E estou ao mesmo tempo desenvolvendo um livro de poemas traduzidos da literatura neo-grega, Kaváfis e outros, à minha maneira, que é completamente diferente da do Zé Paulo, porque é muito mais radical. Estou organizando um volume de poesia asteca, náhuatel. Já tenho uns vinte poemas traduzidos. E mais recentemente eu consegui obter um dicionário de gramática egípcia, e verifiquei que a coisa era muito mais simples do que eu pensava, muito mais simples do que outras línguas. Aí o hieróglifo trabalha em outra dimensão, mas já fiz umas cinco ou seis traduções.

T: Direto do egípcio?

H: Poemas egípcios desse nível, porque é uma gramática que tem poemas e textos poéticos. Ela analisa todos esses poemas, dá o texto em egípcio, dá a transcrição fônica, dá o vocabulário, é um prato preparado. Só que ele traduz, é um inglês eruditíssimo, o livro é publicado pela Oxford, e ele traduz à maneira de um scholar. E eu pego aquele poema... Os textos egípcios têm uma certa espacialização, porque o hieróglifo intervém ali. Estou preparando já as primeiras publicações. Já bolei uma técnica para usar os hieróglifos entremeados ao texto brasileiro.

T: Vai usar mesmo o hieróglifo, o pictograma?

H: Aquele que está no texto. Não uso todos, uso só aqueles que acho chave. Como eu fiz com o Litaipoema e em alguns dos poemas que eu traduzi, em que desta-co algumas palavras, como "sol", "lua", "constelação". Também estou pensando, com auxílio do meu colaborador Trajano Vieira, da Unicamp, que tem formação excelente, sabe várias línguas, estou preparando uma espécie de antologia da poesia brasileira da idade colonial até o Simbolismo.

T: Isso seria muito importante.

H: Violenta, minha antologia. Uma antologia que desmascara, massacra, acaba com esse cânone que está aí, essa bobajada toda. E outras tantas coisas que estou fazendo, que são para mim mais urgentes do que essas polêmicas mais locais. Eu posso inclusive deixar um caderno anotado para que as gerações do futuro façam sua escoliástica (risos), publiquem as minhas marginálias. Eu pretendo publicar. Mas vamos ver. Eu tenho essas prioridades. Tenho várias coisas a sair. Você tem esse que saiu agora, com os três ensaios?

T: Eu trouxe. É o último, não?

H: Quer que eu assine?

H: Esse livro tem muita coisa autobiográfica, sobretudo o primeiro ensaio.

Tem uma conferência que fiz no México, muito didática, com todas as etapas da minha poesia.

T: Foi ótima. E você fala também de crítica de tradução na entrevista.

H: Essa entrevista já é polêmica. E o outro texto é uma análise sobre um poema difícil meu, "A Máquina do Mundo", que funciona como um auxílio de leitura. Tem caneta aí à mão? Você é Thelma Nóbrega, não?

T: Isso mesmo. Na minha biografia, que eu não sei como ninguém teve a idéia de fazer isso antes, eu estava falando para a Carmen, é uma biografia intelectual, das idéias...

H: Isso que interessa.

T: Mas a vida também interessa.

H: Entra a vida, mas não pode ser daquelas biografias que só falam da vida. Geralmente, o Brasil não é forte em biografia.

T: É um gênero que está explodindo.

H: Mas o Brasil não tem biografias como a do Monegal, sobre o Borges, que é maravilhosa, a daquele Ellmann, sobre o Joyce...

T: É bom que você me mencione alguns bons modelos.

H: A do Monegal sobre o Borges é primorosa, porque o Borges praticamente não tem vida. O Monegal consegue extrair a vida dele através da obra.

T: E a do Boswell, sobre o Dr. Johnson?

H: São trabalhos mais antigos, que têm muita fama e têm esse fator. Mas a coisa do Monegal... Não me recordo se foi traduzido para o português, foi escrito em inglês. É um livro exemplar de como fazer uma biografia moderna. Uma biografia em que a vida apareça em função da obra, e não gratuitamente.

Sempre é interessante. As biografias do Machado, por carentes que sejam, são interessantes, algumas são informativas. A do José de Alencar é informativa. Mas uma biografia realmente para valer, pelo menos não tenho lembrança de que tenha sido feita de algum autor de importância no Brasil.

T: Para valer, então, é a vida aparecer em função das idéias?

H: Sim, não se seqüestra a vida, a vida aparece, os conflitos, se o sujeito teve uma vida burguesa, uma vida revolucionária. O Gullar foi membro do partido comunista. Eu nunca fui comunista e não podia ser membro do partido comunista. Resultado, o Gullar foi preso, eu não fui porque não era do partido comunista. Se fosse, teria sido preso. Nunca fui comunista, eu era socialista democrático. Não aceitava o stalinismo de jeito nenhum. Então não tinha como, são posições divergentes. Eu nunca apoiei essas causas... Traduzi Maiakóvski, aprendi russo com o Boris Schnaiderman, que é um homem de esquerda, mas nunca tive simpatia, ao contrário, tinha rejeição fundamental às idéias jdanovistas (?) de 1930 e pouco, logo após o suicídio do Maiakóvski. Para mim, o manifesto do Centro de Cultura Popular, que aglutinou o pessoal do Rio, é uma peça staliniana das mais grosseiras que eu já vi, dizia que o poeta de extração burguesa tinha de adaptar sua forma em função do serviço à coletividade.

T: Já faz uma hora. Quando cansar...

H: Que dia é hoje?

C: Dia 16.

H: Vamos fazer as fotos porque estou um pouco cansado. Não da conversa, que está muito gostosa, mas dormi mal ontem à noite.

Depois você pode vir mais vezes. Vou deixar uma coisa bem clara para você. Vou colaborar com você no que for possível nessa biografia. Não dirigindo sua pena, longe de mim qualquer coisa desse tipo, mas te dando munição. Quando você precisar de um esclarecimento, como quanto à questão da viagem à Londres...

T: Há uma lenda que você esteve lá com o Caetano e o Gil...

H: Aí eu estive. Foi em 1969, mais ou menos. Estive em Londres, sofri um acidente no carro do Caetano, não podia, praticamente, me mobilizar, estava numa espécie de apart hotel, não conseguia nem amarrar o sapato. O Antonio Cícero estava lá, passou a noite comigo, havia uma francesinha lá, se fosse uma inglesa não teria deixado que eu pusesse um estranho no quarto, mas ela deixou. No dia seguinte vieram o Gil e o Caetano e me levaram para a casa deles, me deram o melhor quarto, a mulher dele punha frutas e fazia quitutes baianos, e isso durou uma semana, porque a Varig naquela altura tinha vôo só semanal. Eu lhes apresentei, fomos visitados pelo Cabrera Infante e a mulher, foi um encontro maravilhoso, ouvimos músicas cubanas... Isso é real. A data é diferente. É o período que eles estavam no exílio. Inclusive li as Galáxias para eles, e eles disseram, "Aumentou o nível de informação". Porque lá o terrível era o seguinte, eles acordavam às seis da tarde. Viravam a noite e dormiam a tarde toda.

T: Você acompanhava as baladas deles?

H: Não, eu ia até certo ponto, depois me retirava para o meu quarto, porque não agüentava. Mas era fascinante, porque ficavam compondo músicas, e até onde eu agüentava, eu ficava. Ali também vivia a Rosinha, que é uma professora de filosofia que casou com o Júlio Bressane, muito amiga minha. Era um ambiente fantástico. E as comidas da Dedé... Ela me tratava com um carinho. Lembro que uma vez houve uma discussão, não lembro com quem, mas a Dedé saiu atrás do sujeito com uma colher de cozinha e disse, "Fala mais uma dessa que eu te ponho pra fora". Mas ela foi cem por cento comigo. O Gil, de manhã, era o que tinha o regime mais regular, era macrobiótico. Quando eu acordava, ele estava fazendo o macrobiótico dele. E a Rosinha mais de uma vez me levou a um restaurante hindu, que tinha perto, onde a gente almoçava. Naquela altura o Gil era rigoroso. Agora está melhor. Mas naquela altura, ele estava cinza. Estava cinza. E ele me apresentou um macarrão cinza, e eu disse, "Você me desculpe, mas isto de jeito nenhum. Não tenho condições estomacais". Àquela altura, eu comia como um desesperado. Eu falei, "Acho ótimo, bonito que você faça isso, se faz bem para você, sei que faz bem, mas a minha não é essa". A gente comia num restaurante russo onde se comia maravilhosamente e baratamente. Eu fiz uma bengala de cabo de vassoura, que eu não tinha nem bengala na ocasião, e foi daí que comecei a usar bengala e passei a usar barba. Eu tive uma fissura no osso ilíaco, que me impedia de andar, mas que não era grave, não podia enfaixar não podia fazer nada, mas aqui tive de fazer 40 dias de repouso. Foi daí que deixei crescer a barba. Depois te conto com mais detalhes.

T: São tantas histórias...

H: Há várias histórias, como minha amizade com o Cortázar. Sabe que eu sou um personagem do Cortázar? Tem um livro dele chamado *Lucas*. É um livro que ele trata de um cronópio, é aquela pessoa estranha, chamada Lucas. O livro se chama *Um tal Lucas*, foi editado na Espanha. Um dos textos se chama "Lucas, seus Sonetos". É um episódio real. Nós nos encontramos na França, e ele me deu a tradução desse poema que ele fez, é um poema que pode ser lido do último verso para o primeiro e do primeiro para o último, é reversível, chamava "Zipper sonnet". Eu disse para ele, "Julio, vou melhorar esse soneto". Eu fiz o que chamei de "contraversão", em que realmente melhorei o soneto. Da outra vez que nós fomos a Paris (ele ficava lá praticamente todo o ano), eu dei o soneto para ele, ele ficou deslumbrado com aquilo, era um homem generoso, e pôs no livro o texto dele em espanhol e a minha tradução. O soneto figura em espanhol e na minha tradução, e ele acrescenta o parágrafo dizendo que o Lucas estava feliz por ter feito aquela obra inimaginável e, quando ele menos esperava, chegou do Brasil um amigo, que tinha verdadeiro fascínio pelos jogos de linguagem, e que acabou traduzindo o poema melhor do que ele, do que o original, e ele percebeu a vanidade das coisas do mundo... É uma coisa muito bonita.

T: Isso é um pouco desconhecido aqui.

H: As pessoas não conhecem porque é uma obra importada.

T: Daria um bom trabalho para quem estuda tradução.

H: Chama-se *Um Tal Lucas*, é um livro de contos do Cortázar, mais ou menos recente, é da última fase dele, mais ou menos da época em que ele escreveu aquela autocrítica (?). Deveria ter sido traduzido para o português, ele tem um tradutor aqui. Não, foi traduzido para o português, porque o tradutor escreveu para mim pedindo explicações de algumas coisas. Foi traduzido ou pela Nova Fronteira ou pela Civilização Brasileira, e escrevi uma nota que o tradutor incorporou, que explicava mais detalhes da coisa. Deve ter nas bibliotecas, deve ser fácil de encontrar.

T: Vou procurar. Obrigada, Haroldo.

H: Posso depois fazer um xerox. Tenho duas edições. A primeira que ele me mandou, depois ele me mandou uma outra, mas eu já tinha comprado na Argentina. Tenho também a tradução para o português, mas agora não sei onde está. Agora estou reorganizando a biblioteca. Isto aqui vai virar uma fundação. Você não conhece o estúdio, a biblioteca. Vou fazer disto uma fundação com direitos privados, que terá como título Biblioteca e Centro de Estudos Poéticos Haroldo de Campos, com convênios com universidades, permitindo que alunos, pós-graduandos, professores venham pesquisar aqui, contanto que me dêem uma contrapartida, que é mínima. Pensei em três diferentes universidades, São Marcos é uma delas, a Santa Marcelina outra e a PUC também. A contrapartida é a seguinte, temos que ter uma bibliotecária, já temos a pessoa, que é trilíngüe, formada, sabe espanhol, inglês e português, precisamos de uma auxiliar de bibliotecária. A bibliotecária organiza, e a auxiliar pega o livro, controla o pessoal... Tudo bem, eu confio em todo mundo, mas os meus livros... Como dizia o Mario de Andrade, "não empresto livros, se quiser lê-los, leia aqui". A porta daqui está aberta.

Mas eu vou logo melhorar. Vamos às fotos. Escolha onde você quer tirar.

A Carmen não quer ser fotografada. Ela só admite ser fotografada completamente... É igual à mulher do Octavio Paz. Uma vez estivemos na casa dele, íamos tirar foto e ela disse, "Eu, de jeito nenhum. Não posso". Ela ficou brava. "Não admito ser fotografada sem me preparar antes".

T: Não quer mesmo sair na foto?

C: Não, obrigada.

H: Na pós-maturidade... Ela não quer agora, mas não se nega a futuramente sair. Carmen abra essa luz aqui.

T: Posso tirar uma com ele?

C: Pode, deixa que eu tiro.

H: Senta aqui. Que foi, Carmen?

C: Vou buscar os óculos.

H: A Carmen é muito boa fotógrafa. Ponha a mão nas minhas costas, você estava ponto.(conferir essse trecho ou suprimi-lo) Somos amigos. Você é filha de um amigo meu muito estimado. Já percebi que você também é uma pessoa muito estimável. Não é à toa que é Nóbrega.

T: Obrigada. Quando as fotos ficarem prontas, trago para vocês verem.

H: Aí, num dia combinado, a Carmen se põe nos trinques, como se diz. Se põe como ela era quando mocinha. Ela era parecidíssima com a Elizabeth Taylor. Mostra as fotos para ela. Mas não é aquela, não. Tem uma foto dela em que está parecidíssima. *(até hoje)* Veja essa foto é incrível, é parecida mesmo. Na outra, não é tanto com a Elizabeth Taylor, é mais com uma atriz italiana. Mas nessa, ela está igual. Inacreditável. Só que a Elizabeth Taylor tinha olhos de violeta. A Carmen tinha olhos castanhos, enfim

E nós nos casamos, assim... Foi o que os franceses chamam de *coup de foudre*. Foi amor à primeira vista. Fomos a uma festinha de uma colega dela, aniversário do Plínio de Arruda Sampaio, que é meu primo, o pai dele é desembargador...

C: É parente do meu pai, porque era Arruda.

H: Depois você conta para ela. E eu cheguei lá e vi aquela menina...

C: As irmãs dele eram minhas colegas no Santa Marcelina.

H: Eu vi a Carmen, *(no bailinho)* tirei ela para dançar, e não deixei ninguém mais dançar com ela.

T: Tomou conta do pedaço.

H: Tomei. Ela diz que não... Mas eu era bonitinho, tinha uma lábia. Lábia eu tinha, não é? E foi realmente à primeira vista. Foi minha primeira e única namorada.

T: E foi logo depois da faculdade?

H: Foi, depois de uns dois anos. A Carmen já tinha tido uns namoradinhos lá em Tatuí. Era conhecida como "vulcãozinho" lá nos bailes. Eu dizia cada vez que ela falava o nome deles, "dá a foto que eu rasgo". Uma vez ela me trouxe a fotografia do Dick Farney, que ela gostava, peguei a fotografia da caixa e... rasguei. "Não admito fotografia de ninguém. Aqui só vale a minha fotografia". Eu era bravo. E ela não disse nada. Ficou como prova de amor. Bom, eu vou subir. Vou descansar. Essa parte da festinha ela pode te contar.

Harold

iana

OBRAS DE HAROLDO DE CAMPOS

TEXTOS CRIATIVOS

Auto do Possesso: Poemas. São Paulo, Cadernos do Clube de Poesia, Novíssimos, n. 3,1950.

Servidão de Passagem (poema-livro). São Paulo, Noigrandes, 1962. Tradução para o japonês por Seiichi Niikuni, publicada no catálogo *Sogetsu Art Center Journal*, em 20/06/1964. Tradução para o italiano por L. C. Vinholes, publicada na revista *Baldus*, ano VI, n. 5, Treviso, 1996.

Xadrez de Estrelas: Percurso Textual, 1949/1974. São Paulo, Perspectiva, 1976 (Coleção Signos). Tradução parcial para o espanhol, *Transideraciones* (organização e tradução de Eduardo Milán e Manuel Ulaciae). Cidade do México, El Tucán de Virginia, 1987; 2. ed., ampliada, Cidade do México, El Tucán de Virginia / Fundación Octavio Paz, Consejo Nacional para la Cultura y las Artes, 1999.

Signantia: Quasi Coelum – Signantia Quase Céu. São Paulo, Perspectiva, 1979 (Coleção Signos).

Galáxias. São Paulo, Ex-Libris, 1984; 2. ed. (inclui o CD *Isto não é um Livro de Viagem*), São Paulo, Editora 34, 2004. Tradução integral para o francês, por Inês Oseki-Dépré, *Galaxies*, La Souterraine, La Main Courante, 1998 (Prêmio Roger Caillois, ex-aequo com Juan José Saer, Paris, Maison de l'Amérique Latine).

A Educação dos Cinco Sentidos. São Paulo, Brasiliense, 1985. Tradução para o espanhol por Andrés Sánchez Robayna, *La educación de los cinco sentidos* (edição bilíngüe), Barcelona, Ambit, 1990. tradução parcial para o francês por Luiz Carlos Rezende, *L'éducation des cinq sens*. Plein Chant, 1989.

Finismundo: A Última Viagem. Ouro Preto, Tipografia do Fundo de Ouro Preto, 1990, 2. ed., Rio de Janeiro, Sette Letras, 1997. Tradução para o espanhol por Andrés Sánchez Robayna, *Finismundo: el último viaje*. Málaga, Montes, 1992 (Coleção Newman/ Poesia). Tradução para o francês por Inês Oseki-Dépré publicada em *Une anthologie immédiate* (organização de Henri Deluy). Paris, Fourbis/Biennale Internationale des Poètes en Val-de-Marne, 1996, e em *Traduction & poésie* (organização de Inês Oseki-Dépré). Paris, Maisonneuve & Larose, 2004.

Yugen, Cuaderno Japonés (tradução para o espanhol por Andrés Sánchez Robayna). Tenerife, Syntaxis, 1993. *Yugen: cahier japonais* (tradução para o francês por Inês Oseki-Dépré). La Souterraine, La Main Courante, 2000.

Gatimanhas e Felinuras (com Guilherme Mansur). Ouro Preto, Tipografia do Fundo de Ouro Preto, 1994.

Konkrét versek (tradução para o húngaro por Petöcz András e Pál Ferenc). Budapeste, Íbisz,1997.

Crisantempo: No Espaço Curvo Nasce Um. São Paulo, Perspectiva, 1998 (Coleção Signos), reimpressão, 2004.

A Máquina do Mundo Repensada. São Paulo, Ateliê Editorial, 2000.

TEXTOS CRÍTICOS E TEÓRICOS

Re visão de Sousândrade: Textos Críticos, Antologia, Glossário, Biobibliografia (com Augusto de Campos). São Paulo, Invenção, 1964; 2. ed. ampliada, Rio de Janeiro, Nova Fronteira, 1982; 3. ed., ampliada, Perspectiva, 2002 (Coleção Signos).

Teoria da Poesia Concreta: Textos Críticos e Manifestos 1950-1960 (com Augusto de Campos e Décio Pignatari). São Paulo, Invenção, 1965; 2. ed., São Paulo, Duas Cidades, 1975; 3. ed., São Paulo, Brasiliense, 1987.

Sousândrade: Poesia (organização com Augusto de Campos). Rio de Janeiro, Agir, 1966 (Coleção Nossos Clássicos); 3. ed., revista e ampliada, 1995.

Oswald de Andrade: Trechos Escolhidos. Rio de Janeiro, Agir, 1967 (Coleção Nossos Clássicos).

Metalinguagem: Ensaios de Teoria e Crítica Literária. Petrópolis, Vozes, 1967; 2. ed., 1970; 3. ed., São Paulo, Cultrix, 1976; 4. ed. revista e ampliada. *Metalinguagem e Outras Metas*, São Paulo, Perspectiva, 1992 (Coleção Debates). Tradução parcial para o espanhol de Amalia Sato, *Brasil Transamericano*. Buenos Aires, El Cuenco de Plata, 2004.

A Arte no Horizonte do Provável e Outros Ensaios. São Paulo, Perspectiva, 1969 (Coleção Debates); 2. ed., 1972; 3. ed., 1975; 4. ed., 1977.

Guimarães Rosa em Três Dimensões (com Pedro Xisto e Augusto de Campos). São Paulo, Conselho Estadual da Cultura/Comissão de Literatura, 1970 (texto de Haroldo de Campos: "A Linguagem do Iauaretê").

Obras Completas de Oswald de Andrade (introdução crítica aos vols. 2 e 7). Rio de Janeiro, Civilização Brasileira, 1971 e 1972.

Morfologia do Macunaíma. São Paulo, Perspectiva, 1973 (Coleção Estudos).

A Operação do Texto. São Paulo, Perspectiva, 1976 (Coleção Debates).

Ideograma: Lógica, Poesia, Linguagem (organização e ensaio introdutório "Ideograma, Anagrama, Diagrama"). São Paulo, Cultrix, 1977; 2. ed., 1986; 3. ed., São Paulo, Edusp, 1994.

Ruptura dos Gêneros na Literatura Latino-Americana. São Paulo, Perspectiva, 1977 (Coleção Elos).

Deus e o Diabo no Fausto de Goethe. São Paulo, Perspectiva, 1981 (Coleção Signos).

O Seqüestro do Barroco na Formação da Literatura Brasileira: O Caso Gregório de Mattos. Salvador, Fundação Casa de Jorge Amado, 1989.

O Livro de Jó (introdução crítica e fixação do texto da tradução de 1852 de Elói Ottoni). São Paulo, Giordano/Loyola,1993.

Três (re)Inscrições para Severo Sarduy. São Paulo, Memorial da América Latina,1995; 2. ed., 1999.

Sobre Finismundo: A Última Viagem. Rio de Janeiro, Sette Letras, 1996.

Os Sertões Dos Campos: Duas Vezes Euclides (com Augusto de Campos). Rio de Janeiro, Sette Letras, 1997.

O Arco-íris Branco: Ensaios de Literatura e Cultura. Rio de Janeiro, Imago, 1997.

De la Razón Antropofágica y Otros Ensayos (seleção, tradução e prólogo de Rodolfo Mata). Cidade do México, Siglo Veintiuno, 2000.

"Joan Brossa i la Poesia Concreta", catálogo da mostra *Joan Brossa o la Revolta Poètica* (organização Manuel Guerreiro). Barcelona, Fundació Joan Miró, 2001.

Ulisses: A Travessia Textual (edição comemorativa do Bloomsday, com coordenação de Haroldo de Campos, Munira Mutran e Marcelo Tápia). São Paulo, Olavobrás/Abei, 2001.

Junijornadas do Senhor Dom Flor (edição comemorativa do Bloomsday, com coordenação de Haroldo de Campos, Munira Mutran e Marcelo Tápia). São Paulo, Olavobrás/Abei, 2002.

Depoimentos de Oficina. São Paulo, Unimarco, 2002.

TRANSCRIAÇÕES

Cantares de Ezra Pound (com Augusto de Campos e Décio Pignatari). Rio de Janeiro, MEC/Serviço de Documentação (Coleção dirigida por Simeão Leal), 1960.

Panaroma do Finnegans Wake de James Joyce (com Augusto de Campos). São Paulo, Conselho Estadual da Cultura, 1962; 2. ed., São Paulo, Perspectiva, 1971; 3. ed., 1986; 4. ed. revista e ampliada, 2001.

Maiakóvski, Poemas (com Augusto de Campos e Boris Schnaiderman). Rio de Janeiro, Tempo Brasileiro, 1967; 2. ed., São Paulo, Perspectiva, 1982; 5. ed., 1992 (Coleção Signos).

Traduzir e Trovar (com Augusto de Campos). São Paulo, Papyrus, 1968.

Ezra Pound: Antologia Poética. Lisboa, Ulisséia, 1968; 2. ed. *Ezra Pound: Poesia* (com Augusto de Campos, Décio Pignatari, José Lino Grünewald e Mário Faustino). São Paulo/Brasília, Hucitec/UnB, 1985; 3. ed., 1993.

Poesia Russa Moderna (com Augusto de Campos e Boris Schnaiderman). Civilização Brasileira, Rio de Janeiro, 1968; 2. ed., São Paulo, Brasiliense; 4. ed., 1985; 6. ed. revista e ampliada, São Paulo, Perspectiva, 2001 (Coleção Signos).

Mallarmé (com Augusto de Campos e Décio Pignatari). São Paulo, Perspectiva, 1974 (Coleção Signos); 2. ed., 1980; 3. ed. ampliada, 2002.

Dante: Seis Cantos do Paraíso. Recife, Gastão de Holanda Editor, 1976 (edição limitada de 100 exemplares, ilustrada por João Câmara Filho); 2. ed., Rio de Janeiro, Fontana/ Istituto Italiano di Cultura, 1978.

Transblanco: em torno a Blanco de Octavio Paz (com Octavio Paz). Rio de Janeiro, Guanabara, 1985; 2. ed. ampliada, São Paulo, Siciliano, 1994.

Qohélet, O-que-Sabe (Eclesiastes). São Paulo, Perspectiva, 1990 (com a colaboração de J. Guinsburg); 2. ed., 1991(Coleção Signos).

Bere'shith: A Cena da Origem. São Paulo, Perspectiva, 1993; 2. ed., 2001 (Coleção Signos).

Mênis: A Ira de Aquiles (Canto I da *Ilíada* de Homero, edição bilíngüe, com ensaio de Trajano Vieira). São Paulo, Nova Alexandria, 1994.

Hagoromo de Zeami: O Charme Sutil (teatro clássico japonês, edição bilíngüe). São Paulo, Estação Liberdade, 1994 (com colaboração de Darcy Yasuco Kusano e Elsa Taeko Doi).

Escrito sobre Jade (22 poemas clássicos chineses, edição bilíngüe). Ouro Preto, Tipografia do Fundo de Ouro Preto, 1996.

Pedra e Luz na Poesia de Dante (edição bilíngüe). Rio de Janeiro, Imago, 1998.

Os Nomes e os Navios, Homero (Canto II *da Ilíada* de Homero, com organização, introdução e notas de Trajano Vieira; tradução e ensaio crítico de Haroldo de Campos; tradução de Odorico Mendes, 1874). Rio de Janeiro, Sette Letras, 1999.

Ilíada de Homero, vol. 1 (organização e introdução de Trajano Vieira). São Paulo, Mandarim, 2001; 2. ed., São Paulo, Arx, 2002; 3. ed., 2002; 4. ed., 2003; 5. ed., 2004.

Ilíada de Homero, vol. 2 (organização de Trajano Vieira). São Paulo, Arx, 2002; 2. ed., 2003; 3. ed., 2004

Ungaretti: Daquela Estrela à Outra (com Aurora Bernardini, organização de Lucia Wataghin). São Paulo, Ateliê Editorial, 2003.

PRINCIPAIS ANTOLOGIAS

Antologia Noigandres (com Augusto de Campos, Décio Pignatari, Ronaldo Azeredo e José Lino Grünewald, edição especial da revista *Noigandres*, n. 5). São Paulo, Edição dos Autores/Massao Ohno, 1962.

Os Melhores Poemas de Haroldo de Campos (seleção de Inês Oseki-Dépré). São Paulo, Global, 1992; 2. ed., 1997; 3. ed., 2000.

Galaxia Concreta (com Augusto de Campos e Décio Pignatari; organização de Gonzalo Aguiar). Cidade do México, Universidad Ibero-americana/Artes de México, 1999 (Colección Poesía y Poética).

Novas: Selected Writings of Haroldo de Campos (organização e tradução de Antônio Sérgio Bessa e Odile Cisneros; prefácio de Roland Greene). Evanston, Northwestern University Press (em preparo).

Haroldo de Campos: une anthologie (organização e tradução de Inês Oseki-Dépré). Paris, Al Dante (no prelo).

OBRAS SOBRE HAROLDO DE CAMPOS

Espacio/Espaço Escrito. Revista de Literarura en dos Lenguas, ns. 21 e 22, Badajoz, 2002 (dossiê "Presencia de Haroldo de Campos", organizado por Andrés Sánchez Robayna; inclui o encarte ILM AGO DELL'OM EGA, de Haroldo de Campos, ilustrado por Regina Silveira).

Haroldo de Campos: Don de Poesía. Ensayos Críticos sobre su Obra y una Entrevista. Lima, Fondo Editorial de la Universidad Católica Sedes Sapientiae, 2004.

CDS

Circuladô (CD de Caetano Veloso; faixa "Circuladô de Fulô"). Rio de Janeiro, PolyGram, 1991.

Canções (CD de Péricles Cavalcanti; faixa "Ode Primitiva". Rio de Janeiro, PolyGram, 1991.

Isto Não é Um Livro de Viagem (com 16 fragmentos de *Galáxias* oralizados pelo autor, com participação especial do citarista Alberto Marsicano). São Paulo, Editora 34, 1992.

O Paulista Adora a Paulista (participação com Péricles Cavalcanti em uma das faixas). São Paulo, Banco Nacional, 1992.

Espaços Habitados (composição de Conrado Silva sobre textos de *Galáxias*, com Anna Maria Kieffer e Conrado Silva). São Paulo, Laboratório de Linguagens Sonoras da PUC-SP/Fundação Vitae, 1994.

Lobo Solitário (CD de Edvaldo Santana; faixa "Torto", com Edvaldo Santana e Haroldo de Campos). São Paulo, Camerati, 1993.

Barulhinho Bom: Uma Viagem Musical (CD e vídeo de Marisa Monte; faixa "Blanco", fragmento do poema de Octavio Paz em transcriação de Haroldo de Campos). Rio de Janeiro, EMI, 1996.

Cadumbra (CD e livro da escultora Denise Milan, com metapoemas, textos e oralização de Haroldo de Campos). São Paulo, Difusão Cultural do Livro, 1997.

Madan (CD de Madan; faixas "Mundo Livre", "Improviso Li Tai Po" e "Refrão à Maneira de Brecht"; participação especial de Haroldo de Campos na faixa 17). São Paulo, Dabliú Discos, 1997.

Crisantempo (com 21 poemas de *Crisantempo* oralizados pelo autor). São Paulo, Perspectiva, 1998.

12 Poemas para Dançarmos (trilha sonora de Cid Campos; faixa "Rimas Petrosas"). São Paulo, MC2 Studio.

Poesia Paulista – 12 Canções (direção e coordenação de Dante Pignatari; faixa "Anamorfose", de A. Picchi e Haroldo de Campos). São Paulo, ECA-USP, 1998.

Baião Metafísico (CD de Péricles Cavalcanti; faixa "Ode Primitiva"). São Paulo, Trama, 2000.

Música Nova para Vozes (CD do Madrigal Ars Viva; composições de Gilberto Mendes; regência de Roberto Martins; faixas "O Anjo Esquerdo da História" e "Nascemorre"). Rio de Janeiro, EMI, 2000.

Constelário (CD de Lica Cecato; faixa "Constelário para Antonio Dias"). Rio de Janeiro, Mix House, 2000.

No Lago do Olho (CD de Cid Campos; faixa "Crisantempo"). São Paulo, Dabliú Discos, 2001.

Galaxien (CD do trio Exvoco; partitura, participação e regência de Theophil Maier, com efeitos eletrônicos-visuais sincronizados; espetáculo-homenagem dedicado à memória de Max Bense). Stuttgart, Alemanha, em preparo.

VÍDEOS

Galáxia Albina, direção de Júlio Bressane, Betacam 40', 1990.

Infernalário: Logodédalo (Galáxia Dark), direção Júlio Bressane, Betacam 40', 1990.

Poetas de Campos e Espaços: Noigandres, direção de Cristina Fonseca, São Paulo, TV Cultura, 1992.

Xilo VTE/*Elogio da Xilo* (com oralizações de Haroldo de Campos, Arnaldo Antunes e Bete Coelho, acompanhado de livro-objeto com xilogravuras de Maria Bonomi, em edição limitada de 64 exemplares), direção de Walter Silveira, NTSC, 11'15, 1994.

Homenagem a Haroldo de Campos: Cinqüentenário da PUC-SP, Vídeo, PUC, 1996.

O Acaso, vídeo da série "Diálogos Impertinentes", com o físico Luís Carlos de Menezes, São Paulo, TV PUC-SP/Folha de S. Paulo, 1996.

Programa Espaço Aberto, entrevista com o jornalista Pedro Bial, São Paulo, TV Cultura, 1997.

Programa Roda Viva, coordenação de Jaime Martins, moderação de Matinas Suzuki, com João Alexandre Barbosa, Augusto Massi, Leão Serva e outros, São Paulo, TV Cultura, 28/10/1998.

Programa Expresso Brasil, "A São Paulo de Haroldo de Campos", São Paulo, TV Cultura.

Pinturas para Pisar, dança com performance de Ana Lívia Cordeiro e Gícia Amorim com oralização do texto de Haroldo de Campos e pinturas por Aldir Mendes de Souza, São Paulo, 2002.

Galáxia Haroldo, especial da TV Cultura com gravação da homenagem a Haroldo de Campos realizada no Tuca, São Paulo, em 20/10/2003.

CINEMA

Sermões: a História de Antônio Vieira, direção de Júlio Bressane, assessoria poética e leitura de trechos de *Galáxias* por Haroldo de Campos, 35mm, 80', 1989.

Glauberélio-Heliglauber (encontro imaginário entre Glauber Rocha e Hélio Oiticica), direção de Ivan Cardoso, roteiro de Haroldo de Campos, 1997.

TEATRO

A Cena da Origem, direção de Bia Lessa, São Paulo, Teatro Mars, 1989.

Hagoromo: o Manto de Plumas (peça do teatro clássico Nô), direção de Alice K, São Paulo, Teatro Sesc, 1995.

Pré-Fausto (Graal) (bufo-tragédia, primeira parte de uma projetada "Trilogia Fáustica"), direção de Gerald Thomas, com Bete Coelho, Rio de Janeiro, Teatro Carlos Gomes, 1997.

sobre os autores

AFFONSO ÁVILA, poeta e ensaísta, é autor de numerosos estudos críticos, com ênfase na questão da modernidade e do impacto do Barroco sobre as artes e literatura brasileiras. Fundou e dirige a revista *Barroco*, de ressonância internacional. Autor de extensa obra publicou, pela Editora Perspectiva, entre outros, *Barroco: Teoria e Análise* (1997) e *A Lógica do Erro* (2000).

AGE DE CARVALHO, formado em Arquitetura, designer gráfico por profissão. Editou a página de poesia "Grápho" nos jornais paraenses *A Província do Pará* e *O Liberal* entre 1983-85, atuando também como tradutor. Desde 1984 vive entre a Alemanha e a Áustria. É autor de *Ror: 1980-1990* (Poesia Reunida, Duas Cidades) e *Caveira 41* (Cosac & Naify/7 Letras), entre outros. No prelo, antologia poética a ser publicada na Alemanha, traduzida por Curt Meyer-Clason.

ALCIR PÉCORA é professor de literatura na Universidade Estadual de Campinas e autor de *Teatro do Sacramento* (Edusp / Editora da Unicamp) e *Máquina de Gêneros* (Edusp).

ANDRÉ VALLIAS formou-se em Direito pela Faculdade do Largo de São Francisco (USP). É poeta, designer gráfico e produtor de mídia interativa. De 1987 a 1994, residiu na Alemanha, onde orientou suas atividades para a mídia digital. Organizou, em 1992, juntamente com Friedrich W. Block, a primeira mostra internacional de poesia feita em computador: "p0es1e - digitale dichtkunst". Vive atualmente no Rio de Janeiro, onde dirige a produtora de web sites Refazenda. Seus poemas digitais podem ser vistos no endereço: <http://www. andrevallias.com>

ANDREA LOMBARDI é doutor em Teoria Literária e Literatura Comparada da FFLCH/USP. Licencio-se pela Universidade de Roma/Faculdade de Letras e Filosofia "La Sapienza" (1975) e diplomado em música no Conservatório "*San Pietro a Maiella*" de Nápoles (1968). É Professor Adjunto na Faculdade de Letras da UFRJ desde 2005 e docente de Pós-Graduação na USP em Língua e Literatura Italiana, desde 1995.

AUGUSTO CONTADOR BORGES publicou os livros de poesia *Angelolatria* (1997) e *O Reino da Pele* (Iluminuras); traduziu Sade, *A Filosofia na Alcova* (1999); René Char, *O Nu Perdido e outros Poemas* (1995); e Gerard de Nerval, *Aurélia* (1991), entre outros.

AUGUSTO DE CAMPOS, poeta, ensaísta e tradutor, foi um dos criadores da poesia concreta. Sua obra poética, iniciada com *O Rei Menos o Reino* (1951), está parcialmente coligida nos livros *Viva Vaia* (Ateliê) e *Despoesia* (Perspectiva). Traduziu poetas modernos, como Mallarmé, Pound, Joyce, cummings, Maiakóvski, e antigos, dos trovadores provençais aos simbolistas franceses. Crítico de poesia (*Re-Visão de Sousândrade*, com Haroldo de Campos, e Kilkerry, *Pagu: Vida-Obra*, entre outros) e de música (*Balanço da Bossa*, *Música de Invenção*). Tem tido acentuada participação em atividades relacionadas com as novas "mídias", apresentando seus poemas em painéis eletrônicos, holografias, projeções em laser, animações computadorizadas e eventos multidisciplinares.

BENEDITO NUNES é crítico literário. Estudioso de pensadores alemães – sobretudo Kant, Heidegger e Nietzsche – Nunes propõe uma dimensão lírica-existencial-crítica única no ensaísmo brasileiro, com análises marcantes sob o enfoque poético-filosófico. Nascido na cidade de Belém, Pará, em 1929, tornou-se professor na década de 1950. É autor de estudos sobre Mario Faustino, Guimarães Rosa e Clarice Lispector, além de vasta obra na qual se destaca, *O Crivo de Papel* (1999) e *Hermenêutica e Poesia – O Pensamento Poético* (1999). Foi um dos fundadores da Faculdade de Filosofia do Pará, posteriormente absorvida pela Universidade Federal do Pará.

CELSO LAFER é professor-titular do Departamento de Filosofia e Teoria Geral do Direito da Faculdade de Direito da USP, na qual estudou (1960-1964) e leciona desde 1971. Obteve o seu PhD em Ciência Política na Universidade de Cornell, EUA, em 1970; a livre-docência em Direito Internacional Público na Faculdade de Direito da USP, em 1977 e a titularidade em Filosofia do Direito, em 1988. Foi Ministro de Estado das Relações Exteriores (1992) e Ministro de Estado do Desenvolvimento, Indústria e Comércio (1999). Foi Chefe do Departamento de Filosofia e Teoria Geral do Direito da Faculdade de Direito da USP (1992-1995). De 1995 a 1998 foi Embaixador, Chefe da Missão Permanente do Brasil junto às Nações Unidas e à Organização Mundial do Comércio em Genebra. Em 1996 foi o Presidente do Órgão de Solução de Controvérsias da Organização Mundial do Comércio e, em 1997, foi Presidente do Conselho Geral da Organização Mundial do Comércio. Em 2001 assumiu, pela segunda vez, o Ministério das Relações Exteriores.

CHARLES BERNSTEIN, poeta e ensaísta, publicou coleção de 27 poemas entre os quais, *With Strings* (University of Chicago Press, 2001), *Republics of Reality: Poems 1975-1984* (Sun & Moon, 2000) e *Controlling Interests* (reprinted by Roof in 2004). Seus ensaios estão inclusos em *My Way: Speeches and Poems* (Chicago, 1999) e *Content's Dream: Essays 1975-1984* (reprinted by Northwestern University Press, 2001). Bernstein é professor na Universidade da Pennsylvania.

CLAUDIO DANIEL é poeta, tradutor e ensaísta. Publicou, entre outros títulos, os livros de poesia *Sutra* (1992) e *A Sombra do Leopardo* (2001). Sua antologia poética *Figuras Metálicas* foi publicada em 2005 na coleção Signos, da Perspectiva.

EDUARDO MILÁN é poeta e ensaísta. Uruguaio radicado no México, em 1975 publicou *Transideraciones – Antología Poética de Haroldo de Campos*. Em 1997, teve sua poesia reunida no volume *Manto*. De sua produção mais recente faz parte o livro *Ostras de Coraje*.

ELISABETH WALTHER-BENSE é professora da Universidade de Sttutgard, estudiosa da obra de Haroldo de Campos. Ela e seu marido, Max Bense, foram responsáveis pela tradução da antologia *Noigandres: Konkrete Texte* (text 7), para o alemão, em 1965.

ENRIQUE MANDELBAUM formou-se em Psicologia pela Pontifícia Universidade Católica de São Paulo e é doutor em Língua Hebraica, Literatura e Cultura Judaicas pela Faculdade de Filosofia, Letras e Ciências Humanas da Universidade de São Paulo. Psicanalista, com larga experiência no campo da educação, publicou diversos artigos em revistas de psicanálise e de literatura. No momento, dedica-se a uma investigação sobre a obra de Jorge Luis Borges. Publicou *Franz Kafka: Um Judaísmo na Ponte do Impossível* (Perspectiva).

GERALD THOMAS iniciou suas experiências teatrais no La MaMa Experimental Theater, em Nova York. Lá adaptou e dirigiu 12 estréias mundiais de Samuel Beckett em prosa e drama. No início da década de 1980, Thomas começou a trabalhar com Beckett em Paris, adaptando novas ficções do autor. Dessas, as mais conhecidas são *All Strange Away* e *That Time*, estreladas pelo fundador do legendário Living Theater, Julian Beck, em sua única atuação no palco sem sua própria companhia. Em meados da década de 1980, Thomas envolveu-se com o autor alemão Heiner Müller e dirigiu peças dele nos Estados Unidos e no Brasil; também iniciou uma longa parceria com o compositor americano, Philip Glass. Em 1985, Thomas fundou a Companhia Ópera Seca, em São Paulo, Brasil.

HORÁCIO COSTA, formado em arquitetura, mestrou-se em artes pela New York University e doutorou-se em filosofia pela Yale University. Foi professor titular da Universidad Nacional Autónoma de México e hoje leciona na FFLCH-USP. Poeta, crítico e tradutor, publicou *Fracta – Antologia Poética*; *Satori*; *Quadragésimo*; *José Saramago: O Período Formativo*; *Mar Abierto – Ensayos de Literatura Brasileña, Portuguesa e Hispano-americana*.

INÊS OSEKI-DÉPRÉ é tradutora dos *Escritos* de Jacques Lacan pela Editora Perspectiva, São Paulo, 1972. Verteu para o francês grandes autores de língua portuguesa (João Cabral de Melo Neto, Carlos Drummond de Andrade, Oswald de Andrade, Augusto de Campos, Haroldo de Campos, Lygia Fagundes Telles, Fernando Pessoa, João Guimarães Rosa, Antônio Vieira). Em 1999, o volume *Galáxias*, por ela transcriado, recebeu na França o Prêmio Roger Caillois. É professora-titular do Departamento de Literatura Comparada da Universidade de Provence (Aix-en-Provence). Recentemente traduziu *Algo Preto* (*Quelque chose noir*) de Jacques Roubaud pela Editora Perspectiva.

J. GUINSBURG, professor de Estética Teatral e Teoria do Teatro da Escola de Comunicações e Artes da Universidade de São Paulo e editor, é autor de *Stanislávski e o Teatro de Arte de Moscou*; *Leoni de' Sommi: um Judeu no Teatro da Renascença Italiana*; *Diálogos sobre Teatro* (co-autor); *Aventuras de uma Língua Errante: Ensaios de Literatura e Teatro Ídiche*; *Stanislávski, Meierhold e Cia.*; *Da Cena em Cena*, além de tradutor de obras de Diderot, Lessing, Nietzsche, entre outras.

JACQUES ROUBAUD é poeta, tradutor, ensaísta e professor aposentado na Universidade de Nanterre e na École des Hautes Études em Sciences Sociales, Paris, França. Membro da comissão de redação das revistas *Poétique* e *Po&sie*. Verteu, para o francês, poesia clássica japonesa e poesia norte-americana. Matemático, participou do Ouvroir de Littérature Potentielle (OuLiPo) de Raymond Queneau. Publicou *Quelque chose noir* (1986), *Le Grand incendie de Londres* e *L´Exil d´Hortence* (1990). Em 1990, recebeu o Grand Prix National de la Poésie.

JOAQUIM GUEDES é arquiteto. Mantém o escritório Joaquim Guedes e Associados desde 1965, onde realizou cerca de 500 projetos de arquitetura e urbanismo, alguns memoráveis como a residência Cunha Lima (1958), o Fórum de Itapira (1959), o conjunto habitacional da Cohab em Campinas, São Paulo (1974) e as cidades de Nova Marabá (1973) e Nova Barcarena (1979), no Pará, e Nova Caraíba (1976), na Bahia. Doutorou-se em Planejamento Urbano pela Faculdade de Arquitetura e Urbanismo da Universidade de São Paulo, em 1972, onde lecionou e tornou-se professor titular. Entre 1970 e 1973 esteve ligado ao Instituto de Arquitetura e Urbanismo de Estrasburgo, onde foi diretor pedagógico e professor associado.

JOSÉ KOZER é poeta, ficcionista, ensaísta e tradutor. Cubano radicado no México, entre 1960 e 1997, viveu em Nova York, onde lecionou literaturas de língua espanhola no Queens College. Reside atualmente na Flórida. Tem inúmeros livros publicados, que estão hoje vertidos para muitas línguas. Incluem-se entre eles *La Rueca de los Semblantes* e *La Garza sin Sombras*.

JOSELY VIANNA BAPTISTA, poeta, tradutora e editora brasileira escreveu *Ar* e *Corpografia* (Iluminuras, 1991/92, o segundo em colaboração com Francisco Faria), *Outro* (Mirabilia, 2001, em colaboração com Arnaldo Antunes e Maria Angela Biscaia) e *A Concha das Mil Coisas Maravilhosas do Velho Caramujo* (Mirabilia, 2001; ilustrador Guilherme Zamoner), que recebeu o VI Prémio Internacional del Libro Ilustrado Infantil y Juvenil del Gobierno de México. Em 2002, a Editorial Aldus lançou seu poemário *Los poros floridos* (trad. Reynaldo Jiménez e Roberto Echavarren). Uma coletânea de seus poemas, *On the Shining Screen of the Eyelids* foi premiada em 2001 pelo Creative Works Fund, de San Francisco, EUA, e lançada em 2003 por Manifest Press.

KENNETH DAVID JACKSON é professor de literatura luso-brasileira na Yale University desde 1993, onde promoveu dois congressos sobre os movimentos de vanguarda na literatura e nas outras artes dedicados a Haroldo de Campos. As suas publicações incluem *A Prosa Vanguardista na Literatura Brasileira: Oswald de Andrade* (1978), *A Vanguarda Literária no Brasil* (1998) e *As Primeiras Vanguardas em Portugal* (2003). Co-editou o livro *Experimental-Visual-Concrete: Avant-Garde Poetry Since the 1960s* (1996). É autor de um álbum, *A Presença Oculta: 500 Anos de Cultura Portuguesa na Índia e no Sri Lanka* (1995), três CDs na série *A Viagem dos Sons* e um livro sobre a literatura e o folclore das viagens, *Os Construtores dos Oceanos* (Lisboa, EXPO '98). Em 2003 lançou o CD-ROM, *Camões and the First Edition of The Lusiads, 1572*.

LEDA TENÓRIO DA MOTTA estudou com Roland Barthes, Julia Kristeva e Gerard Genette. É crítica literária, tradutora, professora no Programa de Estudos Pós-Graduados em Comunicação e Semiótica da PUC-SP. Tem cinco livros publicados, entre eles *Sobre a Crítica Literária Brasileira no Último Meio Século* (Imago), em que apresenta a linha crítica de Haroldo de Campos. Tem também ensaios em revistas estrangeiras como a portuguesa *Colóquio/Letras*. Em 1990, entrou no volume *Homo Poeticus* de Susan Sontag (Nova York, Farrar).

LELLO VOCE é poeta, escritor e performer. Divide-se entre as criações do *Gruppo 93* e da revista *Baldus*. Principal intérprete da 'live poetry' italiana, publicou cinco antologias de poesia e três CDs, o último *Fast Blood*, em 2004. Introduziu, na Itália, a Poesia Slam e colabora em diversos diários e semanários entre os quais *L'Unità* e *Carta*.

LIVIO TRAGTENBERG é compositor. Recebeu bolsas de composição da Fundação Vitae e Guggenheim Foundation. Tem vários CDs editados. Publicou os livros *Artigos Musicais* (Perspectiva), *Contraponto* (Edusp) e *Música de Cena* (Perspectiva).

LUCIA SANTAELLA é professora titular da PUC-SP, onde é diretora do Cimid – Centro de Investigação em Mídias Digitais; coordenadora do lado brasileiro do projeto de pesquisa Probral (Brasil-Alemanha/Capes-DAAD, 2000-2004) sobre relações entre palavra e imagem nas mídias; presidente honorária da Federação Latino-Americana de Semiótica. De 1987 a 1995, coordenou o programa de pós-graduação, mestrado e doutorado, e de 1995 até 1999, o de doutorado e pós-doutorado em Comunicação e Semiótica da PUC-SP. Tem 24 livros publicados, entre eles *A Assinatura das Coisas, Peirce e a Literatura* (1992 Imago) *Matrizes da Linguagem e Pensamento: Sonora, Visual, Verbal* (2001, Fapesp/Iluminuras), Prêmio Jabuti 2002.

LUIZ COSTA LIMA é titular de Literatura Comparada na Universidade do Estado do Rio de Janeiro e professor titular da Pontifícia Universidade Católica (RJ). Detentor do Alexander von Humboldt-Preis, na condição de pesquisador estrangeiro em ciências humanas, para o ano de 1992. Seus livros mais recentes: *O Redemunho do Horror. As Margens do Ocidente* (2003), *Intervenções* (2003), *Mímesis: Desafio ao Pensamento*, (2000).

MARC DACHY é historiador da arte e editor da revista *Luna-Park*. Publicou Haroldo e Augusto de Campos na França. Dirigiu a Bienal de Lyon de 1993. Escreveu, entre outros, *Journal du Mouvement Dada* (Albert Skira, 1989/ Grand Prix du Livre d´Art de 1990) e *Dada & Dadaïsmes* (Gallimard, 1994). Organiza atualmente um *Dictionnaire des Avant-Gardes*.

OLGÁRIA CHAIN FÉRES MATOS é professora titular do Departamento de Filosofia da USP. Autora dos livros *Os Arcanos do Inteiramente Outro: A Escola de Frankfurt, a Melancolia, a Revolução* (Brasiliense), *O Iluminismo Visionário: Walter Benjamin, Leitor de Descartes e Kant* (Brasiliense), *Filosofia: a Polifonia da Razão* (Scipioni), *Vestígios: Ensaios de Filosofia e Crítica Social* (Palas Atena), entre outros.

PIERO BOITANI é crítico literário e professor na Universidade Sapienza de Roma. Publicou, entre outros, *L'Ombra di Ulisse* (*A Sombra de Ulisses*, Perspectiva, 2005).

RAÚL ANTELO leciona literatura brasileira na Universidade Federal de Santa Catarina. Pesquisador-senior do CNPq é Guggenheim Fellow 2004. Foi professor visitante nas Universidades de Yale, Duke, Texas at Austin e Leiden, na Holanda, e presidiu a Associação Brasileira de Literatura Comparada (Abralic). É autor de vários livros, dentre eles, *Literatura em Revista*; *Algaravía. Discursos de Nação, Transgressão & Modernidade* e *Potências da Imagem*. Editou a *Obra Completa* de Oliverio Girondo para a coleção *Archives* da Unesco, onde também participou nas edições críticas de Mário de Andrade, Henriquez Ureña e Joana Manso.

REYNALDO DAMAZIO é poeta e editor. Autor de *O que é Criança* (Brasiliense, 1988), *Poesia - Linguagem* (Memorial da América Latina, 1998) e *Nu entre Nuvens* (Ciência do Acidente, 2001). Edita o site *Weblivros* e o folheto literário *ZineQuaNon*.

ROLAND DE AZEREDO CAMPOS é físico, professor da Universidade de Brasília desde 1982. Realizou estudos de pós-doutorado no Departamento de Física Matemática da Universidade Livre de Bruxelas. Publicou artigos científicos sobre teorias alternativas da gravitação, quantização canônica, álgebra tensorial, supersimetria e supergravidade. Manteve atuação paralela nos domínios da poesia visual e da crítica literária, tendo participado de publicações de vanguarda como *Código*, *Bric-à brac* e *Artéria*. Estuda atualmente os vínculos entre arte (digital, sobretudo), ciência e tecnologia. É autor de *Arteciência – Afluência de Signos Co-moventes* (Perspectiva).

SHEILA LEIRNER é crítica de artes plásticas. Dirigiu em São Paulo inúmeras Bienais. Vive hoje em Paris.

SÍLVIO FERRAZ estudou composição com Willy Correia de Oliveira, Gilberto Mendes e Brian Ferneyhough. Foi bolsista da Fundação Vitae em 2003. Atualmente divide seu tempo entre a música acústica, eletroacústica e os estudos estéticos, ao qual está associada sua tese de doutorado sobre a questão da repetição na música do século XX, estudo fundamentado na filosofia de Gilles Deleuze.

TARSO DE MELO, um dos editores da revista *Cacto: Poesia e Crítica*, é autor dos livros de poesia: *A Lapso* (1999), *Carbono* (2002) e *Planos de Fuga* (a sair). É autor também de um dos ensaios da coletânea *Drummond Revisitado* (org. Reynaldo Damazio. SP: Unimarco, 2002) e escreve artigos de crítica e resenhas para diversas publicações.

THELMA MÉDICI NÓBREGA é professora do Curso de Letras do Univem, tradutora e doutora pelo Programa de Estudos Pós-Graduados em Comunicação e Semiótica da PUC/SP. Em maio de 2005 defendeu como tese de doutorado uma consistente biografia intelectual de Haroldo de Campos.

WLADIMIR KRYSINSKI é professor na Faculdade de Artes e Ciências do Departamento de Literatura Comparada da Universidade de Montreal. Foi o proponente da atribuição do título de Doutor *Honoris Causa* a Haroldo de Campos pela Universidade de Montreal, em 1995, quando pronunciou o discurso de recepção ao poeta.

Impressão e Acabamento
Bartira
Gráfica
(011) 4123-0255